"十三五"国家重点图书

U0823374

改革开放40年中国猪业发展与进步

猪病防控

主编　单　虎　朱连德
主审　周伦江

中国农业大学出版社
·北京·

内 容 简 介

本书内容涉及猪病防控理念进步，猪病诊断方法与检测技术进步，猪病防治新制剂和新设备，猪病防控体系建设的发展，兽医的分类管理与人才培养，主要猪病的防控，以及猪病防控大事记等，力图展示我国改革开放40年以来猪病防控领域的技术进步和成绩，为行业内兽医、生猪养殖人员及企业研发人员提供一本内容丰富、技术先进、实用的参考书。

图书在版编目(CIP)数据

改革开放40年中国猪业发展与进步. 猪病防控 / 印遇龙等主编；单虎，朱连德分册主编. —北京：中国农业大学出版社，2018.10

"十三五"国家重点图书

ISBN 978-7-5655-2107-2

Ⅰ.①改… Ⅱ.①印… ②单… ③朱… Ⅲ.①养猪业-产业发展-研究-中国 ②猪病-防治 Ⅳ.①F326.33 ②S858.28

中国版本图书馆CIP数据核字(2018)第228571号

书　　名　改革开放40年中国猪业发展与进步
猪病防控

作　　者　单　虎　朱连德　主编

策划编辑　丛晓红　赵　中　　**责任编辑**　王艳欣
封面设计　郑　川　黄海滔
出版发行　中国农业大学出版社
社　　址　北京市海淀区圆明园西路2号　　**邮政编码**　100193
电　　话　发行部010-62818525,8625　　读者服务部010-62732336
编辑部010-62732617,2618　　出　版　部010-62733440
网　　址　http://www.caupress.cn　　**E-mail** cbsszs@cau.edu.cn
经　　销　新华书店
印　　刷　涿州市星河印刷有限公司
版　　次　2018年10月第1版　2018年10月第1次印刷
规　　格　787×1 092　16开本　15印张　370千字
定　　价　388.00元(全九册)

编审委员会

总策划人　孙德林

主　　编　印遇龙　李　职　云　鹏　邓近平　张从林

副 主 编　张荣波　黄瑞华　许典新　吴买生

委　　员　鲁绍雄　李继良　殷宗俊　李千军　穆淑琴　孙世铎
单　虎　朱连德　周伦江　贺东昌　王伟伟　万昭军
沈富林　乔松林　曹洪战　胡安戟　周继平　李清宏
吴志君　苗玉涛　徐宝才　张树敏　刘　娣　郑小明
尚以顺

主编单位　国家生猪产业技术创新战略联盟
中国农机学会机械化养猪工程分会
广西扬翔股份有限公司
北京市生猪产业技术体系创新团队

本册主编　单　虎　朱连德

副 主 编　黄　娟

主编单位　山东省生猪产业技术体系创新团队
北京中科基因技术有限公司

主审单位　福建省生猪产业技术体系创新团队

参编人员　（以姓氏笔画排序）
于　江　王永明　王红岩　王志远　王忠田　邓均华
田夫林　田克恭　史开志　匡宝晓　任晓明　庄金山
孙　元　孙育荣　苏永腾　李俊柱　李晓成　吴家强
何启盖　邹礼兰　宋勤叶　张洪亮　陈小云　罗满林
周伦江　贺东生　郭抗抗　曹三杰　曹瑞兵　崔尚金
梁大明　彭　军　董雅琴　韩先杰　翟新验　薛景山

序

国庆之后，孙德林先生来到我的办公室，系统介绍了即将出版的《改革开放 40 年中国猪业发展与进步》一书并邀我做序，我为之一振。

这部系统记录中国改革开放 40 年养猪业巨大变化的恢宏著作，就像中国养猪人的"系谱"，描述了我国猪产业在遗传改良、营养与饲料科学、猪场设计与环境控制、疫病防控与生物安全和猪场管理等各方面的技术进步，述说着一代代养猪人的情怀。

1978 年全国生猪出栏 1.6 亿头，到 2017 年全国生猪出栏 6.89 亿头；猪肉消费从改革开放初期人均约 15 kg，到现在人均约 40 kg。由于养猪业的发展，我们彻底改变了中国人动物性蛋白质食品供应不足的局面，实现了猪肉自给自足，这是一个开天辟地的飞跃。这样的成果来之不易，感恩于党领导下的改革开放政策的引领，感恩于亿万养猪从业者脚踏实地、持之以恒的勤奋努力。

中国养猪业经历了从分散饲养发展成规模化与集约化生产的过程。改革开放初期，中国养猪还不能称之为产业，40 年来，我们学习借鉴国外先进工艺设计，从机械化养猪到工厂化养猪，再到现代化和智能化养猪，我们走了一条引进、消化、吸收与创新的道路。在猪种方面，我们也是从中国地方猪品种到培育新品种、引进国外高产高效猪种，再到实现中国地方猪品种与外来猪品种杂交，生产安全、优质猪肉的生产模式。在育种技术上，我们从常规体尺测定到动物数量遗传学在育种上的应用，再到现在高科技生物技术在养猪生产中应用，实现了育种手段上跨越式的发展。

该书（全 9 册）是养猪科学家与企业家联袂打造的成果，体现了合作共赢的理念，表达了养猪接力棒的传承。我们还不是养猪强国，目前任务还很艰巨，未来任重道远，需要我们继续努力创新，加快提高养猪生产力水平。新一代养猪从业者的胸襟、抱负、视野和理念决定着中国养猪业未来的发展，我们将拭目以待。

作为中国畜牧战线的一名科技工作者，拿到沉甸甸的书稿，我真是心潮澎湃。看到一个个熟悉的中青年科技工作者，看到飞速发展的中国养猪产业，我感到骄傲与自豪，在无比的喜悦中快乐地分享着。在此将该书推荐给广大养猪界的朋友们，以此感谢勤苦付出的编委团队。祝大家猪业新程，再立新功！

中国科学院院士
中国农业大学教授 吴常信

2018年10月于北京

前　言

改革开放40年以来，我国猪病防控从理念到实践方法都有重大进展：经历了单个病例疫病诊疗到群体预防为主以及到区域化管理等几个阶段的变化；实行了官方兽医制度和执业兽医制度；猪病疫苗从传统疫苗发展至基因工程亚单位疫苗和合成肽疫苗，获得了猪瘟兔化弱毒疫苗、猪口蹄疫O型/A型二价灭活疫苗等一大批代表性疫苗产品。

猪病诊断技术、方法和试剂研发都有重大突破：方法趋于标准化，制定了多项国家标准和行业标准，聚合酶链反应(PCR)等分子生物学诊断技术也越来越多地成为猪病诊断的标准方法；猪病诊断试剂标准化和产业化进程加快；近两年我国已出现了兽医第三方检测机构及连锁检测实验室；大数据与人工智能技术也开始应用于猪病诊断和防控。猪白细胞干扰素、微生态制剂等其他生物制品的技术研究和产品开发也取得长足发展。研制了痢菌净、喹烯酮等国际领先的新兽药。这些研究成果获得国家科技进步及技术发明等奖项40余项。

猪病防控成果显著。猪丹毒总体的发生次数在逐渐减少；猪瘟临床表现趋于缓和，疾病流行趋于稳定；我国亚洲Ⅰ型口蹄疫已达到全国免疫无疫标准；胶东半岛、辽东半岛、四川盆地、松辽平原(吉林)和海南岛等5个无规定动物疫病区建设通过农业部验收；成功控制了2006年高致病性猪蓝耳病疫情。截至2017年3月，全国共有7个种猪场被国家认定为"猪伪狂犬病净化示范场"，42个种猪场被认定为"动物疫病净化创建场"。

但是，当前猪病防控形势依然严峻。猪德尔塔冠状病毒、猪博卡病毒、塞内卡病毒等新病原相继出现；非洲猪瘟等外来猪病也威胁着我国养猪业安全。为了总结改革开放40年来猪病防控成果，推动我国猪病防控技术进步，我们组织编写了《猪病防控》。本书内容涉及猪病防控理念进步，猪病诊断方法与检测技术进步，猪病防治新制剂和新设备，猪病防控体系建设的发展，兽医的分类管理与人才培养，主要猪病的防控，以及猪病防控大事记等，力图展示我国改革开放40年以来猪病防控领域的技术进步和成绩，为行业内兽医、生猪养殖人员及企业研发人员提供一本内容丰富、技术先进、实用的参考书。

本书是由国家生猪产业技术创新战略联盟、中国农机学会机械化养猪工程分会和广西扬翔股份有限公司、北京市生猪产业技术体系创新团队组织的《改革开放40年中国猪业发展与进步》一书的分册。本分册以山东省生猪产业技术体系创新团队和北京中科基因技术有限公司为主编单位，福建省生猪产业技术体系创新团队为主审单位，山东省生猪产业技术体系创新团队首席专家、青岛农业大学单虎教授和北京中科基因技术有限公司朱连德博士为主编，福建省生猪产业技术体系创新团队专家、福建省畜牧兽医研究所周伦江研究员担任主审。

郑明球教授对本书稿进行了认真、仔细的审阅，提出了宝贵的修改意见和建议，特此致谢！

《猪病防控》分册编写组

2018年7月

目　录

第 1 章　猪病防控理念进步 …… 1
1.1　我国生猪养殖模式的变化 …… 1
1.1.1　散养为主的阶段 …… 2
1.1.2　家庭农场为主的阶段 …… 2
1.1.3　规模化养猪为主的阶段 …… 2
1.2　我国猪病发生及流行特点的变化 …… 3
1.2.1　过去、现在存在的猪病 …… 3
1.2.2　猪病发生、流行特点的变化 …… 4
1.3　猪病防控新理念 …… 6
1.3.1　注重养防结合 …… 6
1.3.2　发展绿色健康养殖 …… 6
1.3.3　第三方检测机构的出现，推动了猪病检测和诊断服务的提升 …… 7
1.3.4　加强与国际组织的交流与合作 …… 7
参考文献 …… 8
第 2 章　猪病诊断方法与检测技术进步 …… 9
2.1　采样技术 …… 9
2.1.1　采样前的准备、样品保存和送样 …… 9
2.1.2　采样方法 …… 10
2.1.3　采样的注意事项 …… 11
2.2　诊断试剂的研发与应用 …… 11
2.2.1　国家法律法规的不断完善 …… 12
2.2.2　我国猪用诊断试剂的研发体系形成并不断升级 …… 12
2.2.3　猪病诊断技术的标准化 …… 14
2.2.4　我国兽用诊断试剂产业化的进展 …… 15
2.2.5　我国猪用诊断试剂的应用 …… 15
2.3　猪病的临床诊断 …… 16
2.3.1　临床诊断采用的基本方法 …… 17

2.3.2 临床诊断的主要内容 …… 17
2.3.3 鉴别诊断及临床诊断与实验室诊断的关系 …… 18
2.4 猪病的实验室诊断 …… 19
2.4.1 病原学诊断方法 …… 19
2.4.2 血清学诊断方法 …… 26
2.4.3 兽医实验室检测技术未来发展趋势 …… 27
2.5 大数据在猪群健康管理领域的应用 …… 27
2.5.1 养猪生产及其上下游产业的大量数据 …… 27
2.5.2 怎样取得养猪生产有效、真实的大量数据 …… 28
2.5.3 大数据在养猪业中的应用 …… 28
2.5.4 大数据在猪病防控上的应用 …… 29
参考文献 …… 31
第3章 猪病防治新制剂和新设备 …… 33
3.1 猪病疫苗研制与应用 …… 33
3.1.1 常规疫苗 …… 34
3.1.2 新型疫苗 …… 39
3.2 其他生物制剂研发与利用 …… 41
3.2.1 微生态制剂 …… 41
3.2.2 噬菌体、抗菌肽、酶制剂 …… 45
3.3 药物研发与应用 …… 48
3.3.1 西药的研发与应用 …… 48
3.3.2 中兽药的研发与应用 …… 52
3.3.3 功能性添加剂的研发与应用 …… 56
3.4 先进防治装备、器具的研发与应用 …… 59
3.4.1 卫生消毒设备 …… 59
3.4.2 电子灭蚊灯 …… 60
3.4.3 电子捕鼠器 …… 60
3.4.4 无害化处理设备 …… 60
3.4.5 治疗器具 …… 61
3.4.6 新风系统 …… 61
参考文献 …… 62
第4章 猪病防控体系建设的发展 …… 65
4.1 生物安全体系的建设 …… 65
4.1.1 猪场建设 …… 65
4.1.2 猪场管理 …… 68
4.2 猪病流行病学调查与预警预报技术 …… 71
4.2.1 猪病流行病学调查方法进展 …… 71
4.2.2 猪病预警预报技术进步 …… 74

4.3　猪病检疫与净化…… 76
4.3.1　出入境检疫…… 76
4.3.2　国内检疫…… 77
4.4　猪病疫情报告与扑灭…… 79
4.4.1　疫情报告制度…… 79
4.4.2　扑杀政策…… 80
4.4.3　治疗技术…… 82
参考文献 …… 84
第 5 章　兽医的分类管理与人才培养 …… 86
5.1　兽医职能的转变…… 86
5.1.1　传统兽医的职能…… 87
5.1.2　现代兽医的职能…… 87
5.2　兽医的分类管理…… 88
5.2.1　官方兽医…… 88
5.2.2　执业兽医…… 89
5.3　兽医人才的培养…… 89
参考文献 …… 90
第 6 章　主要猪病的防控…… 91
6.1　猪病毒性传染病的防控…… 91
6.1.1　猪瘟的防控…… 91
6.1.2　猪蓝耳病的防控…… 94
6.1.3　猪圆环病毒病的防控 …… 100
6.1.4　猪口蹄疫的防控 …… 103
6.1.5　猪流行性腹泻的防控 …… 107
6.1.6　猪伪狂犬病的防控 …… 109
6.1.7　猪日本乙型脑炎的防控 …… 115
6.1.8　猪细小病毒病的防控 …… 118
6.2　猪细菌性传染病的防控 …… 120
6.2.1　猪传染性胸膜肺炎的防控 …… 120
6.2.2　副猪嗜血杆菌病的防控 …… 124
6.2.3　猪链球菌病的防控 …… 126
6.2.4　猪气喘病的防控 …… 129
6.2.5　猪大肠杆菌病的防控 …… 133
6.2.6　猪肺疫的防控 …… 137
6.2.7　猪丹毒的防控 …… 139
6.2.8　仔猪副伤寒的防控 …… 142
6.3　猪寄生虫病的防控 …… 144
6.3.1　猪寄生虫病的诊断方法和技术 …… 144

6.3.2 猪寄生虫病的防控方法 …… 145
6.3.3 当前猪寄生虫病的流行情况及防控现状 …… 145
6.3.4 集约化养猪生产中寄生虫病的防控 …… 146
6.4 猪场主要霉菌毒素中毒病的防控 …… 148
6.4.1 危害猪场的主要霉菌和霉菌毒素 …… 148
6.4.2 危害猪场的主要霉菌毒素及其特性 …… 148
6.4.3 近年来我国猪饲料霉菌毒素污染情况及管控现状 …… 153
6.4.4 规模化猪场防控霉菌毒素的合理方案 …… 158
参考文献 …… 159
第7章 猪病防控大事记(1978—2018年) …… 177
7.1 猪病防控理念和政策进步 …… 177
7.2 猪病防控制剂制备技术不断革新,多个重要猪病疫苗、兽药等产品研制成功 …… 178
7.3 猪病诊断技术不断进步,猪病诊断趋于标准化 …… 179
7.4 猪病防控学术交流和国际合作 …… 179
7.5 猪病防控研究成果显著 …… 179
7.6 猪病防控效果初现 …… 181
7.7 猪病防控高端人才 …… 182
附录 …… 183
附录1 主要猪病在我国被发现的时间 …… 183
附录2 我国猪用疫苗产品目录 …… 184
附录3 猪病防控国家标准、行业标准和技术规范列表 …… 221
附录4 获得国家科技奖猪病防控成果列表 …… 224

第 1 章
猪病防控理念进步

本章内容提要

改革开放 40 年以来，我国生猪养殖模式从散户占主导阶段发展到中小猪场或家庭农场占主导阶段，并逐步走向规模养殖。养殖模式的变化必然带来猪病发生及流行特点的变化，猪病防控理念也相应地发生变化：(1)猪病防控指导思想由疾病诊疗→防重于治→养防结合的综合防控措施→区域化管理转变；(2)防控目的从保障生猪健康→保障生猪健康，兼顾动物源食品安全、人兽共患病、环境安全等兽医公共卫生安全转变；(3)兽医诊断从单纯经验判断向结合实验室检测，诊断和检测标准化转变；(4)猪病防控的国际合作和交流也日益受到重视。

1.1 我国生猪养殖模式的变化

中国是养猪大国。随着中国经济的快速发展，养猪业也在快速发展，而中国养猪业发展的必然趋势就是养猪规模化、集约化、产业化、集团化，也就是说，散养户快速减少，中小猪场逐渐减少，规模化猪场越来越多。这是所有发达国家养猪业所走过的路，也是中国养猪业发展的必然趋势。

我们这一代养猪人将会见证中国养猪的三个阶段：第一阶段(2015 年以前)散户占据主导地位，第二阶段(2015—2025 年)中小猪场或家庭农场占据主导地位，第三阶段(2025 年以后)规模养猪占据主导地位。

现代中国养猪业从规模上分类：基础母猪 500 头以上或年出栏生猪 10 000 头以上的，称其为规模猪场或规模养猪(包括大型养猪企业)；基础母猪 50～500 头或年出栏生猪 1 000～10 000 头的，称其为家庭农场或中小猪场；基础母猪 50 头以下或年出栏生猪 1 000 头以下的，称其为散户(包括专业户)。

随着中国养猪模式、养猪规模结构的变化,猪病流行特点及防控理念也在不断变化,我们的兽医理念实现了三次升级转变:治疗兽医—预防兽医的转变;预防兽医—保健兽医的转变;保健兽医—管理兽医的转变。

1.1.1 散养为主的阶段

改革开放至2015年,是中国养猪业的后散户时代。这个阶段,村村养猪到乡乡养猪、镇镇养猪,基础母猪50头以下或年出栏生猪1 000头以下的散户、专业户养猪仍然占据中国猪市主导地位。猪病流行的特点:猪病越来越多,新病不断,老病复发;一年一个小疫情,3～5年一个大疫情;由于从国外引种增多,国外猪病陆续传入,中国原有猪病一个没有减少。多种病毒、细菌混合感染是这个时期猪病的主要特点。在临床上,病原体为单纯一种病毒或细菌的猪病几乎不存在,只有病毒而没有细菌或只有细菌而没有病毒的猪病也几乎不存在。这个时期,主要病毒性猪病有:蓝耳病、猪圆环病毒病、猪瘟、猪伪狂犬病、猪流行性腹泻(PED)、口蹄疫;主要细菌性猪病有:仔猪黄白痢、猪气喘病、猪传染性胸膜肺炎、猪链球菌病、猪副猪嗜血杆菌病等。

1.1.2 家庭农场为主的阶段

2015—2025年,是中国养猪业的家庭农场时代。这个阶段时间最短,散户快速减少,导致中小猪场或家庭农场逐渐占据中国猪市主导地位。但是,同时中小猪场或家庭农场也在逐渐减少,规模化养猪逐渐增多。这一阶段猪病流行的特点将是:猪病一个没有减少,但逐渐趋于稳定,仍是混合感染为主;防治简单了,就用两种药——广谱抗病毒药+广谱抗菌药。这个时期,全国危害大和流行最广的猪病将仍是六大病毒性疫病:蓝耳病、猪圆环病毒病、猪瘟、猪伪狂犬病、猪流行性腹泻、口蹄疫。猪病检测、疫病净化、猪群环境控制,越来越受到重视。猪病将仍然是该阶段中国养猪业的最大风险。

1.1.3 规模化养猪为主的阶段

2025年以后,将是中国养猪业的名副其实的规模化养猪时代。基础母猪500头以上或年出栏生猪10 000头以上的规模化养猪开始占据中国猪市主导地位,其中发展速度最快的将是集约化、集团化养猪。猪病流行的特点:猪病会逐渐减少,疫病防控水平将大幅度提高。随着规模养猪规范化管理水平的提高,系统化猪病防控理念得到普及推广。规模猪场尤其是大型养猪企业,更加重视规范化管理、生物安全、猪场设计与建设、环境控制、营养等。猪病防治很困难,猪病防控是个系统工程,要有效地防治猪病,必须采取综合防治、系统防控、中西结合,“养重于防,防重于治,综合防治”。规模养猪如何控制猪病?饲养管理是基础,生物安全是保障,科学保健是关键,免疫程序、消毒程序等是重点。

1.2　我国猪病发生及流行特点的变化

1.2.1　过去、现在存在的猪病

近几年来，随着养猪业的迅猛发展，猪病防控形势日益严峻。由于养猪业不断向规模化、专业化和集约化方向发展，致使多种病毒、细菌等引起的传染性疾病以及寄生虫病等非传染性疾病频发，从而直接影响了猪场规模的发展壮大和经济效益的提高，严重制约着养猪业的健康持续发展。

1.2.1.1　猪传染性疾病

我国动物疫病有 202 种之多，其中 20 世纪 80 年代发现的新病达 17 种(传染病 15 种，寄生虫病 2 种)。这 17 种传染病中有猪细小病毒病、猪传染性胃肠炎、猪流行性腹泻、猪痢疾和猪衣原体病。20 世纪 90 年代以来新发现传染病 10 种，包括猪传染性接触性胸膜炎、猪副猪嗜血杆菌病、猪蓝耳病、猪圆环病毒病、猪附红细胞体病和猪增生性肠炎等，新发现的新病毒或新毒株有猪繁殖与呼吸综合征病毒类 NADC30 株、猪圆环病毒 3 型、猪博卡病毒(porcine bocavirus, PBoV)、猪德尔塔冠状病毒(porcine deltacoronavirus，PDCoV)，加上原有在我国较多猪场发生的猪瘟、猪气喘病、仔猪大肠杆菌病、猪伪狂犬病、猪传染性萎缩性鼻炎、猪链球菌病、猪布鲁氏菌病、猪流行性乙型脑炎等，这些新旧传染病已是我国较大范围内猪场的常发病和多发病，给养猪业造成极大的危害(甘孟侯 等，2005)。

1.2.1.2　猪非传染性疾病

猪的非传染性疾病包括寄生虫病、营养代谢病及中毒病等。

(1)猪寄生虫病　常见的寄生虫大概有 60 种，其中常见的体外寄生虫有螨、蚊、蜱、虱、蝇等，这些体外寄生虫还是一些疾病的传播者，如猪细小病毒病、猪流行性乙型脑炎、猪附红细胞体病等影响猪健康生长的疾病，为猪养殖业带来损失；相较于体外寄生虫病，体内寄生虫病的危害要更大，常见的体内寄生虫有蛔虫、猪弓形体、猪囊虫、结节线虫、鞭虫、肾线虫、肺丝虫、附红细胞体等，这些虫体和宿主争夺营养成分，导致猪不能很好地吸收养分，同时幼虫的移行会破坏猪内脏的组织结构及其生理机能，影响猪的正常生长，使其抗病力下降，甚至会造成怀孕母猪胎儿发育不良、流产、死胎、新生仔猪体重偏小等症状(马成炳 等，2011)。

(2)猪营养代谢病　近年与猪的营养代谢相关的疾病呈现多发趋势。一方面在养殖过程中不科学的饲养管理造成猪群营养物质摄入缺乏、种类不全、比例不当，从而造成猪群免疫力下降而患病；另一方面不同个体对营养物质的消化吸收能力不同，由此造成了代谢障碍性疾病，出现大面积发生营养代谢病的情况。猪场常见的猪营养代谢病主要有仔猪低血糖病、营养性贫血、硒和维生素 E 缺乏症、维生素 A 缺乏症、骨软症、佝偻病等。猪营养代谢病与猪健康状况具有一定关系，大部分中小型猪养殖场不重视猪舍的环境卫生，极易造成猪感染疾病，进而引发猪的代谢性障碍(李彦，2017)。

(3)猪中毒病　与其他家畜相比，猪的饲养管理较为粗放，因而猪的中毒病在各种家畜中发病率较高，危害较广，所造成的经济损失较大。有毒物质通过自然方式，如经消化道、呼吸道

或皮肤进入生猪体内，积累到一定数量，极易引起生猪生理机能障碍。常见的猪中毒病有亚硝酸盐中毒、食盐中毒、菜籽饼中毒、棉籽饼与棉叶中毒、有机磷中毒、饲料变质中毒等（朱磊 等，2015）。

1.2.2 猪病发生、流行特点的变化

随着我国养殖企业集约化、规模化的进一步发展，动物疾病的发生、发展和流行规律也发生了深刻的变化，在目前的养猪生产中，疾病的发生、流行主要呈现出如下特点：

1.2.2.1 混合感染与继发感染的情况越来越严重，疫病呈现"非典型"化

传染病是猪病的主要类型，多重感染或混合感染是当前猪病的主要发病形式。混合或多重感染产生了混合的症状和病变，疾病的发生呈现出一种"非典型"化的趋势，表现出一系列的综合征，病情复杂，给兽医临床诊断与免疫预防带来难度，而且疾病一旦发生难以控制，使猪群的发病率、死亡率、淘汰率都大大超过单一原发病。目前许多猪病由多病原混合感染引起，常见的有猪繁殖与呼吸综合征病毒（PRRSV）、猪肺炎支原体与胸膜肺炎放线杆菌混合感染，猪繁殖与呼吸综合征病毒、猪圆环病毒与副猪嗜血杆菌、链球菌混合感染，猪病毒性腹泻病毒（PEDV）与猪圆环病毒、大肠杆菌混合感染，猪繁殖与呼吸综合征病毒与附红细胞体、弓形体混合感染。这些混合感染往往都可称为综合征，如高热综合征、呼吸系统综合征、新生仔猪腹泻综合征、断奶仔猪多系统衰竭综合征（PMWS）、猪皮炎肾病综合征（PDNS）、繁殖障碍综合征等。

1.2.2.2 病原变异增多，新疫病不断出现

很多病毒的遗传多样性不断增长，出现了许多新的变异类型，导致新的致病毒株不断出现。毒株具有高度的变异性，血清型很多，如果当地的流行毒株与所用疫苗毒株的血清型不一致，则不能产生有效的保护。

2016年从湖北和广东发生繁殖障碍的母猪和急性死亡仔猪体内发现了一种新的圆环病毒亚型——猪圆环病毒3型（PCV3）（Fan et al.，2017；Shen et al.，2017）。2017年我国已有13个省（自治区、直辖市）的猪群感染了PCV3，主要分布在我国的中东部地区（张忠国，2017）。通过对PCV3毒株全基因组和其部分基因的遗传进化研究发现，PCV3与PCV1和PCV2处于不同的进化分支，PCV2与PCV3的Cap蛋白氨基酸同源性仅为30.0%，蛋白结构及抗原性存在明显差异（庄金秋 等，2018）。

2010年下半年，中国多个地区暴发PED，大多数受感染猪场新生仔猪死亡率高达80%（Gao et al.，2013）。已有研究证实，PEDV只有一种血清型，根据分子生物学方法分析，PEDV的基因组发生了很大的变异，尤其是S、M、N和ORF3基因存在突变。

PRRSV具有变异频繁和免疫逃逸的特性。根据猪繁殖与呼吸综合征（PRRS）在国内的流行特点和临床表现，本病的发生可分为3个阶段：1995—2004年以经典PRRS为主，表现为母猪的流产和仔猪的呼吸道症状；2005—2014年以高致病性PRRS为主，以高发病率、高死亡率和高热为主要临床特征；2015—2017年多种毒株并存，类NADC30株流行日趋普遍，临床变化呈多样性，这给诊断和防控PRRS带来了巨大挑战。

1.2.2.3 猪呼吸道疾病日益突出

猪呼吸道疾病是由细菌和病毒混合感染、环境应激因素和猪群体的免疫力下降等因素引

起的，在各种疾病中是比较突出的。如猪支原体肺炎、猪传染性胸膜肺炎和猪蓝耳病等不断地侵害猪的呼吸器官。猪群饲养密度过大、温度变化大、营养不良、通风不良、氨气浓度过高造成空气质量差等应激因素成为呼吸道疾病暴发和流行的诱因，使得猪的呼吸道疾病更加突出。

1.2.2.4　繁殖障碍性疾病对猪场危害巨大，持续感染趋势严峻

繁殖问题严重影响着仔猪的数量，危害养猪产业的健康发展。怀孕母猪罹患繁殖障碍性疫病后，会将病毒转移给腹中的胎儿，出现流产等症状，即使小猪能够出生，在生长发育过程中其免疫力也会比较低，造成持续感染。如蓝耳病、猪伪狂犬病、猪细小病毒病、猪弓形体病、猪瘟等繁殖障碍性疾病越来越多，普遍存在并广泛流行，使得母猪发生流产、产死胎及弱仔，对猪场危害巨大。

1.2.2.5　细菌性疾病的发生增多，危害不断加大，且细菌耐药性增强

随着规模养猪场数量的不断增加，加上布局不合理，密度过大，对环境的污染日益加剧等原因，使得细菌性疾病明显增多，耐药菌株出现的频率也在不断增加，且变得日益难以控制，如猪大肠杆菌病、猪链球菌病、猪传染性胸膜肺炎、猪副猪嗜血杆菌病等，副猪嗜血杆菌、巴氏杆菌等常见细菌都出现了明显的耐药性。由于抗生素的长期滥用，各地时常产生具有“多重耐药性”的菌株，而且分布相当广泛，许多抗生素对它们均难以奏效，这已成为防控工作中的一大重要隐患（杨文浩，2015）。

1.2.2.6　免疫抑制性疾病所致继发感染危害加大

猪蓝耳病、猪圆环病毒病、猪瘟、猪流感等疫病的扩大蔓延，不仅本身给养猪业造成危害，还能导致机体免疫抑制，而使继发感染加重。此外，黄曲霉毒素、应激、营养不良及应用免疫抑制性药物等，都可使免疫器官和免疫细胞受到侵害，造成免疫机能不健全，细胞免疫和体液免疫受到抑制，干扰免疫应答，导致机体的免疫力和抵抗力下降，对猪病的易感性增强，并诱发多种综合征，如断奶仔猪多系统衰竭综合征（PMWS）、猪皮炎肾病综合征（PDNS）等，是近年来猪越来越难养，猪病越来越多的根本原因。

这些流行特点的突出发展，严重阻碍了生猪养殖业的进步，不利于病情有效控制。就国内的重要猪病疫情而言，从农业部网站可知，在 2017 年 3 月和 10 月，广东韶关和茂名分别发生了一起猪 O 型口蹄疫疫情（翁善钢，2018）；猪德尔塔冠状病毒（PDCoV）于 2012 年在中国香港首次被报道（Woo et al.，2012），约 10％的猪粪便样品呈 PDCoV 阳性，随后，韩国和我国内地也从腹泻猪的临床样品中检测到 PDCoV（Lee et al.，2014；Dong et al.，2015）。2009 年瑞典科学家首次发现猪博卡病毒，此后在上海市、湖北省、江苏省以及贵州省等地相继发现并分离到该病毒。猪博卡病毒的许多特性都不同于传统的细小病毒科病毒，目前人们对该病毒的研究还只停留在初级阶段（郝飞 等，2012）。此外，非洲猪瘟继续东扩和西进（翁善钢，2018）。2018 年 8 月以来，我国辽宁沈阳、河南郑州、江苏连云港、浙江乐清、安徽芜湖等地相继发现非洲猪瘟，当前防范非洲猪瘟重大动物疫情形势十分严峻。

加强境外猪病的监测与防控的同时做好国内的猪病防控工作依然刻不容缓。集约化养猪的规模大、密度高，这就为传染病的发生和流行创造了有利条件，密集饲养接触密切，一旦有疾病传入，就可能在猪群中很快传播开。除了猪只死亡造成直接经济损失外，猪只发育不良、生长缓慢、药物、人力等方面的损失也十分巨大，还会给养猪场留下后患。如果在良种选育期间发生某种传染性疾病，就有可能使育种工作停止，甚至前功尽弃。因此，必须树立全方位的防疫观念，切实做好防疫工作，以保证养猪业顺利、健康发展。

1.3 猪病防控新理念

疾病风险对养猪企业来说是决定生死存亡的重要因素，如何保障猪只的健康和有效地控制疾病就越发显得重要。随着生猪养殖业的发展，越来越多的猪病防控新理念被应用到实际养殖生产中，并取得了显著成效。

1.3.1 注重养防结合

在猪病防控初期，特别是散养阶段，很多养殖户平时对猪病的预防不重视，在生猪发病时，大量使用抗生素或者退烧药，虽然在治疗阶段取得很好的治疗效果，但造成药物残留及细菌耐药性等现象。随着猪场疾病频繁发生，很多养殖场开始转变疫病防控观念，以疫苗防疫为主，但大量的疫苗免疫反而会影响猪只的健康，导致免疫耐受，或导致免疫失败，猪病仍旧频发。近年来，养防结合理念在猪场广受欢迎，实行科学的饲养管理，根据各类猪的营养需要、饲养标准，确定适宜的饲粮和饲喂方法，确保猪只获得足够的饲料营养，以提高猪群的免疫力和抵抗力(刘金春，2012)。“阶段饲养法”被众多研究者所青睐，即将猪的生长育肥期划分成数个阶段，不同阶段提供不同营养组分的日粮来尽可能地接近特定阶段的营养需求，并制订出饲养标准，甚至建立理想生长与营养需求估算模型(张国华 等，2011)。

1.3.2 发展绿色健康养殖

目前我国生猪养殖正处于加速转型期，规模化养殖模式快速发展。由于养猪数量的增加和养殖规模的不断扩大，而又未能将大量的粪尿与污水无害化处理，致使饲养环境日益恶化；抗生素药物与添加抗生素的饲料的滥用，使得耐药菌株不断产生，危害猪群的健康；滥用抗生素导致药物残留，影响了动物性食品卫生与人类自身的健康。近年来，由于社会对食品安全的重视度加强，使得相关部门对养殖业的监管力度逐渐加强，市场对绿色畜产品的需求量上升。此外，旧有的生猪养殖方式严重影响了养殖场周围的环境，绿色无公害的健康养殖方式势必成为养殖场的发展主流。

病死动物的无害化处理作为推进绿色健康养殖的重要举措，一直是社会各界关注的热点问题。病死动物及其产品携带病原体，极易造成重大动物疫病和人畜共患病的扩散蔓延，关系到畜牧业持续健康发展。由于病死动物及其产品无害化处理涉及社会公共卫生安全，近年来，全国各省各级动物卫生监督机构不断加强规模养殖场防疫监管，加大相关防疫知识的宣传力度，广大生猪养殖场更加注重养殖环境的清洁卫生和对传染病的防治，对养殖环节出现的病死猪进行深埋、焚毁、彻底消毒，或投进沼气池、化粪池，利用生物发酵的方法进行无害化处理，对少数非传染病死亡的有利用价值的动物进行高温化制处置后再利用。畜牧业主产区向建设区域性无害化处理中心方向发展，如上海、江苏等地建设了病死动物无害化处理中心。

抗生素可以减少疾病的发生，但长期和广泛使用会使细菌耐药性增强，耐药菌株增多，导致用药无效，威胁人类安全。因此，寻求抗生素替代品成为畜牧业生产的焦点。益生菌、抗菌肽等以其无毒、无耐药性、无残留以及效果显著、成本低、能有效补充消化道内的有益微生物等诸多优点，已成为理想的抗生素替代品而被广泛应用(陆克文，2011)。

1.3.3 第三方检测机构的出现，推动了猪病检测和诊断服务的提升

随着猪场规模扩大，养殖密度增加，猪病变得复杂，检测需求增加，第三方检测机构应运而生，推动了猪病检测和诊断服务的提升。

第三方检测的内容很多，目前临床应用较多的是细菌的分离鉴定、抗体检测和病原检测。

(1)细菌的分离鉴定 对猪场常见细菌性疾病，如猪鼻支原体病、猪链球菌病和猪副猪嗜血杆菌病等通过分离培养、显微镜检查和生化鉴定来辨别由何种细菌引起，并通过药敏试验筛选敏感抗生素指导临床用药，避免滥用抗生素。抗生素的大量使用，不仅增加了养殖成本，还会给猪体带来危害(代鹏，2017)。如果在细菌感染初期进行分离鉴定及药敏试验，之后制定科学、合理的方案，可以提高治疗效果，降低养殖场的用药成本。

(2)抗体检测 通过检测猪体内抗体水平，了解猪的免疫或感染水平，评估猪的健康程度。目前，猪病常用的抗体检测技术主要有中和试验、凝集试验、琼脂扩散试验、免疫荧光试验、酶联免疫吸附试验(ELISA)、胶体金试纸条等方法。常见猪病的各种抗体检测方法均具有各自的优缺点，但对于大规模的流行病学调查、大批量样品的抗体监测，目前 ELISA 方法具有其他方法无法比拟的优势。

(3)病原检测 除了细菌培养、动物接种等直接检测某种病原微生物是否存在的方法以外，猪处于疾病潜伏期(未表现出临床症状)或发病后，采取含病毒量高的组织和病毒血症时期血液，通过 PCR，检测样品中是否存在某种病原微生物的核酸，从而间接反映某种病原微生物是否存在。PCR 检测针对的是病原，针对性强、可确诊，可区分野毒与疫苗毒，荧光定量 PCR 检测方法还可确定病毒载量，确定发病的主要原因。

1.3.4 加强与国际组织的交流与合作

随着经济全球化进程不断加快，动物及动物产品国际贸易日趋频繁，动物疫病跨区域、大范围传播风险加大。我国为应对猪病跨国传播的风险，越来越注重加强与国际组织的交流与合作。

中国于 2007 年正式以主权国家身份加入世界动物卫生组织(OIE)。OIE 作为一个控制动物疫病的国际组织，通过收集并通报各国动物疫病状况和相应的控制措施，促进并协调各成员加强对动物疫病的监测和控制研究，协调动物及其产品贸易的规定。我国加入 OIE 后，参与国际重大猪病防控战略实施增多，我国防控重大猪病的工作已经由畜牧业、对外贸易的问题上升为社会性、全球性的问题(史子学 等，2014)。为保护我国生猪养殖产业健康发展，2013 年以来，我国通过 OIE 动物卫生与福利基金会资助并倡导 OIE 在亚洲地区开展猪病防控项目，旨在提高区域内猪病防控和诊断能力，了解境外特别是周边国家动物疫病情况，将防控关口前移，提高外来疫病应对能力。

参考文献

代鹏. 2017. 实验室检测在猪病防控中的应用[J]. 当代畜禽养殖业，(09):42.

甘孟侯，杨汉春. 2005. 中国猪病学[M]. 北京. 中国农业出版社：123-380.

郝飞，汤德元，李春燕，等. 2012. 猪博卡病毒流行病学研究[J]. 畜牧兽医学报，43(10):1609-1617.

李彦. 2017. 猪常见营养代谢病与防控方法[J]. 中国畜禽种业，13(05):81.

刘金春. 2012. 规模化猪场生产管理与疫病防控模式探索[D]. 江西农业大学.

陆克文. 2011. 新型猪用复合益生菌制剂的研制与开发[D]. 南京农业大学.

史子学，赵晓明，丁晓东，等. 2014. 重大猪病防控体系建设的探讨[J]. 猪业科学，31(08):94-95.

翁善钢. 2018. 2017年国际猪病疫情回顾：非洲猪瘟继续东扩和西进[J]. 养猪，(01):119-120.

杨文浩. 2015. 我国猪病防控现状[C]// 山东农业大学动物科技与动物医学院. 中国畜牧兽医学会动物福利与健康养殖分会成立大会暨首届规模化健康与福利养猪高峰学术论坛论文集. 山东农业大学动物科技与动物医学院，3.

张国华，Pomar C，杨公社. 2011. 采用精准饲养技术评估生长育肥猪的赖氨酸需要量[J]. 中国农业科学，44(18)：3840-3849.

张忠国. 2017. 近年来PCV3在国内外的研究进展[J]. 畜牧兽医科技信息，(12):17-18.

朱磊，范延刚，杨文静. 2015. 浅谈几种猪中毒病的诊治方法[J]. 中兽医学杂志，(09):48.

庄金秋，梅建国，王艳，等. 2018. 猪圆环病毒3型的病原学特征及检测技术研究进展[J]. 中国动物检疫，35(02):59-61，101.

Dong N, Fang L, Zeng S, et al. 2015. Porcine delta-coronavirus in Mainland China [J]. Emerg Infect Dis, 21(12): 2254-2255.

Fan S, Ku X, Chen F, et al. 2017. Complete genome sequence of a novel circovirus type 3 strain, PCV3/CN/Hubei-618/2016, isolated from China [J]. Genome Announc, 5 (5): e00100-17.

Gao Y, Kou Q, Ge X, et al. 2013. Phylogenetic analysis of porcine epidemic diarrhea virus field strains prevailing recently in China[J]. Arch Virol, 158(3): 711-715.

Lee S, Lee C. 2014. Complete genome characterization of Korean porcine deltacoronavirus strain KOR/KNU14-04/2014 [J]. Genome Announc, 2(6): pii: e01191-14.

Shen H, Liu X, Zhang P, et al, 2017. Genome characterization of a porcine circovirus type 3 in South China[J]. Transbound Emerg Dis, 5(15): 1-3.

Woo P C, Lau S K, Lam C S, et al. 2012. Discovery of seven novel mammalian and avian coronaviruses in the genus deltacoronavirus supports bat coronaviruses as the gene source of alphacoronavirus and betacoronavirus and avian coronaviruses as the gene source of gammacoronavirus and deltacoronavirus[J]. J Virol, 86(7): 3995-4008.

第2章
猪病诊断方法与检测技术进步

本章内容提要

我国猪病诊断过去主要依靠临床经验,随着诊断技术的进步,实验室诊断方法越来越多地得到应用,快速检测方法、通量检测方法及鉴别检测方法研究进展迅速。猪病诊断方法趋于标准化,制定了多项国家标准和行业标准等。这些国家标准、行业标准等已成为指导实验室诊断的重要依据。近10年对大部分标准进行了修订和重新制定。第一批、第二批国家兽医参考实验室和首批国家兽医专业实验室名单已经公布,检测机构也从单一的农业院校、科研机构发展到如今各种性质和形式的检测机构,尤其是最近几年第三方检测机构及连锁检测实验室不断涌现。猪病诊断试剂标准化和产业化进程加快。大数据与人工智能技术也开始应用于猪病诊断和防控。

2.1 采样技术

采样是畜牧生产和兽医临床工作中经常涉及的一项基本技术。例如,引种前对种猪健康状况的检查,猪群中出现疾病要进行系统性检查时更离不开采样。为了使实验室检查能有效、快速地获得可靠的结果,必须掌握正确的采样方法,样品的送达和保存方法。

2.1.1 采样前的准备、样品保存和送样

一般而言,采样前应根据具体需要,针对性地、有重点地做好准备工作。例如,进行生化指标测定与病原分离鉴定需准备的物品和要求就不相同。在不明确的情况下,则需全面地进行

准备。

2.1.1.1 准备工作

需准备的物品通常包括现场剖检用的解剖刀、砍骨大刀、剪、镊子，取脑时尚需锯子。病理组织学检查需用广口瓶准备好10%福尔马林溶液。血液生化检查和抗体检查通常要准备带盖的小试管、eppendorf管或一次性注射器。作外周血涂片需准备专用玻片。粪便和其他分泌物采样通常要用到棉拭子或相应的试管。尿液或精液可用塑料袋或瓶子盛装。此外，成年猪采样时要进行保定，需有保定绳。有时还需对猪局部进行清洁或消毒，需准备毛巾、碘酒或酒精棉及消毒液（如0.1%～0.2%新洁尔灭）。

2.1.1.2 样品保存和送样

采样后要尽快送往相应实验室。作短暂保存时，要根据样品性质和需要，采取稳妥、安全措施。例如猪传染性萎缩性鼻炎病原分离，可现场采样后直接接种于培养基上，此时只需包扎好平皿，防止剧烈震动或碰撞。分离病毒的样品可将拭子放入装有少量组织培养液的试管中。含病原微生物的样品通常需冷藏条件下保存和运送，一般是采用泡沫箱中放若干个冰袋的方法。如是快递寄送，需提前联系好收件人，以便及时收样。

2.1.2 采样方法

采样实际上是一项专业性很强的工作。采取的样品类别和数量，应能满足实验室诊断的需要，既不盲目做无用功，又不因样品过少而影响诊断。采样也是一项技术活，只有平时多练习，才能熟能生巧。以下按照样品来源的类别，简述采样技术。

2.1.2.1 血液

成年猪通常取耳静脉血，哺乳仔猪或断奶后的小猪多取前腔静脉血。一般应在保定后进行。采耳静脉血时，用保定器（绳）将猪的嘴鼻套住，保定后助手将耳根部捏紧或用橡皮带扎住耳根部，待静脉血管怒张，局部用酒精棉擦拭消毒后，即可将注射器针头刺入血管，抽出血来。不过此法采血量较少。如成年猪前腔静脉取血，保定器套紧猪嘴鼻后，尽量用力朝前上方拉直，此时猪拼力向后退抵栏壁，使颈静脉沟的末端正好处于胸腔入口处前方所形成的凹陷。较小的仔猪需由两人协助将猪仰卧，一人双手将两后肢向后拉直，一人双手将两前肢向侧方向拉紧，使胸前窝充分暴露出来。局部消毒后，针头沿凹陷窝向对侧肩关节顶端刺入，见有血液流入针管后，停止进针，抽吸针管，即可抽取所需量的血液。抽取血液后，抽取针管，留有一定空间，套上针管盖，并室温静置待血液凝固后，分离出血清。如果要取全血，通常事先要在采血针管内放入一定比例的抗凝剂，以防血液凝固。全血涂片通常用一张玻片角蘸取少量外周血至另一张玻片上，并按一定角度快速斜推成全血的薄层涂片。

2.1.2.2 排泄物

较小仔猪抓住后，即可用灭菌棉拭子在肛门内采取少量粪便，较大的猪需作保定（抵住墙一角），拉起尾巴，即可从肛门采取粪便。如见腹泻的猪，可采取刚排出在外或肛门四周的未污染的粪便。也可以戴上一次性手套，从肛门直接掏出直肠中的粪便。尿液的采取多是将猪保定后将导尿管插入膀胱取尿，也可以在清晨猪自然排尿时接取尿液。

2.1.2.3　分泌物

包括鼻液、泪液、喉咽液、口腔唾液、哺乳母猪乳汁、母猪的阴道分泌物、种公猪的精液。除公猪精液外，其他均可在人工保定或抓住小猪后，用灭菌棉拭子或小试管采集相应部位的分泌物。唾液收集可在猪舍中吊一根绳子(猪能触及的高度)，待猪多次舐咬咀嚼后取下挤出其中液体。乳汁可在母猪哺乳时直接挤到灭菌的三角瓶内或中试管内。猪精液人工采集的具体做法是：待公猪爬上采精架伸出阴茎时，用戴上胶手套的左手(手心向下)握住公猪阴茎前端的螺旋部，松紧度以能保定阴茎为准。以拇指轻轻摩擦其前端，使公猪产生快感而射精。射精时将拇指食指稍张开，露出尖端，让精液无阻拦地射出。最先射出的精液往往较稀，且易污染尿液等脏物，故不予收集。待射出乳白色精液时，方用右手接于专用瓶内。也可用假阴道法采取。

2.1.2.4　组织液

包括炎性渗出物、胸水、腹水、心包液、关节液、水肿液、脓汁、水疱液等。稀薄的液体可用一次性注射器直接吸取。黏稠的需取下针头直接吸取或用灭菌棉拭子采集。

2.1.2.5　内脏组织

通常是剖检时采取。根据组织不同，切取或剪取少量组织，分别装入塑料袋或灭菌平皿内。病理组织学检验的样品采集时，取材后立即放入 10 倍于组织块的 10%福尔马林溶液中固定，组织块厚度不超过 0.3 cm，大小在 22 mm×22 mm。

2.1.3　采样的注意事项

采样力求新鲜。死后组织易于腐败，尤其是夏季气温高时，应尽量在死后 2 h 内采取。

药敏试验和疑似流行病时，常需作病原的分离(鉴定)，此时要求所有准备的物品需包扎并灭菌，强化在解剖取样时的无菌操作。其他作生化或常规性检查的物品也应洁净。

样品的取材应根据疾病特性，与系统的临床症状相对应。剖检死淘猪后，取内脏组织的病变部或病健交界处。

样品采集后，要做好标记，如采样的时间，组织或脏器名称，根据具体样品的要求不一。注意样品保存的条件，并尽快送往诊断实验室。

2.2　诊断试剂的研发与应用

我国兽医体外诊断技术产业形成于 20 世纪 80 年代，经历近 40 年的发展，从无到有、逐步强化，在动物疫病防控中发挥了重要作用。我国猪病诊断技术发展较快，在诊断试剂的研发上已经从起步过渡到快速发展的阶段。在我国兽医体外诊断技术产业最初兴起之时，国家无法规、研发无体系、诊断无标准。随着产业的不断发展，在人用体外诊断和国外兽用诊断试剂的冲击下，国家不断补充并完善相关的法律法规，研发单位不断增多，研发体系不断完善，诊断技术及产品不断升级并标准化，诊断试剂的生产也逐步实现了标准的产业化，临床应用的目标逐渐明确，使诊断试剂成了猪场快速诊断、实时监测和制定疫病防控措施、提升管理水平不可缺少的工具之一。

2.2.1　国家法律法规的不断完善

进入21世纪后，国家从法律法规的层面对兽用诊断试剂的研发和生产等方面进行了规范和指导。2005年1月1日，农业部第442号公告明确了兽用诊断制品注册分类及注册资料要求，对兽用诊断试剂的注册进行了规范。2007年，农业部办公厅下达了《关于征求〈兽用诊断试剂实验室生产质量管理规范(征求意见稿)〉函》(农办医〔2007〕11号)，进一步加强兽用诊断试剂的监管。兽用诊断制品的注册按照442号公告经过近10年的实践，兽用诊断试剂仍然面临着市场混乱、产品质量参差不齐、不能满足有效供给、难以保障动物疫病防控需求的局面，亟待改革创新破解难题，规范和推动行业发展进步。2015年12月，农业部先后颁布了第2334号公告和第2335号公告，并于2016年4月，在农业部办公厅《关于兽药生产许可证核发有关工作的通知》中，将兽医诊断制品生产线明确分为4类：免疫学类诊断制品(A类)(抗原自制)、分子生物学类诊断制品(A类)(抗原自制)、免疫学类诊断制品(B类)(抗原委托生产)和分子生物学类诊断制品(B类)(抗原委托生产)。根据兽用诊断制品的行业特点，降低了新产品注册上市和生产企业的准入门槛，为兽用诊断试剂行业的快速发展提供了规范性的指导和保障。

2.2.2　我国猪用诊断试剂的研发体系形成并不断升级

对于猪用诊断试剂的研发，最初仅限于大专院校、科研院所等事业性研发单位，主要针对诊断技术所需的各单一组分开展诊断试剂的研发与注册，如[1988]农(牧)字第92号批准的“猪旋毛虫抗原、酶复合物及阴、阳性血清”、[1993]农(牧)函字第59号批准的“口蹄疫细胞中和试验抗原与阴、阳性血清”等。这种情况一直持续至20世纪末。进入21世纪后，我国猪用诊断试剂的研发水平得到了快速提升，除了事业性研发单位，很多企业(包括兽用疫苗研发企业和人用诊断试剂研发企业)逐渐加入了猪用诊断试剂研发的行列，加速了我国猪用诊断试剂研发技术的升级并形成体系。如口蹄疫相关的系列诊断试剂，主要由中国农业科学院兰州兽医研究所研制，中国动物疫病预防控制中心和中国动物卫生与流行病学中心等事业性研发单位也有研发。除此之外，成立于2002年的上海优耐特生物医药有限公司，2005年就取得了口蹄疫诊断相关的四项一类新兽药证书(其中两项为猪用诊断试剂)(中华人民共和国农业部第461号公告)。免疫诊断技术的快速发展促进了动物疫病诊断试剂的产业化和商品化，针对ELISA技术开展了多项兽用诊断试剂盒的研发和组装，胶体金免疫层析技术也在兽用诊断试剂领域得到了广泛应用，对口蹄疫、猪伪狂犬病及猪繁殖与呼吸综合征等重大猪病的快速诊断提供了工具支持。

2005—2017年我国共批准注册了39项猪用诊断试剂产品(表2-1)，其中一类新兽药2项，二类新兽药13项，三类新兽药24项(图2-1)。整体来看，我国研发的猪用诊断试剂新产品以三类新兽药为主，表明在诊断试剂研发上，我们引进消化吸收的能力很强，但完全自主创新的能力还有待进一步提升。其中基于免疫诊断技术的产品占了84.6%(33/39)，同时，随着分子生物学的快速发展，针对病原核酸的检测技术日益成熟并注册了多个PCR相关的猪用诊断试剂盒，2005—2017年共有6个新产品是基于分子生物学建立的PCR相关检测试剂盒。

表 2-1　2005—2017 年我国猪用诊断试剂新兽药批准情况

序号	产品名称	新兽药类别	获批时间
1	猪口蹄疫病毒 VP1 结构蛋白抗体酶联免疫吸附试验诊断试剂盒	一类	2005 年
2	猪口蹄疫病毒非结构蛋白抗体酶联免疫吸附试验诊断试剂盒	一类	2005 年
3	口蹄疫病毒非结构蛋白抗体单抗阻断酶联免疫吸附试验诊断试剂盒	二类	2006 年
4	口蹄疫病毒（Ⅱ、A、C、Asia Ⅰ型）定型 RT-PCR 诊断试剂盒	三类	2006 年
5	口蹄疫病毒 3ABC 抗体竞争 ELISA 检测试剂盒	三类	2006 年
6	口蹄疫病毒 RT-PCR 检测试剂盒	三类	2006 年
7	口蹄疫病毒多重 RT-PCR 检测试剂盒	三类	2006 年
8	口蹄疫病毒亚洲Ⅰ型抗体液相阻断 ELISA 检测试剂盒	三类	2006 年
9	口蹄疫病毒亚洲Ⅱ型抗体液相阻断 ELISA 检测试剂盒	三类	2006 年
10	口蹄疫琼脂扩散抗原、阳性血清及阴性血清	三类	2006 年
11	口蹄疫病毒亚洲Ⅰ型 RT-PCR 检测试剂盒	三类	2006 年
12	口蹄疫病毒非结构蛋白 3ABC ELISA 抗体检测试剂盒	三类	2006 年
13	猪圆环病毒 2 型 ELISA 抗体检测试剂盒	三类	2006 年
14	猪圆环病毒聚合酶链反应检测试剂盒	三类	2006 年
15	猪伪狂犬抗体免疫金标检测试纸卡	三类	2006 年
16	猪繁殖与呼吸综合征 RT-PCR 检测试剂盒	三类	2006 年
17	猪乙型脑炎乳胶凝集试验抗体检测试剂盒	三类	2006 年
18	猪传染性胸膜肺炎间接血凝试验抗原与阴、阳性血清	三类	2006 年
19	猪伪狂犬病病毒 ELISA 抗体检测试剂盒	三类	2007 年
20	猪繁殖与呼吸综合征病毒 ELISA 抗体检测试剂盒	三类	2007 年
21	猪旋毛虫抗体快速检测试纸条	二类	2007 年
22	猪伪狂犬病毒荧光抗体	二类	2008 年
23	猪繁殖与呼吸综合征病毒荧光抗体	二类	2008 年
24	猪细小病毒荧光抗体	二类	2008 年
25	猪圆环病毒 2-dCap-ELISA 抗体检测试剂盒	二类	2009 年
26	猪伪狂犬病病毒 gE 蛋白 ELISA 抗体检测试剂盒	三类	2010 年
27	猪传染性胸膜肺炎放线杆菌 ApxⅣ-ELISA 抗体检测试剂盒	二类	2010 年
28	猪链球菌 2 型 ELISA 抗体检测试剂盒	二类	2012 年
29	猪流感病毒（H1 亚型）ELISA 抗体检测试剂盒	二类	2013 年
30	猪口蹄疫Ⅱ型抗体检测试纸条	二类	2014 年
31	猪繁殖与呼吸综合征病毒 ELISA 抗体检测试剂盒	三类	2014 年
32	口蹄疫病毒非结构蛋白 2C3AB 抗体检测试纸条	二类	2015 年
33	猪瘟病毒间接 ELISA 抗体检测试剂盒	三类	2016 年
34	猪肺炎支原体 ELISA 抗体检测试剂盒	二类	2016 年
35	猪圆环病毒 2 型 ELISA 抗体检测试剂盒	三类	2016 年
36	猪口蹄疫病毒Ⅱ型 VP1 合成肽 ELISA 抗体检测试剂盒	三类	2016 年
37	猪乙型脑炎病毒 ELISA 抗体检测试剂盒	三类	2016 年
38	猪圆环病毒 2 型阻断 ELISA 抗体检测试剂盒	三类	2017 年
39	猪轮状病毒胶体金检测试纸条	二类	2017 年

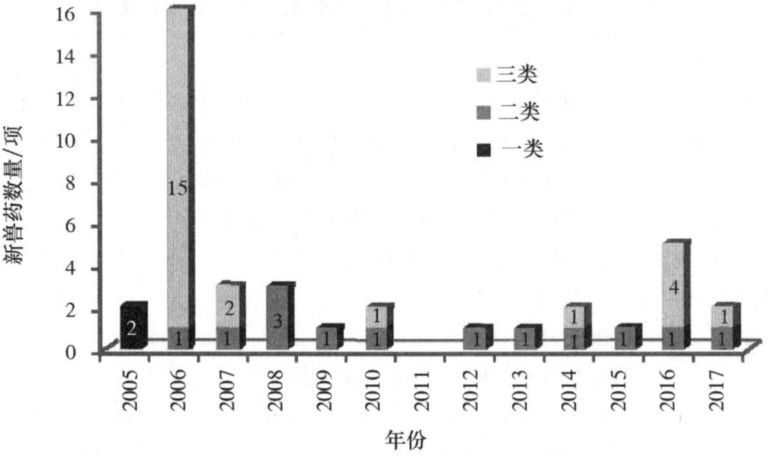

图 2-1　2005—2017 年我国猪用诊断试剂新兽药批准情况

如今，多学科交叉和融合的优势不断凸显，从事兽用诊断试剂研发的大专院校、科研院所及企业日益增多，快速促进了新材料、新技术在动物疫病诊断检测技术上的应用。如随着生物芯片技术的出现与发展，在多个实验室开展了用于猪病高通量诊断的基因芯片的研发，有的科研院所组建了专门的实验室，而且出现了主营兽用诊断试剂及食品安全检验试剂研发的生物芯片公司。随着新技术、新材料在兽用诊断试剂领域的应用，将会产出更快、更准、更方便的猪用诊断试剂，在兽用诊断试剂行业促成革命性的跨越式发展，实现高通量、快速的数字化兽医诊断。

2.2.3　猪病诊断技术的标准化

中国国家标准 B41 分类“动物检疫、兽医与疫病防治”中包括由国务院标准化行政主管部门和相关行业标准主管部门正式批准发布的国家标准、行业标准和地方标准，其中与猪病诊断技术相关的标准主要包括 30 余项国家标准(GB)、30 余项商品检验行业标准(SN)、10 余项农业行业标准(NY)和少量商业行业标准(SB)。各项猪病诊断技术中，已经标准化的主要是传统的病原分离鉴定(病毒分离、细菌分离培养、集虫、涂片镜检、电镜技术)、病理学诊断技术(组织病理、病理组织化学)和血清学诊断技术，包括凝集试验(间接血凝试验、血凝抑制试验、乳胶凝集试验)、琼脂免疫扩散试验、补体结合试验、病毒中和试验、变态反应、酶联免疫吸附试验、间接免疫荧光试验等(田克恭 等，2010)。PCR、实时荧光 PCR 等分子生物学诊断技术也越来越多地成为猪病诊断的标准方法，尤其是病毒病的诊断。细菌病、寄生虫病的标准诊断方法仍以病原分离、血清学方法占大多数，也有少量将 PCR 作为标准诊断方法，如猪链球菌 2 型感染。此外，一些快速诊断技术，如胶体金诊断技术也有望在将来列入标准中。

这些国家标准、行业标准等已成为指导实验室诊断的重要依据。近 10 年对大部分标准进行了修订和重新制定，同时随着新技术的发展和不断成熟逐渐新增了一些诊断方法的标准，如 2017 年 12 月份发布的《猪瘟病毒阻断 ELISA 抗体检测方法》，2018 年 1 月份发布的《猪流行性腹泻病毒 RT-PCR 检测方法》。但与国际上猪病诊断技术的标准化情况尚存在一定差距，主要表现在猪病诊断技术有关的标准分类过多，包括国家标准、农业行业标准、商品检验行业标准、商业行业标准等，目前尚无完整的猪病诊断技术标准汇编，不便于实验室技术人员参考使用。

2.2.4　我国兽用诊断试剂产业化的进展

我国兽用诊断试剂的产业化稍落后于产品的研发进程。2001 年《中华人民共和国兽用生物制品质量标准》中收纳了 20 余项诊断试剂，但到 2009 年才建立了第一条兽用诊断试剂生产线。随着整个行业的发展，产业化进程逐渐加快。截至 2017 年 12 月 31 日，我国共有 23 家企业建立了兽用诊断试剂的生产质量管理规范（GMP）生产车间（图 2-2），2016 年和 2017 年两年时间就建立了 11 个兽用诊断试剂 GMP 生产车间（国家兽药基础信息查询系统）。

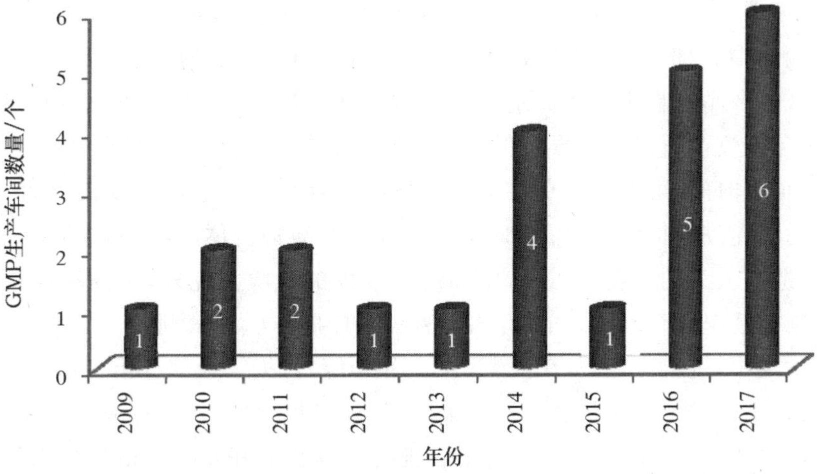

图 2-2　我国兽用诊断试剂 GMP 生产车间建设情况

2.2.5　我国猪用诊断试剂的应用

我国是生猪生产和消费大国，但养猪业的规模化发展进程缓慢，导致我国养猪业面临着多病原混合感染、老病发生变异、新病不断出现的复杂临床局面。目前，我国流行的主要猪病均已有商品化的疫苗，免疫成了我国预防和控制猪病的主要手段之一。《中华人民共和国动物防疫法》第五条明确规定“国家对动物疫病实行预防为主的方针”。疫苗的使用不仅可以避免或减少猪群中临床疫病的暴发、提高养猪业的生产效率、减少兽药的使用及食品中兽药的残留，同时能提高公共卫生水平。针对我国养猪业猪病疫情复杂并以免疫为主要防控手段的特点，猪用诊断试剂的研发及应用均需针对猪场不同时期的状态进行设计和选择；进口猪用诊断试剂是基于以扑杀为主要防控疫病手段研发出来的，很难适应我国复杂的临床需求。

20 世纪的猪病诊断主要用于疫病暴发和流行期间，主要依靠有临床经验的专家教授及所属实验室自建的细菌、病毒检测技术完成疫病的初步诊断，并在专家教授的指导下对临床的疫情进行处理。进入 21 世纪后，我国猪用诊断试剂的研发逐渐形成体系并不断产出，同时进口兽用诊断试剂逐渐涌入，规模化养猪场开始在猪群比较稳定的情况下针对主要猪病的抗体水平进行监测。但最初在结果分析及根据结果对猪场管理水平的提升上没有体现出诊断试剂在猪病防控中的重要作用。随着对诊断试剂及我国临床情况的认识不断深入，猪用诊断试剂研发的针对性更强：或用于现场快速诊断，或用于免疫效果评价，或用于野毒感染预警，或用于鉴别诊断等（田克恭 等，2014）；同时临床应用的目的性更强，对检测结果的分析更到位，对猪场的管理水平提升更具有指导意义。因此，近两年我国已出现了兽医第三方检测机构及连锁检测实验室，同时猪场自主送检样品的数量也逐年增加。

据2017年武汉科前生物股份有限公司检测中心在猪病检测方面的统计数据（汤细彪 等，2017），该中心针对我国的30个省份5 304家猪场送检的10万余份样品，分别进行了病原学、血清学、细菌学、病理学检测，同比增长了32.39%。送检样品中，血清样品数89 050份，在所有样品中占比高达81.2%。同时北京中科基因技术有限公司（2018）也对针对猪瘟、猪伪狂犬病、猪繁殖与呼吸综合征及口蹄疫等主要猪病检测的血清样品数进行了统计，共计76 950份。从这两个兽医检测中心/机构的统计数据可以看出，抗体检测试剂的需求量最大，表明我国的猪用抗体检测试剂产品与临床应用需求之间的衔接越来越好。抗体检测试剂可客观评价动物疫苗的品质，避免因疫苗质量问题导致的免疫失败。根据免疫抗体检测结果科学地制定免疫程序、确定最佳免疫时间，可有效避免在动物机体特异性抗体处于高水平时接种疫苗，造成人为削弱疫苗对动物免疫保护的效果；同时也可以避免在动物机体特异性抗体降至保护水平以下时进行免疫，造成人为的免疫空白期，增加疫情暴发的风险。此外，有的抗体检测试剂盒可对猪场野毒感染的情况进行预警，如猪伪狂犬病毒gE抗体检测试剂盒。但遗憾的是，在现有猪用抗体检测试剂中，进口产品（如IDEXX、Biochek等）占据了大部分市场份额。

2017年武汉科前生物股份有限公司检测中心猪病相关的病原学检测样品数量为11 373，在所有样品中占比约为10.4%。同期，哈尔滨维科生物技术开发公司市场技术服务部检测实验室（哈兽维特，2018）共收到来自我国的24个省（自治区、直辖市）325个规模猪场的合计1 079份病料（肺脏、脾脏和淋巴结等组织）样品和425份粪便或肠道组织样品，采用PCR和RT-PCR，胶体金等方法对常见危害猪场的病毒类疾病病原如猪繁殖与呼吸综合征病毒（PRRSV）、猪瘟病毒（CSFV）、猪伪狂犬病毒（PRV）等进行检测。其检测数量远远低于血清学的检测数量，原因在于发病猪群的抽检数少于血清学检测的抽检数，更重要的是病原检测多使用PCR和RT-PCR相关试剂，操作复杂且成本高，与行业的收益匹配度低。因此，基于免疫学原理研发操作方便、成本低的抗原诊断试剂才能更好地满足兽用诊断试剂的市场需求。

2.3 猪病的临床诊断

当猪舍饲养员反映猪群出现疾病后，兽医要尽快到现场进行观察和诊断。经过全面细致的调查和资料收集，综合临床所见，比较分析，可以做出初步或大致的系统诊断，继而及时采取针对性防治措施，减少疾病的传播或引起的损失。除有部分病可以确诊外，有些需要进一步采样，送往实验室进一步诊断。

2.3.1　临床诊断采用的基本方法

众所周知，就临床诊断方法，中医讲的是“望、闻、问、切”，现代医学说的是“视、触、叩、听”。兽医临床诊断基本上采用的是，问和看为主，闻、听和触为辅，而叩诊和切脉方法很少能用或基本不用。

问诊：首先向饲养员了解本次疫情的基本情况，病猪的主要表现和死后剖检所见。其次通过查阅资料或与场领导座谈，进一步了解既往病史和周边疫病流行情况，当地综合性防疫措施，饲养管理和环境卫生情况。问诊是流行病学调查中经常用到的方法。

视诊：深入猪场栏舍，边问边看，获得猪群健康状况的第一手资料。观察猪舍中出现问题的猪是哪些，有何临床表现，是全身性还是局部性疾病，是哪个系统的疾病。必要或条件许可，剖检 2～3 头濒死的病猪，观察其病变，进一步验证初始判断。离开视诊方法，临床诊断无从谈起。

听诊：与人医用听诊器听诊不同，兽医主要是到猪场第一线，听取来自猪场的声音，特别是巡视过程中，边走边看边听，听猪群是否有呼吸异常，如咳嗽、气喘、呻吟。

触诊：与猪的密切接触中，用手触摸猪耳发热情况，局部肿胀情况，如质地、坚硬度、有无捻发音、波动感还是面团感。

闻诊：用鼻闻病猪呼出的气体、口腔气味，分泌物、排泄物及其他病理性产物的气味。如呼出的气体或鼻汁带有特殊腐败气味，往往提示呼吸道及肺脏的坏疽性病变；阴道流出的分泌物有腐败气味时，可能是子宫蓄脓或胎衣滞留等。卫生、通风不良或饲养密度过大时，猪舍小环境的氨气往往很重，一走进猪舍人就能察觉出来。

2.3.2　临床诊断的主要内容

借助上述某一种方法或某几种方法的联用，可以完成临床诊断。具体内容包括以下几个方面：

2.3.2.1　流行病学诊断

对于群发性的传染病和寄生虫病，以及营养代谢性疾病和中毒病，运用流行病学调查方法和手段特别有用。搞清楚本次疫情中猪的发病死亡情况，如时间、地点，猪的种类(哺乳仔猪还是保育猪等)，传播速度，用药治疗情况和效果，死淘猪处理情况，剖检猪的病变情况，平时免疫情况和效果，附近猪场情况，以往是否有这种情况等。

流行病学诊断，在方法上以问诊为主(结合问卷调查)，追踪传染来源、传播媒介有哪些，通过何种途径传播，受感染的动物种类，对获得的各种资料进行综合分析，以获得有意义的诊断依据。

2.3.2.2　临床症状观察

到猪场栏舍或隔离舍现场对猪群进行观察是临床诊断的重要一环。问诊得到的资料要到现场进行证实或再现，更重要的是自身亲自观察才能准确地把握诊断的依据。猪的健康状态大致可以从猪的精神、食欲、行为几个方面了解，加之对猪个体的天然孔清洁度，被毛、皮肤色泽，可视黏膜等的观察，使诊断有了进一步的方向。大致可以判定猪是全身性还是某个系统的问题。除了视诊外，一些热性病常要测体温，必要时同时进行有目的性的采样。

2.3.2.3 病理变化观察

除了现场对病猪直接观察外，兽医可以发挥不同于人医的长处就是，现场对病死猪或濒死猪宰杀，系统地观察体内脏器的病理变化。可以根据临床所见，全面而有重点地观察组织与内脏出现的病变。必要时同时进行采样，置于福尔马林固定液中，供病理组织学检查。

2.3.2.4 防治效果观察

根据临床上所见所闻，进行疾病的初步诊断。在此基础上，兽医可以借助于防治效果来进一步确立诊断。例如，许多传染病，通过疫苗紧急接种，短时间收到迅速扑灭疫情的效果。一些细菌感染引起的疾病，通过应用抗生素或化药，收到明显的疗效，可区别于病毒性疾病。

2.3.3 鉴别诊断及临床诊断与实验室诊断的关系

在临床诊断中，常需要从众多的可能选项中，逐一排除，综合分析，选定可能的选项。大体上首先确定属于什么类型的疾病（传染病还是其他），然后要确定是全身性还是系统性的，这其中常需要进行鉴别诊断。

2.3.3.1 鉴别诊断

鉴别诊断需要从类似症状或病变的疾病中，确定是哪种疾病。在某些情况下，通过比较和鉴别，可以进行一定程度上的区分。例如猪传染性胸膜肺炎和副猪嗜血杆菌病，两者均是呼吸道感染，病变上均有肺炎或胸膜炎，病原学上也类似。但猪发病年龄上有不同，猪传染性胸膜肺炎主要发生于生长阶段的中、大猪，副猪嗜血杆菌病多发生于断奶后的保育猪。症状上，前者死前鼻孔常有鲜血流出，病变上局限于肺脏或胸膜，而副猪嗜血杆菌病的病变主要是多发性浆膜炎（例如心包炎、腹膜炎、肝周炎）。二者可作为两种病的区别依据。当然，鉴别诊断有时也有非常困难的情况，例如猪传染性胃肠炎和猪流行性腹泻，很难从症状或病变上去辨别。此时，并非一定要待确诊后再进行防控处理。临床上遇到重大疫情，如同救火警示，第一要务是灭火，防止火势蔓延，对于兽医来说，得力的防控措施比确诊来得更重要。在确定了某系统的疾病后，处理上的许多防控措施是大同小异的。在稳定好疫情后，可以借助国内外的流行病学资料和实验室手段，再来确诊并不为时过晚。

2.3.3.2 临床诊断与实验室诊断的关系

临床诊断是整个诊断的基础，同时为实验室诊断提供多种资料（包括病料）来源，实验室诊断的结果分析应结合来自现场的系统资料。另一方面，目前养猪生产中，抗生素或化药使用普遍，用药盲目、疫苗接种过多过滥，病原变异加快，多重病原混合感染等，导致疾病多表现非典型症状和病变，仅凭临床经验不足以确诊。此时实验室诊断可作为临床诊断的重要补充和验证，更具有权威性和说服力。故现行的诊断应是两者的有机结合，而不是过分强调某一方面，忽略另一方面。我们提倡从事实验室检测工作的专业人员，也熟悉些临床诊断知识，并能有机会亲临现场去感受，对猪病有更多的了解。从事临床工作的兽医师们也学习些实验室诊断基本知识，掌握如何进行病料的采集、保存和运输等。临床与实验室配合好时是相得益彰，可以提高诊断的准确性。

2.4 猪病的实验室诊断

2.4.1 病原学诊断方法

2.4.1.1 金标准——病原的分离鉴定

1. 病毒性病原的分离鉴定

常见的病毒性病原分离方法包括细胞法、鸡胚法和实验动物法。其中，细胞法分离病毒是最常用的方法（表 2-2）；鸡胚法常用于禽类病毒的分离，在猪源病毒方面主要用于分离猪流感病毒、猪副黏病毒等，也可用于分离伪狂犬病毒；使用实验动物分离猪源病毒成本较高，且考虑到动物福利，实验动物法分离病毒主要用于分离毒株的动物回归试验和毒力鉴定。

表 2-2　常见的用于分离猪病毒性病原的细胞/细胞系和细胞病变特征

病毒名称	细胞/细胞系	细胞病变特征
猪瘟病毒	PK-15、ST	无细胞病变（CPE）
猪繁殖与呼吸综合征病毒	PAM、MA-104、Marc-145	PAM 细胞常用于初次分离；病毒接种细胞后通常在 3～4 d 可见细胞病变而呈现圆缩、聚集和脱落。不同的毒株出现细胞病变的代次不同
猪圆环病毒 2 型	PK-15、ST	无细胞病变（CPE）
猪细小病毒	PK-15	16～36 h 可观察到细胞核内包涵体，5～10 d 可见特征性细胞病变，细胞中出现弥漫性颗粒，继而变圆、聚集、固缩、崩解
伪狂犬病毒	PK-15、MDBK、BHK21、CEF	在 12～36 h 内可出现典型的 CPE，表现为细胞变圆、空洞、脱落（张青占，2013）
猪流行性腹泻病毒	Vero	细胞病变可见细胞面粗糙，颗粒增多，有多核细胞，细胞脱落。在出现细胞病变前可能需要用胰酶处理和盲传（毕静，2013）

注：PK-15，猪肾细胞；ST，猪睾丸细胞；PAM，猪肺泡巨噬细胞；MA-104，猴胚胎肾细胞；Marc-145，猴胚胎肾细胞，从 MA-104 克隆而来；MDBK，牛肾细胞；BHK21，乳仓鼠肾细胞；CEF，鸡胚成纤维细胞；Vero，非洲绿猴肾细胞。

细胞法分离病毒的培养物常需要进一步鉴定。病毒鉴定常用的方法有中和试验、免疫荧光、针对核酸的聚合酶链反应（PCR、RT-PCR、实时 PCR）和基因测序鉴定等。

2. 细菌性病原的分离鉴定

常用的细菌性病原的分离鉴定方法包括分离培养、染色镜检、生化鉴定试验等。

（1）细菌性病原的分离培养　细菌性病原分离培养常用的培养基按照用途可分为基础培养基、加富培养基、选择培养基、鉴别培养基等。常见猪细菌性病原分离培养特性见表 2-3。

表 2-3 常见猪细菌性病原分离培养特性

病原名称	分离用培养基	培养特性
副猪嗜血杆菌	加 NAD 和血清的 TSA 或 TSB	37℃培养 24～48 h，生长为圆形、隆起、表面光滑、边缘整齐、小而透明的不溶血菌落，CAMP 试验阳性(蔡旭旺 等，2005)
多杀性巴氏杆菌	对营养要求较严格，在巧克力琼脂或哥伦比亚血琼脂培养基上生长良好，在普通培养基上生长不良；加入蛋白胨、酪蛋白的水解物、血液、血清或微量血红素时则可促进生长	37℃培养 24 h 后直径达 0.5～2 mm，在血琼脂、巧克力琼脂平板上形成边缘整齐、表面光滑、不透明、湿润、微隆起、有黏性、有甜味的浅灰白色露滴样菌落
沙门氏菌	对营养要求不高，能在普通琼脂平板上生长	需氧或兼性厌氧菌，经 37℃ 24 h 培养，菌落呈圆形，直径 2～3 mm，光滑、湿润、无色、半透明、边缘整齐。BS 琼脂上菌落为黑色有金属光泽，棕褐色或灰色；HE 琼脂培养基上菌落为蓝绿色或蓝色，多数菌落中心黑色或几乎全黑色
猪链球菌	普通培养基中生长不良，需添加血液、血清、葡萄糖等，或使用血清肉汤培养	在血琼脂平板上长成直径 0.1～1.0 mm，灰白色，表面光滑，边缘整齐的小菌落。血清肉汤中初呈均匀浑浊，后呈颗粒状沉淀管底，上清透明
猪丹毒丝菌	普通琼脂培养基和肉汤中生长不良，加入 0.2%～0.5%葡萄糖或 5%～10%血液、血清，则生长较好；麦康凯培养基上不生长	实验室培养时兼性厌氧，血琼脂平板上经 37℃培养 24 h，形成湿润、光滑、灰白色、透明、露珠样的圆形小菌落，并形成 α 溶血环
支气管败血波氏杆菌	血琼脂平板上能生长良好，但易受杂菌干扰，改良的 Smith 培养基的选择性分离培养效果较理想	在血琼脂平板上培养 48 h 后形成 1～2 mm 的菌落，且有明显溶血环。改良的 Smith 培养基能很好地抑制鼻腔中其他细菌的生长，并使培养基 pH 改变而产生颜色变化，出现浅蓝绿色、边缘有光泽、易于识别的菌落
猪肺炎支原体	培养条件苛刻，常利用组织培养平衡盐类溶液，加入乳清的蛋白水解物、酵母浸出物及猪血清，样品中其他支原体会影响分离。作固体培养时，常用适应液体培养基生长的培养物接种于琼脂培养基表面，培养条件是 5%～10%CO_2 和潮湿空气	37℃、含 5%～10%CO_2 条件下培养 2～5 d，pH 从 7.6 降至 6.8，培养时间越长，pH 下降越多。在使用固体培养基初次分离时，培养 10 d 左右才能观察到小而圆，边缘整齐，灰白色，半透明，中间凸起呈乳头状，大小在 100～300 μm 之间的菌落，有些老龄菌落中心稍凹陷

注：NAD，烟酰胺腺嘌呤二核苷酸(简称辅酶Ⅰ)；TSA，胰酪大豆胨琼脂培养基；TSB，胰蛋白胨大豆肉汤培养基；CAMP，是 Christie、Atkins 和 Munch-Peterson 三人姓的首字母；BS，亚硫酸铋；HE 琼脂，Hektoen 肠道病菌培养用琼脂。

(2)染色镜检　常用的染色镜检方法包括革兰氏染色、芽孢染色法、鞭毛染色法、荚膜染色法、死活染色法等(沈萍 等，2006)(表 2-4)。

①革兰氏染色　是最常用的染色方法，常见的猪病相关的革兰氏阳性菌有猪葡萄球菌、猪

链球菌、猪丹毒丝菌等；革兰氏阴性菌有大肠杆菌、副猪嗜血杆菌、胸膜肺炎放线杆菌、猪布鲁氏菌、多杀性巴氏杆菌、支气管败血波氏杆菌、沙门氏菌属、猪痢疾短螺旋体等。

表 2-4　常见猪细菌性病原染色方法及观察特征

病原名称	染色方法及观察特征
副猪嗜血杆菌	革兰氏阴性，小杆菌或多形性小杆菌，约 1.5 μm×(1.5～2.0) μm；无鞭毛，无芽孢，新分离的菌株有荚膜
多杀性巴氏杆菌	革兰氏阴性，瑞氏、美蓝或姬姆萨染色可见菌体多呈卵圆形、两端浓染的球杆菌或短杆菌，宽 0.25～0.4 μm，长 0.5～1.5 μm，常单个存在，或成双排列，偶见短链状；不形成芽孢，无鞭毛，无运动性，多数菌株有荚膜
沙门氏菌	革兰氏阴性，呈直杆状，(0.7～1.5) μm×(2.0～5.0) μm；不产生芽孢，一般无荚膜，有鞭毛，能运动，绝大多数有菌毛，可吸附于宿主细胞表面和凝集细胞
猪链球菌	革兰氏阳性，老龄的培养物呈现阴性；呈圆形或卵圆形，直径小于 2.0 μm；在固体培养基中常排列成链状或成双，肉汤内对数生长期的链球菌常呈长链排列
猪丹毒丝菌	革兰氏阳性，直或稍弯曲的细杆菌，两端钝圆，(0.2～0.4) μm×(0.8～2.5) μm；病料中菌单在或呈 V 形、堆状或短链，老龄培养物或心内膜疣状物中多为弯曲的长丝状；无鞭毛、无荚膜，不产生芽孢
支气管败血波氏杆菌	革兰氏阴性，单在或成双的细小球杆状，大小约为(0.2～0.3) μm×(0.5～1.0) μm，常呈两极染色；无芽孢，以周鞭毛运动
猪肺炎支原体	革兰氏阴性，着色不佳；姬姆萨或瑞氏染色，常呈两端浓染；无细胞壁，较小，呈球状、点状、杆状和多形态

在革兰氏染色过程中，由于抹片过厚、加热过度、脱色过度、老龄培养物或染色液质量问题等可能会造成一种细菌既呈现革兰氏阳性又呈现革兰氏阴性。出现这种情况时，可通过细菌拉丝试验来快速鉴定(解晓珍 等，1995)。革兰氏阴性菌的细胞壁在稀碱溶液中易于破裂释放出未断裂的 DNA 螺旋，使氢氧化钾菌悬液呈现黏性，呈拉丝状，而革兰氏阳性菌则没有上述现象。解晓珍等(1995)对 1 267 株菌的试验结果表明，所试的 603 株革兰氏阳性菌拉丝试验都呈阴性，而所试的 664 株革兰氏阴性菌均呈阳性，符合率达 100%。梭状芽孢杆菌和某些厌氧性无芽孢革兰氏阳性菌(如双歧杆菌等)染色反应不定，但拉丝试验却能正确地做出鉴定。富含脂质不易进行革兰氏染色的结核分枝杆菌，拉丝试验也呈阴性反应。因此，细菌拉丝试验可以作为革兰氏染色的复核方法。该方法简便、快速，有助于在基层实验室推广应用。

②芽孢染色法　能否产生芽孢，芽孢的形状、大小、位置等特征是鉴别细菌种类的重要依据。某些细菌，如芽孢杆菌属和梭菌属的细菌在一定环境条件下能产生芽孢，在革兰氏染色时呈现无色。常用的芽孢染色方法有孔雀绿染色法和石炭酸复红染色法。染色液的浓度和染色时间不同，会得到不同的结果。

③鞭毛染色法　杆菌、弧菌和部分球菌具有鞭毛，鞭毛直径在 10～30 nm，低于光学显微镜的分辨率，通过特殊的染色方法染色后才能在光学显微镜下观察其形态。常见的鞭毛染色方法包括银盐法和复红沉淀法等。

④荚膜染色法　除了少数细菌如炭疽芽孢杆菌外，大多数细菌的荚膜的主要成分是多糖，其通过性较高，不易与染料结合，一般采用负染的方法使菌体和背景区分开来，菌体显示紫色，背景呈灰色或黑色，荚膜不着色而显示无色透明的圈。

⑤死活染色法　利用死细胞和活细胞在生理机能和性质上的差异通过染色剂进行鉴别。常用的染色剂有台盼蓝、美蓝等，台盼蓝应用较广泛。

染色法是微生物实验室常用的细菌观察、鉴定的方法。近年来，国内学者也对传统的染色方法进行了很多改进性研究。韩杰等(2015)对革兰氏染色步骤中的脱色环节进行改进，直接使用0.8 g/mL的复红酒精溶液，省去了脱色的环节，达到了脱色和复染的双重目的，减少了操作步骤，提升了实验效果。郑冬超等(2015)对细菌芽孢染色法进行了改良研究，使用石炭酸复红试剂代替0.5%番红水溶液作为复染剂，并对比不同石炭酸复红浓度和染色时间对染色效果的影响，得出了10倍稀释液为复染剂进行30 s至1 min染色效果最佳。此外，每个实验室在进行细菌染色试验时，应准备对照培养物，对照培养物也应进行染色，以进行质量控制。

(3)生化鉴定试验　不同的细菌由于具有不同的酶系统，使它们能够利用不同的底物，或利用相同的底物，产生不同的代谢产物，因此通过代谢产物的特性进行各种生理生化反应，可以鉴别细菌(表2-5)。生化鉴定试验主要包括碳水化合物代谢试验、蛋白质和氨基酸代谢试验、碳源和氮源利用试验、各种酶类试验及抑菌试验等。

表2-5　常见猪细菌性病原的生化特征

病原名称	生化特征
副猪嗜血杆菌	触酶阳性，氧化酶、吲哚和脲酶阴性；发酵果糖、麦芽糖、葡萄糖和蔗糖，不分解阿拉伯糖、鼠李糖、木糖、甘露醇、乳糖；硝酸盐还原试验呈阳性，醋酸铅试验呈阴性
多杀性巴氏杆菌	触酶、氧化酶、吲哚、硝酸还原酶、碱性磷酸酶阳性；精氨酸二氢酶、赖氨酸脱羧酶阴性，脲酶、甲基红(MR)试验和V-P试验均为阴性；不液化明胶，产生硫化氢和氨；48 h可分解葡萄糖、半乳糖、果糖、甘露糖和蔗糖，产酸不产气
沙门氏菌	能利用葡萄糖产气；多数能利用枸橼酸盐；赖氨酸和鸟氨酸脱羧酶反应阳性，脲酶试验阴性；不发酵蔗糖、乳糖和侧金盏花醇
猪链球菌	能发酵葡萄糖、蔗糖，能分解葡萄糖产酸不产气；链球菌属触酶试验阴性；大多数猪链球菌2型菌株具有下述特性：在富含淀粉的培养基中能产生淀粉酶，V-P试验阴性，6.5%NaCl抑制其生长，不能还原0.1%的美蓝，能发酵菊粉和棉子糖，七叶苷水解阳性，马尿酸盐和甘露糖阴性
猪丹毒丝菌	在加有5%马血清和1%蛋白胨水的糖培养基中可发酵葡萄糖、果糖和乳糖产酸不产气，不发酵甘露醇、山梨醇、肌醇、水杨酸、鼠李糖、蔗糖、菊糖等；产生硫化氢，触酶阴性，不分解尿素；甲基红和V-P试验阴性；明胶穿刺呈试管刷状生长，但不液化明胶
支气管败血波氏杆菌	本菌不发酵糖类，可利用烟酸，能分解尿素
猪肺炎支原体	本菌对乙醚敏感，能利用葡萄糖并产酸，1∶5 000的美蓝溶液可抑制生长

2.4.1.2　基于抗原蛋白的检测诊断方法

1. 电子显微镜技术

电子显微镜技术(electron microscopy,EM)自 1931 年在德国最先出现后,极大地推动了人们对病毒及病毒性传染病的认识。即使近年来快速发展的酶联免疫吸附试验、聚合酶链反应、免疫组织化学技术、原位杂交技术具有很高的灵敏度,但电子显微镜技术在新发病原体的快速检测以及辨识病原的形态和种属归类方面具有重要意义(张莹 等,2013)。不同科甚至不同种属病毒的形状、大小、微观结构、对称性等方面差异显著,这些特点有助于病原的快速鉴别。更重要的是,电子显微镜技术不像免疫学检测或分子生物学检测需要特定的试剂或引物,在未知病原体的检测方面具有重要意义。电子显微镜技术在近年来的新发猪传染病的确诊方面发挥了重要作用。特别是胃肠道病毒感染的临床样品,如引起仔猪腹泻类的病毒,在细胞法初次分离有困难,或者病原未知的情况下,使用负染技术,可展示病毒的轮廓、形态、大小、表面结构(如核衣壳蛋白、包膜)等,并可以区分形态上与支原体、细菌及其他微生物相似的病毒,在数分钟内完成病毒诊断,通常在 1 h 之内利用免疫电镜技术完成对负染结果的确认。

扫描电子显微镜(scanning electron microscope,SEM)用于病毒外表形态观察,而透射电子显微镜(transmission electron microscope,TEM)可同时获得病毒内部结构和外部的信息。随着制样技术,以及免疫电镜技术、其他功能性电镜技术的发展,电镜技术对于病毒的鉴别诊断具有重要意义,可以应用于多重病毒感染,也可以检测体外不能培养的病毒。处理液体样品时,先通过低速离心去除颗粒较大的碎片,再通过超速离心沉淀病毒粒子。在进行免疫电镜检查的样品中加入抗血清,可以使病毒粒子聚集,提高离心后的回收率,或将抗血清滴加到检测样品所用的铜载网,也可以聚集样品中的病毒粒子,增加检测的敏感性。此外,电子显微镜在病毒结构和形态检测方面的分辨率很高,可以达到每毫升 10^5～10^6 个病毒颗粒,点分辨率达到 0.1 nm,可以分析 10^{-25} g 的超微量值。

电镜技术在临床诊断的应用中也存在一些问题:昂贵的设备不利于应用普及,对操作人员的技术和经验要求很高,制样过程复杂,不适合高通量样品的检测等。20 世纪 90 年代以来,随着分子诊断技术的发展,电镜技术在临床病毒病诊断方面日趋消沉,逐渐侧重于病毒的基础研究,但是,电镜技术仍然是病毒鉴别诊断所必需的。此外,单独的电镜结果不足以做病原诊断,只有结合临床病理学分析,联合免疫学、分子生物学检测,才能发挥其优势。

2. 凝聚性试验技术

凝聚性试验技术是最为简单和方便的免疫学检测技术,常见的用于检测抗原的此类技术包括直接凝集试验、反向间接血凝试验、乳胶凝集试验、协同凝集试验、血凝(HA)/血凝抑制(HI)试验、环状沉淀试验、琼脂扩散试验、免疫电泳等。

(1)直接凝集试验　其原理是颗粒性抗原如细菌、螺旋体、立克次氏体等与相应抗体直接结合可出现凝集现象。如使用玻片法进行猪沙门氏菌的鉴定和分型,商品化的沙门氏菌属诊断血清可用于鉴别诊断,包括 A～F 群多价抗 O 抗原血清,以及数十种抗 O、H 抗原(O 抗原即菌体抗原、H 抗原即鞭毛抗原)的单因子抗血清(贾爱卿,2006)。

(2)反向间接血凝试验　其原理是先将特异性抗体致敏于红细胞表面,再与相应的可溶性抗原结合产生凝集现象,绵羊红细胞最为常用。该方法可用于检测可溶性抗原蛋白如细菌裂解物、寄生虫分泌物、病毒及其他蛋白质抗原等。致敏用的抗体应具备高效价、高特异性、高亲和力的特点,使用纯化的 IgG 用胃蛋白酶消化,制成 $F(ab')_2$ 片段用于致敏,可消除一些非特异因素(庄金秋 等,2016)。20世纪90年代初,郭志刚等(1991)用单克隆抗体致敏绵羊红细胞,建立了针对弓形虫循环抗原(circulating antigens,CAg)的反向间接血凝试验。该方法也是我国口蹄疫病毒鉴定的行业标准方法,可在2~7 h内快速区别猪水疱病和口蹄疫。刘泽文等(2017)通过纯化的大肠杆菌K88、K99、987P纤毛抗原免疫家兔制备阳性血清,利用阳性血清IgG致敏醛化的绵羊红细胞,建立了快速定性和定量检测大肠杆菌K88、K99、987P纤毛抗原的反向间接血凝试验方法。李莹等(2001)应用本方法进行猪囊尾蚴循环抗原的检测,为猪囊尾蚴病的诊断提供依据。反向间接血凝试验操作简便、快速,结果准确,不需特殊仪器,现场适应性高。

(3)乳胶凝集试验　该方法测抗原与反向间接血凝试验原理相似,聚苯乙烯乳胶吸附抗体致敏后,与相应的抗原结合可发生凝集现象。乳胶凝集反应常采用玻片法。取待检抗原和致敏乳胶各一滴在玻板上混匀,阳性者在5 min内即出现明显凝集,但在20 min时需再观察一次,以免遗漏弱阳性。

(4)协同凝集试验　金黄色葡萄球菌的特异性表面抗原葡萄球菌A蛋白(staphylococcal protein A,SPA)能与多种动物的IgG分子的Fc片段结合,而Fab片段暴露于外并保持免疫活性,与相应抗原结合后,可产生凝集反应。该方法可用于多种细菌及病毒的快速诊断(杨汉春,2003)。

(5)血凝/血凝抑制试验　正黏病毒科、副黏病毒科、腺病毒科、细小病毒科、披膜病毒科等许多科的病毒可以与多种动物的红细胞反应,引起红细胞凝集。这是由于病毒糖蛋白(血凝素)能够与红细胞受体结合,形成聚集物并从悬液中沉降。特异性抗体能抑制这种反应,通过病毒的这种生物学特性可以鉴别病毒。猪病相关的病毒如猪流感病毒(鄢明华 等,2011)、猪细小病毒(张婉华 等,2013)等能利用该方法进行判定。猪流感病毒凝集鸡红细胞,而猪细小病毒可使豚鼠红细胞发生凝集。此外,黄病毒科黄病毒属的日本脑炎病毒可使鹅红细胞发生凝集(乔宪凤 等,2008)。该方法需要大量的病毒粒子才能产生肉眼可见的凝集反应,故灵敏度较低。

(6)环状沉淀试验　该方法是一种简单实用的液相沉淀反应。在细口径试管内加入已知的标准抗血清,然后小心加入待检抗原于血清表面,使抗原和血清分层清晰,出现白色环状沉淀者,即为阳性反应。该方法主要用于抗原的定性试验,如猪链球菌的分群鉴定(姜天童 等,1999),猪传染性胸膜肺炎的分群鉴定(张文通 等,2017)。但该方法使用试剂较多,敏感性也稍差。炭疽芽孢杆菌抗原检测的Ascoli试验(环状沉淀试验),将待检样品如猪皮肤匀浆后,煮沸并过滤澄清,滤液即可作为待检抗原。由于炭疽芽孢杆菌与其他芽孢杆菌都具有耐热性抗原,所以该试验缺乏特异性。

(7)琼脂扩散试验　该方法是利用可溶性的抗原与相应抗体在半固体凝胶中进行反应,当抗原抗体在合适比例相遇时,会凝聚形成白色沉淀线。常见的方法有双向双扩散,用于检测抗原。由于该方法操作复杂,灵敏度较低,在猪病抗原检测中使用较少。

(8)免疫电泳　是将凝胶扩散和电泳技术相结合的一种免疫检测技术,比较常用的对流免疫电泳技术是Graber等于1953年建立的方法,与琼脂扩散相比更简单,出结果更快。抗原在偏碱性溶液中带负电荷,在电场中向正极移动,而抗体球蛋白由于接近等电点,借内渗流作用,向负极移动,一定时间后抗原和抗体将在两孔之间相遇,并在比例适当的地方形成肉眼可见的沉淀线。国内有研究人员早在20世纪80年代就使用对流免疫电泳进行猪瘟(鹿振起 等,1983)、猪丹毒(佘永建,1984)、猪囊虫病(李闻,1986)的诊断,王川庆等(1996)利用猪细小病毒

HA/HI试验抗原和血清对猪细小病毒的对流免疫电泳检测方法进行了研究，发现猪细小病毒抗原中至少存在三种可溶性抗原。在分子生物学检测方法快速发展的大背景下，该方法用于猪病病原检测的机会越来越少。

2.4.1.3　基于特异性抗体标记的检测技术

某些物质在超微量水平下也能通过特殊方法检测到，将这些物质标记到特异性抗体分子上，特异性抗体与抗原结合，通过检测标记分子来显示抗原抗体复合物的存在，这类技术称为特异性抗体标记技术。该技术利用了抗原抗体结合反应的特异性和标记分子的检测敏感性的特性。

兽医领域常用的标记分子有荧光素、酶、胶体金等。以荧光素为标记分子建立起来的技术如免疫荧光技术，用于检测抗原的免疫荧光技术叫免疫荧光抗体技术。以酶为标记分子建立的技术包括免疫组织化学技术、玻片免疫酶技术、免疫杂交技术、酶联免疫吸附试验等。以胶体金为标记分子的叫胶体金技术。

免疫荧光抗体技术中，最常用的荧光素是异硫氰酸荧光素(fluorescein isothiocyanate，FITC)。该技术通过荧光素标记特异性抗体，可在细胞培养物、组织切片、细胞爬片等多种载体上进行相关抗原的检测。免疫组织化学技术、玻片免疫酶技术、免疫杂交技术和酶联免疫吸附试验原理相似，其中免疫组织化学技术可在特定取材组织部位定性、定量和定位检测特异性抗原蛋白。酶联免疫吸附试验用于检测抗原，最常用的反应方式是双抗体夹心法。目前，猪瘟病毒、猪圆环病毒2型等常用酶联免疫吸附试验检测抗原。酶联免疫吸附试验检测病原，其操作方式解决了样品检测高通量的问题。

胶体金技术是近年来发展较快的一项新技术，胶体金颗粒作为标记分子已经用于电镜、免疫转印等技术领域，其中，胶体金免疫层析技术及其相关产品在猪病检测领域应用相对较广泛。商品化的猪病病原胶体金快速检测卡层出不穷，但各个厂家的质量标准、产品的稳定性等不尽相同；胶体金快速检测卡虽然反应时间较短，但灵敏度与免疫荧光及酶联免疫吸附试验相比较低(李嘉琛，2017)。

2.4.1.4　基于病原核酸的诊断方法

基于病原核酸的诊断方法主要包括：聚合酶链反应(PCR)和核酸杂交技术。其中，聚合酶链反应是20世纪80年代发展起来的技术，其一经推出，革命性地推动了病原微生物检测方法的发展，是近40年来发展最为迅速的病原检测方法，针对各种动物病原均有比较成熟的PCR检测方法。

PCR技术的基本原理与脱氧核糖核酸(DNA)的体内复制过程相似，其特异性取决于引物与靶序列两端的寡核苷酸的互补性。PCR由变性、退火和延伸三个基本反应步骤组成。重复循环变性、退火、延伸三过程就可获得更多的“半保留复制链”，而且新链又可成为下次循环的模板。每完成一个循环仅仅需要2～4 min，2～3 h就能将目的基因片段扩增放大几百万倍。

该方法具有特异性强、灵敏度高、简便快速、样本量少的特点。近年来，PCR技术进一步发展了很多细分技术，如巢式PCR、多重PCR、原位PCR、免疫PCR、实时定量PCR等。

2.4.1.5　病原(疫苗株与野毒株)鉴别诊断方法

在猪病病原诊断中，针对疫苗株和野毒株的鉴别诊断主要是利用疫苗株的分子生物学特征进行。猪病相关的活疫苗如猪瘟活疫苗、猪繁殖与呼吸综合征活疫苗、猪伪狂犬活疫苗、猪流行性腹泻与猪传染性胃肠炎活疫苗等的制苗毒株在基因组序列的特征上与野毒株或多或少具有差异，针对这些差异设计PCR、RT-PCR(反转录-PCR)或荧光定量PCR方法，必要时结合特定基因片段进行基因测序和序列比对分析即可达到鉴别诊断疫苗株与野毒株的目的。国内商品化的分子生物学检测试剂盒用于区分疫苗株和野毒株已经十分成熟，如北京世纪元亨公司具有多种针对猪病毒性病原区分疫苗株和野毒株的分子生物学检测试剂盒。

2.4.2 血清学诊断方法

2.4.2.1 血清中和试验

血清中和试验是根据病毒的感染性与血清中抗体的中和关系而建立的免疫学方法，主要用于病毒感染的血清学诊断、疫苗免疫效力评估、免疫血清抗体水平评估、不同毒株抗原关系分析等，也可以使用已知的阳性血清对病毒分离株进行鉴定等。

血清中和试验是评价疫苗免疫后抗体水平高低、血清抗体水平是否具有临床意义的金标准。病毒感染动物后，可刺激免疫系统产生抗体，其中有一部分抗体可与病毒结合并使其失去感染性，这类称为中和抗体，中和抗体的这种能力称为中和作用，中和作用不仅具有病毒种和型的特异性，还具有量的特性，因此可用于中和抗体水平的检测和评估。

中和试验主要有两种，一是终点法中和试验，二是空斑减少法中和试验，终点法中和试验包括固定病毒稀释血清法和固定血清稀释病毒法。

2.4.2.2 酶联免疫吸附试验

酶联免疫吸附试验(ELISA)是猪病血清学检测中应用最为广泛的方法。根据固相载体不同，可分为微量板 ELISA、斑点 ELISA 等；根据检测方式不同，可分为间接 ELISA、双夹心 ELISA、竞争/阻断 ELISA 等。市场上商品化的血清学抗体检测试剂盒多以间接 ELISA 和竞争/阻断 ELISA 为主。

ELISA 的原理是基于酶标记技术、抗原抗体的免疫活性和特异性、酶与底物作用的放大效应及信号检测等方面的结合。常用于标记的酶有辣根过氧化物酶(HRP)、碱性磷酸酶(ALP/AKP)、葡萄糖氧化酶和 *β-D-*半乳糖苷酶等，其中以辣根过氧化物酶(HRP)、碱性磷酸酶(ALP/AKP)在猪病抗体检测试剂盒中应用最为广泛(表 2-6)。

表 2-6 常见的 ELISA 试验中用于标记的酶及其显色反应

酶	底物	显色反应	测定波长/nm
辣根过氧化物酶(HRP)	邻苯二胺(OPD)	橘红色	492/460
	四甲基联苯胺(TMB)	蓝色(黄色)	650(450)
	氨基水杨酸(ASA)	棕色	449
	邻联苯甲胺	蓝色	425
	2,2′-联氮-二(3-乙基-苯丙噻唑啉-6-磺酸)二铵盐(ABTS)	蓝绿色	642
碱性磷酸酶(ALP/AKP)	对硝基苯磷酸二钠(PNPP)	黄色	405
	萘酚 AS-Mx 磷酸盐+重氮盐	红色	500
葡萄糖氧化酶	ABTS+HRP+葡萄糖	黄色	405
	葡萄糖+甲硫酚嗪+噻唑蓝	深蓝色	420
*β-D-*半乳糖苷酶	甲基伞酮基半乳糖苷(4MuG)	荧光	360/450
	硝基酚半乳糖苷(ONPG)	黄色	420

商品化的猪病抗体检测 ELISA 试剂盒几乎涵盖了所有的猪病，且种类繁多，甚至针对不同的用途开发出了与临床诊断和监测相匹配的产品。如猪伪狂犬病 gE 抗体检测 ELISA 试剂盒与猪伪狂犬病 gE 基因缺失疫苗配合使用用于猪伪狂犬病的监测与净化，针对猪瘟 Erns 蛋白的抗体检测 ELISA 试剂盒和口蹄疫 3ABC 抗体检测 ELISA 试剂盒具有类似的功能。

2.4.2.3　野毒抗体和疫苗免疫抗体的鉴别检测方法(DIVA)

基于蛋白的鉴别检测方法主要是利用相关疫苗针对动物机体免疫学特点差异建立的检测方法。如口蹄疫疫苗免疫后与野毒株感染动物后在动物体内产生特异性抗体类别存在差异，口蹄疫疫苗为灭活疫苗、亚单位疫苗、合成肽疫苗等，在免疫动物后，仅仅产生针对疫苗抗原蛋白的特异性抗体，而口蹄疫野毒株感染动物后，可以产生疫苗免疫所不能产生的针对非结构蛋白的抗体，针对这些非结构蛋白抗体建立检测方法，即可以鉴别诊断口蹄疫疫苗免疫和野毒感染。口蹄疫病毒非结构蛋白抗体检测试剂盒已经有多个商品化的试剂盒。

此外，基于猪瘟 E2 蛋白亚单位疫苗和基于猪伪狂犬病 gE 基因缺失疫苗的临床应用，猪瘟 Erns 蛋白抗体检测 ELISA 和猪伪狂犬病 gE 抗体检测 ELISA 方法及相应的商品化试剂盒可以在疫情监测、鉴别诊断和疫病净化方面发挥重要作用。

2.4.3　兽医实验室检测技术未来发展趋势

当前，兽医实验室检测技术处于快速发展期，以 ELISA 技术和 PCR 技术的高速发展为特征，在改革开放后的几十年时间内，将兽医实验室检测诊断水平提高到一个前所未有的高度。

伴随着新材料、新技术的快速发展，技术跨界融合的大趋势，一些新的技术已经出现或者即将投入临床应用。如基于核酸杂交的核酸芯片、基于量子点发光材料及其标记蛋白技术的高通量检测芯片、基于免疫学和电化学的技术融合形成可用于检测病原蛋白及抗体的生物传感器、基于 ELISA 技术的微型化结合微流控技术而形成的用于检测病原蛋白及抗体的微流控芯片、基于免疫层析技术和荧光标记技术形成的快速荧光检测纸条等。这些新的技术结合信号采集设备的小型化和集成创新研发，并结合互联网和云平台，线下快速检测、现场检测、云端共享、智能分析的模式初见雏形，可能预示了当前兽医实验室检测诊断技术的发展趋势。

2.5　大数据在猪群健康管理领域的应用

2.5.1　养猪生产及其上下游产业的大量数据

养猪生产及其上下游产业每天都在产生着海量数据。在过去的几十年里，猪场用纸质进而发展到用电脑记录各种生产数据(如母猪存栏量，母猪产仔猪数，仔猪初生体重、断奶体重，断奶成活数，肥猪出栏体重，出栏数量，生猪价格，饲料投放数量，用药、疫苗的种类和数量，实验室检测数据等)，固定资产(如厂房、设备等)投入费用以及管理费用(如人员工资、水电费用和维修费用等)数据。经年累月积累大量数据，而这些数据大部分用于财务报表和绩效考核；部分数据在逐级上报过程中形成了村级数据—乡镇数据—县区数据—市级数据—省级数据—

中央数据，用于区域和国家的数据统计。之后，这些数据大都成为历史记录，作为档案保存起来。

除了养猪生产的这些大量数据，还有与养猪生产相关的上下游产业（饲料生产，兽药、疫苗生产，诊断试剂生产，屠宰，肉类加工，设备生产，建筑材料生产，保险等）的数据，宏观经济背景的数据，包括进出口数据、消费数据、价格数据乃至气象数据等，以及与养猪业相关经济主体的基本信息、投资信息、股东信息、专利信息、产品生产信息、销售信息、GIS（地理信息系统）坐标信息等，形成一个海量数据。

掌握这么庞大的数据信息，而不能对数据进行大数据分析及挖掘、大数据展现和应用技术的专业化处理，是没有意义的。换言之，如果把大数据比作一种产业，那么这种产业实现盈利的关键在于，提高对数据的“加工能力”，通过“加工”实现数据的“增值”。这些增值的数据，才是具有现代意义的“大数据”。

2.5.2 怎样取得养猪生产有效、真实的大量数据

养猪生产过程中会产生文字、数字、图片甚至视频等大量数据。如何规范、有效地收集到分散在各个养殖主体的信息？首先需要建立统一数据管理平台；其次是逐级建立管理机制，包括硬件的投入、人员的培训、制度的建立；再次是数据的采集和分析。物联网的发展，使得这些数据的收集变得容易且高效。

建立生猪健康养殖信息中央数据库，对每个饲养场每一头生猪的饲喂、免疫、用药等情况进行数据的统一采集和集中管理。规模化养猪场要建立电子档案：一是记录生产基本信息，包括免疫、检疫、疾病和投入品的记录系统，反映免疫、检疫情况，重大疫病发生情况，实验室相关检测结果，饲料、药品等投入品来源、名称、数量、投入时间等，猪只生活状态的相关量化信息，“猪脸识别”技术使得数据收集记录更加容易。二是猪只生活环境的相关信息，如温度、湿度、光照、风速和氨气浓度等与健康管理有关的数据，可以通过传感器感知系统予以采集。

除了生产信息，还可利用数字化标示技术，对屠宰检疫信息、销售信息以及生产过程中的保险信息加以采集，按要求建立统一覆盖饲养、屠宰加工和销售三大环节的中央数据库，收集生猪生产、屠宰检疫、包装储运、分割销售等危害分析和关键控制点的大量数据。

各个独立数据源不断输送到中央数据库，建立起真实正确、完整齐全、统一规范的数据库。

2.5.3 大数据在养猪业中的应用

大数据的应用不仅在于海量数据的体量，更重要的是取得正确的数据和科学的数据分析结果。

目前猪场的管理软件，更多是猪场数据的记录与汇总，而非猪场数据的分析和决策。每个地区或全国建立大数据动态管理，收集海量数据，目的是通过数据的分析和处理，建立产销价格联动网络，引导养殖户科学安排生产，规避市场风险，如目前生猪养殖的周期性怪圈即“猪周期”。猪肉价格上涨导致供给增加，造成肉价下跌；肉价下跌又造成供给短缺，使得肉价上涨，周而复始。人们只能是盲目跟从，盲目投资，随意生产，被动应对；或靠经验指导生产，如履薄冰。要破解“猪周期”必须依靠生猪饲养、屠宰加工、销售、全国乃至全球经济大数据研究、分析

生猪生产与市场需求之间的关系，及早预警，为养猪人提供必要的决策信息，适时调整布局和调控整个养猪生产，防止猪价大幅波动，减少由于“猪周期”变化给养殖业带来的影响。大北农集团农信互联有限公司推出的猪联网，正在促进中国传统养猪转型变革，平台化养猪模式的到来，使中国养猪进入了数字化、电商化、金融化和生态化的新时代。

大数据应用有利于猪肉安全监管和保障消费者利益。一旦发现病猪肉、死猪肉、药物残留超标等危害食品安全的事件，可以通过中央数据库系统追溯具体的养殖场、屠宰厂和防疫检疫人员等，查出具体的原因和责任人员，进行及时有效的纠正和处理；消费者也可以通过追溯码了解产品的生产、屠宰、检疫甚至储存信息等。

大数据驱动智能化生产转变。物联网发展加速了智能化养猪的到来，通过移动的智能手机端了解、遥控生猪饲养和控制调节饲养环境，使得管理者得以解放；自动进料系统、自动给水系统、自动温控系统、自动换气系统和自动控制有害气体系统等的建立，形成自动化、信息化加互联网一体的养猪模式，使得饲养人员得以解放。中山大学陈瑶生教授的“猪脸识别”技术的投入使用，标志着养殖业向人工智能化迈进坚实的一步。“猪脸识别”技术应用场景广泛，包括猪场猪只身份识别、育种管理、猪场生产管理、猪群健康管理、智能体重测定、母猪精准饲喂、母猪膘情控制、食品安全追溯等，实现从农场到餐桌的全程有效监管。

阿里云与四川特驱集团、德康集团宣布达成合作，将对 ET 大脑进行针对性训练与研发，最终全面实现人工智能养猪。猪场有大量的历史视频数据和母猪的历史生育数据，可以帮助 ET 大脑对母猪的生产模式进行深度学习。基于机器视觉技术，ET 大脑能够为每一头猪建立一套档案，包括猪的品种、日龄、体重、采食、运动方式等，从而对猪的行为特征、进食特征、料肉比等进行分析，做出猪只是否舒适、是否发情、是否适宜配种、何时分娩等预告。

平安产险、平安科技联合推出“农险＋科技”服务新模式，其智能技术可认出每一张“猪脸”，帮助养殖场（户）精确掌握猪只情况。这套服务新模式涵盖客户信息管理体系、标的信息管理体系、风险管理体系和互联网＋金融管理体系四大综合管理体系，为养殖场主提供从养殖生产、保险服务到产品销售的一整套解决方案，这套解决方案融合了多模态生物识别、牲畜识别、光学字符识别（OCR）票证通、卫星遥感、无人机＋移动互联网、鹰眼系统（DRS）等六大“黑科技”。人工智能养猪的时代已经来临！

2.5.4　大数据在猪病防控上的应用

何为猪病防控中的大数据？每天采集的与猪群健康问题有关的数据如临床症状、剖检病变、发病率、病死率、发病猪群、发病日龄、实验室检测结果、疫苗免疫、用药、消毒等文字记录或图像视频记录数据，或每月、每季度、每年的流行病学调查的大量数据，微信推送的猪病信息，各地动物疫控中心和卫生监督部门的检测检疫报告等是不是大数据？显然这些简单累积的数据不是互联智能时代所说的大数据。这些数据包含海量信息，经过大数据处理技术[一般包括大数据采集、大数据预处理、大数据存储及管理、大数据分析及挖掘、大数据展现和应用（大数据检索、大数据可视化、大数据应用、大数据安全等）]，成为有价值的数据，方可称为大数据。

通过大数据构建猪病模型，经物联网技术，搭建远程辅助诊断平台，与千千万万养殖场（户）、猪病专家建立联系；养殖场（户）和专家可以通过平台即时得到诊断结果和诊疗方案；养殖场（户）可以选择、点击线上专家，得到专家线上或线下深度服务。猪场兽医不必带着病猪/死猪跑到乡镇、县级兽医站，或几百千米外的大学或研究所去寻求诊断帮助。这种一个个猪病模型的建立相对来说是比较简单的，对教科书、发表的文章、视频资料、图像资料、试验数据、诊疗方案和临床报告等非结构化数据进行量化、数字化等技术处理，再将这些数据输入人工神经元网络等各种数学或统计算法中，形成计算机辅助诊断(CAD)系统。在此基础上，分析处理全球大量的疾病治疗、预防和控制方案，包含营养、基因、管理、预防和生物安全等因素，优化方案，提供给兽医。以猪蓝耳病为例，通过自然语言理解、机器学习等技术，对猪繁殖与呼吸综合征病毒变异、传播的特点，不同品种猪对猪繁殖与呼吸综合征病毒耐受、易感的程度，感染的状态，临床发病的症状，病毒血症持续时间，排毒时间，抗体水平的变化，疫苗免疫，用药，生长速度，采食量，猪群流动，小环境温度、湿度、风速和有害气体等数据，以及人员流动，工具流动，外环境生物安全措施等信息加以分析利用，然后通过用户输入一定参数了解猪场是否受病毒感染，是不是当地流行毒株，提出该不该用疫苗免疫，什么时间免疫，免疫后可能的生产状况如何，是否采取清群措施，生物安全措施在哪些方面需要改善等一整套问题解决方案。

如何评估猪场内外的生物安全措施？猪场输入参数或传输移动影像，计算机通过物联网＋大数据技术可以快速帮助猪场得出评估结果，并发出警示，指导猪场弥补或加强生物安全保障措施。

根据各地实验室检测结果，猪群流动、交易信息等大量数据，可以通过云计算绘制出猪病流行、分布和传播地图，通过计算机显示疾病流行趋势，及时对有风险地区做出预警。建立猪细菌耐药菌株数字地图，各地兽医根据地图可有的放矢地指导当地猪场科学用药。利用大数据建立猪病原基因库，实验室人员可通过检测比对，帮助兽医鉴别诊断病原和发现新毒株或新菌株。

通过图像识别，结合数学、兽医病理学和深度学习算法可以建立兽医病理学辅助诊断模型，帮助兽医利用大数据识读病理切片图像，判断阴性阳性结果和鉴别诊断。在医学影像识别类辅助诊断系统领域，国内外已有较大发展，多家公司已有产品在医疗行业应用。随着互联网大数据的积累和硬件计算能力提升到临界点，深度学习作为实用技术会走进养猪和猪病防控领域。

大数据剖析应用的计算能力可以让人类医生在几分钟内解码整个DNA，可以更好地理解和预测疾病，制订出最新的治疗方案。大数据技术现在已经在医院应用监视早产婴儿和患病婴儿的情况，通过记录和分析婴儿的心跳，医生对婴儿可能会出现的不适做出预测。这样可以帮助医生更好地救助婴儿。猪的一些疾病与遗传基因有一定关系，可否通过解码更好地帮助预防猪病？可否通过猪体温或其他行为的变化，来预测分娩时间和胎儿的健康情况，以便更好地看护有问题的母猪和哺乳仔猪？

人工智能的发展和应用，哪个行业都不能无视。在猪病诊断大数据“机器学习”得到突破后，阿里云ET大脑开始在猪场应用，每一头猪从出生之日起就有自己的档案。视频图像分析技术可以记录猪的体重，进食情况，运动强度、频率和轨迹。如果一头猪长卧不起，那ET大脑就会判断它是怀孕还是病了，提醒人工及时介入。此外，ET大脑还可以通过物联网的红外测温技术和语音识别技术，监测猪的体温和咳嗽的声音，一旦出现异常，就能在第一时间做出疫情预警。也能在物联网连接的设备随时提取数据，将每天的测评报告提交给ET大脑或者“区块链”，由不同专业的管理者和技术人员提出最优的解决方案。

大数据与人工智能技术不仅应用于猪病诊断和防控方面，还可以用于兽医人才教育及继续教育上，帮助偏远乡村的猪场兽医共享大数据平台，利用互联网＋的优势，通过增强现实

(AR)、虚拟现实(VR)、视频直播等方式,得到培训教育;让猪场兽医能够与专家远程会诊和交流,接受专家指导。

大数据的应用使每个兽医都可能成为全科兽医。智慧兽医、数字化兽医时代已经来临。

参考文献

毕静. 2013. 猪流行性腹泻病毒 AJ1102 的分离、鉴定及其分子进化特征[D]. 武汉:华中农业大学.

蔡旭旺,刘正飞,陈焕春,等. 2005. 副猪嗜血杆菌的分离培养和血清型鉴定[J]. 华中农业大学学报, 24(1):55-58.

郭志刚,杜重波,金兆庆,等. 1991. 弓形虫单克隆抗体试剂的研究——单克隆抗体微量反向间接血凝试验[J]. 中国兽医科技, 21(4):12-26.

国家兽药基础信息查询系统[DB/OL][2018-3-13]. http://sysjk.ivdc.org.cn:8081/cx/.

哈兽维特. 数据丨 2017 年 1—12 月份 7 种常见猪传染病监测大数据分析及防控建议[R/OL]. (2018-1-26). http://mp.weixin.qq.com/s/O3vLA6s7YJB2ZP MkfzhOEw.

韩杰,陈晓月,刘丽霞,等. 2015. 畜牧微生物学实验中 2 种细菌染色方法的改进[J]. 畜牧与饲料科学, 36(4):83-84.

贾爱卿. 2006. 猪沙门氏菌的临床分离鉴定及耐药性消除研究[D]. 武汉:华中农业大学动物医学院.

姜天童,徐涤平,方雨玲,等. 1999. 猪源致病性链球菌分群鉴定及血清学调查[J]. 中国兽医杂志, 25(11):8-10.

李嘉琛. 2017. 猪传染性胃肠炎病毒 ELISA 抗体检测方法的建立及胶体金免疫层析试纸条的研制[D]. 北京:中国兽医药品监察所.

李闻. 1986. 快速血清学诊断猪囊虫病的新方法——对流免疫电泳[J]. 青海畜牧兽医杂志, 02:58.

李莹,李民,赵旭东,等. 2001. 猪囊尾蚴循环抗原检出量与虫体密度及发育程度关系的探讨[J]. 预防医学文献信息, 7(4):400-402.

刘泽文,田永祥,袁芳艳,等. 2017. 仔猪大肠杆菌纤毛抗原反向间接血凝检测方法的建立与应用[J]. 华中农业大学学报, 36(3):69-73.

鹿振起. 1983. 对流免疫电泳诊断猪瘟的实验[J]. 家畜传染病, 02:17-19.

乔宪凤. 2008. 猪日本脑炎的诊断[J]. 猪业科学, 6:24-26.

佘永建,周光荣,吴建君,等. 1984. 四川部分地区分离的猪丹毒菌株血清型鉴定及对流免疫电泳的应用[J]. 中国兽医杂志, 06:17-18.

沈萍,陈向东. 2006. 微生物学[M]. 2 版. 北京:高等教育出版社:53-59.

汤细彪,喻红艳,常天明,等,诊断中心:10 万份送检样本数据告诉了我们什么?[R/OL]. http://www.anybeen.cn/share.php?id=q3Vk3sVYJ1DwSiWK8jrv&from=timeline&isappinstalled=0

田克恭,倪建强,顾小雪,等. 2010. 动物疫病实验室诊断技术研究现状及发展趋势[C]. 北京:中国兽医发展论坛.

田克恭，李明. 2014. 动物疫病诊断技术：理论与应用[M]. 北京：中国农业出版社.
王川庆，臧为民，冯杰，等. 1996. 猪细小病毒的研究Ⅲ. 对流免疫电泳检测 PPV 抗原和抗体[J]. 中国畜禽传染病，05：3.
解晓珍，田洪明，舒亦平. 细菌拉丝试验的应用探讨[J]. 第三军医大学学报，1995，17(2)：67-68.
鄢明华，李秀丽，韩伟，等. 2011. H1N1 亚型猪流感病毒分离鉴定[J]. 华北农学报，26(2)：58-62.
杨汉春. 2003. 动物免疫学[M]. 2 版. 北京：中国农业大学出版社.
张青占. 2013. 变异猪伪狂犬病毒的分离鉴定及生物学特性分析[D]. 上海：中国农业科学院上海兽医研究所.
张婉华，邹勇，朱永军，等. 2013. 猪细小病毒 HA、HI 微量法试验的优化[J]. 中国兽药杂志，47(2)：21-23.
张文通，魏风，王金良，等. 2017. 猪传染性胸膜肺炎实验室诊断方法综述[J]. 猪业科学，34(2)：105-106.
张莹，洪涛，宋敬东，等. 2013. 电子显微镜技术——病毒结构与形态研究及快速诊断的基础平台[J]. 中国科学，43(9)，719-729.
郑冬超，王甜，李媛媛，等. 2015. 细菌芽孢染色法的改良探索[J]. 实验科学与技术，12(5)：23-25.
中华人民共和国农业部第 442 号公告 [EB/OL] (2004-12-22)http://www.moa.gov.cn/gk/tzgg_1/gg/201006/t20100606_1535303.htm.
中华人民共和国农业部第 461 号公告[EB/OL] (2005-1-25) http://www.moa.gov.cn/gk/tzgg_1/gg/200502/t20050204_317226.htm.
中华人民共和国农业部第 2334 号公告[EB/OL] (2015-12-9)http://www.moa.gov.cn/nybgb/2016/diyiqi/201711/t20171125_5919550.htm.
中华人民共和国农业部第 2335 号公告[EB/OL] (2015-12-10)http://www.moa.gov.cn/nybgb/2016/diyiqi/201711/t20171126_5919557.htm.
中科基因.【大数据共享】2017 年中科基因对我国猪群常发疫病检测结果统计与分析[R/OL]. (2018-2-3). https://mp.weixin.qq.com/s?_biz=MzI1MTkwMDQ3OA==&mid=2247484895&idx=2&sn=b16cf47bad5897106dbd59f673a62218&source=41#wechat_redirect.
庄金秋，梅建国，王艳，等. 2016. 反向间接血凝试验(RIHA)在动物诊断疾病中的应用进展[J]. 中国动物检疫，33(6)：55-59.

第3章
猪病防治新制剂和新设备

本章内容提要

在猪病防治制剂和设备上，我国猪病疫苗研制不断创新，经历了组织苗至细胞苗，原代细胞至传代细胞再至细胞悬浮培养，抗原浓缩等工艺上的革新，基因工程及合成肽等新技术和新的佐剂也逐渐得到应用，猪病疫苗从传统疫苗发展至基因工程疫苗和合成肽疫苗，获得了猪瘟兔化弱毒疫苗、仔猪大肠杆菌亚单位疫苗、猪口蹄疫O型/A型二价灭活疫苗等一大批代表性疫苗产品。猪白细胞干扰素、微生态制剂等其他生物制品的技术研究和产品开发也取得长足发展。研制了痢菌净、喹烯酮等国际领先的新兽药，研发了卫生消毒设备、无害化处理设备、治疗器具等。

3.1 猪病疫苗研制与应用

改革开放40年来，猪病疫苗的发展日新月异，新制品不断被研发、批准和使用。截至2017年年底，我国批准注册的猪用生物制品有100多个品种，生产批准文号约460个(参见附录2)，由于社会效益等原因实际使用数量低于生产批准文号数量，但是，猪用生物制品实现销量82.29亿头份(亿毫升)，在猪病防控中起到了积极的作用。猪用疫苗有常规疫苗、基因工程疫苗(如基因缺失疫苗、活载体疫苗、基因工程亚单位疫苗)、人工合成肽疫苗，其中，常规疫苗或传统工艺制备的猪用疫苗占绝大多数，大规模悬浮培养、浓缩纯化、特殊冻干保护剂及新型佐剂等新工艺制备的疫苗相对较少，但是，我国兽医工作者创制的猪用亚单位疫苗、合成肽疫苗、活载体疫苗等新一代高安全性疫苗，部分已达到国际先进水平，如：猪伪狂犬三基因缺失疫苗、仔猪腹泻大肠杆菌K88/K99疫苗、猪口蹄疫O型合成肽疫苗等。

3.1.1 常规疫苗

常规疫苗是指用天然菌(毒、虫)种和传统的生产工艺生产的疫苗,主要包括传统灭活疫苗、传统致弱活疫苗。

3.1.1.1 猪瘟疫苗

疫苗接种仍是全世界大多数国家控制猪瘟(CSF)的主要手段。我国是以疫苗接种为主要手段防制 CSF 的国家之一,也是较早开始研究 CSF 疫苗并获得成功的国家。

1951—1952 年我国研究人员从本国筛选出免疫原性优良的 CSFV 石门系毒株,用国产原材料,以灭活的方法,制成 CSF 结晶紫甘油灭活疫苗,全国大量投产,推广使用,迅速控制了当时国内的 CSF 疫情。1954—1958 年中国兽药监察所(现名:中国兽医药品监察所)等单位的研究人员又成功地培育出当时名为"54-Ⅲ系"的 CSF 兔化弱毒疫苗(HCLV)。这是目前国际上应用最广泛,国内唯一应用的 CSF 疫苗。疫苗病毒的复制似乎主要在淋巴样组织,特别是扁桃体,但有时能从肾脏检查出疫苗毒抗原。该疫苗毒株既不通过怀孕猪的胎盘屏障,也不感染胎儿引起任何畸变。HCLV 毒力返祖的可能性很小,在猪体内连续传 7 代后仍保持原弱毒的安全性,并在采取或未采取免疫抑制的猪体内的表现一致。自 1956 年开始,我国将 HCLV 种毒先后赠送给苏联、匈牙利、罗马尼亚、朝鲜、保加利亚及越南等国应用。匈牙利首先报道,来自北京的 C 株兔化弱毒比美国或英国当时的 ROVAC(美国兔化弱毒)、M. L. V 及 S. F. A(英国兔化弱毒)等其他商品弱毒苗优越,对种猪、乳猪无残余毒性。多年来,HCLV 种毒已传到大部分欧洲国家及拉美一些国家应用,公认为是最安全有效的 CSF 弱毒疫苗。1976 年欧共体(EEC)总结如何共同为进一步消灭欧洲的 CSF 制定统一方案时声称:HCLV 已为欧洲一些国家猪瘟的控制和消灭做出了贡献。1958 年研制出兔毒黄牛一代反应苗(也称牛体反应苗)。每头牛有脾淋组织 1 500～2 000 g,可生产 15 万～20 万头份苗。

1973—1978 年中国兽药监察所组织相关单位研制出猪瘟兔化弱毒同源原代细胞苗。1978 年正式投产应用。1978—1980 年有 13 个厂生产乳猪肾细胞苗。一头乳猪肾(8～20 日龄乳猪)可制备 2 个大转瓶(10 000 mL/瓶)细胞,每瓶培养液 1 000 mL,可连续收获 4～5 次病毒液,病毒滴度可提高到 5 万～10 万个对兔发热剂量,如果以收获率 60%计算,至少可生产 50 万～60 万头份疫苗。其间(1974—1976 年),由中国兽药监察所组织有关协作单位还研制成功了猪瘟、猪丹毒、猪肺疫三联冻干活疫苗。

2004 年中国兽医药品监察所和广东永顺生物制药有限公司(现名:广东永顺生物制药股份有限公司)联合开展了传代细胞系生产 CSF 疫苗的研究,筛选和培育了专用于 CSF 活疫苗生产的猪睾丸传代细胞系(ST 细胞系),于 2008 年成功研制出由 ST 细胞系生产的猪瘟活疫苗(传代细胞),使疫苗病毒滴度较牛睾丸原代细胞苗提高了近 20 倍。

中国兽医药品监察所和华威特(北京)生物科技有限公司等企业于 2015 年取得高致病性猪繁殖与呼吸综合征、猪瘟二联活疫苗(TJM-F92 株+C 株)新兽药注册证书,对于高致病性猪繁殖与呼吸综合征和猪瘟防控必将产生深远影响。

3.1.1.2 口蹄疫疫苗

口蹄疫(FMD)免疫控制政策的核心是疫苗,FMD 疫苗的主要指标是:安全,有效,质量可控,生产使用方便,价格合理。为了达到上述指标,世界各国的研究者们已奋斗了近百年的历程。

20 世纪 70 年代后期随着对灭活苗更深入地研究和应用，在佐剂、灭活剂及病毒抗原制备等方面均取得了较大成效。至 80 年代末期以后，FMD 灭活疫苗在制造工艺上的主要特点是，用转瓶单层传代细胞培养法或悬浮培养法生产制苗用 FMD 病毒抗原；用乙酰基乙烯亚胺（AEI）或二乙烯亚胺（BEI）对病毒进行灭活；利用油佐剂乳化配制疫苗，从而取代了传统的铝胶皂素甲醛灭活疫苗。悬浮培养是目前世界各国培养 FMD 病毒最先进的方法。

FMD 多价灭活疫苗在我国及世界大部分国家和地区已被成功应用。我国 2006 年研制成功了猪牛羊口蹄疫 O 型灭活疫苗（ONXC/92 株）；2007 年口蹄疫病毒 O 型、亚洲 1 型二价灭活疫苗（OHM/02 株＋KZ/03 株）（天康生物股份有限公司申请注册），口蹄疫病毒 O 型、亚洲 1 型二价灭活疫苗（ONXC/92 株＋AKT/03 株）（中国农业科学院兰州兽医研究所申请注册），口蹄疫 O 型、亚洲 1 型二价灭活疫苗（OS/99 株＋LC/96 株）（中牧实业股份有限公司申请注册），口蹄疫 O 型、亚洲 1 型二价灭活疫苗（JMS 株＋AKT/03 株）（金宇保灵生物药品有限公司申请注册）获批；2010 年兰州兽医研究所研制的口蹄疫 O 型、A 型、亚洲 1 型三价灭活疫苗（O/HB/HK/99 株＋AF/72 株＋Asia-1/XJ/KLMY/04 株）获批。

3.1.1.3　猪圆环病毒 2 型疫苗

目前，国内已有自主研发的猪圆环病毒灭活疫苗上市，如猪圆环病毒 2 型（PCV2）灭活疫苗（SH 株）、猪圆环病毒 2 型灭活疫苗（LG 株）和猪圆环病毒 2 型灭活疫苗（DBN-SX07 株）。猪圆环病毒 2 型灭活疫苗（LG 株）由中国农业科学院哈尔滨兽医研究所（简称哈尔滨兽医研究所）等单位研制。该产品以猪圆环病毒 2 型遗传标记毒株（LG 株）为毒种，经细胞培养传代，优化病毒增殖条件，获得较高效价的病毒培养物作为抗原制备而成。该产品采用的 ISA15VG 佐剂属于水包油剂型，可刺激接种动物产生快速免疫应答反应，抗体效价高、持续时间长。猪圆环病毒 2 型灭活疫苗（SH 株）是以南京农业大学为主要研发单位研究开发的，以 PCV2 分离株（SH 株）接种 PK15-B1 克隆细胞制备抗原，浓缩后，经甲醛溶液灭活，与矿物油佐剂混合乳化制备而成。猪圆环病毒 2 型灭活疫苗（DBN-SX07 株）是由北京大北农集团股份有限公司研究开发的，以 PCV2 分离株（DBN-SX07 株）接种敏感细胞株 PK-15A 培养，收获细胞培养物，经 β-丙内酯灭活后，与矿物油佐剂混合乳化制备而成。随后，猪圆环病毒 2 型灭活疫苗（WH 株）（华中农业大学等单位研制）、猪圆环病毒 2 型灭活疫苗（ZJ/C 株）（浙江大学等单位研制）、猪圆环病毒 2 型灭活疫苗（YZ 株）（扬州优邦生物药品有限公司等单位研制）、猪圆环病毒 2 型灭活疫苗（SH 株，Ⅱ）（南京农业大学、普莱柯生物股份有限公司等单位研制的水佐剂疫苗）也先后获得批准注册上市。上述 7 种获准生产的疫苗均为常规灭活疫苗。

3.1.1.4　猪伪狂犬病疫苗

我国批准注册的猪伪狂犬病灭活疫苗多用 PRV 闽 A 株制成，活疫苗多用 Bartha-K61 株作为疫苗株。由于一般是用 PRV 全病毒制备而成，没有发生基因缺失，免疫后诱导的抗体很难与野毒感染动物区分开，因此，不能通过执行接种、淘汰计划来净化伪狂犬病。2016 年批准了武汉中博生物股份有限公司研制的猪伪狂犬病耐热保护剂活疫苗（C 株）。本品是用猪伪狂犬病病毒（C 株）接种 ST 细胞进行培养，收获培养物，加适宜耐热保护剂，经冷冻真空干燥制成的。

3.1.1.5　猪繁殖与呼吸综合征疫苗

国内已经批准的猪繁殖与呼吸综合征灭活疫苗主要有中国农业科学院哈尔滨兽医研究所研制的猪繁殖与呼吸综合征灭活疫苗（CH-1a 株），活疫苗毒株有 CH-1R 株（哈尔滨兽医研究所)、R98 株(南京农业大学);高致病性猪蓝耳病活疫苗毒株有 JXA1-R 株(中国动物疫病预防控制中心)、HuN4-F112 株(哈尔滨兽医研究所)、TJM-F92 株[华威特(江苏)生物制药有限公司]等,生产单位及生产文号详见附录 2。

3.1.1.6 猪传染性胃肠炎疫苗

1. *活疫苗*

哈尔滨兽医研究所采用二甲基砜处理病毒培养物,并经克隆纯化培育成功的 TGEV 华毒弱毒疫苗,免疫效果已达到或超过国外同类疫苗,与日本的 TO163 相比,免疫效果高 13.5%。TGE 疫苗免疫的主要目的是保护仔猪,免疫所遵循的原则是乳汁免疫(即被动免疫),通常对妊娠的母猪于产前 45 d 或 15 d 肌内、鼻内各接种 1 mL,仔猪出生后,从乳汁中获得保护性抗体,被动免疫保护率在 95%以上。本疫苗用于主动免疫时,主要用于未接种过 TGE 疫苗且受本病威胁猪群的仔猪。生后 1～2 日龄的仔猪即可进行口服接种,接种后 7 d 产生免疫力。

2003 年,哈尔滨兽医研究所研究人员在 TGE 弱毒疫苗的基础上,成功研制出猪传染性胃肠炎与猪流行性腹泻二联活疫苗;2014 年,研制出猪传染性胃肠炎、猪流行性腹泻、猪轮状病毒(G5 型)三联活疫苗(弱毒华毒株+弱毒 CV777 株+NX 株)。2015 年北京大北农集团生物科技有限公司成功研制出猪传染性胃肠炎、流行性腹泻二联活疫苗(HB08 株+ZJ08 株);2017 年华中农业大学等单位研制出猪传染性胃肠炎、猪流行性腹泻二联活疫苗(WH-1R 株+AJ1102-R 株);2018 年齐鲁动物保健品有限公司的猪传染性胃肠炎、猪流行性腹泻二联活疫苗(SD/L 株+LW/L 株)获得农业农村部批准。这些疫苗的上市,为预防有关疾病的混合感染提供了有效手段。

2. *灭活疫苗*

中国农业科学院哈尔滨兽医研究所研究人员成功研制了猪传染性胃肠炎、猪流行性腹泻二联灭活疫苗。该疫苗是用猪传染性胃肠炎病毒(华毒株)、猪流行性腹泻病毒(CV777 株)细胞培养液等量混合,经甲醛溶液灭活后,加氢氧化铝胶制成的。2016 年,我国农业部批准了华中农业大学研制的猪传染性胃肠炎、猪流行性腹泻二联灭活疫苗(WH-1 株+AJ1102 株)。这些灭活疫苗的上市,为我国防控 TGE 奠定了一定的物质基础。

3.1.1.7 猪细小病毒病疫苗

我国潘雪珠等(1987)首先研制成功猪细小病毒灭活疫苗。目前我国已经取得新兽药证书的猪细小病毒全病毒灭活疫苗有 7 种:1994 年批准的上海农业科学院畜牧兽医研究所研制的猪细小病毒油乳剂灭活疫苗(S-1 株);2006 年批准的武汉中博生化有限公司(现名:武汉中博生物股份有限公司)的猪细小病毒病灭活疫苗(CP-99 株);2006 年批准的武汉科前动物生物制品有限责任公司(现名:武汉科前生物股份有限公司)等研制的猪细小病毒病灭活疫苗(WH-1 株);2010 年批准的哈药集团生物疫苗有限公司研制的猪细小病毒病灭活疫苗(L 株);2011 年批准的青岛易邦生物工程有限公司研制的猪细小病毒病灭活疫苗(YBF01 株);2012 年批准的扬州优邦生物药品有限公司研制的猪细小病毒病灭活疫苗(BJ-2 株);2016 年批准的国家兽用生物制品工程技术研究中心(江苏)研制的猪细小病毒病灭活疫苗(NJ 株)。国内猪细小病毒灭活疫苗大多是用我国地方分离株(如 WH-1 株、CP-99 株、L 株、YBF01 株、BJ-2 株、NJ 株)经一定的灭活剂灭活全病毒后,加矿物油佐剂或水佐剂制成的,用于预防猪细小病毒病,免疫期达 6 个月。生产工艺属于传统细胞培养工艺。效力检验多用豚鼠等小动物抗体(HI 抗体)测定法替代本动物检验。

3.1.1.8 猪支原体肺炎疫苗

20世纪50年代末期，中国兽药监察所进行了不同灭活剂对病猪肺组织处理的研究，均保护不佳，从1959年开始重点研究弱毒疫苗。经过20余年的探索，培养出一株适应乳兔生长、对猪毒力显著减弱，并保持良好抗原性的弱毒株，传代605代后，未发生同居感染，不引起支气管纤毛脱落，660～843代基本稳定在一个水平，保护率为78.1%。张启敬等(1989)通过电镜观察猪肺炎支原体乳兔继代株的超微结构发现，在60 d的感染过程中，弱毒株对猪肺支气管纤毛损伤轻微，而强毒株在接种15 d就引起纤毛脱落，从而佐证了猪肺炎支原体乳兔继代株的致病力确已致弱。20世纪90年代初，使用该弱毒株成功研究鸡胚苗和冻干大兔苗，免疫猪保护力分别为81.1%和79%，免疫期分别为6个月以上和8个月以上。1974—1989年金洪效等将Mhp分离株连续传代300多代，培育出弱毒株168，保护率为84.04%，免疫期为至少6个月，但对纯繁二花脸猪存在一定的安全问题。随着传代次数的增多，对纯繁二花脸猪的致病性逐渐减弱，400代后，该弱毒株能有效控制该病的发生。

目前国内外的猪肺炎支原体活疫苗的品种相对较少，其中国内已经获得批准的活疫苗有猪肺炎支原体活疫苗(168株)、中国兽医药品监察所注册的猪支原体肺炎活疫苗(RM48株)、北京生泰尔科技股份有限公司注册生产的猪支原体肺炎活疫苗和北京大北农科技集团股份有限公司注册的猪支原体肺炎活疫苗(DJ-166株)。

3.1.1.9 猪流行性乙型脑炎疫苗

目前，世界上大规模生产和使用的人用乙脑疫苗有鼠脑灭活疫苗、原代地鼠肾灭活疫苗。1996年由湖北省农业科学院畜牧兽医研究所研制的猪乙型脑炎油乳剂灭活疫苗获得农业部(现名：农业农村部)批准为二类新兽药(农牧函〔1996〕6号)。

我国农业部已经批准的活疫苗为猪乙型脑炎活疫苗(SA14-14-2株)。本品是用猪乙型脑炎病毒减毒株(SA14-14-2株)接种原代地鼠肾(PHK)单层细胞培养，收获细胞培养物，加适宜保护剂，经冷冻真空干燥制成的，用于预防猪乙型脑炎。目前，中牧实业股份有限公司在进行传代细胞源作为培养基质制备活疫苗的研究。

3.1.1.10 猪流感疫苗

华中农业大学首次利用自行分离的H1N1 SIV毒株成功研制了猪流感病毒H1N1亚型灭活疫苗(TJ株)，并于2015年首次获得了生产许可。随后，由华威特(北京)生物科技有限公司成功注册了猪流感二价灭活疫苗(H1N1 LN株＋H3N2 HLJ株)。本品是用猪流感病毒H1N1亚型LN株和H3N2亚型HLJ株分别接种MDCK细胞培养，收获细胞培养物，经二乙烯亚胺(BEI)灭活后，加矿物油佐剂混合乳化制成的，用于预防H1亚型和H3亚型猪流感。用于4周龄以上健康猪，每头2.0 mL，颈部肌肉注射。首免后14 d在另一侧颈部肌肉用相同剂量疫苗加强免疫一次。免疫期可达6个月。

3.1.1.11 猪肺疫疫苗

我国批准的猪肺疫疫苗包括猪多杀性巴氏杆菌病灭活疫苗、猪肺疫氢氧化铝菌苗、猪多杀性巴氏杆菌病二价灭活疫苗、猪多杀性巴氏杆菌病活疫苗(679-230株)、猪多杀性巴氏杆菌病活疫苗(EO630弱毒株)、猪多杀性巴氏杆菌病活疫苗(C20弱毒株)、猪多杀性巴氏杆菌病活疫苗(CA弱毒株)等。

3.1.1.12 猪链球菌病疫苗

目前批准注册的灭活疫苗有：上海市畜牧兽医站、上海海利生物药品有限公司（现名：上海海利生物技术股份有限公司）、南京农业大学联合研发的“猪链球菌灭活疫苗（马链球菌兽疫亚种+猪链球菌2型）”，2006年获批；华中农业大学、武汉科前动物生物制品有限责任公司（现名：武汉科前生物股份有限公司）、武汉中博生物股份有限公司联合研发的“猪链球菌病灭活疫苗（马链球菌兽疫亚种+猪链球菌2型+猪链球菌7型）”，2011年获批；山东滨州华宏生物制品有限责任公司（现名：山东华宏生物技术股份有限公司）研发的“猪链球菌病蜂胶灭活疫苗（马链球菌兽疫亚种+猪链球菌2型）”，2012年获批；武汉科前动物生物制品有限责任公司研发的“猪链球菌、副猪嗜血杆菌病二联灭活疫苗（LT株+MD0322株+SH0165株）”，2016年获批；等等。

猪链球菌能在白细胞中存活一段时间，因此应用活疫苗能刺激机体产生细胞免疫。目前已经批准注册的活疫苗为“猪败血性链球菌病活疫苗”，制苗菌株为猪链球菌弱毒ST171株。

3.1.1.13 猪丹毒疫苗

猪丹毒疫苗有灭活疫苗和弱毒活疫苗两类。猪丹毒灭活疫苗的免疫效果与制苗菌株的免疫原性、培养基种类、佐剂种类有关。目前应用的灭活疫苗有氢氧化铝吸附灭活疫苗、裂解疫苗、猪丹毒猪肺疫氢氧化铝二联灭活疫苗。我国于1954年引进了B型（血清型2）猪丹毒杆菌，需在培养基中添加马血清，令其产生可溶性糖蛋白，用其制备的氢氧化铝胶吸附灭活疫苗，一次注射5 mL，免疫期可达6～8个月。后期又将培养基改为肉肝胃酶消化汤，所制疫苗效力不减、安全可靠。

我国于1954年选出免疫原性好的猪丹毒杆菌E4615，培育制成猪丹毒弱毒菌苗，在江苏、浙江、山东推广应用，保护率达91.2%，后由于菌种毒力不稳定，未继续推广。1974年江苏省农业科学院兽医研究所等用豚鼠致弱的猪丹毒杆菌G370，通过含0.01%锥黄素的血琼脂培养基传代40代，再提高锥黄素浓度至0.04%继续传10代，培育出G4T10弱毒菌株，以此制备弱毒活疫苗，免疫保护率达96.43%，免疫期达6个月，1979年经农业部批准在国内10个兽医生物药厂生产，发挥了良好的防疫作用。减毒菌株GC42是由强毒菌株通过豚鼠传代370代，再通过雏鸡传代42代制成的。上述2个弱毒菌株是目前我国主要的猪丹毒活疫苗制苗菌株。我国在20世纪70年代研制成功了猪丹毒、猪瘟、猪肺疫三联活疫苗，联合疫苗中所用的菌、毒株为猪丹毒GC42（或G4T10）、猪肺疫EO630及猪瘟兔化弱毒株。该疫苗中各组分免疫力无相互干扰，接种后对各病原的免疫效力和各单苗免疫后产生的免疫效力基本一致，抗猪瘟免疫期8个月以上，抗猪丹毒和猪肺疫免疫期为6个月。

3.1.1.14 仔猪副伤寒疫苗

仔猪副伤寒活疫苗是用猪霍乱沙门氏菌C500弱毒株（CVCC79500）接种适宜培养基培养，收获培养物，加适宜稳定剂，经冷冻干燥制成的，用于预防仔猪副伤寒。

3.1.1.15 猪传染性萎缩性鼻炎疫苗

国内已批准的制品包括：

（1）猪传染性萎缩性鼻炎灭活疫苗　该制品是以国内萎缩性鼻炎（AR）患病仔猪鼻腔分离的一株BbⅠ相菌株A50-4为菌种，配以司盘-85、吐温-85和白油佐剂，制成的油包水型乳剂灭活疫苗。

(2)猪传染性萎缩性鼻炎二联灭活疫苗　该产品是将Bb强毒Ⅰ相菌A50-4菌株(或G10菌株)和产生多杀性巴氏杆菌毒素的PmQ13-1菌株分别在改良鲍姜氏液体培养基上培养生产菌液和改良马丁肉汤中培养生产菌液,经福尔马林灭活,用超滤法浓缩,按适宜比例混合后制成的油包水型乳剂疫苗。

3.1.1.16　猪传染性胸膜肺炎疫苗

目前,国内批准的猪传染性胸膜肺炎疫苗有3种,即猪传染性胸膜肺炎三价灭活疫苗(1、2、7型),猪传染性胸膜肺炎二价蜂胶灭活疫苗(1、7型),猪传染性胸膜肺炎二价灭活疫苗(1、7型)。目前我国使用的灭活疫苗主要是猪传染性胸膜肺炎三价灭活疫苗(1、2、7型)。

3.1.1.17　副猪嗜血杆菌病疫苗

目前我国市场上有多种商品化疫苗,能够对同源菌产生很好的保护力,但对不同血清型副猪嗜血杆菌不具有交叉保护力。目前我国商品化疫苗主要有3种:副猪嗜血杆菌病灭活疫苗(Z1517株)、副猪嗜血杆菌病灭活疫苗(SV-1株+SV-6株)、副猪嗜血杆菌病灭活疫苗(4型MD0332株+5型SH0165株),能够针对同源菌株产生很好的保护力,但对异源菌株保护力不佳。因此,目前趋向于对多价苗进行开发。我国使用最多的是针对我国流行菌株4型和5型副猪嗜血杆菌的二价疫苗。

3.1.1.18　布鲁氏菌病疫苗

猪布鲁氏菌病活疫苗(S2株)是目前国内使用最广泛的布鲁氏菌病疫苗。主要采用口服途径免疫接种,每头份口服疫苗所含活菌不少于100亿个。口服免疫安全性高,对怀孕动物无不良影响,便于最大程度保证免疫密度。口服免疫抗体反应弱,对监测等综合防控的影响小。

3.1.1.19　产气荚膜梭菌病疫苗

梭菌属本身无侵袭力,致病性完全由毒素作用所致。我国使用较多的疫苗是仔猪产气荚膜梭菌病二价灭活疫苗(A、C型),以及仔猪产气荚膜梭菌病、大肠埃希氏菌二联灭活疫苗,此外还有仔猪红痢灭活疫苗,但用量较少。

3.1.2　新型疫苗

3.1.2.1　猪瘟新型疫苗

E2蛋白是CSFV的主要保护性抗原,能诱导机体产生中和抗体,保护机体免受强毒的攻击。目前,CSFV E2蛋白亚单位疫苗已有商品化产品,2017年,农业部批准天康生物股份有限公司研制的猪瘟病毒E2重组杆状病毒灭活疫苗(Rb-03株)为二类新兽药。目前,仍有研制单位在此方面研发与探索。

3.1.2.2　口蹄疫新型疫苗

2013年中国农业科学院兰州兽医研究所利用反向遗传操作技术研制的口蹄疫O型、亚洲1型、A型三价灭活疫苗(O/MYA98/BY/2010株+Asia1/JSL/ZK/06株+Re-A/WH/09株),新疆天康畜牧生物技术股份有限公司的口蹄疫O型、A型、亚洲1型三价灭活疫苗(OHM/02株+AKT-Ⅲ株+Asia1KZ/03株)等疫苗的相继问世,在防制口蹄疫中发挥了巨大作用。

猪口蹄疫O型合成肽疫苗是目前最安全的防控口蹄疫的有效疫苗之一。该合成肽疫苗的抗原是一段纯粹的人工化学合成多肽，由于采用了全自动固相多肽合成技术，以及程序化、自动化的生产模式，同时结合法国SEPPIC公司进口佐剂，极大地减轻了由佐剂等带来的发热症状等副反应，使疫苗质量非常稳定可靠。2004年猪口蹄疫O型合成肽疫苗[中牧实业股份有限公司和申联生物医药(上海)有限公司(现名：申联生物医药(上海)股份有限公司)联合申报]获得"国家一类新兽药证书"，2007年单组分"猪口蹄疫O型合成肽疫苗"正式上市，2009年猪口蹄疫O型合成肽疫苗(多肽2570+7309)、2014年中牧实业股份有限公司研制的猪口蹄疫O型合成肽疫苗(多肽98+93)、2014年申联生物医药(上海)有限公司的猪口蹄疫O型合成肽疫苗(多肽2600+2700+2800)、2017年天康生物股份有限公司研制的猪口蹄疫O型合成肽疫苗(多肽TC98+7309+TC07)等新产品相继问世。与我国目前使用的传统灭活疫苗相比，合成肽疫苗免疫原性好，免疫后抗体水平高，持续期长，并对O型流行毒株具有交叉保护性。疫苗具有良好的安全性。另外，合成肽疫苗不含非结构蛋白，能够区分免疫动物和自然感染动物，通过血清学方法在实验室可以快速进行鉴别诊断，完全杜绝了灭活疫苗中携带的痕量非结构蛋白可能造成的假阳性动物现象。

3.1.2.3　猪圆环病毒2型新型疫苗

近年来，我国农业部(现称农业农村部)已批准了利用昆虫杆状病毒表达ORF2蛋白的PCV2亚单位疫苗和利用大肠杆菌表达ORF2蛋白的PCV2亚单位疫苗，例如武汉中博生物股份有限公司等研发注册的猪圆环病毒2型杆状病毒载体灭活疫苗(CP08株)和2014年批准的青岛易邦生物工程有限公司注册的猪圆环病毒2型基因工程亚单位疫苗，2017年批准的普莱柯生物工程股份有限公司研制注册的猪圆环病毒2型基因工程亚单位疫苗(大肠杆菌源)等。正在研制中或已商品化的疫苗，大多是针对减少或改善断奶仔猪多系统衰竭综合征(PMWS)症状而起作用，商品化疫苗的确切使用效果已被实验室试验和临床数据所证实。

3.1.2.4　猪伪狂犬病新型疫苗

我国的猪伪狂犬病基因缺失疫苗毒株有：2003年批准的四川农业大学等研制的猪伪狂犬病活疫苗(SA215株)，其中的SA215株为三基因缺失(gE-/gI-/TK-)活疫苗；2006年批准的华中农业大学等研制的猪伪狂犬病活疫苗(HB-98株)，其中的HB-98株为两基因缺失(gG-/TK-)活疫苗。

除此以外，我国农业部(现称农业农村部)还批准了武汉科前生物股份有限公司研制的猪伪狂犬病耐热保护剂活疫苗(HB2000株)。该疫苗是用猪伪狂犬病病毒HB2000株(TK-/gE-/gI-)(三基因缺失)，接种Marc-145细胞，收获感染细胞培养物，加适宜耐热保护剂，经冷冻真空干燥制成的。

3.1.2.5　猪大肠杆菌病新型疫苗

1991年，分别由军事医学科学院、中国农业科学院研究的仔猪大肠杆菌腹泻K88-LTB双价基因工程活疫苗，仔猪腹泻基因工程K88、K99双价灭活疫苗通过审批。

3.1.2.6　其他制剂

1997年1月，四川省乐至县生物技术公司研究的猪白细胞干扰素获得农业部批准，并投入生产。这是我国批准商业化生产的第一个免疫增强剂类制品。此后，类似的产品也获得批准。如 2009 年 6 月，山东信得科技股份有限公司研制的转移因子口服溶液获得农业部批准。

40 年来，猪用疫苗的研制与应用可谓发展蓬勃，可喜可贺，例如：1991 年，仔猪大肠杆菌腹泻 K88-LTB 双价基因工程活疫苗，仔猪腹泻基因工程 K88、K99 双价灭活疫苗通过审批，标志着基因工程技术在兽医生物制品研究中开始得到应用。此后，该类新制品层出不穷。如猪伪狂犬病三基因缺失活疫苗(SA215 株)、猪口蹄疫 O 型基因工程疫苗等。1997 年 1 月，猪白细胞干扰素获得批准，标志着细胞因子类免疫制品在我国面世并投入使用。2004 年 11 月，猪口蹄疫 O 型合成肽疫苗获得批准，标志着合成肽疫苗在我国成功面世并投入规模化生产和应用。2010 年 5 月，采用悬浮培养技术研制的猪口蹄疫 O 型灭活疫苗获得批准，标志着悬浮培养技术在我国首次获准用于兽医生物制品大规模生产。我国兽医生物制品领域众多空白被一一填补，与国际先进水平间的差距被迅速弥补。尤其是自 2004 年国务院发布《兽药管理条例》以来，我国生物制品研发投入加大。2006 年农业部发布《兽用生物制品试验研究指导原则》以来，农业部《兽药注册办法》、《兽药研制管理办法》、《化学药品注册分类及注册资料要求》(农业部第 442 号公告)等的逐步出台，注册资料规范程度逐年提高，申报注册制品数量也逐年增多，从猪用传统疫苗到现代生物技术广泛应用后的新型疫苗，如基因工程疫苗、反向遗传操作技术疫苗、合成肽疫苗等不断出现，现有兽医生物制品的品种和数量已足以满足我国养殖业需求。

今后，随着现代生物技术的继续进步和推广应用，生产企业的精细化管理水平进一步提高，规模化和标准化养殖业的持续发展，兽医生物制品市场的逐步完善，我国兽医生物制品行业必将迎来质量水平大比拼、大提升的时代。首先，在疫苗应用上，是靠疫苗质量提升效益。其次也是最为关键的是猪用产品研发，要以市场需求为导向，在填补空白和对传统产品改造升级的基础上，开发多联苗、多价疫苗，为养殖业保驾护航。一方面，需对传统疫苗产品的生产工艺进行持续改进，进一步提高产品质量，确保产品批次稳定，减少产品的副作用，实现老产品的更新换代。另一方面，要在新产品上下功夫，开发安全性更高，具有广谱免疫效果的重组亚单位疫苗、活载体疫苗、核酸疫苗、基因缺失疫苗、表位疫苗等。目前亟须研发以下产品：①填补防疫空白的疫苗，如非洲猪瘟疫苗、塞内卡病毒病疫苗等。②能区别感染和免疫的标记疫苗，解决免疫环境下的疫病诊断和流行病学调查，以及疫情监测问题。③能够一针多防的多联多价灭活疫苗，减少免疫应激次数和生产性能损失。④在生产和检验环节不动用强毒病原的疫苗，消除生物安全风险，降低企业成本。⑤动物疫病生物防治性制剂，如新型、环保型微生态制剂，重组干扰素等细胞因子，抗菌肽、防御素等生物治疗制剂，基因工程抗体等新型治疗性抗体制剂等。

3.2　其他生物制剂研发与利用

3.2.1　微生态制剂

微生态制剂指的是从动物或自然界中分离、鉴定或通过生物工程人工组建的有益微生物经过培养、发酵、干燥、加工等特殊工艺制成的含有活菌并且应用于动物的生物制剂或活菌制剂。微生态制剂以其自身高效的保健功能并且没有毒副作用、无药物残留、不会对环境造成污染等优点成为代替抗生素而应用于兽医临床中的较为理想的兽药制剂。

3.2.1.1 种类

1.按物质的组成划分

微生态制剂按物质的组成可分为三类,即益生菌、益生元及合生元(刘云志 等,2012)。

益生菌:指摄入畜禽体后参与肠内微生态平衡,可以直接通过增加肠道内有益菌的数量对肠内有害微生物发挥抑制作用,或者从增强非特异性免疫功能方面来预防疾病的活性微生物。益生菌有乳酸菌制剂、芽孢杆菌制剂和真菌及活酵母制剂等。美国食品药品监督管理局(FDA)批准用作直接饲喂的微生物已有43种,我国农业部1999年6月公布的可直接饲喂动物的饲料级添加剂有:干酪乳杆菌、植物乳杆菌、粪链球菌、尿链球菌、乳酸片球菌、枯草芽孢杆菌、纳豆芽孢杆菌、嗜酸乳杆菌、乳链球菌、啤酒酵母、产朊假丝酵母和沼泽红假单孢菌(高博 等,2014)。

益生元:是一种非消化性的化学物质,可以选择性刺激肠内一种或几种有益细菌生长繁殖。因为有益菌的繁殖增多,也就抑制了有害细菌的生长,从而调整肠道菌群并且促进机体健康。最早发现的是寡糖等一些不被宿主消化吸收却能有选择性地促进其体内双歧杆菌等有益菌代谢和增殖,从而改善宿主健康的有机物质,常称双歧因子。后来又发现多种不能消化的物质可作为益生元,如辅酶、某些氨基酸或维生素,甚至果胶等。现在研究和应用较多的是寡糖,如果糖、蔗糖、寡聚糖等。

合生元:指益生菌与益生元混合在一起使用的生物制剂。如低聚糖合生元、中草药合生元等。

2. 按微生物的种类划分

微生态制剂按微生物的种类可分为乳酸杆菌制剂、芽孢杆菌制剂、酵母类制剂及复合微生态调节剂(刘云志 等,2012)。

乳酸杆菌制剂:乳酸杆菌是一种可分解糖类产生乳酸的革兰氏阳性菌,厌氧或兼性厌氧生长。此菌是动物肠道中的正常微生物,目前应用的主要有植物乳杆菌、嗜酸乳杆菌等。该类制剂应用最早,种类最多,但在产品贮存、运输和再加工过程中极易受干燥、高温等不良环境的影响,导致产品贮存期短,质量不稳定,进而影响饲喂效果。

芽孢杆菌制剂:芽孢杆菌是好氧菌,在通过胃肠道时具有高度的稳定性,能降解植物饲料中一些复杂的化合物,促进饲料营养物质的消化。此类菌属在动物肠道中存在数量极少,目前使用的有枯草芽孢杆菌、地衣芽孢杆菌、蜡样芽孢杆菌及东洋芽孢杆菌等。

酵母类制剂:酵母细胞富含蛋白质、核酸、维生素和多种酶,具有增强动物免疫力,促进动物对饲料的消化吸收能力等功能。此类菌属在动物肠道内存在数量也极少,目前常用制剂主要有啤酒酵母、红色酵母、假丝酵母菌等。

复合微生态调节剂:由两种以上菌类制剂复合而成,菌类间优势互补,具有促进生长、提高饲料转化率等多种功能。多由芽孢杆菌、乳酸杆菌、酵母菌、光合菌选择配伍而成。

3.2.1.2 主要作用

1.调解肠道菌群平衡,减少和预防疾病

微生态制剂通过竞争作用调节动物体内菌群结构,抑制有害生物的生长,提高机体抗病力(李继祖,2015)。微生态制剂含有大量有益微生物菌群及微生物菌群生长所需的营养底物,可在动物肠道内大量繁殖，产生有益菌群，与致病菌竞争生存与繁殖空间、时间、定居部位及营养物等，抑制有害菌繁殖。同时，分泌抑菌物质抑制病原菌增长，如乳酸菌通过分泌细菌毒素、有机酸等物质，使肠道环境 pH 下降，抑制有害病原微生物生长，产生的过氧化氢抑制病原菌的生长繁殖，使有益微生物在菌群竞争中占优势。将复合的微生态制剂添加到饲料中，可杀灭或抑制病原微生物，为动物提供良好的营养及生存环境。

2. 抑制有害物质的合成

微生态制剂含有粪链球菌、嗜酸乳杆菌、枯草芽孢杆菌等，可以阻止毒性胺和氨的合成，防止有毒物质胺和氨在体内的蓄积，保护机体不受侵害。同时微生态制剂产生超氧化物歧化酶，帮助动物消除自由基，并在肠道内产生氨基氧化酶及分解硫化物的酶类，从而降低血液及粪便中氨、吲哚等有害气体的浓度，改善圈舍中空气和环境。

3. 预防肥育猪腹泻

添加适量的微生态制剂，对肥育猪的疾病尤其是腹泻具有较好的预防作用。添加量过小或过大时，预防腹泻的效果较差，这可能是由于微生态制剂进入肠道环境中不增殖，只黏附于宿主肠道上段黏膜上皮细胞表面。研究表明，在生长肥育猪饲粮中添加 0.1%微生态制剂可显著提高猪的生产性能，改善健康状况，增加养猪经济效益(张水鸥 等，2008)。

4. 提高饲料利用率

微生态制剂含有高产酶菌群，能降解饲料中较难消化的成分，如葡聚糖、果胶、半纤维素等，同时具有调节和促进消化的作用，使饲料中不可用蛋白转化为可吸收蛋白，提高蛋白质的吸收和利用率，提高饲料的利用率。对微生态制剂在 30～50 kg 生长猪饲料中使用效果的研究表明，微生态制剂被动物采食后，在消化道内形成优势的有益菌群，使肠道中的有害菌落减少，从而提高动物健康水平，促进动物生长发育及提高饲料利用率并减少药物依赖(李小飞等，2008)。

5. 提高生产性能

微生态制剂中含有多种维生素、氨基酸、淀粉酶、蛋白酶和纤维素酶，有些还含有多种促进消化吸收的中草药成分等，可直接提供多种对机体生长发育有益的物质。微生态制剂中的有益微生物在到达动物肠道后可迅速增殖，增殖过程中可产生多种消化酶，可提高动物胃蛋白酶活性，促进胰液、胆汁分泌，降低食糜黏度。这些都有利于促进食物分解和营养物质的消化吸收。微生态制剂还通过对肠道的酸化作用降低胃肠道 pH，促进有益微生物繁殖，并激活一些酶或直接参与酶的形成，提高养分的吸收率。研究表明，微生态制剂应用于动物，可有效补充畜禽消化道有益微生物，改善消化道菌群平衡，提高机体抗病力和营养物质的吸收能力，具有预防消化道疾病和促进动物生长等作用(张治家，2011)。

6. 防治猪群疾病

正常情况下，动物肠道中微生态菌系处于平衡状态，其中主菌系占绝对优势。若动物消化道内环境失调，使肠道内次要菌数量增加，将会导致消化机能紊乱，给动物机体带来危害。微生态制剂可通过补充有益菌和拮抗病原菌等多种途径，扶植肠道内的优势菌群，同时产生一种对病原微生物不利的环境，迫使消化道内异常增殖的有害菌减少，使消化道内环境和微生态菌系恢复正常，有效调整和维持消化道微生态平衡。在饲料或饮水中添加一定量的微生态制剂，在防治仔猪腹泻、缓解断奶应激和提高仔猪成活率等方面都有显著作用。

3.2.1.3 应用

1. 益生菌

使用活菌制剂获得理想效果的关键在于摄入机体内的活菌数量，一般认为以每克制剂中活菌数 2×10^5～2×10^6个为佳。饲料加工、饲料贮存、饲料成分、活菌稳定性等影响微生物活性的因素，都会影响益生菌的添加效果。一般来说芽孢杆菌对不良环境具有很好的抵抗力，乳酸菌和酵母菌在饲料加工和贮存过程中容易被破坏失活，特别是制粒过程中比芽孢杆菌的存活率低很多。活菌制剂与抗生素并用时需要了解其相容性，避免与不相容的抗生素同时使用。研究发现，在给猪饲喂益生菌前，预先使用某些抗生素清理肠道内杂菌，可取得较好的效果。

2. 益生元

低聚糖：主要作用于大肠菌群，帮助肠道迅速恢复各种应激导致的菌群失调。常用的有低聚甘露糖、低聚半乳糖、低聚果糖、低聚异麦芽糖等。低聚糖添加于饲料的主要功效为：促进双歧杆菌增殖，提高排便速度，减少血氨浓度，增进矿物质吸收，增强免疫能力（杨斌，2012）。低聚糖是一类物质的总称，品种繁多。不同品种的物理和化学性能、生理功能亦有所差异，并不是所有的低聚糖都具有促进双歧杆菌增殖的作用。如低聚麦芽糖在小肠内被水解吸收，因而达不到结肠，不能被结肠内的双歧杆菌利用。低聚糖作为饲料添加剂广泛使用，只有在低聚糖有了工业规模生产以及能被饲料工业接受的适当价格以后才有可能。

有机酸：有机酸通过多种假定的生理机制抑制致病菌的生长，其中最能被人们接受的一种机制是可阻断细胞膜的转运，该转运通过吸收养分和排出废物使细菌和其所处的环境处于一种相对平衡的状态。除了抑制致病菌的生长外，有机酸还能通过动物的消化系统促进乳酸菌和双歧杆菌的生长，这些细菌通过产生乳酸、醋酸、丙酸和酪氨酸，促进动物肠道健康。有机酸还可进一步抑制动物消化道内致病菌的定居和生长。有机酸作为饲料添加剂，必须达到一定的添加量才能发挥作用，而足够的添加量势必影响饲料的成本。目前常用的办法是以无机酸作补充，有机酸和无机酸配合使用达到互补协同效应，克服有机酸的不足，增强使用效果。无机酸的成本尽管比较低廉，但其不良适口性和对饲料加工设备的腐蚀性，是其不容忽视的缺陷。

中草药制剂：中草药有效成分极为复杂，通过动物试验和人体免疫功能的机理研究证实，中草药含蛋白质、氨基酸、维生素、油脂、树脂、糖类、植物色素、常量元素和微量元素等多种营养物质，含有大量的有机酸类、生物碱、多糖、挥发油、蜡、苷、鞣质等物质，还含有多种免疫活性物质及一些未知的促生长活性物质。据研究（宇凌 等，2018），有200多种中草药含有免疫活性物质，能增强动物体的免疫功能；有400多种中草药有杀菌、抑菌作用；有130多种中草药能抗菌；有50多种中草药对病毒有灭活或抑制作用。枸杞、茯苓、淫羊藿、甘草等中草药中含有的各种多糖免疫刺激剂，具有促进机体免疫反应的能力，如刺激网状内皮系统、激活机体对癌细胞的特异性免疫反应，同时又能刺激白细胞产生干扰素和免疫球蛋白，抑制细菌和病毒的繁殖；黄花、人参等含有的苷类化合物和苦豆草含有的生物碱等，都有促进抗体生成及免疫调节的功能。

3. 合生元

合生元可同时发挥益生菌与益生元的作用，通过促进外源性活菌在动物肠道中定植，选择性刺激一种或有限几种有益菌生长和繁殖，从而达到促进宿主健康的目的。虽然合生元中益生菌与益生元的协同作用还没有被研究，但是两种物质的混合使用可提高胃肠道益生菌的存活率，其作用可能具有可加性或者是协同作用。益生菌和益生元均可提高机体对病原性物质的抵抗力，影响机体免疫系统，提高免疫力。

合生元兼具益生菌和益生元的双重作用，主要体现在：合生元能够提高外源性活菌的生存率，延长其作用时间；能使外源性活菌以更大的数量到达体内；刺激肠道外源性及内源性有益菌的定植和生长；改善肠道内菌群结构，增加有益菌的代谢；吸附肠道病原菌，对动物起保健作用；诱导肠腔内系统性免疫，改善宿主体质。

3.2.2　噬菌体、抗菌肽、酶制剂

3.2.2.1　种类

1.噬菌体

噬菌体是一种原核生物的病毒，包括噬细菌体、噬蓝细菌体和噬放线菌体等，它们广泛存在于自然界中。只要有原核生物活动的地方都会发现有其相对应的噬菌体存在。在电子显微镜下观察噬菌体大部分为蝌蚪状，并具有结构简单、体积微小和严格的寄生性等特点。近年来，随着抗生素的大量生产和广泛使用，一方面抗生素本身的疗效呈逐渐下降趋势，同时，长期的抗生素选择压力，导致出现了大量耐药和多重耐药菌，给目前临床抗感染治疗带来了巨大的挑战。作为抗感染生物制剂，噬菌体治疗受到人们的重视。噬菌体作为抗感染制剂具有严格的宿主特异性，不会破坏正常菌群，同时噬菌体的治疗效果不因细菌耐药性而改变。因此，噬菌体作为抗感染生物制剂，可能成为继抗生素之后，人类对抗细菌感染的又一有效武器，具有一定的临床应用前景；但目前对噬菌体制剂的研究仍处于起步阶段，对噬菌体制剂的安全性和有效性等还需深入研究。相信随着基因工程技术的广泛应用，通过对噬菌体的改造，噬菌体治疗将会成为控制细菌感染，尤其是多重耐药细菌感染的一把利剑（郭晓奎，2012）。

2.抗菌肽

又称为抗微生物肽、肽抗生素或宿主防御肽，是多种生物体经外界环境诱导，由特定基因编码及核糖体合成，并由一些腺体分泌的参与生物体固有免疫反应的小分子多肽，分子量为2 000～7 000，由20～60个氨基酸残基组成。抗菌肽不但有抗菌和抑菌功能，同时还兼具抗病毒、免疫调节和调理吞噬等多种生物活性，能诱导对外来抗原的免疫反应。自1972年瑞典科学家Boman等首先从惜古比天蚕的滞育蛹中分离得到第一种抗菌肽Cecropin，目前世界上发现并合成的抗菌肽已超过4 000种。抗菌肽抗菌的具体作用机制目前尚不明确，推断主要是因为细菌细胞膜与哺乳类细胞膜结构的不同，抗菌肽通过作用于细菌的细胞膜而选择性抑制细菌生长并杀死细菌细胞。

3.酶制剂

酶制剂是指从生物体内提取的、经过提纯加工后的具有催化活性的一类蛋白物质。在动物饲料中添加的酶制剂主要分为两大类，一类是动物消化道可以分泌的内源性消化酶（淀粉酶、蛋白酶、脂肪酶等）；另一类为动物体本身不能产生的外源性消化酶（植酸酶、非淀粉多糖酶等）。以植酸酶和非淀粉多糖酶等外源性消化酶应用较为广泛（王晓亮 等，2013）。

3.2.2.2 应用

1.噬菌体

早在1920年,人们已经成功使用噬菌体对猪的细菌性感染进行治疗。目前,研究过程中使用的噬菌体主要用于降低致病菌感染猪肠道系统及皮肤创伤处的概率,从而降低高丰度细菌通过肉制品传播给人类的可能性。已有的与猪相关的噬菌体抗菌研究全部集中在控制沙门氏菌和病原性大肠杆菌的感染,并且取得了具有应用前景的研究成果。在日粮中添加噬菌体可以增加平均日增重(ADG)和平均日采食量,但对于增重饲料比(G/F)没有影响。在攻毒沙门氏菌后,在每千克猪日粮中添加 3×10^9 PFU(噬斑形成单位)抗鼠伤寒沙门氏菌噬菌体可使ADG增加以及G/F降低(张建城,2015)。

2.抗菌肽

各种致病菌的混合感染,单一一种药物或多种抗生素使用效果不佳,且容易产生耐药性,严重阻碍着畜牧业的健康发展。人们意识到开发新型抗菌药物已势在必行。抗菌肽抗菌谱广,无耐药、无残留,对正常体细胞无毒性,并且许多试验发现抗菌肽保健促长、防病治病的效果比传统抗生素更理想,故被人们认为是替代抗生素的新产品。一方面是让抗菌肽在动物抗感染中作为抗菌药物替代抗生素起到治疗作用,另一方面是替代抗生素添加到饲料中发挥保健、营养的双重作用。这样可以减少在畜牧业中使用抗生素,防止抗生素随食品的摄入进入人体内,危及人类的安全;并且可以提高猪的抵抗力,预防各种致病菌的感染(黄荣春,2017)。

(1)在仔猪生产中的应用　由于仔猪代谢旺盛,生长发育快,但消化系统和免疫系统发育还不够完善,在此阶段加强饲养管理就特别重要。保障仔猪的健康和改善仔猪生长性能是提高养殖场经济效益的重要举措。最近几年来,大量的试验表明,将抗菌肽添加到断奶仔猪日粮中,不但可以提高仔猪生长性能,改善仔猪饲料利用率,还可以降低仔猪腹泻率。

除此之外,还有大量学者对抗菌肽在仔猪生产中的应用进行了研究。如:黄木家等(2011)用2%的抗菌肽取代血浆蛋白粉添加到断奶仔猪的饲料中,发现抗菌肽对断奶引起的仔猪应激综合征可起到有效缓解的作用。Xiong等(2014)经过实验发现在饲料中添加抗菌肽能提高仔猪的日增重和饲料转化率,极显著降低了断奶仔猪的腹泻发生率并提高其存活率。刘丁健等(2011)对抗菌肽的使用剂量进行研究发现,在日粮基础上添加抗菌肽剂量为0.5%时,实验组末重、日增重、料重比都明显比空白对照组和其他实验组的效果好;同时添加抗菌肽后,猪的腹泻、呼吸系统疾病的发生率和死亡率显著降低。

(2)在母猪生产中的应用　母猪繁殖性能高、身体健康是养猪场的根本,加强母猪的保健工作,提高母猪生产性能十分重要。妊娠母猪的健康状况直接影响分娩时的弱仔率和死胎率,将抗菌肽添加到妊娠母猪日粮中,能增加产仔数、提高活仔率等,还能防止母猪出现产后炎症。据报道(刘丁健 等,2011;覃小荣 等,2011),在母猪日粮中添加抗菌肽,仔猪成活率比对照组高6.48%,断奶时仔猪的成活率比对照组提高了16.1%,同时明显降低了弱仔、死胎、木乃伊的发生率。刘红健等(2014)在基础日粮中加入0.3%的抗菌肽,发现抗菌肽既可提高母猪的生产水平、改善母猪健康状况、增强机体免疫力,改善母猪乳的质量,又促进仔猪生长,提高断奶仔猪平均断奶体重,降低断奶死亡率。

(3)在生长育肥猪生产中的应用　研究表明,将抗菌肽添加到育肥猪的基础日粮中,不但能显著降低呼吸道疾病发病率、腹泻率和病死率，提高饲料转化率，改善育肥猪生长性能，增强机体免疫功能，而且能增加养猪效益，减少粪便中氮的排放。邓柏林等(2013)在重约50 kg的肥育猪的基础日粮中添加抗菌肽，进行饲养试验，观察抗菌肽对其生长水平的影响。与参照组相比，添加抗菌肽组平均日增重增加了8.30%($P<0.01$)，饲料转化效率显著提高了9.08%，达到2.76∶1；抗菌肽组相对参照组的粪便氮排放量降低了6.74%，氮减排量为0.89 g/d。不同生长阶段的猪对抗菌肽的敏感性不同，剂量也不同。但也有研究表明，高剂量抗菌肽对肥育猪生长会造成负向影响，这也许是因为抗菌肽的抗菌杀菌作用范围广，当抗菌肽剂量过高时，会杀死消化道内的一些有益菌，所以削弱了育肥猪消化吸收的能力，继而阻碍了育肥猪的生长(黄荣春，2017)。

3.酶制剂

(1)植酸酶　植酸广泛存在于各种植物性饲料原料中，易与磷结合成植酸磷。植酸磷不可被动物体吸收利用，不仅降低了饲料中磷的利用率，还可以络合钙、铁、锰、锌等金属离子，形成不溶物，是一种典型的抗营养因子。植酸酶是一种可以水解饲料原料中植酸及植酸盐的酯酶。动物体本身不能产生植酸酶，在饲料中添加外源植酸酶，可有效分解各种饲料原料中的植酸及植酸盐，释放出其中的无机磷供动物体利用，提高饲料养分消化率，减少动物粪便中磷的含量。

(2)非淀粉多糖酶　非淀粉多糖酶为各种半纤维素酶(木聚糖酶、β-葡聚糖酶、甘露聚糖酶)、纤维素酶及果胶酶的统称。一般非常规饲料原料养分不平衡，其中含有大量非淀粉多糖等抗营养因子或毒物，降低了其营养价值，限制了这些非常规原料在猪料中的使用。非淀粉多糖酶在猪料中的应用，一方面扩大了猪料中非常规饲料原料的选择和使用，有效缓解了饲料工业日益增长的原料成本压力；另一方面，提高了养分的消化率，改善畜禽健康状况，一定程度上缓解了“人畜争粮”和“人车争粮”的矛盾。

(3)消化酶　早期的饲用酶制剂，都是为了弥补幼龄、断奶或处于应激状态的动物体内消化酶分泌不足而添加的，通常为动物体内所能分泌产生的α-淀粉酶、蛋白酶和脂肪酶。一般认为，在饲料中只需要添加动物体所不能产生的外源性消化酶即可，不需要额外添加动物体内可产生的内源性消化酶。但近年来内源性消化酶在饲料工业中的应用，尤其是在幼龄动物饲料中的应用，已经越来越受到广泛的关注。幼龄动物在初生阶段，机体不能分泌内源性消化酶或分泌的消化酶活性很低，不足以维持正常生理需要，就必须额外补充内源性消化酶。目前市场上的幼龄动物专用复合酶的设计及应用都是基于这个原理。

乳仔猪阶段，小猪主要靠母乳来提供养分。母乳中的主要营养成分是乳糖，蛋白质的含量显著低于后期教槽料中粗蛋白含量，且不含淀粉。乳仔猪消化道内淀粉酶和蛋白酶分泌量严重不足，对后期主要以采食饲料来提供养分的乳仔猪是个巨大的挑战。因此，需要在乳仔猪的初生期为其补充外源的蛋白酶和淀粉酶，改善消化，降低腹泻率。高玉红等(2003)通过在仔猪饲料中添加淀粉酶、糖化酶及蛋白酶等复合酶后发现这种复合酶制剂可以提高断奶仔猪的生产性能及营养物质的消化率，其中干物质、粗蛋白和脂肪的消化率提升均达到显著水平($P<0.05$)。郭建来等(2007)在仔猪饲料中添加酸性蛋白酶后发现，仔猪日粮中干物质、粗蛋白、钙、磷的表观消化率均有不同程度的提升。

3.3 药物研发与应用

3.3.1 西药的研发与应用

3.3.1.1 西药的研发

20世纪80年代至90年代初，国外的兽药得到持续发展。90年代中期，国外新兽药年均增长1.9%，而2001年仅比上一年增长0.2%，兽药新品的研发速度明显下降，主要原因是药品研发的投入太高，周期太长。目前的兽药研发有几大趋势：

1.国外市场

重点开发抗寄生虫药：美国1996年在总计65.2亿美元的化学药物总销售额中，抗寄生虫药销售额27.85亿美元，占42.7%，比抗微生物药(31.7%)多11%。2002年美国动物保健产品(包括生物药品)的总销售额为113.3亿美元，抗寄生虫药占27.5%，而抗微生物药只占17%，即抗微生物药的份额逐渐下降。

大力开发非甾体抗炎药：由于很多感染可以引起炎症，所以，抗炎、抗感染药物是医药和兽药市场的宠儿。20世纪90年代上市的49种新兽药中，非甾体抗炎药有8种，占16.3%。辉瑞公司开发的卡洛芬2001年的销售额1亿美元；拜耳开发的Avantage在2002年在美国市场的销售额1.5亿美元。

2.国内市场

由于农业部一直禁止将原料药直接用于动物，也没有批准几种复方药进入市场，而近几年药政严查不规范的用药，大部分制药企业不生产销售复方药和原料药，而新兽药研发周期长、成本高，其研发速度放慢，鲜有一类新兽药(化药)出现，二类新兽药的研发也显著变慢。

(1)从制剂工艺入手提升兽药制剂水平　在制剂学上，为提高抗生素的药学特性，使其形成不同的制剂，采取不同的制剂工艺形成具有更高生物利用度的靶向制剂是目前人药研发中的常见手段。目前传统的兽药制剂生产工艺过于简单，缺乏科学性。这是兽药制剂产品同质化严重的关键所在。低水平上的“混合处方”、“非法添加”和“利用率低下”都是不重视兽药制剂工艺的表现。《兽药产品批准文号管理办法》新版本对兽药企业在制剂工艺技术上提出了更高的要求，必须从制剂工艺入手，提升兽药制剂水平。当然，与人类用药的价格承受力不同，动物药具有一定的价格限度。

(2)发展和重视辅料，满足动物需要的药物生物利用度　药物制剂处方设计过程实质是依据药物特性与剂型要求，筛选与应用药用辅料的过程。《兽药产品批准文号管理办法》新版本倡导兽药用辅料向“生产专业化、品种系列化、应用科学化、服务优质化”和“安全性、功能性、适应性、高效性”方向发展，实现动物专用药用辅料逐步替代非专用药用辅料，产业集中化，推动兽药用辅料产品与原料、制剂的同源生产、质量控制。

3.3.1.2 食用动物用药必须考虑的问题

(1)必须考虑动物的用药成本　食用动物本身是有价值的，治疗成本不应高于其本身的价值。

(2)必须考虑疾病的传染性　因为食品动物都是集约化养殖，饲养密度高，传染病传播速度快，特别是烈性传染病，如FMD、非洲猪瘟等。

(3)必须考虑药物的残留对食品安全的影响　药物残留是影响食品安全的因素之一，国家规定了每种药物的最高残留限量。

(4)必须重视抗药性的问题　细菌抗药性问题越来越突出，很多地方出现了超级细菌，与养殖业的不合理用药有一定的关系(崔喜光 等，2012；向双云，2013)。

(5)需要考虑用药的便利性　如能口服的绝不注射，能一次给药的绝不多次给药。基于养殖业的结构，需要方便给药的剂型和制剂，群体给药以散剂和饮水剂(含可溶性粉)为主，而个体给药以注射剂为主。注射剂则最好是长效制剂，以减少注射次数，降低劳动强度和对动物的过多刺激。如青霉素一天至少注射3次才有效，而长效盐酸头孢噻呋则注射一针7 d有效，甚至有的药物如泰拉菌素可以达到15 d的疗效。此外，也可考虑透皮剂、缓释(控释)剂、喷雾剂等剂型。

3.3.1.3　西药的应用

猪场使用的西药主要为抗生素。根据抗生素的性质和作用机理，可以将抗生素分为不同的类别，如β-内酰胺类、氨基糖苷类、四环素类、大环内酯类、林可胺类、酰胺醇类等。根据药物的药代动力学和药效动力学，又可分为时间依赖性抗生素和浓度依赖性抗生素(周巧仪 等，2016)。临床上需要根据这些药物的特性确定用药方案。

浓度依赖性：抗生素应用效果与血液或组织中药物浓度有关。当药物浓度达到细菌最低抑菌浓度(MIC)的8～10倍时，即可达到最好的抗菌效果，因此给药时最好一次性给到足够的剂量。如氨基糖苷类抗生素一日给药一次，不仅疗效与一日2～3次静脉滴注疗效相同，而且耳肾毒性也有所减轻(谭守印 等，2004)。氨基糖苷类、喹诺酮类、甲硝唑属于浓度依赖性抗生素。喹诺酮类的药效与副作用均为浓度依赖性，因此在提高用药剂量的同时，要注意不良反应的发生。

时间依赖性：抗生素应用效果与有效血液(组织中)药物浓度持续时间有关，因此需要保证药物在血液或组织中超过MIC的时间至少要达到两次给药间隔的50%以上，可以每天多次给药，如青霉素每天至少注射3次；或者使用长效制剂，如长效阿莫西林注射液或长效盐酸头孢噻呋注射液；或者使用采用缓释或控释工艺的制剂，如普通阿莫西林可溶性粉饮水给药一次，有效血药浓度只能维持6～8 h，需要每天用药2次；而采用缓释或控释工艺的制剂，饮水给药一次可以维持12 h以上的有效血药浓度，因而每天给药一次即可。

联合用药的目的在于：一是扩大抗菌谱，提高抗菌效果；二是降低药物的毒副作用；三是延缓细菌抗药性的产生。当然，联合用药也可以产生拮抗或无关作用，甚至造成毒性增强的后果。在考虑联合用药时，需要根据药物的作用时机和机理进行配伍，尽量避免理论上存在禁忌的配伍，如氨基糖苷类之间的配伍，以降低毒副作用。按药物的作用时机分，可以将抗生素分为(李秀银 等，2012)：

Ⅰ类：繁殖期杀菌剂，如β-内酰胺类(青霉素、头孢菌素)。

Ⅱ类：静止期杀菌剂，如氨基糖苷类(链霉素)、黏杆菌素。

Ⅲ类：快速抑菌剂，如大环内酯类、四环素类、氟苯尼考、林可胺类。

Ⅳ类：慢性抑菌剂，如磺胺类。

通常以下类别的药物联合使用可以产生增强作用：Ⅰ类＋Ⅱ类、Ⅱ类＋Ⅲ类、Ⅲ类＋Ⅳ类、

Ⅳ类+Ⅳ类、Ⅳ类+喹诺酮类。如青霉素与链霉素联合用药、阿莫西林和新霉素/硫酸黏菌素联合用药可以产生协同作用。增效最显著的是各种磺胺类药物与抗菌增效剂(TMP)如磺胺-6-甲氧嘧啶+TMP以5∶1配伍,具有显著的增效作用,对某些细菌可以产生数倍至数十倍的抗菌作用(胡功正 等,2015)。

Ⅰ类+Ⅳ类可以产生无关作用,如阿莫西林和磺胺药最好不同时使用,但是可先后使用。Ⅰ类+Ⅲ类、Ⅲ类+Ⅲ类(部分)可以产生拮抗作用,如青霉素类+氟苯尼考联合用药,可以部分抵消各自的抗菌作用。链霉素、卡那霉素、庆大霉素等联合用药,可产生更强的毒副作用。

根据药物的作用时机,可以制定比较合理的联合用药方案。如繁殖期杀菌剂阿莫西林与静止期杀菌剂硫酸新霉素具有协同作用,但口服给药大多限于肠道感染的治疗,阿莫西林与同样是Ⅱ类的黏杆菌素配伍也具有协同作用,配伍注射对大多数细菌都有协同作用。

阿莫西林+克拉维酸钾、磺胺+TMP、泰乐菌素+磺胺二甲嘧啶+TMP、多西环素+氟苯尼考、泰乐菌素/替米考星/泰万菌素+多西环素/金霉素+TMP等都是常用的配伍。泰妙菌素+金霉素以1∶4的比例,针对不同的病原菌,可以产生2～8倍的增效作用。林可霉素+大观霉素则是保留不多的复方制剂之一。

金霉素+磺胺二甲嘧啶(含TMP)+普鲁卡因青霉素是以前欧美经常使用的经典配伍,虽然理论上存在无关或拮抗作用,但在生产上具有较好的效果,以前用于促生长,现在则用于细菌性感染的防治。

恩诺沙星与杀菌性抗生素如青霉素类、氨基糖苷类及TMP在治疗细菌感染时具有协同作用,如恩诺沙星+阿莫西林用于全身感染,恩诺沙星+硫酸新霉素用于肠道感染,都比单用效果好。恩诺沙星+林可霉素可用于治疗肺炎支原体、多杀性巴氏杆菌、胸膜肺炎放线杆菌等引起的呼吸道疾病及母猪产前产后的子宫炎、乳房炎和泌乳障碍综合征。因为恩诺沙星对厌氧菌不敏感,而林可霉素有显著的抗厌氧菌的作用,所以抗菌效果可以互补。

1. 抗生素使用的时机

虽然有杀菌性和抑菌性抗生素(或抗菌药物),但在体内不能依靠抗生素完全清除细菌,需要依靠机体特异性和非特异性免疫力。在全身器官,特别是免疫器官功能衰竭的情况下,用药效果并不好,即使选择非常敏感的抗生素。所以用药时机是影响抗生素使用效果的重要因素之一。

(1)预防性用药　不支持保健用抗生素。预防性用药是指在发生感染以后,尚处于潜伏期或亚临床感染时用药。在症状出现前用药的目的是将疾病控制在萌芽状态,可以大大减轻猪场的损失。使用广谱抗生素类药物可有效地预防猪支原体肺炎、猪肺疫、猪传染性萎缩性鼻炎、猪传染性胸膜肺炎等呼吸道疾病和猪链球菌病、猪副猪嗜血杆菌病等相关疾病,防止猪群继发感染的发生,减少死亡,提高肥育效率(王建召,2007)。

(2)治疗性用药　是指针对某一种症状(如发热、腹泻、咳嗽)的用药。在同一猪群内,疾病发生往往处于不同的阶段,即潜伏期、前驱期、明显(发病)期和转归期,即存在发病猪、感染未发病猪、未感染猪等。此时用药,既有治疗性的,又有预防性的。如疾病对采食量影响不大,可通过饲料全群给药;若采食量下降明显,可通过饮水全群给药,同时对发病严重的猪注射给药。若发热严重,可先用卡巴匹林钙饮水,而后全群使用抗生素混料或饮水给药。

2. 药物的选择

根据以下指标选择抗生素。

(1)药敏试验　临床上通常参考药敏试验的结果选择抗生素，但不能作为唯一参考指标，因为体外抑菌试验结果不能完全代表体内的效果，不同药物的生物利用度和体内分布差别很大。可以说，体外不敏感的药物，体内是不会敏感的；反之，体外敏感的药物，在体内不见得敏感。或者培养的细菌不一定是真正的致病菌(张骞峰 等，2009)。

(2)水溶性　一般情况下，水溶性好的制剂溶出度高，生物利用度高。欲饮水给药，需要制剂的水溶性好，否则容易堵塞水管或饮水器。有些制剂没有工艺，只是简单地加酸/加碱提高溶解度，可能破坏活性成分的结构，影响疗效。

(3)溶出度　溶出度是指固体制剂在规定的溶剂中活性成分释放的速度和程度，是衡量药物制剂工艺的重要指标。只有活性成分溶出(释放)，才能够被利用。不同制剂同一种活性成分的溶出度差别很大，如有的溶出度接近100%，有的溶出度是0。可以想象，溶出度为0的制剂是没有任何应用价值的。

(4)生物利用度　是指欲发挥全身治疗作用的药物，经非静脉给药时有效成分被吸收进入血液循环的比例。只有溶出才能够被利用，但由于工艺的不同，溶出不一定都能被吸收。同样价格的制剂，生物利用度越高，药物的使用成本越低，或者疗效更高。

(5)稳定性　是指从生产到使用过程中，有效成分降解的程度。很多药物的活性成分不耐热、不耐酸碱、遇水容易分解。如阿莫西林是非常不稳定的药物，遇水非常容易分解，尤其是高温状态下，光照也可加速破坏，在溶水后3 h即可分解15%以上；而克拉维酸钾溶于水后、进入口腔或胃中，被破坏得所剩无几。辅料、制剂工艺可以显著影响药物的稳定性，这是不同制剂的稳定性差别很大的原因之一。

(6)适口性　口服的制剂适口性必须好，否则可能会降低采食量或饮水量。如泰妙菌素、替米考星或恩诺沙星非常苦，或者刺激性很大，若制剂工艺不好，可严重影响药物的疗效。

(7)安全性　安全性表现在两个方面，一是对动物本身的安全性，二是对环境和人类的安全性。“是药三分毒”，任何药物都有不同程度的毒副作用，如氨基糖苷类对肾和耳的毒性大，氯霉素对造血系统的毒性大，氟苯尼考对胚胎有毒性，喹诺酮类可干扰软骨的生长。由于用药后在畜产品内有一定的残留，而人类在食用这些有药物残留的动物性食品时，有可能引起过敏，或者由于长期低剂量接触而产生耐药菌，所以政府不断更新禁用兽药目录，那些事关人类健康的抗生素不再用于食品动物，如氯霉素、大部分氟喹诺酮类、激素类、β-兴奋剂类等。

(8)便利性　是指使用的便利性。如有的产品只能用于注射，因而适合个体的治疗；有的产品既可混饲又可混饮，因而适合群体给药。如青霉素属于时间依赖性抗生素，半衰期和抗菌后效应短，每天至少给药3次才有效，费时费力，而且连续注射对猪产生很大的刺激。同样，阿莫西林也是时间依赖性抗生素，有效血药浓度维持时间达到两次给药间隔的50%以上效果最好。阿莫西林原研制剂(或仿制药)一次用药可以维持12 h以上的有效血药浓度，而没有工艺的制剂的有效血药浓度则只能持续6～8 h。若两次给药间隔为24 h，则前者的有效血药浓度可持续两次给药间隔的50%以上，而后者只能维持25%～33%，所以，后者需要每天用药2次。

3.影响抗生素效果的因素

临床上影响抗生素效果的因素很多，具体有以下几种：

(1)疾病的诊断　只有弄清楚是何种原因或何种病原引起的疾病，才能选择合适的抗生素解决问题。确诊越早，采取措施越及时，用药效果越好。需要根据疾病的性质选择合适的抗生素(张骞峰 等，2009)。

(2)药物的质量 目前国内的药品质量标准比较低，主要关注有效成分含量，而忽视了辅料和工艺，合格的产品不一定都是好的，建议选择工艺好的制剂。

(3)使用时机 预防性用药或者疾病初发时效果好；而病入膏肓，全身器官衰竭后用药则效果不佳。

(4)用药剂量 每一种兽药都有自己的剂量，最准确的剂量是按每千克体重计算的。若需要通过饲料或饮水给药，则需要根据采食量和饮水量计算给药量。由于疾病问题或限饲，造成采食量不足，常规剂量添加是不够的；而饮水量也随着环境温度的变化而有所不同。对浓度依赖性抗生素而言，需要药物浓度高，给药间隔长；而对时间依赖性抗生素而言，要确保有效血药浓度的持续时间，剂量不一定很高。

(5)用药间隔 浓度依赖性抗生素的用药间隔可以延长，而时间依赖性抗生素的用药间隔不能太长，必须保证有效血药浓度维持时间大于两次用药间隔的50%。

(6)疗程 疗程长短根据临床经验来确定。如一个疗程7 d，2个疗程就是连续用药14 d，回肠炎的疗程至少14 d。疗程不够，则复发的可能性大。

(7)给药途径 猪场用药的原则是能混饮或混饲绝不注射。注射给药容易把握剂量，但频繁注射可能会对猪造成刺激，而且劳动量大。欲治疗肠道感染，需要在局部有更高的药物浓度，可通过口服(混饲或混饮给药)；欲治疗全身感染，则需要药物到达感染部位，如肺脏、泌尿生殖道等感染的治疗。有些药物如氨基糖苷类(如新霉素)、多肽类(如硫酸黏菌素)等口服很难吸收，所以口服不能用于全身感染的治疗。一些毒副作用大的药物则不适合注射给药，如硫酸新霉素。

(8)年龄和生理状态 如仔猪肠道发育不完善，很多口服药物更容易吸收；妊娠、泌乳、应激反应以及不同的疾病状态等都可影响药物的作用。

(9)联合用药 由于很多情况下疾病是混合感染的，有病毒+病毒、病毒+细菌或细菌+细菌，而抗生素的抗菌谱不同，或者为了提高抗菌效果，需要联合用药。联合用药的结果可能是协同，也可能是拮抗，所以需要了解不同抗生素之间的配伍效果(萨仁娜，1999)。

(10)管理 任何药物或用药方案都不能离开管理的改善，管理到位了，用药可以事半功倍。管理包括环境温度调整、通风的改善、密度的降低，更重要的是隔离与淘汰。具有传染性的病猪应及时隔离，而难以治愈的病猪则应尽快淘汰，以降低传播范围。

3.3.2 中兽药的研发与应用

由于抗生素的使用受到越来越多的限制，各国纷纷研发出能够替代抗生素的产品，中兽药就是其中一类。中兽药的价格和治疗效果还不能完全替代抗生素，但也有抗生素无与伦比的优势，如针对蓝耳病、圆环病毒病的中兽药产品效果很好。我国中兽药产值增加明显，正向百亿元迈进。中兽药散剂品种多，市场份额也最多(占55%)，口服液占21%，注射液占12%，颗粒剂占10%。但中兽药产业集中度相对较低，中兽药销售额前50名企业占总销售额的35.54%(2014年中国兽药大会资料)。

3.3.2.1 中兽药的研发

中兽药是祖国传统医药的组成部分，历经数千年的临床实践，总结出了大量经典组方，在动物疾病防治中做出了重要贡献。然而,原料的标准、中兽药药理和中兽药质量标准还存在不足,特别是随着集约化养殖的发展,疾病形势发生了根本的变化,个体治疗转向群体治疗,对中兽药的工艺、剂型和使用方法提出了新的要求。

1. 新技术

(1)细胞破壁技术　超微粉技术、纳米中药技术等采用特殊的机械设备产生高强度剪切力,将原生药粉碎至250～300目,中心粒径只有5～10 μm,提高了中兽药有效成分的溶出率,降低了用药剂量。

(2)高通量分子筛技术　可极大提高天然药物的筛选速度和效率。基因芯片作为高通量的筛选技术,则可能将中兽药和基因有效结合,从基因水平解释中兽药的药理作用和毒副作用。在已知中兽药有效成分结构的基础上,改造设计成新的化合物,可开发更纯的"人工中兽药"。

(3)利用指纹图谱监控中兽药质量　该技术将在中兽药基地建设、中兽药生产工艺改进和规范、知识产权保护方面发挥重要作用。目前世界卫生组织和一些发达国家都已经接受了色谱指纹图谱的资料。

(4)提取和纯化技术　微波萃取技术、冷冻浓缩分离技术、超临界萃取技术已经应用于中兽药的提取。超滤法、分子蒸馏法、大孔树脂吸附分离等方法已经用于有效成分的纯化(戴述诚,2003)。

(5)植物基因工程技术　植物基因工程技术可用于生产中草药有效成分,如生产东莨菪碱、青蒿素等;提高药用植物的有效成分含量,如可提高石斛碱、青蒿素的含量;还可用于提高药用植物的抗病性和抗逆性,提高产量,减少农业残留等(蒋安 等,2009)。

2. 发酵中兽药的研发

近十几年来,中兽药的发酵研究如火如荼,在临床上应用也越来越广,取得了可喜的成果。发酵中兽药是将天然药物(中兽药)提取液以优选的肠道益生菌菌群中一种或几种作为菌种,利用微生态学、仿生学的方法,通过生物嫁接的方式,在体外模拟动物体的肠道环境和中兽药成分在动物体内的消化分解过程,对提取的中兽药有效成分进行生物学转化,通过微生物将中兽药的大分子物质转化成为能够被动物肠道直接吸收的小分子成分,使中兽药成为快速吸收、定量疗效的新型药物。

发酵中兽药与传统中兽药相比,具有五大革命性改变:①中兽药成分经过益生菌转化,由大分子变成小分子,利用度提高;②疗效提速,30 min吸收到达血液;③药效提高,发酵中兽药比传统中兽药提高4～28倍,可显著降低药物的用量;④毒副作用降低;⑤改善中兽药口味,使"良药不再苦口",不再影响适口性。但并不是所有的菌种都能达到如此效果,需要不断筛选与试验。

3.3.2.2　中兽药的作用

1. 调节机体免疫力

近些年来,蓝耳病、圆环病毒病以及霉菌毒素造成的免疫抑制病的发病率呈逐年上升趋势。这些免疫抑制病的发生常导致免疫失败和混合感染,从而造成各种疾病综合征,某些已经销声匿迹的疾病如猪丹毒又卷土重来。因此调节机体免疫力的中兽药将是未来的一个发展方向。中兽药针对的是一个整体,在调节机体免疫力方面具有得天独厚的优势(易松强 等,2013)。

2. 治疗混合感染

随着规模化养殖业的发展,猪病越来越复杂,单一发生的疾病很少,多以混合感染的形式出现。自1995年以来，蓝耳病在中国的流行导致了很多亚临床感染的疾病呈现高临床损失，如副猪嗜血杆菌病等。特别是高致病性猪蓝耳病、猪圆环病毒病的出现，使混合感染成为普遍现象。西药多是直接作用于某一种或几种病原体，而中兽药多具有广谱的抗菌抗病毒作用，而且是针对整体机能的恢复，用于治疗混合感染性疾病比较好。如可用清瘟败毒散配合白虎汤治疗猪的病毒性疾病的混合感染。另外，还可以研发针对猪的呼吸道综合征和消化道综合征的中兽药产品。

3. 改善机体微循环

目前我国中兽药的应用多集中在清热解毒类防治病毒病方面，但是在古典中兽药中很多是活血化瘀、改善机体微循环的药物，而且很多方剂里面要加入这方面的药，所以除了清热解毒的中兽药外，增加改善机体微循环的药物，如当归散，也是未来的发展方向之一。

4. 调节新陈代谢、促生长、改善肉质

很多中兽药具有健脾和胃的功效，将在功能性添加剂里讨论。

3.3.2.3 中兽药面临的挑战

中兽药在动物保健、食品安全、公共卫生安全、生态安全等方面起着重要作用。在国内中兽医热渐起，国际上越来越多的人开始认识、研究、应用中兽医，并取得了可喜成果。中兽医药行业应以中兽医为主，现在却存在缺医差药的窘境。当前全国中兽医药发展中存在药材资源不足、中兽药产品良莠不齐、创新力量薄弱、中兽医专业人才匮乏等突出问题。政府和企业对中兽药的研发投入不足，大多墨守以前的验方，没有推陈出新的资金和动力。

1. 以西医的理论指导中兽药的使用

现在普遍认可的是西医的理论标准，用这些标准来衡量中兽药的成分和不良反应，很多是得不到满意答案的。中兽医学以阴阳、五行、脏腑和经络学说为基本理论，并以气、血、精、津、液为其活动的物质基础。中兽医的疾病观不能用西医的病原体、基因、分子理论去解释，一个是微观论，一个是宏观论，没有可比性。选错了标尺，度量结果只会错。应该让中兽医药体系为广大兽医人员所接受(而不是排斥与否定)，以利于中兽医药的发展。

2. 重药轻医

由于教育缺失，中兽医药学理论愈来愈不被理解或被误解，以至于中兽药开发与应用中的复方综合作用与辨证论治等根本特色与优势被考虑得愈来愈少，临床疗效也愈来愈差。现今中兽医专业硕士与博士教育主要集中于中兽药的研究，且大多是中兽药西药化的研究，并更多地强调中兽药的现代药理学，将化学单体物质看作中兽药的最高级别。现场能辨证施治的中兽医更是凤毛麟角，因此大部分使用中兽药的人并不懂辨证论治，被称为医、药脱节(续鹏林，2015)。

3. 中兽药的原料之困

“目前国际中药市场，中国原产、韩国开花、日本结果、欧美收获”说的是中国中药包括中兽药都存在原料质量不佳的问题。

(1)原产地原料不足　由于需求旺盛，原产地的药材不能完全满足供应，就会用非原产地的药材替代。不同的产地，由于气候、土壤等因素的影响，效果差别很大。

(2)采摘季节　“三月茵陈四月蒿，五月采收当柴烧”等农谚是药农在长期生产实践中总结出的宝贵经验。由于不同季节采摘的药材效果差异巨大，如果是大棚种植的或反季节种植的中药材，质量和效果可能受到影响。

(3)以非入药部位替代　由于入药部位供不应求,很多药厂就用非入药部位替代入药部位。众所周知,植物的根、茎、叶、花、果的药理作用差别很大,甚至药性相反。

(4)种植的药材冒充野生的　不是说种植的不如野生的,但一般情况下,野生的生长速度慢,活性成分沉积得更多,所以效果可能更好。而种植的药材,因为使用了很多“有机肥”或化肥,有可能造成重金属、农药的污染,不仅疗效差,甚至可能导致农药、重金属超标。

4.标准不严谨

由于中兽药需要各种成分之间的协同或配伍才能体现其效果,所以除极少数中兽药的质量可以以活性成分的含量衡量外,大部分制剂的质量并不能以活性成分的含量衡量。中兽药的成分很复杂,不一定含量最高的就是活性成分。中兽医讲究的是辨证施治,追求的是疗效而不是化学原理,是根据动物的不同情况进行针对性诊治,如果用标准化规定用药用方,将动摇中兽医药的根本。让中兽医去模仿西医,是误入歧途。

5.使用成本高

由于中兽药的用量相对大,要达到理想的效果,必须有足够的药量,如甘草颗粒的用量为每吨料 2.5～3 kg,而清瘟败毒散的治疗用量为每吨料 6～8 kg,虽然单位价格可能不高,但这样大的用量导致使用成本显著增加。

3.3.2.4　中兽药的使用

中兽药的使用原则是遵循整体观念,辨证论治。辨证论治是中兽医理、法、方、药、针灸在临床上的具体运用。中兽药的应用一定要在中兽医理论的指导下进行,只有弄清病因、病位和病症的阴阳表里寒热虚实,才能做到药证相应,药到病除。当前,不少中兽医热衷于单味药的研究,临床用药时总是考虑其药理成分,如抗炎、抗病毒、抗菌、抗腹泻等,试图通过其某种药理作用而达到整体治疗效果,忽略了病变发生的背景及其病机过程,也没有按中兽药的君臣佐使合理组方。这种“对号入座”的“拼凑式”用药,不能显示中兽医治病的规律和对动物疾病认识的全貌(褚秀玲 等,2016)。

中兽医的疾病观不是建立在病原学基础上的,而是基于病原引发的动物机体病变的整体认识,关注邪毒与机体的关系,强调以畜为本。但从根本上,中兽医药治疗病毒病的理念与方法与现代医药相吻合,也有直接和间接作用。中兽医临床上直接抑杀病毒之理法常采用祛、解、败、散;间接者则内涵丰富,常采用升阳散火、甘温除热、益气解表、温阳化浊、补气托毒等理法。中兽医药的优势在于整体的辨证施治,更加强调改善机体被病原体破坏和干扰的生理状态,提高病畜的整体生存质量,增强抗病能力(褚秀玲 等,2016)。

1.防病治病

中兽医药防病理论的核心是治未病。

(1)治未生　就是充分调动机体的非特异性免疫力,协调机体生理机能,保证动物健康和生产性能的发挥。也就是传统的保健作用,未病先防。此时需要使用以扶正为主的组方。

(2)治未发　是指把握条件性致病微生物的发病特点,先其发时而治,往往会取得事半功倍的效果。在西医上对应于在疾病的潜伏期或亚健康状态下用药,即在应激反应前后、猪抵抗力下降时用药。如藿香、板蓝根、苍术等组成中草药饲料添加剂,发挥其清暑去热、健脾化湿的功能,可提高高温季节动物的抗应激能力。

(3)治未成　是指疾病初发处于轻浅阶段,或疾病处于先兆萌芽状态,也就是疾病的前驱期(出现一般症状,但没有特征性症状)实施的治疗。旨在把握治疗时机,防止病情的加重、截断扭转疾病的发展变化。

(4)治未传　是指掌握疾病的传播规律,治疗于未传之时。对疫病的发生发展以及病原微生物有了确切的判断并及时用药,以防止疾病传播。卫之后方言气;营之后方言血。

2.调节猪群免疫功能

包括激活机体补体活性,促进机体抗体的生成,促进机体细胞免疫功能或增加免疫细胞数量,提高淋巴细胞转化率和促进免疫器官如胸腺、脾脏等生长发育。

中草药以多功能和调动机体一切抗病因素,即非特异免疫因素(白细胞吞噬作用、溶菌酶、杀菌素、干扰素、补体等),多方位对微生物进行灭杀,使之无力适应变异,故不易产生抗药性。中兽药如黄芪能提高机体免疫力,通过增强单核巨噬细胞的吞噬活性,促进自然杀伤细胞释放免疫活性物质,诱生干扰素、白细胞介素等来表现出多种生理活性。中草药的非特异免疫作用提示我们在筛选中兽药的抗微生物作用时,不能将体外抑菌作用作为唯一判定指标,需依从中兽医理、法、方、药的原则(窦伟,2015;王留英,2014)。

3.提高生产性能,改善畜产品品质

很多中兽药可以增加食欲,提高采食量、消化率和日增重。补脾益气健胃、宁心安神等方剂在各类养殖业中有促生长作用,在猪场使用还可提高瘦肉率和改善肉品风味。由于中草药本身是一种天然添加剂,生产出的畜产品不含有毒有害物质。种猪使用中兽药的主要机理是补气养血(褚秀玲 等,2016),可提高发情率和分娩率,提高产活仔数和健仔数,提高母猪的泌乳量,并能延长母猪的使用年限。

总之,中兽医药在动物疾病的防治、动物生产性能的改善方面具有得天独厚的优势,但其使用需要遵循中兽医的理论,切不可用西医的理论指导用药。

3.3.3　功能性添加剂的研发与应用

功能性添加剂是指在饲料生产加工、使用过程中添加的少量或微量物质。功能性添加剂是现代饲料工业常规使用的原料,在强化基础饲料营养价值,提高动物生产性能,保证动物健康,节省饲料成本,改善畜产品品质等方面有明显的效果。

3.3.3.1　功能性添加剂的种类

有些添加剂本身是饲料中的成分,只不过饲料中含量不足,需要额外添加,如维生素和微量元素等;有些是饲料中本身没有的,具有一定的功能,如各种中兽药添加剂。添加剂的分类方法很多,如可按功能分类,也可按性质分类,尚无统一意见。

1.补充和平衡营养类

包括氨基酸、维生素、微量矿物元素、中链脂肪酸和非蛋白氮等。在应激反应过程中,或在极端条件下,猪对这些营养素的需求量大增,虽然短期内不会表现缺乏症,但可影响免疫力和生产性能的发挥。中链脂肪酸即6~12个碳原子组成的脂肪酸,不需要经过氧化,可直接被吸收利用,在母猪分娩过程中可以迅速补充能量,缩短产程,缓解母猪热应激;而弱仔也可以迅速补充能量,降低死亡率。以小肽为基础的添加剂有利于迅速补充蛋白质。有机微量元素生物学活性高的主要原因是,其被吸收进入血浆的量比无机形态的多。建议母猪使用量:甘氨酸铁20~60 mg/kg、葡萄糖酸锌20~40 mg/kg、酵母硒25 mg/kg。

2. 保健和调节机体免疫力类

用于调节机体内环境平衡，具有双向调节免疫力的作用。常见的有中草药添加剂、植物提取物（如黄芪多糖、香菇多糖等）、小分子寡糖类物质（如壳寡糖、果寡糖等）、1，25-二羟维生素 D_3、酵母细胞壁等。微生态调节剂也具有保健作用，例如，茶苷肽具有超强的抗氧化作用，能促进家畜免疫器官的生长发育，清除自由基，有效预防家畜免疫抑制性、应激性、退化性、消化性等多种疾病。

3. 促生长剂类

单独具有或兼有抑菌防病、驱虫，促进饲料养分利用，促进猪只生长、泌乳等作用的饲料添加剂。这类添加剂包括中草药、酶制剂（如纤维素酶、半纤维素酶和蛋白酶）等。

大蒜素既具有保健作用，又可促生长。

4. 生理代谢调节剂类

L-肉碱是一种类似于 B 族维生素的天然化合物，主要功能是促进脂肪酸的 β-氧化，降低血清胆固醇及甘油三酯的含量。妊娠母猪日粮中添加 40～60 mg/kg 的 *L*-肉碱，可以提高母猪的产仔数和窝重，并能降低弱小仔猪和死亡仔猪的比率（黎观红，2003；刘定法 等，1999）。作为葡萄糖耐受因子的活性成分，铬可以提高机体细胞受体对胰岛素的敏感性，后者作用于垂体，增强促性腺激素释放激素（GnRH）的释放频率，增加促黄体素（LH）和促卵泡素（FSH）的释放，促进卵泡发育、成熟、排卵，从而提高排卵数和产仔数。实际生产中，在繁殖母猪饲料中添加 200 μg/kg 的有机铬已被作为提高母猪生产力的方法之一（郎晓红 等，1999；张建刚 等，2012a；张伟，2006）。母猪催情散在夏季可缓解母猪的热应激，提高母猪正常发情比例 30%以上（霍全胜，2008）；母猪增乳散可降低仔猪腹泻率约 30%，提高断奶前成活率 10%（陈颖 等，2006）。有机锌对公畜的繁殖性能有一定的改善作用；寡聚糖对精子的良好发育有着促进作用，因而公猪散（含有机锌、寡聚糖、精氨酸等）可改善精液质量和提高性欲。甜菜碱具有抗应激作用，可在应激状态下防止细胞内水分的流失，保持肠道离子平衡（陈娟 等，2015；吴玉玲，2007；单冬丽，2014；张建刚 等，2012b）。

5. 增进食欲助消化类

包括酸化剂、胆汁酸、甜味剂、鲜味剂、香味剂、酶制剂、中草药（如山楂、神曲、麦芽、陈皮和甘草等）等。

6. 改善畜产品风味的添加剂

肉碱可提高瘦肉率，并能增加肌内脂肪含量；植物提取物（如黄芪多糖、甜菊糖苷、植物精油）等可改善畜产品风味；氨基酸、微量元素、维生素 E、共轭亚油酸等可改善肉的品质。这方面最具潜力的是中草药添加剂（含黄芪、白芍、茯苓、陈皮、乳香、丁香、小茴香等）。

虽然功能性添加剂的种类很多，但其功能往往有重叠，如益生菌、酸化剂都可以促进消化和抗应激；或者一种添加剂有多重功能，如中草药既可抗病，又可双向调节免疫力，还可促进消化、促生长以及改善肉品风味。当然，不同中草药的作用不同。

3.3.3.2 功能性添加剂的要求

（1）安全　添加剂应该没有或很少有毒副作用。

（2）环境友好　添加剂不会对环境产生污染，比如不能使用无机重金属等。

(3)有效　即能达到此类添加剂所宣称的功能。

(4)合法　有标准(国家或者企业标准)可依,有添加剂批号。

(5)价格适宜　猪场使用添加剂是为了提高生产性能和经济效益,性价比低的产品是没有市场的。

3.3.3.3　功能性添加剂的正确使用

功能性添加剂的应用必须与畜牧生产结合起来。每个猪场的需求不一样,因而使用的添加剂也会有很大的不同。如有的猪场主要问题是母猪的分娩率、产仔数低或非生产天数长,需要使用母猪催情散或铬制剂等;有的猪场管理好,各方面生产水平很高,需要创立自己的猪肉品牌,需要使用改善肉质的添加剂;有的猪场疾病发生率居高不下,需要使用保健和调节免疫力的产品。

虽然有些猪场的PSY(每头母猪每年所能提供的断奶仔猪头数)或MSY(每年每头母猪出栏肥猪头数)已经接近甚至超过了先进国家的水平,但当前我国的总体养猪水平还比较落后,表现在产仔数低、生长速度慢、饲料转化率低、疾病多发等。需要在关键的阶段选择性地使用功能性添加剂,以改善生产性能,提高经济效益。

(1)明确使用目的　是需要营养性饲料添加剂还是非营养性饲料添加剂。一般情况下是不需要营养性添加剂的,因为现在的饲料都是营养平衡的,足以满足生长和繁殖的需要。

(2)要有比较地选择品种　当前饲料添加剂生产厂家众多,品种繁杂,质量参差不齐。不但要比价格,更要比效果,关键是投入产出比。

(3)合理、规范使用　饲料添加剂除一些专门用于饮水的品种外,如速溶电解多维素等,绝大多数只能添加于饲料中使用,添加于湿料或水中饲喂会大大降低使用效果,因此,不能随便改变使用方式。虽然功能性添加剂不是抗生素,在添加多品种添加剂时,也需要考虑配伍禁忌,如铁离子可迅速破坏维生素D和维生素K。

(4)按阶段使用　功能性添加剂的作用发挥不是立竿见影的,猪场出问题后功能性添加剂往往解决不了问题,而需要根据各阶段的需求或容易出现的问题选择性地添加。

①仔猪阶段使用　哺乳仔猪容易出现的问题是腹泻、不爱吃固体饲料、免疫力低,可通过给母猪增加功能性添加剂提高母猪的泌乳量,同时给仔猪口服中链脂肪酸,以快速补充能量,提高仔猪活力。

②保育猪阶段使用　这个阶段是肠道发育的最佳时期,适口性好、营养价值高的饲料或者单纯增加多维不一定能满足保育猪的需要。因此,要想进一步提高保育猪生产率还需要额外添加一些功能性添加剂。常见的有酶制剂、酸化剂、微生态调节剂、酵母等。

③生长肥育猪阶段使用　生长育肥阶段(30 kg至出栏)消耗了猪一生所需饲料的75%～80%,占养猪总成本的50%～60%,因此该时期营养和饲养的稍许改善将会显著影响整个养猪生产的经济效益。此阶段促生长、提高饲料利用率的功能性添加剂更为实用。为了提高猪肉品质,还可在饲料中添加改善风味的添加剂,如中草药、肉碱、微量元素等。甜菜碱能显著提高育肥猪血清中生长激素水平,因而具有促生长作用(李玉坤 等,2013)。

④母猪使用　断奶后到配种后2周内可以补充β-胡萝卜素、精氨酸及其衍生物和大豆黄酮,促进卵泡成熟,降低胚胎死亡率;也可以考虑使用中草药来进行调理。妊娠中期要适时调

整母猪的膘情。在妊娠后期和哺乳期可以使用酵母来增加采食量，提高生产效率，同时配合大豆黄酮促进卵泡发育，增加产奶量。精氨酸用于妊娠及泌乳母猪，可促进乳腺发育及胎儿血管生成，有助于仔猪生长养分的输送。另外，产前、产后是母猪猝死的高发期，主要原因是心力衰竭，母猪产后不食往往与心力衰竭有关，在此阶段补充辅酶 Q10，可以预防猝死，并减少不食猪的比例。

功能性添加剂是在改善饲养管理的前提下发挥作用的，因此，生产性能的改善不能完全寄托于添加剂，否则是本末倒置。

3.4　先进防治装备、器具的研发与应用

3.4.1　卫生消毒设备

3.4.1.1　高压清洗机

通过动力装置产生高压水柱将污垢快速剥离、冲走，达到清洗物体表面的目的。根据驱动引擎分为三类：电机驱动高压清洗机、汽油机驱动高压清洗机、柴油机驱动高压清洗机；根据用水温度分为两类：冷水高压清洗机、热水高压清洗机。现在标准化猪舍清洗过程中一般将高压清洗与泡沫型清洁消毒剂相结合，使污垢清除更彻底。

3.4.1.2　弥雾机

通过脉冲式发动机产生的高温高压气流从喷管出口处高速喷出。打开药阀后，药箱里的气压将消毒液压至爆发管内，与高温高速气流混合，在相遇的瞬间，消毒液被粉碎成 0.5～1 μm 粒径的微粒，雾化成烟雾状从喷管中喷出，可长时间（2～8 h）飘浮在空气中，起到消毒作用。主要用于猪场空舍清洗后的消毒。

3.4.1.3　超声波雾化消毒机

通过高于 20 kHz 的声波高频率的震荡作用，把消毒药液击碎成雾状微粒（小于 10 μm），然后用微型风机送风，把雾状微粒扩散到需要消毒的空间，进行全方位彻底消毒。在超声波作用过程中，产生大量热，又对消毒药液微粒加热，提高消毒效果。超声波雾化消毒机有移动式和壁挂式，主要用于进出猪场的人员消毒，消毒时间控制在 1 min 左右。生产中可与红外感受器结合，制成智能超声波雾化消毒系统，当有人经过时自动进行超声波雾化消毒，节省人工。

3.4.1.4　臭氧消毒机

通过一定频率的高压电流制造高压电晕电场，使电场内或电场周围的氧分子发生电化学反应，从而制造臭氧，进而利用臭氧的强氧化能力有效杀灭多种病原微生物，同时降低舍内氨气浓度及粉尘浓度，实现健康环保养殖。臭氧消毒机主要用于密闭猪舍的空气消毒，臭氧浓度与杀灭效果成正比，因此在使用过程中臭氧消毒机持续作用时间每天至少 40 min（蒲施桦 等，2017）。如猪舍密封性不严，消毒作用会大大下降。

3.4.2 电子灭蚊灯

通过光触媒的光催化反应产生热量、水汽和二氧化碳吸引蚊子，这些气体与人、畜自身所散发出的气味非常相似，对蚊子具有不可抵挡的诱惑力，再者利用蚊子的趋光性，使蚊子离开畜体而飞向灭蚊灯，切实减少蚊子对畜体的危害作用，保护畜体免遭虫媒传染疾病的困扰。它对畜体没有任何刺激性，对环境无任何污染，主要有电击型、粘捕型、气流型三种。

3.4.3 电子捕鼠器

通过微电流高压电击灭鼠。当老鼠体接触高压导线时高压电流通过鼠体与大地之间形成回路，在高压电流的作用下鼠体不能行动，全身麻热窒息直至死亡。能将老鼠击晕粘在灭鼠线上，而对人、畜等均无伤害。使用时需要注意及时将导线上击晕的老鼠清除，避免长时间短路对捕鼠器的损伤。电源接通时间集中在老鼠活动较多的时间，一般在17—20时以及4—7时。在干燥的地面和水泥地面上捕鼠时须沿线浇盐水，但要注意浇水时必须断电。对体重1 kg以上的动物杀伤力很小，但仍要注意安全。

3.4.4 无害化处理设备

3.4.4.1 固液分离机

通过螺旋挤压技术，将养殖过程中产生的废弃物进行分离，分离后的产物对环境污染小。经分离后的固体粪便含水量在60%左右，存储、运输方便，经过好氧发酵制成有机肥施于田间，可以改善土壤结构，促进农业增产增效。液体废弃物经过厌氧发酵生产沼气。利用固液分离机处理后的液体部分含固率在1.5%左右，不容易产生结壳、沉淀，增强沼气培养效果，减少沼气池单位容积的有机负荷量，相当于增加了沼气池容积。

3.4.4.2 动物尸体焚烧炉

通过充分的氧化和热解对病死猪尸体进行无害化处理。病死猪尸体无害化焚烧炉采用二次燃烧处理工艺，一次燃烧室内温度600～800℃，二次燃烧室内温度800～1 100℃，可燃物完全灰化。焚烧法的优点是无害化处理最彻底、处置速度快。缺点是运行成本大，环评困难，会产生一氧化碳和二噁英等废气，有可能污染空气。因此焚烧炉产生的空气必须进行净化处理。

3.4.4.3 动物尸体化制设备

动物尸体化制法包括干化法和湿化法两种。通过向密闭的高压容器夹层或容器内通入高温饱和蒸汽，在干热、压力或高温、压力的作用下，处理动物尸体。将畜禽尸体完全置于高温高压环境中，使油脂溶化，蛋白质凝固，同时借助于高温与高压，将畜禽尸体内携带的病原体完全杀死。处理完成后，将猪尸体转化成肉骨粉及油脂，实现废弃物细分式资源化再利用。

3.4.5　治疗器具

3.4.5.1　电子体温计

电子体温计利用某些物质的物理参数，如电阻、电压、电流等，与环境温度之间存在的确定关系，将体温以数字的形式显示出来。电子体温计测量快速，一般 30 s 就可读数，并且可精确到小数点后 1 位。与水银体温计相比，测量数据无差异性，但是测温时间较短。由于猪常用测定肛温的方式，因此最好使用软头电子体温计。

3.4.5.2　红外线温度计

任何温度高于绝对零度的物体都会发射红外线，所发射的红外线波长随温度而变，温度越高，波长越短。红外线温度计接收并测量物体所发出红外线的波长，就能得到对应的温度，因此可利用红外测温技术对物体表面温度进行快速测量。红外线温度计现在主要用于猪场体温测定以及屠宰场体温测定，需要注意红外线温度计测定物体表面温度，而电子体温计和水银体温计测定肛温，需要根据外界环境因素对体温数据进行修正。

3.4.5.3　无针头连续注射器

无针头连续注射器根据高压来源分为电动和气动两种。电动无针头连续注射器通过注射器压电传动器推进注射器注射尖端部分的活塞，进而推挤注射器内的药液，这样产生的高压、高速液体就能快速刺穿皮肤来进行皮内、皮下和肌肉注射。气动无针头连续注射器由标准的、可重复使用的二氧化碳罐或便携式空气压缩机压缩气体和压力充气放大器来供给能量，也是通过产生高速液体进行皮下、皮内和肌肉注射。主要用于猪场疫苗的免疫接种，使注射过程更为迅速、安全和优越，减少医疗废弃物，防止交叉感染。由于无针头连续注射器使用时需产生高速液体，因此在使用过程中需要注意安全，避免误伤人畜。

3.4.5.4　饮水加药器

将饮水加药器直接安装于供水管上，在加药器比例尺上调节好药剂与水的添加比例，一般为 1%～4%，在水流压力的驱动下(不需要其他动力设施)，以调节的比例将药剂与水在容器中自动充分混合并将稀释好的液体输送至出水管道。无论供水管的水量及压力发生何种变化，加药器都会按照所注入药剂剂量及输入的水量保持为调节比例值，进而实现混合及添加。主要用于猪群由于疾病导致采食量下降的治疗，使用过程中首先估算猪群饮水量，可通过安装水表或根据体重进行估算。需要注意药物必须是可溶性的，加药结束后，应使用清水对加药器内部进行清洁(曲向阳，2014)。

3.4.6　新风系统

典型的新风系统主要由送排风机组、热交换器、过滤净化系统和管路系统等组成。送排风机组通过管路系统持续地将新风送入、污风排出；热交换器将冬季及夏季排出的污风中的能量(热量及冷量)回收；过滤净化系统对引自室外的新风进行除尘、除菌等处理。猪舍通过使用新风系统，能降低空气中的氨气、二氧化碳、粉尘和需氧菌。新风系统必须在密闭猪舍安装，因此对猪舍建筑要求较高(李永明 等，2013)。

参考文献

陈娟,李文立.2015.甜菜碱的生物学功能及其在畜禽生产中的应用[J].饲料广角,(14):43-45.

陈颖,张双印.2006.饲料中添加增乳散提高仔猪存活率[J].中国兽医杂志,(07):60.

褚秀玲,刘学彬,张晓云,等.2016.中兽医气血理论及其在母猪生产中的应用[J]. 中兽医医药杂志,35(05):83-84.

崔喜光,丁家麟.2012. 养猪场应用抗生素的几个误区及抗生素药物的合理使用[J].兽医导刊,(05):47-48.

戴述诚.2003.中草药的发展趋势[J].中国动物保健,(12):32-34.

邓柏林,何宏轩,张乃锋,等. 2013.日粮中添加抗菌肽对育肥猪消化率及其对氮排放影响的试验研究[J].猪业科学,(03):40-42.

窦伟.2015.中兽药的作用机理浅谈[J].湖北畜牧兽医,36(04):12-13.

高博,梁宛楠.2014.微生态制剂的分类与作用机理[J].养殖技术顾问,(6):64.

高玉红,孙新胜.2003.复合酶制剂对早期断奶仔猪消化机能的影响研究[J].养猪,(2):1-3.

郭建来,魏红芳.2007. 酸性蛋白酶对仔猪生产性能及养分表观消化率的影响[J].饲料博览,(3):10-12.

郭晓奎.2012.后抗生素时代我们如何征服细菌?[J].上海交通大学学报(医学版),32(11):1401-1403.

胡功正,李荣誉.2015.新全兽药手册[M].5版. 郑州:河南科学技术出版社,20.

黄木家,刘文娟,李永新. 2011. 抗菌肽制剂替代血浆蛋白粉对断奶仔猪生长性能及健康状况的影响[J]. 中国饲料,(3):43-44.

黄荣春.2017.抗菌肽在猪生产中的应用研究[D].广西大学.

霍全胜.2008.自拟中药催情散治疗母猪发情迟缓的试验[J].中兽医学杂志,(04):6-7.

金洪效,储静华,毛洪先,等. 1989. 猪气喘病弱毒菌株免疫研究[J].中国兽医科技,(1):4.

郎晓红,章亭洲,郭晓令.1999.有机铬的生物学作用及其在养猪业上的应用效果[J].上海畜牧兽医通讯,(03):13-15.

黎观红,瞿明仁,晏向华.2003.*L*-肉碱的营养作用及其在畜牧生产中的应用[J].动物科学与动物医学,(03):37-39.

李继祖.2015.微生态制剂在动物饲养的应用[J].畜牧兽医杂志,34(4):76.

李小飞,王为民,郑秋红,等.2008.微生态制剂替代抗生素对猪生产性能和胃肠道微生物数量的影响[J].畜牧与兽医,40(10):55-57.

李秀银,王月兵,李明川.2012.抗生素的分类及治疗原则[J]. 临床合理用药杂志,(28):12.

李永明,徐子伟,黄藏宇.2013.新风系统对寒冷季节密闭猪舍空气质量及仔猪生产性能、血液生化和免疫指标的影响[J].中国畜牧杂志,49(11):83-87.

李玉坤,刘建华,李华文,等. 2013.甜菜碱的生物学功能及在动物生产中的应用[J].中国饲料,(03):6-9.

刘丁健,曾其恒,李秀宝,等. 2011. 复合抗菌肽制剂对保育猪生长性能和健康水平的影响

[J]. 养猪，(1)：15-16.
刘定法，林勇，廖玲，等. 1999. 左旋肉碱在养猪生产中的应用[J]. 畜禽业，(12)：26-27.
刘红健，徐雅萍，倪涌城，等. 2014. 抗菌肽对母猪生产性能及仔猪生长性能的影响[J]. 农学学报，4(8)：77-80.
刘云志，杨金生，黄海楠. 2012. 动物微生态制剂的研究与应用[J]. 上海畜牧兽医通讯，(3)：63.
潘雪珠，粟寿初. 1987. 猪细小病毒灭活疫苗研究(简报)[J]. 上海畜牧兽医通讯，(5)：19-20.
蒲施桦，解雅东，谢跃伟，等，2017. 臭氧消毒机对猪舍内空气净化效果研究[J]. 家畜生态学报，38(06)：55-58.
覃小荣，刘丁健，曾其恒，等. 2011. 抗菌肽对保育猪生产性能与健康水平的影响[J]. 饲料研究，(4)：6-8.
曲向阳. 2014. 猪场饮水加药解析[J]. 养猪，(03)：118-120.
萨仁娜. 1999. 影响饲用抗生素作用效果的因素[J]. 饲料研究，(04)：20-24.
单冬丽. 2014. 甜菜碱在养猪生产中的应用进展[J]. 饲料与畜牧・规模养猪，(04)：39-43.
谭守印，刘莹. 2004. 抗生素的药效学指标与给药方案优化[J]. 内蒙古医学杂志，36(02)：129-131.
王建召. 2007. 控制猪呼吸道疾病的用药技术[J]. 河南畜牧兽医，28(11)：30.
王留英. 2014. 中兽药理论及使用原则[J]. 兽医导刊，(04)：45-46.
王晓亮，周樱，张庆丽. 2013. 酶制剂在猪生产中的应用[J]. 饲料工业，(6)：23-25.
吴玉玲. 2007. 饲料中甜菜碱的营养生理功能及在养猪生产上的应用[J]. 畜禽业，(07)：8-11.
向双云. 2013. 养殖场抗生素的滥用现状与危害[J]. 山东畜牧兽医，(12)：59-61.
续鹏林. 2015. 中兽药的防治作用与临床应用[J]. 中兽医学杂志，(10)：74.
杨斌. 2012. 微生态制剂在养猪生产中的应用[J]. 今日畜牧兽医，(3)：16-19.
易松强，丁黎清，钟志勇. 2013. 中兽药与畜禽规模化健康养殖[J]. 江西畜牧兽医杂志，(05)：37-38.
宇凌，董翠梅，刘涵. 2018. 中草药饲料添加剂应用研究分析[J]. 饲料博览，(5)：47-49.
张建城，李振，徐乐，等. 2015. 噬菌体控制猪细菌性感染的研究进展[C]. 中国猪业科技大会暨中国畜牧兽医学会2015年学术年会论文集.
张建刚，李文婷，侯玉洁，等. 2012a. 有机铬在养猪生产中的应用研究进展[J]. 养猪，(04)：20-21.
张建刚，李文婷，周美玲. 等，2012b. 甜菜碱在养猪生产中的应用研究进展[J]. 中国饲料添加剂，(05)：7-10.
张启敬，徐伟，李继庚，等. 1989. 猪肺炎霉形体兔化弱毒株的超微结构及致病性研究——1. 兔化弱毒株的超微结构[J]. 电子显微学报，(4)：13-18.
张骞峰，孙增先. 2009. 临床药师根据药敏试验结果选用抗菌药物分析[J]. 中国现代应用医学杂志，26(08)：678-680.
张水鸥，罗创国. 2008. 微生态制剂对生长肥育猪生产性能的影响[J]. 畜牧兽医杂志，27(4)：

21.
张伟.2006.有机铬在养猪业中的应用[J].畜禽业,(19):25-28.
张治家.2011.微生态制剂对生长肥育猪生产性能的影响[J].猪业科学,28(12):78-80.
周巧仪,张桂君,方炳虎.2016.药动/药效同步模型在兽用抗菌药物研究的应用概况[J].动物医学进展,(04):104-110.
Xiong X, Yang H S, Li L, et al. 2014. Effects of antimicrobial peptides in nursery diets on growth performance of pigs reared on five different farms[J]. Livestock Science, 167(1): 206-210.

第4章

猪病防控体系建设的发展

本章内容提要

我国猪病防控体系逐步完善。疫病防控法律法规框架体系已基本建立，形成以动物防疫法为核心的法律体系。猪病防控规划目标明确，兽医服务体系、动物疫病检疫与净化体系、动物标识和疫病追溯体系、动物疫病应急管理体系、猪病流行病学调查与预警预报技术等已逐步建立。猪场生物安全体系的建设日益受到重视。

4.1 生物安全体系的建设

近年来，随着规模化养猪生产的迅速发展，猪场面临严重的挑战——猪场健康问题。每年因疫病死亡造成的经济损失超过千亿元，使养猪生产的成本增加，经营无利或亏本。解决猪场的健康问题是首要问题，生物安全体系建设显得尤为重要。

猪场的生物安全体系，是指在养猪生产中防止猪病传染源进入猪场侵袭猪群、造成疫病流行的一整套技术体系和措施，包括防止致病性微生物传入、防疫免疫制度建立、消毒隔离措施、增强自体免疫力、防止已侵入猪群中的致病性微生物连续传染给其他猪只等。猪场生物安全体系的建设，需要从猪场建设和猪场管理两方面入手。

4.1.1 猪场建设

4.1.1.1 选址

养猪场应根据《中华人民共和国畜牧法》、《中华人民共和国动物防疫法》及有关规定来选址兴建,从保护环境的角度出发,既要考虑猪场产生的废弃物不能污染周围环境,也要考虑猪场不要受到周围环境的影响。场址选择的主要影响因素包括区域定位、水量水质、地势、粪便污水处理和面积等。

1. 区域定位

在选择猪场用地的时候,一定要注意不能占用基本农田,这是至关重要的而又是容易被忽略的。还要对选用地块及周围地块以后的开发方向有所了解,避免选择的场地与政府未来的其他重大开发项目有冲突。这些是在建猪场时首先要了解的,不然往往会给猪场带来灾难性的损失。

猪场场址应选在离公路1 000 m以外,远离居民生活区、养殖场、屠宰场、兽医医疗机构、污水处理厂的相对安静偏僻的区域。最好有湖泊、山或密林作为天然隔离带。根据地形,要有可以修整利用的现有旧路或自辟新路。如果距离交通干线、居民区和工农业生产污染源近,容易被传染上通过空气传播的疫病,如口蹄疫、蓝耳病、猪瘟、传染性胸膜肺炎、支原体肺炎等疾病。

猪场应距供电源近一些,这样可以节省输电成本开支。供电要求电压稳定,少停电。如果当地电网不能稳定供电,大型猪场应自备相应的发电机组,以防止因突然断电而造成损失。

2. 水量水质

猪场的用水量非常大,特别是现代化、规模化程度较高的猪场。以一个自繁自养的年出栏万头的猪场为例,每天至少需要100 t水。水源不足将会严重影响猪场的正常生产和生活。所以对于一个万头猪场,水井的出水量最好在每小时10 t以上。

同时水质也十分重要,要符合《无公害食品畜禽饮用水水质》(NY 5027—2008)要求(张国建 等,2013)。水中的细菌是否超标,水中氟、砷等各种矿物质离子是否过高,人是否可以饮用等都要事先了解。如每升水中的固体物质含量在150 mg左右是理想的,低于5 000 mg对幼畜无害,超过7 000 mg可致腹泻,高于10 000 mg则不适用。所以在建猪场之前最好检测该场地的地下水水量及水质是否达标。

3. 地势

猪场应有一定缓坡,以便于排水排污,但缓坡角度不要超过20°。背风向阳,有利于通风,切忌把大型猪场建到山沟里,否则夏季不通风,非常炎热,另外污浊空气排不走,常年空气质量恶劣,不利于猪只生长和生产管理。场地平坦,开阔整齐,便于施工。地势要高,这样不易受洪水威胁,还可以保持猪舍内地面干燥,雨季也容易排走积水,减少疾病发生和流行。不宜选择低洼潮湿地。

4. 粪便污水处理

粪便及污水的处理是猪场最难解决的问题。一个年出栏万头的猪场,日产粪18～20 t。污水日产量因清粪方式不同而有所不同,一般在70～200 t之间(其中含尿18～20 t)。

因此场地里要确立污水处理场所的位置。一般污水处理区设计在猪场地形和风向下游,有利于自然排污和减少猪场生产生活区臭味。同时,在选址时,猪场周围最好有大片农田、果园或菜地。这样猪场产生的粪水经过适当的处理后,可灌溉到农田里,既有利于粪水的处理,又促进了当地的农业生产。

5. 面积

根据地势地形的不同,猪场所需的面积也会有所不同。猪场生产区总建筑面积一般可按年出栏一头肥育猪需 0.7～1.0 m^2 计算，猪场辅助生产及生活管理区建筑面积可根据实际规模大小确定(李观题 等,2015)。因此，在设计建场时要把辅助生产及生活管理区都考虑进去，根据实际情况计算所需占地面积，并留有发展余地。

4.1.1.2 布局

猪舍布局对疾病防控、生产管理的影响很大。独立性强、设施较为完整的规模化猪场，在总体规划与布局上，应从有利于生产、方便生活等方面来考虑。目前中国养猪行业基本采用以下三种布局方式。

一点式饲养：配种、怀孕、分娩、保育、生长、育成在一个区域内。采用一点式饲养的缺点是很容易循环传染很多重要疫病，如蓝耳病、猪瘟、口蹄疫、伪狂犬病、传染性胃肠炎、流行性腹泻等。

两点式饲养：配种、怀孕、分娩在一个地区，保育、生长、育成在另一个地区，两者之间的距离大于 1 000 m。这种饲养模式的优点是利于控制疾病，缺点是管理相对麻烦，运输成本高。

三点式饲养：配种、怀孕、分娩在 A 地，保育在 B 地，生长育肥在 C 地，三者两两相距 1 000 m 以上。

以上猪场布局中，配种舍、怀孕舍、保育舍、生长舍、育肥(或育成)舍、装猪台应从上风向下风方向排列。配种舍要设有运动场。

4.1.1.3 工艺

猪从出生到出栏上市的整个饲养过程，按不同生长、发育时期的生理特征划分为若干饲养阶段。每一个饲养阶段均以一定数量的生产节律界定，形成猪只在各个生产阶段的流水生产。为满足各阶段生产要求，猪场为每一个饲养阶段的猪只配备不同类型的养猪成套设备。按照生产工艺流程，将各饲养群分别安置在条件相宜的舍内，以提高猪舍利用率，便于进行精准的环境控制。

1. 高床建设

高床离地 2.5～3 m，高床顶上是风球，充分利用高架网床自然通风、全自动喂料、自动供水、雨污分流等技术，其优点是避免了猪与地面的直接接触，改善卫生条件，减少疾病，有利于猪只健康，提高猪的成活率和饲料转化率(闫益波,2015)。这是一种新型的猪场养殖工艺。

2. 发酵床养殖

发酵床养殖原理比较简单，垫料上边饲养动物，粪尿掉入或转移到发酵床中，开始扩散式的发酵降解。发酵床内部是一个复杂的生态系统，需要各种不同的菌类互相协作才能发挥最优的效果，要求各种功能菌之间协作良好，菌种的降解力强、寿命长。制作发酵床的垫料尽量使用锯末，使用周期比较长，不用经常补充垫料。也可以用稻壳、秸秆等粉碎后代替。

3. 水泡粪养殖

水泡粪模式是近年来广泛采用的一种饲养模式。水泡粪模式，是在猪舍下方建一个非常深的坑，上面装有漏缝地板，坑中放上水，粪尿漏到下面的水中。水泡粪模式采用深坑深水，粪尿漏下后可以长期存放，一般一批猪清理一次就可以，大大降低了清粪的工作量，同时因为减少了清粪环节，也减少对猪的干扰，使猪的生产性能得到更大发挥。水泡粪模式往往配备先进的通风换气系统，猪舍的气味更低，对猪的健康更有利。但水泡粪模式也有非常明显的缺点，也是许多猪场使用失败的主要原因，即污水处理难。使用水泡粪，必须有足够大容积的污水处理池，能够容纳大量的污水，但再大的污水池也不可能将所有的污水存进去，也需要及时将污水处理掉。我国养猪场往往都是独立的，与附近农田没有直接关系。再加上水中使用各种药物，附近的农民往往并不接受使用这些污水，导致污水没法消耗，猪场只好减少用水，这样水泡粪的一些缺点也就暴露出来，比如水池中水量不足或更换不及时，猪舍气味增大等。

4.异位发酵床

传统发酵床养猪模式是通过在猪舍中铺满混有发酵菌的垫料（王永强 等，2011），猪在垫料中生活，这种模式理论很成功，但是在有些地方试验很失败，主要原因是每个地区的温度与湿度不一，当温度过高、湿度又大时，垫料由于翻抛不及时造成霉变，而霉变后的垫料会产生有害气体，严重危害生猪的健康。异位发酵床模式与传统的发酵床养猪的原理相同，不同的是异位发酵床模式猪与垫料分离，猪粪通过漏粪板转入垫料发酵车间。发酵槽中运行翻耙机，加速垫料与氧气的接触面，解决了垫料因翻耙不及时造成的霉变问题，影响生产的有机肥的品质，同时也保障了生猪的健康（卓坤水 等，2016）。

上述这几种养猪模式在全国各地开展了大规模的推广应用，各地因地制宜、取得了良好的效果。

4.1.2 猪场管理

4.1.2.1 杀虫灭鼠

蝇、蚊、鼠等是动物疫病的重要传播媒介。因此，杀灭这些媒介和防止它们的大量繁殖，在预防和扑灭动物疫病、获得生产效益上有重要的意义。

1.杀虫

（1）物理杀虫法　包括用喷射火焰喷烧昆虫聚居的墙壁和缝隙；利用100～160℃的干热空气杀灭养殖用具和其他物品上的昆虫及虫卵；利用专用灯具器具进行引诱杀灭等。

（2）生物杀虫法　以昆虫的天敌或病菌及雄虫绝育技术等方法来杀灭昆虫。此外，消灭昆虫滋生繁殖的环境，如排除积水、污水，清理粪便、垃圾等措施，都是有效杀灭昆虫的方法。

（3）药物杀虫法　主要是应用化学杀虫剂来杀虫。根据杀虫剂对节肢动物的毒杀作用分为胃毒作用药剂、触杀作用药剂、熏蒸作用药剂、内吸作用药剂等。

2.灭鼠

鼠类是多种人兽共患传染病的传播媒介和传染源。灭鼠工作应从两方面入手：一方面根据鼠类的生态学特点防鼠、灭鼠，从畜舍建筑和卫生措施方面着手，预防鼠类的滋生，使鼠类在各种场所生存和活动达到最低限度，使它们难以得到食物和藏身之处。如保持畜舍及周围的整洁，及时清除饲料残渣，将饲料保存在鼠类不能进入的房舍内。畜舍建筑应注意防鼠的要求，墙基、地面、门窗等都应力求坚固，发现有洞，立即堵塞。另一方面，采取种种方法直接杀灭老鼠，如器械灭鼠和药物灭鼠。

4.1.2.2 消毒

消毒是利用物理、化学或生物学方法杀灭或清除外界环境中的病原体，切断其传播途径，防止疫病流行（闫益波，2015）。一般不包含对非病原微生物及芽孢、孢子的杀灭。消毒是贯彻“预防为主”方针的一项重要措施。消毒的目的是消灭传染源散播于外界环境中的病原体，以切断传播途径，阻止疫病继续蔓延。

猪场生物安全体系建设工作中比较常用的消毒方法主要有以下几种。

1.机械性消除

用机械的方法如清扫、洗刷、通风等清除病原体，是最普通、最常用的方法。如畜舍地面的清扫和洗刷、动物体表和被毛的刷洗等，可以将畜舍内的粪便、垫料、饲料残渣清除干净，并将动物体表的污物去掉。随着这些污物的消除，大量病原体也被清除。

2.物理消毒法

(1)阳光、紫外线和干燥　阳光是天然的消毒剂，其光谱中的紫外线有较强的杀菌能力，阳光的灼热和蒸发水分引起的干燥亦有杀菌作用。在实际工作中，很多场合如实验室等用人工紫外线来进行空气消毒。

(2)高温　是最彻底的消毒方法之一。规模猪场常用的高温消毒方法有：火焰烧灼及烘烤、煮沸消毒、蒸汽消毒。

3.化学消毒法

在现代猪场防疫中常用化学药品来进行消毒。化学消毒的效果取决于许多因素，例如病原体抵抗力、所处环境情况和性质、消毒时的温度、药剂的浓度、作用时间长短等。常用的化学消毒剂有：

(1)氢氧化钠　对细菌和病毒均具有强大的杀伤力，常配成1%～2%的热水溶液消毒被污染的畜舍、地面和用具等。但本品对金属物品具有腐蚀性，消毒完毕后要用水冲洗干净；对皮肤黏膜具有刺激性，消毒猪舍时，应驱出动物，隔半天以水冲洗饲槽、地面后，方可让动物进入。

(2)碳酸钠　常配成4%的热水溶液浸泡衣物、用具，或洗刷车船和场地等。器械煮沸消毒时加入本品1%，可促进黏附在器械表面的污染物溶解，使灭菌效果更为可靠，并可防止器械生锈。

(3)漂白粉　是一种广泛应用的消毒剂，其主要成分为次氯酸钙，是用气体氯将石灰氯化而成的。漂白粉遇水产生极不稳定的次氯酸，易离解产生氧原子和氯原子，通过氧化和氯化作用而呈现强大、迅速的杀菌作用。

(4)二氯异氰尿酸钠　是一种新型广谱高效安全消毒剂，为白色粉末，易溶于水，性稳定，易保存。

(5)二氯海因、二溴海因　属于新型广谱高效的卤素类消毒药，广泛用于畜禽养殖场和水的消毒。对细菌、真菌、病毒具有强的杀灭作用，尤其是对病毒的消毒效果好。

4.生物热消毒法

生物热消毒法主要用于污染的粪便、垃圾等的无害化处理。在粪便堆积过程中，利用粪便中的微生物发酵产热，可使温度高达70℃以上。经过一段时间，可以杀死病原体(芽孢除外)、寄生虫卵等而达到消毒目的，同时又保持了粪便的良好肥效(陈焕春，2000)。在发生一般疫病时，是一种很好的消毒方法。

现代猪场的消毒频率为：①生活区：办公室、食堂、宿舍及其周围环境每月大消毒一次。②售猪周转区：周转猪舍、出猪台、磅秤及周围环境每售一批猪后大消毒一次。③生产区正门消毒池：每周至少更换池水、池药2次，保持有效浓度。进入生产区的车辆必须彻底消毒，随车人员消毒方法与生产人员一样。④更衣室、工作服：更衣室每周末消毒一次，工作服清洗时消毒。⑤生产区环境:生产区道路及两侧5 m内范围、猪舍间空地每月至少消毒2次。⑥各栋猪舍门口消毒池与盆:每周更换池水、盆水、药至少2次,保持有效浓度。⑦猪舍:配种怀孕舍每周至少消毒一次,分娩保育舍每周至少消毒2次。⑧人员:每次进入猪舍前必须脚踏消毒池、手洗消毒盆消毒。

4.1.2.3 人员控制

主要是指人员的管理,猪场一般以层层管理、分工明确、场长负责制为原则。具体工作专人负责,既有分工,又有合作;下级服从上级;重点工作协作进行,重要事情通过场领导班子研究解决。建立完善的猪场管理制度,使生产有条不紊地进行,从而不断提高管理水平。

猪场大门需设消毒池并配备消毒机,车辆要消毒;设人员消毒通道,进入人员登记消毒,工作人员在生产区和生活区之间要实施严格的消毒措施;猪场周围禁止放牧,协助当地周围村镇的免疫工作,最好设围墙、防疫林等。

4.1.2.4 早期断奶技术

在仔猪某些特定疾病的抗体还没有消失以前进行断奶,将断奶仔猪转移到远离母猪繁育区的保育舍饲养。发达国家规模猪场断奶时间大部分为3周龄,我国大部分4~5周龄,有些为3周龄(张庆如,2013)。

早期断奶的主要优点有:①减少或避免大小猪疫病的交叉感染。②提高仔猪健康水平和日增重。由于仔猪健康不受病原体干扰,免疫系统没有激活,减少无关消耗,仔猪生长快,日增重显著提高。③提高母猪年产仔胎数。理论计算(平均受胎率按95%计):5周龄断奶母猪年产仔胎数为2.17,3周龄断奶母猪年产仔胎数为2.39,3周龄断奶比5周龄断奶每头母猪年产仔胎数可增加0.22胎。万头猪场600头母猪可多产132胎,可增加出栏肉猪1 000多头。但是,过早断奶(<21日龄)也带来了问题:仔猪饲养困难,成本增加,母猪生育机能障碍。

实施早期断奶的主要配套技术措施有:①保证母猪和乳猪有足够的营养水平。早期断奶乳猪的饲料有特殊要求,一般猪场自己配制有困难,需选用专业厂家的产品保证质量。②分娩、保育舍要有良好的饲养环境。特别是温度,分娩舍乳猪保温区应达25~30℃,保育舍应达25℃。要达到这个温度,就要做好猪舍设计和设备的配套。③做好母猪正常的免疫工作,确保母猪的健康水平(汪嘉燮,2009)。

4.1.2.5 全进全出

从生猪出生到出售的整个生产过程中,可以按照母猪的生理阶段及商品猪群不同生长时期,将其分为空怀、妊娠、产仔哺乳、保育、生长、育肥等几个阶段,把在同一时间处于同一繁殖阶段或生长发育阶段的猪群,按流水式的生产工艺,全部从一种猪舍转至另一种猪舍,各阶段的猪群在相应的猪舍经过该阶段的饲养时间后,按工艺流程统一全部一起转到下一个阶段的猪舍(李强,2008)。同一猪舍单元或猪舍只饲养同一批次的猪,实行同批同时进、同时出的管理制度。每个流程结束后,猪舍(或单元)进行全封闭和彻底的清洗消毒,待空置净化后,按规定时间再开始转入下一批猪群。在我国现代养猪生产中,多采用"单元式"全进全出。

"全进全出"饲养工艺需要强调的是:同一批猪同时转进或转出,中途可以淘汰,但绝对不能交叉,也不能有一头停留;再一个就是要求定时,每周转群必须确定到每周的那一天,定时转群。"全进全出"不但是现代化养猪的饲养工艺,也是必须遵循的一个原则。

"全进全出"的饲养工艺流程不但可以有效、有计划地组织生产,而且可以充分利用养殖技术和养猪设备,提高生产效率和猪舍利用率,在减少疾病相互传播、提高猪群健康水平以及设备的保养维修方面具有先进性。

在生猪规模养殖的发展过程中,我国大多数猪场不断更新观念和升级换代,吸收和采用了大量先进的养猪生产工艺和科学的猪病防控体系,不断规范生猪养殖场生产、管理行为,促进养猪生产向资源节约、环境友好和生态绿色转变,实现了可持续、跨越式的猪业大发展。

4.2　猪病流行病学调查与预警预报技术

流行病学调查与预警预报技术是疫病防控的基础性工作,是控制和根除疫病的主要技术手段,构建有效的疫病流行病学调查、监测与预警机制是我国动物疫病防控中长期战略规划研究的重要组成部分。

4.2.1　猪病流行病学调查方法进展

4.2.1.1　我国兽医流行病学的发展

兽医流行病学是随着传染病理论的建立和霍乱病原的发现而形成于 19 世纪后半叶的一门学科。该学科从群体水平出发,以各种动物疾病和卫生事件(不仅仅限于动物传染病)为研究对象,以描述疾病分布、揭示疾病成因为手段,以提出疾病防控措施、增进动物群体健康为目的(黄保续,2010)。20 世纪,随着科学技术进步、畜牧业快速发展和动物流通加快,牛瘟等重大动物传染病危害加重,一些国家日益重视动物疫病的控制工作,促进了兽医流行病学学科的形成和发展,主要表现为专业引领组织相继形成、学科建设日益成熟、政府重视程度不断提高以及研究领域逐步拓宽。

总体而言,我国兽医流行病学起步较晚,基础较差。但随着现阶段重大动物疫病防控实践的不断深入,我国流行病学调查研究工作已取得长足进步,并进入快速发展阶段。

(1)学科建设取得重要进展　1989 年,全国高等农业院校教材指导委员会将《兽医流行病学原理》(刘秀梵,1993)列入高校农科本科“七五”教材建设规划;2000 年,该书再版改名为《兽医流行病学》,被列为普通高等教育“九五”国家级重点教材。2000 年前,仅一所高校将兽医流行病学设为选修课,如今,已有越来越多的农业高等院校在本科和研究生教学中开设这门课程,部分学校还将其列为兽医专业必修课。

(2)研究工作逐步深入　2000 年,农业部决定在青岛建设国家动物流行病学研究中心,系统开展流行病学调查研究。此后,国家科技部门先后立项支持开展了重大动物疫病流行病学调查、监测预警、经济学评估和风险分析技术等研究,对推进学科发展、服务防控决策发挥了积极作用。

(3)流行病学调查评估机制趋于完善　法律层面上,我国《动物防疫法》和《重大动物疫情应急条例》对开展流行病学调查做出了规定。组织层面上,农业部设立了中国动物卫生与流行病学中心及四个分中心,成立了全国动物防疫专家委员会流行病学分委员会;各省(自治区、直辖市)设立了流行病学调查专家组,地、县成立了流行病学工作队,业务工作体系趋于完善。机制层面上,农业部每年印发《国家动物疫病监测与流行病学调查计划》,紧急流行病学调查、定点流行病学调查和专项流行病学调查相结合的工作机制逐步形成。动物流行病学调查工作的逐步推进，对制定和完善各项防控措施起到了重要作用。

(4)人才队伍不断壮大　为适应我国动物疫病防控工作的迫切需要，在全国范围内培养一批兽医流行病学技术骨干，以及时应对全国范围的重大动物疫情，并推动兽医流行病学工作走上科学化、标准化、实用化道路，2010年农业部兽医局和联合国粮农组织(FAO)联合启动了中国兽医现场流行病学培训项目(Chinese Field Epidemiology Training Program for Veterinary, CFETPV)，并由中国动物卫生与流行病学中心具体组织实施。经过八年的不断实践与探索，该项目已覆盖到我国的31个省份，培养了400余名学员，分布于中央、省、市等各级技术支撑机构，在我国动物流行病学调查研究工作中发挥了重要的推动作用。

4.2.1.2　猪病流行病学调查方法

流行病学调查是通过信访、问卷填写、现场查看、实验室检测等多种手段，全面收集与疾病事件有关的各种信息和数据，进行综合分析，以得出合乎逻辑的病因结论或病因假设的线索，提出疾病防控策略和措施建议的过程(沈朝建 等，2013)。

流行病学调查的任务主要包括4个方面：一是对报告的疫情进行核实；二是确定传染源、传播途径和暴露因素，查明病原传播扩散和流行情况，以便采取有效措施防止疫情扩散；三是在一定时间内，调查动物群体中的疾病事件和疾病现象，描述动物群体的患病状况、疾病三间分布(时间分布、空间分布、宿主间分布)和动态过程，提供有关致病因子、环境和宿主因素的病因线索，为进一步研究病因因素、制定防控对策提供依据；四是评估疾病防控措施实施效果及疫苗等生物制品的使用效果。

根据不同的分类标准，流行病学调查方法可以分成不同类别：

1.按实施范围划分

按实施范围的不同，分为普查和抽样调查。

(1)普查　为了某特定目的而专门组织的一次性的全面调查。普查涉及面广，指标多，工作量大，时间性强。为了取得准确的统计资料，普查对集中领导和统一行动的要求最高。

(2)抽样调查　一种非全面调查，是从全部调查研究对象中抽选一部分单位进行调查，并据此对全部调查研究对象做出估计和推断的一种调查方法。该调查方法通过有限的资源获取能够反映总体情况的信息。实践中最常用的调查方法就是抽样调查。

2.按调查的时间顺序划分

按调查的时间顺序不同，可分为横断面调查和纵向调查。

(1)横断面调查　是在短时间内对所研究的动物卫生事件给出快速“图像”(类似于一张快照)。鉴于此类调查是在短时间内完成的，其测定的是现有病例数，由此生成的数值为流行率(患病率)而非发病率，因而横断面调查也称为疫病流行率(患病率)调查。此类调查可针对整个畜群，即普查，但多数情况是针对样本进行的抽样调查。横断面调查生成的是相关疫病的静止图像，因而未对其时间及空间发展情况提供信息。然而，如对畜群进行反复的横断面调查，当调查达到一定频率时，依据其所提供的一系列结果，即可得到疫病动态方面的一些信息(Toma et al.，2011)。

(2)纵向调查　通过定期观察，对一个或多个群体的某项健康情况进行一段时间的监视。该法尤其适合对发病率的研究。通过生成一系列类似于电影的映像，即可得到关于疫病流行动态(时间及空间)方面的有用信息。调查活动包括计划及设计(调查方案、抽样策略、调查表、数据采集和处理方法等)阶段、数据采集阶段以及数据处理阶段。

3.按工作性质划分

按工作性质的不同,可分为个案调查(病例调查)、常规流行病学调查、紧急流行病学调查、定点流行病学调查和专项流行病学调查等。

(1)个案调查(病例调查)　对单个/单一病例进行的调查。

(2)常规流行病学调查　针对某一时段发生的某种疫情,对畜禽进行常规性的检查,对该疫病进行预防,保证畜禽健康的大范围普遍调查为常规流行病学调查。国家动物疫情测报站和边境动物疫情监测站向上级兽医主管部门和中国动物卫生与流行病学中心及各级疫病预防控制机构定期报送相关数据,包括县畜牧业生产、动物免疫、屠宰加工和畜禽价格等,并结合当地重大动物疫病监测数据,分析当地疫情发展趋势,作为国家制定疫病防控策略的依据。

(3)紧急流行病学调查　又称暴发调查,是对某养殖场或某一地区在较短时间内集中发生较多同类病例所做的调查。通常是在怀疑或确认发生口蹄疫和高致病性猪蓝耳病等重大动物疫病时,由各级兽医部门组织实施的,旨在界定疫病发生情况、探寻病因及风险因素、分析可能的扩散范围、预测疫病暴发或流行趋势、提出控制措施建议以及评价控制措施效果而实施的一系列调查、分析和评价工作。

(4)定点流行病学调查　各级兽医主管部门、疫病防控机构和相关研究机构在重点地区(以国家动物疫情测报站、边境动物疫情监测站所在地为主体)设置流行病学调查点,定期开展口蹄疫、猪瘟、猪蓝耳病等重大猪群疫病调查,并结合本省(自治区、直辖市)畜牧业生产、动物免疫、屠宰加工和畜禽流通情况,分析辖区内疫情发展趋势,持续监视动物养殖、免疫、流通、屠宰环节的风险因素变化情况,结合特定动物疫病的血清学和病原学监测结果,预测疫情发展趋势,评估疫病防控效果,提高防控工作的针对性。

(5)专项流行病学调查　相关机构针对重大动物疫病防控中遇到的特定问题组织的专项调查研究,可以为畜牧兽医主管部门提供决策咨询。

4.2.1.3　猪病流行病学调查新技术

(1)分子生物学技术　该技术在流行病学调查中主要用作筛检、诊断试验。常用的有PCR/RT-PCR、实时荧光定量PCR、ERIC-PCR(肠杆菌基因间重复共有序列PCR)等。

(2)生物信息学　是研究生物信息的采集、处理、存储、传播、分析和解释等的学科,也是随着生命科学和计算机科学的迅猛发展,生命科学和计算机科学相结合形成的一门新学科。它主要应用于分子流行病学调查与监测,从分子或基因水平阐明疾病的病因、病原遗传演变规律及相关致病过程。

(3)生物统计学　生物统计学是流行病学得以形成和发展的重要支柱,抽样方法的设计、样本量的确定、资料分析、结果表达等方面,都需用到生物统计学知识。

(4)地理信息系统　地理信息系统(geographic information system,GIS)是用计算机及其外部设备采集、存储、分析和描述整个或部分地球表面与空间信息的系统。简单地讲,它是在一定的地域内将地理空间信息和一些与该地域地理信息相关的属性信息结合起来,达到对地理和属性信息的综合管理。GIS的发展为流行病学调查和研究提供了一种新的技术手段,它强大的数据管理能力和显示功能为流行病学调查数据的管理和呈现提供更多的可能。目前,猪病流行病学调查工作中,GIS常被用于描述疾病空间分布、疫情传播方向、市场链作图等。

(5)流行病学建模　又称流行病学数学模型,是应用数学模型或数学语言明确定量地表达疾病在群体间流行的过程中,病因、宿主和环境之间的流行规律,并从理论上探讨不同防制措施效应的研究方法。数学模型主要用于流行病学理论研究中，可用以阐明流行过程、预测流行率或发病率、检验病因假设以及设计防控措施等。

4.2.2 猪病预警预报技术进步

4.2.2.1 动物疫病预警简介

动物疫病预警主要是通过对重大动物疫病的监测、追踪、量化分析、信息通报、预报等，建立一整套风险评估预警体系，对潜在的重大动物疫病安全问题及时发出警报，从而达到早期预防和控制的目的，最大限度地降低损失，加快疫后处理(李沛丽 等，2016)。

1. 预警体系

动物疫病预警体系是指能灵敏、准确地昭示风险前兆，并能及时提供警示的机构、制度、网络、举措等构建的疫病预警系统，其作用在于超前反馈、及时布置、防风险于未然。通常情况下，动物疫病预警体系主要包括动物疫病监测体系、动物疫病报告体系、国外疫情监视体系和动物流行病学分析体系4个部分(黄保续，2010)。

(1)动物疫病监测体系　该体系是进行动物疫病流行病学分析的数据支持系统之一，也是动物疫病预警体系的基础性组成部分。建立该体系的主要目的是早期发现疫病。

(2)动物疫病报告体系　高效、快速的疫病报告体系是预警体系的一个枢纽性组成部分。疫情报告系统可以发现可能出现的任何疫情，一个有效的国家动物疫病预警体系至少要有一个从基层到最高兽医行政主管部门的有效疫情报告系统。

(3)国外疫情监视体系　该体系是动物疫情预警体系中重要的辅助支持系统，通过监视国外或周边国家和地区的疫情现状与发展趋势，对疫情传入国内的风险进行评估和预测，为及时制订并实施预防性措施，调整相关动物及动物产品的国际贸易政策提供决策信息支持。

(4)动物流行病学分析体系　该体系是预警体系中的技术性决策支持系统。它是建立在实验室检测结果和动物疫病监测结果及其他疾病因子之上的综合分析系统，也是预警体系的核心组成部分。其核心内容是根据某种疫病发生的历史和实时情况，结合疫病特定风险因子如环境因子、生态因子、气象因子等的变化规律，对疫情的可能发展趋势进行超前评估和预测，并据此提出最佳防控(风险管理)措施，供决策者参考。

2. 预警指标体系

建立预警指标体系是实现疫情预警的基础环节，但这一工作非常复杂，需要同时考虑到预警指标的敏感性、及时性、高效性、可操作性和可拓展性等。Delphi法是目前制定疫病预警指标体系常采用的方法，是一种通过向专家进行几轮咨询，获得专家一致性意见的预测方法。应用Delphi法挑选兽医流行病学及相关领域的专家，利用各位专家的知识和在实际疫病控制工作中的经验，结合现有的监测能力及上报数据的质量和防控力等，筛选预警指标并用综合评价的方法建立可行的预警指标体系。

3. 动物疫病预警的分级发布

国务院于2006年1月8日发布了《国家突发公共事件总体应急预案》(以下简称总体预案)。总体预案是全国应急预案体系的总纲，是指导预防和处置各类突发公共事件的规范性文件。“突发公共事件”是指突然发生，造成或者可能造成重大人员伤亡、财产损失、生态环境破坏和严重社会危害，危及公共安全的紧急事件。文件中规定，突发公共事件分为四级。总体预案要求，各地区、各部门要完善预测预警机制，建立预测预警系统，开展风险分析，做到早发现、早报告、早处置。在这个基础上，根据预测分析结果进行预警。在总体预案中，依据突发公共事件可能造成的危害程度、紧急程度和发展态势，把预警级别分为4级：特别严重的是Ⅰ级，严重的是Ⅱ级，较重的是Ⅲ级，一般的是Ⅳ级，依次用红色、橙色、黄色和蓝色表示。预警信息的主要内容应该具体、明确，要向公众讲清楚突发公共事件的类别、预警级别、起始时间、可能影响范围、警示事项、应采取的措施和发布机关等。为了使更多的人“接收”到预警信息，预警信息的发布、调整和解除要通过广播、电视、报刊、通信、信息网络、警报器、宣传车或组织人员逐户通知等方式进行。

4.2.2.2　我国动物疫病预警体系的发展

我国在动物疫病预警体系建设方面已取得了一系列进展：

(1)*工作机制得到法律保障*　《中华人民共和国动物防疫法》、《国家动物疫病测报体系管理规范(试行)》、《国家突发重大动物疫情应急预案》、《疫情报告管理办法》以及农业部每年下发的《国家动物疫病监测与流行病学调查计划》等使我国动物疫病监测预警工作做到了有法可依、有章可循，监测预警工作越来越规范。

(2)*疫情测报网络体系初步形成*　疫情测报网络体系是实施动物疫情监测的硬件基础，包括疫病监测工作体系和信息报送体系。目前，国家已建成了动物疫病监测体系，包括：中央、省、市、县四级动物疫病预防控制机构，304个动物疫情测报站，146个边境动物疫情监测站及国家动物卫生与流行病学中心和相关国家动物疫病诊断实验室等技术支撑单位。建立形成了“乡—县—市—省—国家”五级动物疫情逐级电子网络报告系统和动物疫情测报站、边境动物疫情监测站与国家中心之间的监测信息电子网络直报系统(杜建 等，2014)。

(3)*基础设施建设得以加强*　根据动物疫病监测工作的需要，国家加大了兽医实验室和监测体系的基础设施建设力度，将动物疫病监测预警列入《全国动物防疫体系建设总体规划》中，进一步充实、完善了各级动物疫病预防控制机构和测报站的设备与装备条件。省级实验室着眼于预警分析和技术研究，建成集疫情监测预警、重大动物疫病诊断和技术培训为一体的技术平台；市级实验室着眼于疫情监测，建成集免疫效果评估和诊断技术推广为一体的技术平台；县级实验室及测报站着眼于免疫效果监测能力建设，建成紧密联系广大养殖场户和基层动物防疫工作者的服务阵地。

4.2.2.3　我国动物疫病预警体系存在的问题

目前，我国动物疫病预警体系仍不完善，与我国公共卫生系统相比，动物疫情报告体系覆盖面小，尚未将规模饲养场、动物诊疗单位和科研院所兽医实验室等单位纳入疫病报告体系；动物疫情报告未能实现全程网络化办公，基层疫病信息依靠文件传送，缺乏时效性；信息统计及分析的自动化技术薄弱，信息处理难以保证科学、客观、全面。与发达国家的预警体系相比，我国动物疫病监测预警法律保障仍不健全，疫病监测与报告不能全面有效实施；没有建立区域间、部门间的疫病信息通报制度，信息管理不够透明(袁美芝，2017)。

总之，动物疫病预警预报工作在我国是一项全新的工作，应借鉴吸收卫生部门和发达国家的成功经验，加快完善我国动物疫病预警体系的建设，更好地服务于动物疫病的防控。

4.3 猪病检疫与净化

动物检疫源于300多年前的欧洲，当时，世界上发生了一系列重大动物疫病，造成了巨大的经济损失。为了防止疫病的传播流行，人类在长期与疫病作斗争的过程中，逐渐积累了丰富的经验，有关国家采取了制止措施，由此而产生了动物检疫。我国的动物检疫工作起步较晚，开始于清朝末期的1903年，目前已形成较完善的动物检疫体系。中国在对外开放的港口、机场、车站和各省、自治区、直辖市都设有动物检疫机关，承担着进出境动物和动物产品的检疫任务。此外各省、自治区、直辖市政府所在地设有本地区动物防疫和动物卫生监督机构，形成了一个强大的动物检疫体系。

4.3.1 出入境检疫

进出境动物的检疫日益成为各国为保护本国利益采取的有效措施之一，同时也是实施《动物卫生与植物卫生措施协议》(Agreement on the Application of Sanitary and Phytosanitary Measures，SPS协议)基础上，各世界贸易组织成员唯一可以使用的非关税技术措施。

4.3.1.1 法律法规

《中华人民共和国畜牧法》、《中华人民共和国进出境动植物检疫法》(《检疫法》)、《中华人民共和国畜禽遗传资源进出境和对外研究利用审批办法》、《中华人民共和国海关法》等是实施进出境动物检疫的法律依据。其中《检疫法》对检疫审批、进境、出境、过境、运输工具，携带、邮寄物等有关环节和对象的检疫措施进行了具体规定，其中明确了对进出境动植物、动植物产品和其他检疫物，装载动植物、动植物产品和其他检疫物的装载容器、包装物以及来自动植物疫区的运输工具实施检疫的要求。再有依据动物疫病对国内畜牧业、渔业生产的危害程度和在我国的分布情况，参考国际组织的规定，制定了《中华人民共和国进境动物检疫疫病名录》，其中涉及的主要猪病见表4-1。农业部也颁布了进口种猪和精液的相关规定，即《种猪及精液进口技术要求》。同时，对进出境种猪的检疫颁布了行业标准，提出了明确的操作要求，进境检疫包括检疫依据、隔离场许可、检疫审批、产地预检、入境检疫、检疫放行和检疫资料归档等，出境检疫包括检疫依据、报检、隔离检疫场许可、隔离检疫和放行、装运、出证等。

表4-1 生猪传染病和寄生虫病列表

类别		名称
一类		口蹄疫、猪水疱病、猪瘟、非洲猪瘟
二类	共患病	布鲁氏菌病、炭疽、伪狂犬病、魏氏梭菌感染、钩端螺旋体病、日本脑炎、旋毛虫病、水疱性口炎、巴氏杆菌病
	猪病	猪繁殖与呼吸综合征、猪细小病毒病、猪丹毒、猪链球菌病、猪萎缩性鼻炎、猪支原体肺炎、猪圆环病毒病、革拉泽氏病(副猪嗜血杆菌)、猪流行性感冒、猪传染性胃肠炎、猪铁士古病毒性脑脊髓炎(原称猪肠病毒脑脊髓炎、捷申或塔尔凡病)、猪密螺旋体痢疾、猪传染性胸膜肺炎
其他		猪副伤寒、猪流行性腹泻、猪囊尾蚴病

4.3.1.2　实施检疫

引进生产指数高的种猪是更好地改良种猪品种的有效方法。与我国签订检疫条款的有美国、加拿大、丹麦、法国、英国、比利时、挪威、澳大利亚等国家,我国种猪主要从加拿大、美国、丹麦、法国等国家进口。

国家在每批种猪进口时,均要执行严格的隔离检疫制度,包括进口动物出口前在原产地45 d的隔离检疫、入境口岸现场检疫、到达我国入境口岸后为期45 d的隔离检疫作为一个完整的隔离检疫体系。通过隔离检疫,检出了多种动物疫病,避免了疫病在国内发生和流行,因此,隔离检疫体系对于防范动物疫病进入国内发挥了重要作用。

在引进种猪的隔离检疫期间,根据我国与引进种猪国家签订的动物检疫协定,采集样品开展实验室相关疫病监测,也先后检测出了多种疫病病原阳性猪只。例如,依据《中华人民共和国从美利坚合众国输入猪的检疫卫生条件》要求,在美国引进的120头种猪中,检出猪繁殖与呼吸综合征病毒抗体阳性猪5头(孙颖杰 等,1995)。2009年4月从美国进口种猪1 000头,实施了45 d的隔离检疫,在此期间,完成了A型H1N1猪流感、猪密螺旋体痢疾、猪布鲁氏菌病、猪伪狂犬病、猪传染性胃肠炎、结核病、猪传染性胸膜肺炎、猪繁殖与呼吸综合征等疫病的实验室检测,检测出猪伪狂犬病病毒抗体阳性猪2头、猪传染性胃肠炎病毒抗体阳性猪9头,猪传染性胸膜肺炎抗体阳性猪11头、猪繁殖与呼吸综合征病毒抗体阳性猪13头,扑杀阳性猪随后进行了无害化处理,疫病检出率5%,检疫合格率达到95%(蒋宏伟 等,2009)。广州口岸按照中瑞两国动物检疫协定实施检疫后,在从瑞典进口的185头种猪中检出5头禽型结核病猪(颜思通 等,2001)。

4.3.2　国内检疫

国家对生猪生产、屠宰、加工等环节的防疫检疫工作都做出了明确规定。由法定的动物卫生监督机构,采用法定(由国务院兽医主管部门制定)的检疫程序和方法,根据《中华人民共和国动物防疫法》《动物检疫管理办法》《畜禽标识和养殖档案管理办法》等相关法律法规的要求,实施产地检疫和屠宰检疫。一是生猪在出栏前要进行产地检疫,主要是对生猪的免疫情况、疫情的监测情况以及生猪的临床健康状况进行核对和检查,经检疫合格以后出具动物检疫合格证明;二是生猪屠宰时要进行屠宰检疫,所有的生猪要凭动物检疫合格证明进入生猪定点屠宰场,驻屠宰场动物检疫员在生猪宰杀的同时,进行同步检疫,检疫合格的生猪产品,出具动物产品检疫合格证明,加施检疫标志。

4.3.2.1　引种检疫

种猪不仅饲养周期长,而且主要用于繁殖后代,因此,在传播疫病,特别是垂直传播的种源性疫病方面影响很大。种猪在动物疫病防治中占有重要地位,加强种猪的检疫管理是保护人体健康和动物疫病防治中不可缺少的环节。种猪患病或者保菌带毒,会成为长期的传染源,同时会通过精液、胚胎垂直传播给后代,造成疫病扩大传播。加强对跨省引进种猪及其精液的检疫管理,是贯彻预防为主的方针,控制生猪疫病传播的重要措施。

农业部主管全国动物检疫工作,动物检疫实行申报制度。根据《生猪产地检疫规程》《跨省调运乳用种用动物产地检疫规程》的相关规定,产地检疫过程中,注意种猪的临床检查和主要猪病的实验室检测。

4.3.2.2 净化检疫

任何疫病的防控都要经过控制、净化和消灭三个阶段，动物疫病净化是实现消灭目标的重要前提和基础。动物疫病净化是指通过监测、免疫、检疫、隔离、淘汰、无害化处理、消毒、生物安全管控等一系列综合措施，在特定区域或是场所内消灭和根除病原，从而达到并且维持在该范围内动物个体不发病和无感染的状态。疫病净化的方式通常有两种：一是垂直净化，按照“核心群—繁殖群—生产群”的顺序开展种源正向净化；二是水平净化，是以区域为单位开展，通过划定净化范围、设立屏障、流通管理、生产无疫动物等措施，实现对疫病的区域化管理。随着净化进程的推进，区域化管理的范围可以逐渐扩大，直至连成片成为更大的区域或整个国家，最终实现无疫状态。开展疫病净化工作通常需要经历三个阶段，即本底调查阶段、免疫控制阶段和净化阶段。有条件的养殖场可根据本底调查情况，自主选择进入免疫控制阶段或是净化阶段。种猪场在开展疫病净化之前，应该健全生物安全防护设施设备、强化饲养管理、严格执行消毒措施和规范无害化处理措施，构建“规范化、制度化、设施化和无害化”的防疫和生产体系，以实现净化目的和维持净化效果。

中国动物疫病预防控制中心自2013年实施《规模化养殖场主要动物疫病净化和无害化排放技术集成与示范》项目以来，颁布了《规模化种猪场主要疫病净化评估标准》《种公猪站主要疫病净化评估标准》，涉及猪伪狂犬病、猪瘟、猪繁殖与呼吸综合征以及口蹄疫4种疫病。在全国范围内，中国动物疫病预防控制中心已经组织开展了2次“动物疫病净化创建场”和“猪伪狂犬病净化示范场”评估工作，全国30个省份，228家规模化猪场申报了“动物疫病净化创建场”和“猪伪狂犬病净化示范场”评估，“动物疫病净化创建场”经现场评审、“猪伪狂犬病净化示范场”经现场评审和实验室检测，最终42家规模化猪场通过了“动物疫病净化创建场”的评估，7家规模化猪场通过了“猪伪狂犬病净化示范场”的评估。

养殖场自身开展疫病净化的愿望强烈，并积极参与，净化后获得的效益显著高于成本。某猪场开展猪伪狂犬病净化一年，母猪分娩率、平均产仔头数、活仔数等生产性能有了很大提高，仔猪死亡率显著下降，猪场自行统计了开展净化工作前后母猪生产性能和仔猪死亡率的情况，见表4-2。另外，还有规模化猪场在系统研究了猪场猪瘟和猪伪狂犬病的流行病学、带毒状况及疫苗免疫状态的基础上，对种猪群进行了为期一年的上述两种疫病净化工作，通过配种受胎率、分娩率、产活仔数、初生重、哺乳仔猪发病率、平均断奶仔猪数、年经济效益净增长等指标总结了净化成效，见表4-3。

表4-2 猪伪狂犬病净化前后母猪生产性能和猪只死亡率统计结果(李芳 等，2015)

	项目	净化前(2013年1—4月)	净化后(2014年5—8月)
母猪生产性能	分娩率/%	70.25	91
	流产率/%	20.2	3.2
	返情率/%	26.5	5.3
	平均产仔头数/头	7.2	10.5
	活仔率/%	69.23	92.5
仔猪死亡率	新生仔猪/%	6.2	1.05
	哺乳猪/%	11.47	2.16
	断奶仔猪/%	9.1	1.5

表 4-3 猪瘟及猪伪狂犬病净化成效列表(任庆海 等,2013)

项目	净化前(2011 年)	净化后(2012 年)	成效
配种受胎率/%	82.6	89.7	提高 7.1 个百分点
分娩率/%	78.4	82.6	提高 4.2 个百分点
产活仔数/头	9.2	9.9	增加 0.7 头
初生重/kg	1.35	1.47	增加 0.12 kg
哺乳仔猪发病率/%	17.6	11.8	降低 5.8 个百分点
平均断奶仔猪数/头	8.95	9.65	提高 0.7 头
年经济效益净增长/万元		25.64	

国家对实施净化病种的净化工作有相应的措施和制度,通常包括完善的法律法规制度、合理有效的监测系统、严格的检疫监督和移动控制措施、合理的扑杀补贴政策、净化所用技术研究以及相应的财政支持,并可利用各方资源、发挥新闻媒体等作用扩大宣传,获得公众的支持等。

动物疫病净化,特别是种用动物的主要动物疫病净化对我国动物疫病防控有着特殊的重要意义,有计划、有步骤地开展动物疫病净化工作,将使我国动物疫病防治工作进入一个新阶段,提高到一个新水平。

4.4 猪病疫情报告与扑灭

《中华人民共和国动物防疫法》(《动物防疫法》)对动物疫病的预防、报告、公布、控制、扑灭等做出了基本规定。《国家重大动物疫情应急条例》(《应急条例》)规定了重大动物疫病疫情应急准备、监测、报告、公布、应急处置等过程中各级政府、机构和人员的职责和任务。《国家突发重大动物疫情应急预案》(《应急预案》)规定了突发重大动物疫病疫情的监测、预警与报告,突发重大动物疫病疫情的应急响应和终止,善后处理和应急处置等要求。为做好猪病监测、报告、控制和扑灭提供了法律依据和政策保障。

4.4.1 疫情报告制度

根据《动物防疫法》《应急条例》等相关规定,在《动物疫情报告管理办法》的基础上,制定了《动物疫情报告、通报和公布管理办法(征求意见稿)》,进一步加强动物疫病疫情报告、通报和公布管理工作,规范动物疫病疫情的管理。我国已经建立了国家、省级、地市级、县级、乡镇的动物疫病疫情监测、报告的网络体系,对动物疫病疫情,尤其是重大动物疫病疫情实行逐级上报的方式,法律法规对报告的责任和时限、疫情的诊断、确认的程序都做出了明确的规定和要求。

4.4.1.1 动物疫病疫情的报告

及时上报猪病疫情,有利于各级兽医主管部门及时掌握疫情动态,从宏观层面决定一定区域、一定时期应采取的紧急预防控制措施。

(1)疫情报告主体　我国法律规定,任何单位和个人,发现动物染疫或者疑似染疫的,都有向各级人民政府及其有关部门报告动物疫病疫情的责任和义务。即任何从事动物饲养、屠宰、经营、隔离、运输、诊疗的社会从业者,从事动物疫病研究的科研院校,从事动物疫病疫情监测、检验检疫的动物疫病预防控制机构、动物卫生监督机构、进出境检验检疫机构和林业部门野生动物资源观察机构,都是责任报告人。

(2)疫情报告程序　动物疫病疫情实行快报、月报和年报制度。疫情上报程序,通常由兽医技术机构自下而上层层上报。其中属重大动物疫病疫情的,应按国务院《应急条例》的规定上报。

(3)疫情报告内容　通常包括:疫情发生的时间、地点;染疫、疑似染疫动物种类和数量、同群动物数量、免疫情况、死亡数量、临床症状、病理变化、诊断情况;流行病学和疫源追踪情况;已采取的控制措施;疫情报告的单位、负责人、报告人及联系方式。

4.4.1.2　动物疫病疫情的认定

《动物防疫法》等规定,动物疫病疫情,原则上由县级以上人民政府兽医主管部门认定,但重大动物疫病疫情由省、自治区、直辖市人民政府兽医主管部门认定,必要时要报国务院兽医主管部门认定。例如,口蹄疫等一类动物疫病引发的重大猪病疫情、新发猪病疫情、外来动物疫病疫情,由国务院兽医主管部门根据最终确诊结果,确认疫情。

4.4.1.3　动物疫病疫情的通报

国务院兽医主管部门应当及时向国务院有关部门,以及省级人民政府兽医主管部门,通报口蹄疫等重大猪病疫情的发生和处理情况;如发生猪链球菌病、猪布鲁氏菌病等人畜共患传染病,县级以上人民政府兽医主管部门与同级卫生主管部门应当及时相互通报。

我国作为世界动物卫生组织(OIE)成员,还应该遵守我国缔结或者参加的条约、协定等相关要求。我国OIE国家代表负责及时向有关国际组织或者贸易方通报重大动物疫病疫情的发生和处理情况。2017年,3月在广东省韶关市、10月在广东省茂名市、12月在贵州省黔南州,分别发生了猪口蹄疫疫情(摘自农业部网站),及时将此疫情信息填报了OIE世界动物卫生信息系统(World Animal Health Information System,WAHIS)。

4.4.1.4　动物疫病疫情的公布

动物疫病疫情信息是重要的社会公共信息,《动物防疫法》等规定国务院兽医主管部门负责向社会及时公布全国动物疫病疫情,也可以根据动物疫病的种类及其危害等情况,授权省、自治区、直辖市人民政府兽医主管部门公布本行政区域内的动物疫病疫情。其他单位和个人不得发布动物疫病疫情。

在农业农村部网站(http://www.moa.gov.cn)“公开”栏目下“疫情管理”中“疫情发布”,以及中国兽医网(http://www.cadc.net.cn/sites/MainSite/)“通知公告”栏目下“兽医公告”中,可查动物疫病发生、重大动物疫病疫情信息。

4.4.2　扑杀政策

扑杀是指在兽医行政部门的授权下,宰杀感染特定疫病的动物及同群可疑感染动物,并在必要时宰杀直接接触动物或可能传播病原体的间接接触动物的一种强制性措施。《动物防疫法》《应急条例》等法律法规明确规定,当发生一类动物疫病,以及二类、三类动物疫病疫情呈暴发性流行和发生重大动物疫病疫情时应采取隔离、扑杀等动物疫病扑灭措施。

4.4.2.1　疫情应急响应

根据猪病疫情的分级情况，有关的各级人民政府、兽医主管部门、动物防疫监督机构、出入境检验检疫机构，分别做出相应级别的响应。突发疫情应急处置要采取边调查、边处理、边核实的方式，有效控制疫情的发展。对范围局限、不会进一步扩散的猪病疫情，应相应降低响应级别。对感染范围扩大，流行趋势严重的猪病疫情，应相应提升响应级别。

4.4.2.2　应对疫情采取的处置措施

根据猪病发生、发展情况，以及造成危害的程度，《应急条例》《应急预案》等规定，通常派员到现场划定疫点、疫区、受威胁区，调查疫源，采取封锁、隔离、扑杀、销毁、消毒、无害化处理、紧急免疫接种及其他限制性措施。

1. 发生一类猪病疫情

当生猪发生口蹄疫、猪水疱病、猪瘟、非洲猪瘟、高致病性猪蓝耳病等一类动物疫病疫情时，一旦确诊后，应当立即启动相应级别的应急预案，并采取以下措施：

一是划定疫点、疫区、受威胁区。疫点：发病猪或是带毒猪所在地点。规模化或集约化养殖的，以发病生猪所在的规模化或集约化的养殖场所、养殖小区为疫点；散养猪则以病死猪所在的自然村为疫点；运输过程中发生猪病疫情，以运载病猪的车、船、飞机等为疫点；在市场发生猪病疫情，以病猪所在市场为疫点；在屠宰加工过程中发生猪病疫情，以病猪所在的待宰场所为疫点。疫区：由疫点边缘向外延伸 3 km 的区域划为疫区。受威胁区：由疫区边缘向外延伸 5 km 的区域，而口蹄疫疫情发生时则向外延伸 10 km。

二是对疫点、疫区、受威胁区采取的措施。由县级以上兽医主管部门报请同级人民政府决定对疫区实行封锁，同级人民政府接到封锁报告后发布封锁令，对疫点、疫区、受威胁区采取相应的控制措施。扑杀疫点内所有病猪和带毒猪，随后对病死猪、被扑杀猪及其产品按照《病害动物和病害动物产品生物安全处理规程》进行无害化处理；对排泄物、被污染的饲料、污水等均需进行无害化处理；对被污染或可疑污染的交通工具、用具、圈舍、场地进行严格彻底消毒；限制人员出入，严禁车辆进出，严禁猪只及其产品和可能污染的物品运出。对疫区内没有临床症状的易感染生猪进行监测，并按照国务院兽医主管部门的规定实施紧急免疫接种，建立免疫档案，必要时对易感染的生猪进行扑杀。受威胁区的生猪不扑杀，对所有易感生猪进行紧急强制免疫，建立完善的免疫档案，加强疫病监测和免疫效果监测。

三是疫源分析与跟踪调查。根据生猪主要疫病发生、发展情况，开展流行病学调查，分析疫源及其可能的扩散范围，对可能存在的传染源，以及可能在疫病潜伏期或是发病期间售（运）出的生猪及其产品开展追踪调查，分析疫情扩散的风险。

2. 发生二类猪病疫情

当生猪发生猪繁殖与呼吸综合征、猪肺疫、猪链球菌病等二类动物疫病的疫情时，派员到现场划定疫点、疫区、受威胁区，对疫点、疫区和受威胁区的染疫动物及同群动物、疑似染疫动物、易感染动物采取隔离、扑杀、销毁、无害化处理、紧急预防接种、限制易感染动物及其产品及有关物品出入等控制、扑灭措施。对二类动物疫病疫情，通常不采取扑杀的政策，而是采取隔离措施，将未被扑杀的染疫动物、疑似染疫动物及其同群动物与其他动物分隔开，在相对独立的封闭场所进行饲养，并按照农业部规定的防治技术规范进行接种和治疗，杜绝疫病继续扩散。

3.发生三类猪病疫情

当生猪发生猪传染性胃肠炎、猪密螺旋体痢疾等三类动物疫病疫情时，主要采取控制疫点的措施。将患病动物与健康动物分隔开，禁止该疫点动物及其产品出售，同时，采取消毒、药物治疗、免疫等措施。

4.4.3 治疗技术

猪群保健与疫病防治是生猪养殖过程中非常关键的环节，合理使用药物或是生物制品预防、治疗生猪疫病尤为重要。下面重点介绍使用高免血清的特异性治疗技术，以及使用干扰素(interferon，IFN)和转移因子(transfer factor，TF)的非特异性治疗技术。

4.4.3.1 特异性治疗技术

高免血清是利用某种疫(菌)苗按照一定程序反复免疫某种动物，并经抗体检测其滴度达到一定水平后，屠宰被免疫动物并收集全血后，经特殊处理而制成的一种生物制品。用高免血清治疗猪病收到了很好的治疗效果。

1.单一高免血清治疗

利用单一病原(分离的病毒株或是细菌株，或是疫苗毒株)依照一定的免疫程序，多次免疫无特定病原的健康动物后而制成的高免血清称为单一高免血清。通过猪瘟弱毒疫苗免疫制备高免血清，利用抗猪瘟高免血清对猪瘟病猪进行治疗，可以取得较好的治疗效果(唐佳，2016；岑德光，1984)。另外，也有报道从当地自然发生猪瘟的病例中分离病毒，经特殊处理后按一定程序免疫育肥猪，所制备的高免血清效价高达1∶1 024。与其他同类型猪瘟血清相比，其抗体效价高数倍，且更安全有效，对临床病例均有很好的治疗效果(郭铭生 等，2010)。沈顺新等(1996)对15日龄以下哺乳仔猪交巢穴注射抗猪流行性腹泻高免血清，可以预防腹泻的发生。用其治疗初产母猪，比不注射发病母猪病期缩短3～4 d，且疗效显著。常灵竹等(2012)利用灭活的猪血凝性脑脊髓炎病毒加弗氏完全佐剂和弗氏不完全佐剂免疫家兔，制备高免血清，并经亲和层析纯化得到的IgG效价为1∶50 000，未获得母源抗体的仔猪，注射后可建立被动免疫。孔令达等(2004)对猪伪狂犬病病毒及其抗体阴性健康猪只，多次免疫接种伪狂犬病病毒后制备的高免血清，特异性强，抗体效价高达256倍以上，为诊断和治疗用血清研发打下了基础。副猪嗜血杆菌有15个血清型，可以影响1～4月龄的猪。副猪嗜血杆菌病通常见于4～8周龄仔猪，发病率和死亡率都很高，利用副猪嗜血杆菌高免血清可以预防控制该病(徐引弟 等，2010)。仔猪水肿病发病迅速，很难用抗菌药物控制，用高免血清对早期和晚期水肿病的治愈率达到92%，而单独使用亚硒酸钠的治愈率仅为25%，表明高免血清具有很高的治疗价值(李鹏 等，2005)。

2.多联高免血清治疗

利用两种或是两种以上病原多次免疫无特定病原的健康动物后而制成的高免血清。陈洁等(2011)利用细胞源的猪瘟活疫苗和猪支原体肺炎灭活苗(P株)多次免疫后，猪瘟抗体OD值在第三次免疫后最高达2.399，支原体肺炎在第四次免疫后S/P值最高达1.311，可用于上述两病的防控。郭一等(2011)研究表明，通过猪瘟、猪繁殖与呼吸综合征(猪蓝耳病)和猪圆环病毒2型疫苗免疫牛只，获得三种病毒抗体，效价分别为1∶2 056、1∶1 280、1∶1 280，且对仔猪安全，为防治猪瘟、猪蓝耳病和猪圆环病毒病提供了理想的生物制剂。侯顺利等(2003)利用猪瘟、猪蓝耳病、猪流行性腹泻、仔猪副伤寒、猪流感和猪肺疫六种疫病病原，按一定程序多次免疫猪只，采集全血，经过处理制成高免血清。血清中除含有可直接中和病原的高效价免疫球蛋白外，尚富含可激活细胞免疫系统以及有效杀伤病原的转移因子、干扰素等多种淋巴因子，是治疗猪瘟、猪蓝耳病、猪流行性腹泻、仔猪副伤寒、猪流感和猪肺疫的特效药物。

4.4.3.2　非特异性治疗技术

1. 干扰素

IFN 是细胞和机体受到病毒感染，或者受核酸、细菌内毒素和促细胞分裂素等作用后，由受体细胞分泌的一种具有广泛的抗病毒、抗细胞内寄生菌及胞内寄生虫、抗肿瘤和免疫调节作用的细胞因子，在机体免疫系统中发挥重要作用（李丹 等，2012）。一是防治作用。陈国华等（1998）研究发现，干扰素对猪的流行性腹泻及传染性胃肠炎具有较好的防治作用，在 3～6 h 内就可及时控制猪的腹泻。刘万钧等（1996）证实，用重组的猪白细胞干扰素能降低猪流行性腹泻的发病率。二是抗病毒作用。猪 γ-干扰素可以明显抑制病毒繁殖，在抗猪瘟病毒的细胞免疫中也发挥重要作用；猪 α-干扰素在体外同样具有抗猪瘟病毒的活性。将猪 α-干扰素及 γ-干扰素复合重组到一个表达载体中，得到一种复合型干扰素，这种复合型干扰素在 Marc-145 细胞上具有较强的抗猪繁殖与呼吸综合征病毒作用（李丹 等，2012；潘晓梅 等，2008）。另外，猪 α-干扰素在 PK-15 细胞上可以发挥较强的抗猪口蹄疫病毒活性，从而为研究猪口蹄疫免疫防治新技术奠定了重要基础（赵明军 等，2008）。三是佐剂功能。窦永喜等（2004）证实原核表达的猪 γ-干扰素作为猪囊虫全虫抗原佐剂，可有效提高机体产生抗体的滴度，其效果优于传统使用的铝盐佐剂和 206 佐剂。此外，也可以采用药物控释技术将干扰素制作成胶囊或者纳米粒子，与适宜载体结合，作为保健型饲料药物添加剂使用（李丹 等，2012；潘晓梅 等，2008）。

2. 转移因子

转移因子是从致敏的白细胞或是脾脏、淋巴结等免疫器官中提取的低分子量多肽核苷酸复合物，对机体非特异性免疫和细胞免疫、体液免疫均有促进作用，对中性粒细胞、巨噬细胞具有较强的趋化作用。一是治疗作用。1979 年开始采用从猪脾加工提取转移因子，对多种猪病进行治疗，经过临床验证及仔猪副伤寒人工发病防治试验，取得了较好的疗效（杨素珍 等，1983）。确诊生猪发生气喘病后，采用猪脾转移因子对病猪进行配合治疗，收到了明显的效果（杨立宏 等，2001）。生猪高热病是由多种病原共同作用引起的以高热、繁殖障碍、呼吸道综合征为特征的疫病，加之一些免疫抑制性疫病病原感染使其病情加重难以治疗和控制，选用板蓝根注射液、清瘟败毒散配合转移因子治疗，临床效果显著（贲巧云 等，2011）。二是减缓免疫抑制作用。免疫抑制性疫病，例如猪蓝耳病、猪圆环病毒病、猪伪狂犬病及气喘病等能够抑制生猪机体免疫细胞的功能，干扰疫苗的免疫应答甚至引起免疫麻痹，导致免疫失败。如在接种的同时使用转移因子，可激活被抑制的免疫细胞，使其恢复免疫功能，可有效地减少免疫抑制与免疫麻痹的发生（王红，2011）。三是增强疫苗的免疫效力。以健康猪脾脏为原料，采用超滤法制备猪脾转移因子，按 2 mg/头的使用剂量能显著提高猪蓝耳病灭活疫苗（NVDC-JXA1 株）的免疫效果，与单独使用猪蓝耳病灭活疫苗免疫的对照组相比差异极显著（$P<0.01$）（易卫，2013）。将转移因子与猪圆环病毒亚单位疫苗，或与猪圆环病毒 2 型灭活疫苗联合免疫，分别与对照组相比，转移因子可在一定程度上提高猪圆环病毒亚单位疫苗免疫生猪的抗体水平，转移因子能够诱导猪圆环病毒 2 型灭活疫苗快速产生抗体，缩短免疫空白期，提高免疫效果，降

低发病率(屈泰龙 等,2013;章红兵,2013)。

参考文献

贲巧云,房忠文,薛文彬,等. 2011.中药制剂与转移因子配合治疗生猪高热病的报告[C]. 华东区中兽医科研协作与学术研讨会. 196-197.

岑德光. 1984. 抗猪瘟高免血清的制造与应用[J]. 中国兽医科学,(7):37-39.

常灵竹,苗丽娟. 2012. 兔抗猪血凝性脑脊髓炎高免血清及IgG的制备[J].饲料博览,12:39-41.

陈国华,朱耀华,陈洪明,等. 1998. 干扰素对猪腹泻病的治疗试验[J]. 上海畜牧兽医通讯,(03):22.

陈焕春.2000.规模化猪场疫病控制与净化[M]. 北京:中国农业出版社:61-66.

陈洁,鲍伯胜,郭一,等. 2011. 抗猪瘟-猪支原体肺炎二联自家高免血清的研制[J]. 现代农业科技,(2):333-336.

窦永喜,景志忠,候俊琳,等. 2004.猪干扰素-γ基因的克隆、表达及其疫苗佐剂效应研究[C]. 中国畜牧兽医学会家畜寄生虫学分会第五次代表大会暨第八次学术研讨会. 505-506.

杜建,付雯,王宏伟,等.2014.我国动物疫病监测预警机制发展构想[J].中国动物检疫,31(3):9-11,27.

郭铭生,陈云. 2010. 猪瘟高免血清的研制和初步应用[J]. 黑龙江畜牧兽医,(3):133-134.

郭一,陈洁,金光尔,等. 2011. 猪瘟-猪蓝耳病-猪圆环2型三联高免血清的制备[J]. 湖北畜牧兽医,(11):6-7.

侯顺利,曾发贵,张俊才,等. 2003.精制猪六联高免血清临床应用观察[J]. 畜牧兽医科技信息,(6):36.

黄保续.2010.兽医流行病学[M].北京:中国农业出版社:2-6,287-291.

蒋宏伟,赖平安,蒲静,等. 2009. 进口种猪检疫[J]. 中国动物检疫,26(11):54-55.

孔令达,符芳,于辉,等. 2004. 猪伪狂犬病高免血清的制作与初步应用[J]. 中国预防兽医学报,26(5):359-362.

李丹,史同瑞,王岩,等. 2012.干扰素在猪病防治方面的研究进展[J]. 猪业科学,(12):88-89.

李芳,熊东艳. 2015. 猪伪狂犬病的净化对生产性能的影响[J]. 中国动物保健,17(7):59-61.

李观题,李娟.2015.现代养猪技术与模式[M].北京:中国农业科学技术出版社:23-24.

李沛丽,张华,李涛,等.2016.德菲尔法构建重大动物疫病预警指标体系[J].中国动物检疫,33(3):77-80.

李鹏,王家乡,程太平,等. 2005. 仔猪水肿病高免血清的制备及初步应用[J]. 长江大学学报,2(8)/农学卷25(3):44-46.

李强.2008.猪场"全进全出"制度的思考[J]. 上海畜牧兽医通讯,(5):101.

刘万钧,胡景韶,张道永,等. 1996.用猪白细胞干扰素防治猪流行性腹泻[J]. 中国兽医科技,(2):27-28.

刘秀梵.1993. 兽医流行病学原理[M].北京:农业出版社.

潘晓梅,窦永喜,才学鹏. 2008.猪干扰素-γ的研究进展[J]. 生物技术通报,(6):36-39.

屈泰龙，李润成，钱幸，等. 2013. 转移因子对猪圆环病毒亚单位疫苗免疫效果的影响[J]. 湖南农业大学学报，39(4)：409-412.

任庆海，胡东方，刘月月，等. 2013. 某规模化猪场猪瘟和伪狂犬病净化的实施及成效分析[J]. 养猪，(1)：100-102.

沈朝建，王幼明. 2013. 兽医流行病学调查与监测抽样技术手册[M]. 北京：中国农业出版社：1-2.

沈顺新，陈晓清，程庆潮，等. 1996. 猪流行性腹泻高免血清的制备及防治试验[J]. 中国畜禽传染病，87(2)：53-54.

孙颖杰，张净. 1995. 在进口美国种猪中检出 PRRS 抗体[J]. 中国进出境动植检，(3)：21.

唐佳. 2016. 猪瘟高免血清治疗猪瘟的效果观察[J]. 现代畜牧科技，(02)：138.

汪嘉燮. 2009. 生态养猪技术手册(精)[M]. 上海：上海科学技术出版社：301-305.

王红. 2011. 转移因子的作用及在养猪中的应用[J]. 养殖技术顾问，(03)：201.

王永强，魏刚才. 2011. 发酵床养猪新技术[M]. 北京：化学工业出版社：6-19.

徐引弟，王治方，朱文豪，等. 2010. 副猪嗜血杆菌高免血清的制备与应用[J]. 中国农学通报，(13)：14-16.

颜思通，林志雄，周仲芳，等. 2001. 从瑞典引进种猪中检出禽型结核病猪[J]. 中国动物检疫，18(7)：31.

闫益波. 2015. 生猪生态养殖关键技术[M]. 郑州：河南科学技术出版社：21-22.

杨立宏，关曙光，图布格日乐，等. 2001. 应用转移因子治疗猪气喘病[J]. 兽医导刊，70(4)：35.

杨素珍，郑家荫，宋淼泉. 1983. 转移因子治疗猪病试验报告[J]. 浙江畜牧兽医，(4)：22-23，41.

易卫. 2013. 猪脾转移因子的制备及其对猪蓝耳病疫苗免疫效果的影响[D]. 江西农业大学.

袁美芝，2017. 解析动物疫病监测预警机制[J]. 畜牧兽医科技信息，(5)：32.

章红兵. 2013. 转移因子对 PCV2 灭活疫苗免疫效果的影响[J]. 中国预防兽医学报，35 (11)：920-924.

张国建，张旭芳. 2013. 无公害畜禽标准化生产[M]. 北京：中国农业科学技术出版社，79.

张庆如. 2013. 养猪实用技术[M]. 北京：北京理工大学出版社：122-127.

赵明军，闫若潜，韩记用，等. 2008. 猪 α 干扰素研究进展[J]. 畜禽业，(01)：48-50.

卓坤水，洪江庭，陈晗，等. 2016. 异位发酵处理猪场粪污集成配套技术[J]. 福建畜牧兽医，38 (5)：35-36.

Toma B，Dufour B，Sanaa M，et al. 盖华武，姜雯，译. 2011. 实用兽医流行病学与群发病控制[M]. 北京：中国农业出版社：77-78.

第5章
兽医的分类管理与人才培养

本章内容提要

随着规模养殖的发展，兽医工作领域由家畜家禽向人、动物、自然环境转变，兽医职责也从保障养殖业生产安全，向保障动物产品安全、公共卫生安全、生态环境安全转变。随着职能的转变，我国参照国际通行做法，逐步推行官方兽医制度，国家兽医行政管理部门授权官方兽医为动物卫生执法主体；逐步实行执业兽医制度，国家实行执业兽医资格考试制度，考试合格的，由国务院兽医主管部门颁发执业兽医师资格证书。取得执业兽医师资格证书的兽医人员，从事动物诊疗和动物保健等经营性活动的，应当向注册机关申请注册。经注册的执业兽医，方可从事动物诊疗、动物保健、开具兽药处方、出具证明文件等活动。兽医人才的社会需要量逐渐增加，分工也日趋细化。

5.1 兽医职能的转变

兽医是指给动物进行疾病预防、诊断并治疗的医生。具体来说，兽医是利用医学方法促进动物（包括家畜、家禽、水生动物和野生动物）机体与微生物和自然环境相互协调的一类工作者。

兽医的起源可追溯到野生动物被驯化为家畜的时期。中国黄帝时期的兽医技术已经有了很深的造诣。近来，随着规模化养殖的发展，兽医从传统阶段过渡到现代阶段，其工作定位、属性和职能都发生了很大变化，从对动物个体诊疗拓展到群体传染病防控，从保护动物个体健康扩展到动物福利，以及动物源性食品安全。

5.1.1 传统兽医的职能

我国是一个农业国家，兽医的发展成就有目共睹。西周时期，已经设有专职兽医官，并采取了灌药、手术及防护等综合医疗措施。战国、秦汉时期，有了专门诊治马病的马医，《黄帝内经》《神农本草经》中有了医治马牛病的方剂，汉代出现了《马经》和《牛经》。唐代有了系统的兽医教育，《司牧安骥集》对兽医学的理论及诊疗技术有比较系统的论述。宋元时期，有了最早的家畜尸体剖检机构——皮剥所以及最早的兽医药方——药蜜库。明清时期，兽医进一步发展，出现了著名的《元亨疗马集》《猪经大全》等。20世纪以来，西兽医学传入我国，1904年保定成立马医学堂，1912年改为陆军兽医学院，陆续出现了兽医学科和专门学校，其中有东南大学畜牧兽医系（南京农业大学畜牧兽医系的前身）、北京农业专门学校畜牧兽医科等。随着兽医学的发展，中西兽医结合，相互促进、共同发展，逐渐成为目前兽医发展的新方向（杨致礼，1990；刘钟杰 等，2011）。

传统兽医以中兽医为主，是人民与家畜疾病进行斗争的经验总结，以阴阳五行学说为其指导思想，以整体观念和辨证施治为其理论支持，以进行针灸、煎服中药、烧烙、刮痧巧治等手段，治疗个体为主。传统兽医采用给动物喂食一些含有能够补充营养的药品的饲料，使药品在动物体内慢慢发挥药效，从而消除家畜的一些不良状态，此方法又被称为以药补虚法。当家畜表现某种疾病时，专职兽医会采取比较人性化的手段将某些药物与动物的饲料混饲，以补充家畜体内某些物质的不足，既能补虚扶弱又不用担心家畜会对药物抵触，而且还能够很好地恢复家畜的元气，达到治疗家畜疾病的目的（侯俊峰，2003）。

兽医的职能与养殖的动物息息相关。马主要是作为军用，还和牛一起作为主要的畜力，因此，早期的兽医主要是针对马和牛。猪、禽等作为家庭养殖家畜，没有规模化养殖以前，养殖量小，集中养殖少，疾病的发生主要是以个体或小的群体为主，因此个体治疗成为传统兽医的主要任务。

5.1.2 现代兽医的职能

随着畜禽养殖向规模化方向发展，兽医的职能发生了巨大的变化，由原来的治疗兽医逐步发展为治疗兽医、预防兽医和管理兽医并存，兽医的职能更加细化，服务对象由猪、牛、羊、驴、马、骡等老的“六畜”逐步变化为“猪、牛、羊、鸡、鸭、鹅”新的六畜，另外犬、猫等宠物，鹿、狐狸、水貂、貉子等经济动物，甲鱼、鳝鱼、黄鳝等水生动物，蜜蜂、蝎子等特种养殖业的发展，使兽医的治疗对象更加广泛，出现了宠物医生、水生动物医生等新兴的兽医（刘馨忆，2016）。

随着科技的发展，对于疫病病因的探究越来越重视，实验室在诊断中的作用也越来越重要，兽医实验室检测方法与人医实验室检测方法基本同步，检测方法有酶联免疫吸附试验（ELISA）、血凝抑制（HI）试验等实验室常用的免疫学检测方法，而且有方便临床兽医使用的金标试纸条、乳胶凝集等方法，还应用了病毒分离鉴定、细菌分离鉴定。近些年来，病原聚合酶链反应（PCR）也成为实验室常用的检测方法之一。

治疗方法也越来越全面。在传统治疗的基础上，现代兽医根据家畜机体的一些生理变化，采用相应的药物或混饲等进补法，使家畜的一些生理机能或体质体能得到恢复，使处于异常状态的机体向正常生理机制转化。规模化养殖的发展使得传染病成为制约养殖业发展的重要因素，对于传染病的预防采用疫苗免疫，尤其是重大的动物疫病，如高致病性禽流感、口蹄疫等疫病，目前我国采用强制免疫的政策防止疫病发生和传播。

现代兽医不但在疫病治疗和疫病预防中发挥重要作用，在养殖场尤其是规模化养殖场的作用日益突出，由预防兽医过渡到管理兽医，疫病防控的关口从预防前移到管理，从养殖场的选址和布局、引种管理、人员和车辆管理，到疫病监测、消毒制度、免疫程序制度、综合生物安全体系的建立等全方位对疫病进行防控。

进入21世纪，维护动物健康、防治人畜共患病、保护生态和公共卫生环境、建立人类疾病库、对动植物等食品进行检测等成为全世界公认的现代兽医的职责。现代兽医的水平直接影响到人们的生活质量、经济发展和生态文明，同时也是畜牧产品对外贸易安全的重要保证。现代兽医的职责具有国际性、社会性、公益性的特点。总之，随着人类社会不断向前发展，对兽医的要求必然越来越高，现代兽医的体系也将越来越完整。

5.2 兽医的分类管理

随着养殖产业的发展以及兽医职能的转变，我国参照国际通行做法，逐步推行官方兽医制度，逐步实行执业兽医制度。

5.2.1 官方兽医

世界动物卫生组织(OIE)在《国际动物卫生法典》1.1.0.1条中明确规定，官方兽医(Official Veterinarian)是指由国家兽医行政管理部门(指在全国范围内有绝对权威，执行、监督或审查动物卫生措施和出证过程的国家兽医机关)授权的兽医，行使商品(指动物、动物产品、精液、胚胎/卵、生物制品和病料)的动物健康或公共卫生监督，并在适当条件下，对符合条件的商品签发卫生证书。

国家兽医行政管理部门授权官方兽医为动物卫生执法主体，直接代表国家对动物及动物产品生产全过程进行公正公平的监督、控制和管理，保证动物及动物产品符合卫生要求，并在此基础上签发动物卫生证书，确实降低疫病传播风险，维护人类及动物健康。据OIE对143个成员兽医机构的调查，76%的成员的官方兽医直接管理动物饲养—屠宰加工—市场和出入境检疫全过程的动物卫生工作。也就是说，这种官方兽医制度是世界各国普遍实行的一种兽医管理制度，我国也在兽医管理体制上正逐步与国际通行做法接轨(赵涛 等，2014)。2005年5月14日，国务院下发了《国务院关于推进兽医管理体制改革的若干意见》，对全国兽医管理体制改革做出重大部署，明确提出，要建立健全兽医行政管理、执法监督和技术支持三类工作机构，加强基层动物防疫体系建设，推行官方兽医制度和执业兽医制度。兽医工作是公共卫生工作的重要组成部分，是保持经济社会全面、协调、可持续发展的一项基础性工作，也是促进我国兽医工作全面发展、提高动物卫生及动物产品安全水平的一项重要举措。

5.2.2　执业兽医

执业兽医是指具备兽医相关技能，依照国家相关规定取得兽医执业资格，依法从事动物诊疗和动物保健等经营活动的兽医。执业兽医包括执业兽医师和执业助理兽医师。《国务院关于推进兽医管理体制改革的若干意见》(国发〔2005〕15 号)规定，我国将逐步实行执业兽医制度。2007 年 8 月 31 日颁布的《中华人民共和国动物防疫法》规定，国家实行执业兽医资格考试制度，考试合格的，由国务院兽医主管部门颁发执业兽医师资格证书。取得执业兽医师资格证书的兽医人员，从事动物诊疗和动物保健等经营性活动的，应当向注册机关申请注册。经注册的执业兽医，方可从事动物诊疗、动物保健、开具兽药处方、出具证明文件等活动。

执业兽医资格考试由农业部组织，全国统一大纲、统一命题、统一考试。具有兽医、畜牧兽医、中兽医(民族兽医)或者水产养殖专业大学专科以上学历的人员，可以参加执业兽医资格考试。执业兽医资格考试内容包括兽医综合知识和临床技能两部分。2009 年 10 月，我国历史上第一次通过考试选拔执业兽医师。执业兽医资格考试成为职业技能考试的项目之一，到目前已经开展了 9 届。通过执业兽医资格考试，选拔了兽医人才，规范了兽医队伍，为养殖业的发展提供了技术人才(张国红 等，2015)。

为规范执业兽医的义务和职责，农业部 2008 年 11 月 4 日发布了《执业兽医管理办法》，于 2009 年 1 月 1 日起施行。管理办法规定执业兽医应当具备良好的职业道德，按照有关动物防疫、动物诊疗和兽药管理等法律、行政法规和技术规范的要求，依法执业。执业兽医在动物诊疗活动中发现动物染疫或疑似染疫的，应当按照国家规定立即向当地兽医主管部门、动物卫生监督机构或动物疫病预防控制机构报告，并采取隔离等控制措施，防止动物疫情扩散。执业兽医应当按照国家有关规定合理用药，不得使用假劣兽药和农业部规定禁止使用的药品及其他化合物(刘兴国 等，2016)。

目前执业兽医的服务出现多元化的现象，主要分为以下几种形态：驻场兽医，主要是针对种畜禽场或一些大规模养殖场，通过聘请执业兽医的方式来解决养殖场出现的疫病问题；公司聘请为养殖场服务，主要是对目前公司＋农户的模式，公司聘请执业兽医，为公司下属的农户服务；社会化服务，通过诊疗机构面向社会中小规模养殖场、散养户提供诊疗服务(王彬 等，2017)。

5.3　兽医人才的培养

随着规模化养殖业的发展，社会对于兽医人才的需要量逐渐增加，分工也日趋细化，逐渐出现了检疫、检测、宠物、临床、预防兽医等专业性较强的分工。除了基本理论知识以外，各个专业设有针对性的课程，如预防兽医专业对微生物学、传染病、免疫学以及流行病学均设有专业性课程，临床兽医针对内科、外科、临床兽医学、病理学设有专业性课程。

为适应目前养殖业的需要，兽医人才的培养也分为不同的层次，专科、本科、硕士、博士、博士后等梯队建设完备，专科、本科兽医主要是针对养殖场、诊疗机构等培养人才，硕士和博士主要针对疫病进行深层次的理论研究。

兽医人才分布主要集中在科研机构如农业科学院，高校如农业大学，政府部门如兽医主管部门、动物卫生监督机构和动物疫病预防控制机构，诊疗机构如宠物医院、兽医门诊，以及企业如大型养殖场、疫苗企业等。

参考文献

侯俊峰. 2003. 传统兽医面临的机遇和挑战[J]. 青海畜牧兽医杂志，33(5)：32.

刘馨忆. 2016. 传统畜牧兽医与现代畜牧兽医的区别[J]. 科技展望，(5)：280.

刘兴国，任禾，冯学俊，等. 2016. 我国执业兽医资格考试进展状况与成效分析[J]. 中国动物检疫，33(8)：59-62.

刘钟杰，许剑琴. 2011. 中兽医学[M]. 4版. 北京：中国农业出版社：171-180.

王彬，高升，高松华. 2017. 探索兽医社会化服务新模式[J]. 中国动物检疫，34(1)：56-58.

杨致礼. 1990. 中兽医学(西北高等农牧院校试用教材)[M]. 杨凌：天泽出版社.

张国红，张沥引，刘亮，等. 2015. 动物疫病防控实践中的兽医执业地位与困惑(一)[J]. 畜禽业，(1)：40-43.

赵涛，肖金华，王长义，等. 2014. 发达国家兽医协会的构成与职能[J]. 中国动物检疫，31(2)：36-39.

第6章
主要猪病的防控

本章内容提要

改革开放以来，我国猪病防控成效明显。猪丹毒与猪瘟、猪肺疫曾是危害我国养猪业的三大传染病，随着猪三联疫苗的应用，猪丹毒总体的发生次数在逐渐减少。2003 年，胶东半岛、辽东半岛、四川盆地、松辽平原(吉林)和海南岛等 5 个无规定动物疫病区建设通过农业部验收。成功控制了 2005 年猪链球菌 2 型感染人疫情和 2006 年高致病性猪蓝耳病疫情。自 2007 年我国对猪瘟实施强制免疫计划以来，虽然各地仍有猪瘟零散发病，全国猪瘟抗体合格率逐年上升，病原检出率逐年下降，猪瘟临床表现趋于缓和，疾病流行趋于稳定。2011 年 6 月以来，全国未检出亚洲Ⅰ型口蹄疫病原学阳性样品。2018 年经全国动物防疫专家委员会评估，我国亚洲Ⅰ型口蹄疫已达到全国免疫无疫标准，表明我国口蹄疫防控取得阶段性成果。截至 2017 年 3 月，全国共有 7 个种猪场被国家认定为“猪伪狂犬病净化示范场”，42 个种猪场被认定为“动物疫病净化创建场”。

6.1 猪病毒性传染病的防控

6.1.1 猪瘟的防控

猪瘟(classical swine fever，CSF)是由猪瘟病毒(classical swine fever virus，CSFV)引起的一种急性、热性、高度接触性传染病，临床上主要以高热稽留、广泛性出血和高死亡率为主要特征(Moennig，2000)。猪瘟被世界动物卫生组织(OIE)列入 OIE 疫病名录(OIE-listed diseases)，为须申报的(notifiable)动物性传染病，在我国 CSF 被列为“一类动物疫病”，《国家中长期动物疫病防治规划(2012—2020年)》将猪瘟列为5种优先防治和重点防范的一类动物疫病之一。该病呈世界范围内流行,对养猪业危害严重,造成巨大的经济损失,是各国防控、检疫的重要传染病。CSFV的自然宿主是家猪和野猪。该病的主要传染源是发病猪和带毒猪。病毒主要通过消化道、呼吸道黏膜和眼结膜传播,也可以通过破损的皮肤感染。本病一年四季都可以发生,但以春秋两季最为严重。该病病程呈急性、亚急性或慢性经过(Terpstra, 1991)。猪瘟自发现以来已有百余年的历史,许多国家都曾有过猪瘟的流行。

6.1.1.1 病原学

CSFV为黄病毒科(*Flaviviridae*)瘟病毒属(*Pestivirus*)成员,与其同属的病毒还有牛病毒性腹泻病毒1型(bovine viral diarrhea virus 1, BVDV-1)、牛病毒性腹泻病毒2型(bovine viral diarrhea virus 2, BVDV-2)、绵羊边界病病毒(border disease virus, BDV)和长颈鹿瘟病毒(pestivirus of giraffe)(Becher et al., 2003)。完整的猪瘟病毒粒子呈球形,直径为30~70 nm。病毒粒子表面含有6~8 nm的纤突结构,具有脂蛋白双层囊膜,核衣壳呈二十面体对称。CSFV为单股正链RNA病毒。基因组长约12.3 kb,两端为非编码区(untranslated region, UTR)5′-UTR和3′-UTR,中间为一个大的开放阅读框(open reading frame, ORF),基因组5′端无甲基化的帽子结构,3′端无Poly(A)尾巴。ORF翻译成一个含3 898个氨基酸的多聚蛋白,分子量约为438 kDa,此蛋白前体以共翻译和后翻译的形式在细胞蛋白酶和病毒特异性蛋白酶的作用下形成4种结构蛋白(C、Erns、E1和E2)和8种非结构蛋白(Npro、p7、NS2、NS3、NS4A、NS4B、NS5A和NS5B)(Moormann et al., 1996)。

6.1.1.2 流行病学

OIE在2017年发布的CSF全球流行报告显示,美国、加拿大、澳大利亚、欧盟等部分地区已经成功根除了猪瘟,该病仍持续对亚洲、东欧、中南美洲大部及加勒比海地区造成严重危害,尤其对发展中国家的食品安全和养猪业影响较大,一些无猪瘟国家也面临着传入该病的高风险(Beer et al., 2015)。目前,猪瘟三大流行区为中南美洲、欧洲和亚洲。其中,中南美洲为疫情稳定区,疫病流行逐年减少;东欧地区为流行活跃区;亚洲属于老疫区,由于控制措施不力,疫情仍然较严重。非洲除南非、马达加斯加和毛里求斯有猪瘟流行外,没有公开的疫情资料表明非洲大陆其他国家有猪瘟的流行(王琴 等, 2015)。

猪瘟病毒有3个基因型和11个基因亚型。基因1型主要分布在南美、亚洲和俄罗斯;基因2型主要分布于欧洲、亚洲等。目前,我国流行的猪瘟病毒以2.1、2.2和1.1基因亚型为主,偶有2.3和3.4亚型,其中2.1亚型占优势(Paton et al., 2000;涂长春, 2003;Blacksell et al., 2005; Li et al., 2006; Postel et al., 2012, 2013; Luo et al., 2014; Beer et al., 2015)。全球猪瘟病毒基因亚型分布见表6-1。

表6-1 全球猪瘟病毒基因亚型分布

猪瘟病毒基因亚型	国家和地区
1.1	阿根廷、巴西、哥伦比亚、墨西哥、意大利、俄罗斯、印度、中国
1.3	洪都拉斯、危地马拉
1.4	古巴
2.1	南非、德国、荷兰、意大利、西班牙、比利时、克罗地亚、立陶宛、以色列、印度、韩国、中国、老挝

续表 6-1

猪瘟病毒基因亚型	国家和地区
2.2	德国、意大利、捷克、马其顿、印度、尼泊尔、老挝、中国
2.3	意大利、克罗地亚、法国、罗马尼亚、保加利亚、塞尔维亚、斯洛伐克、捷克、俄罗斯、中国
3.2	韩国
3.4	中国台湾

注:该表中数据根据近 20 年已发表文献整理(Beer et al.,2015)。

6.1.1.3　防控技术

猪瘟对养猪业造成毁灭性打击,限制动物性食品的国际贸易,一旦暴发将会造成巨大的经济损失,因此人们一直致力于猪瘟的最终消灭。我国于 1954—1958 年研制出了猪瘟兔化弱毒(hog cholera lapinized virus,HCLV),又称为 C 株。该疫苗被公认为是安全有效的活疫苗,对怀孕母猪、胎儿和仔猪均无致病作用(仇华吉 等,2005)。该疫苗对我国乃至世界范围内猪瘟的防控发挥了重要作用。由于我国地域辽阔、养猪环境复杂、养殖模式多样、动物疫病种类繁多、养猪从业人员素质和意识水平参差不齐、生物安全防控水平低等,严重制约了我国猪瘟的净化,但是多年来,我国在猪瘟防控技术上取得了很大的进步。

1.诊断技术

CSF 分子流行病学调查研究对阐明 CSFV 的遗传变异特征和规律,掌握当前的流行现状,溯源和追踪 CSF 疫情发生的来源和去向,监测现行使用疫苗的有效性,建立分子流行病学监测系统,提出新的防制策略具有十分重要的科学意义(王琴 等,2012)。诊断技术在猪瘟的分子流行病学研究中起着非常重要的作用。中国兽医药品监察所和军事兽医研究所研制的 CSFV 通用荧光 RT-PCR 试剂盒,可对所有基因型的 CSFV 进行检测,该方法十分成熟和稳定,获国家专利(200610109404.X)并形成国标(GB/T 27540—2011),特别是对非典型、温和型及持续性感染 CSF 的诊断提供一个快速、敏感、准确的方法,是适用于种猪净化的可靠手段(王琴 等,2012)。

由哈尔滨兽医研究所建立的鉴别猪瘟强毒株和兔化弱毒疫苗株的 TaqMan 荧光定量 RT-PCR 方法以及猪瘟强毒和弱毒荧光定量 PCR 方法,在猪瘟病毒的诊断中也发挥了重要的作用。

在抗体检测上,建立了如 SPA 协同凝集及凝集抑制试验、免疫琼脂扩散试验、血清中和试验(SN)、间接血凝试验、火箭免疫电泳、免疫荧光试验(IFA)、免疫过氧化物酶单层细胞试验(IPMA)及酶免疫分析技术等。这些技术对疫苗免疫效果的评价发挥了重要的作用。

2.疫苗生产技术

自猪瘟兔化弱毒疫苗脾淋苗之后,相继研制出了乳兔组织苗、牛体反应苗、乳猪肾细胞苗、绵羊肾细胞苗、犊牛睾丸细胞苗、猪睾丸(ST)细胞传代细胞苗,使疫苗的产量和质量大幅度提高。另外,还建立了猪瘟兔化弱毒疫苗效检替代方法,如荧光定量 RT-PCR 方法和单抗 WH303 直接免疫荧光检测方法。这些方法代替传统的兔体反应热方法,能够更准确、快速地指导疫苗的生产,缩短生产周期,产生更明显的经济和社会效益。

3.标记疫苗及配套诊断技术

我国在新型猪瘟标记疫苗的研制上进展顺利,相应的猪瘟检测、监测方法及与标记疫苗配套的鉴别诊断技术已达到了国际水平。目前,我国已经有一个猪瘟标记疫苗即猪瘟病毒 E2

重组杆状病毒灭活疫苗获得新兽药证书[(2017)新兽药证字57号],另外还有数个猪瘟标记疫苗已进入临床试验,包括猪瘟基因工程活疫苗(rAdV-SFV-E2株)(临床批件号2017065)、猪瘟基因工程亚单位疫苗(293T-E2)(临床批件号2017007)和猪瘟病毒E2重组杆状病毒载体灭活疫苗(WH-09株)(临床批件号20170015)等。

6.1.1.4 防控成果及展望

40年来,我国猪瘟的防控取得了显著的成绩,猪瘟的流行率明显降低(猪瘟病毒阳性率3%以下),CSF免疫合格率明显上升,达到80%以上。已在全国范围内建立了多个规模化养猪示范场,使多个种猪场净化了CSF。构建了符合我国国情的规模化猪场CSF净化模式,形成了一系列的指导方案,制定了《规模化猪场猪瘟、猪伪狂犬病综合防控技术集成与示范实施方案》、《规模化猪场猪瘟净化技术指南》、《集约化、规模化猪场生物安全体系的实施方案》和《“猪瘟、猪伪狂犬病综合防控技术集成与示范”课题种猪净化认证方案建议》等指南,取得的重要创新性成果,可用于指导我国CSF的防控和净化。

6.1.2 猪蓝耳病的防控

猪繁殖与呼吸综合征(porcine reproductive and respiratory syndrome, PRRS)是由猪繁殖与呼吸综合征病毒(PRRS virus, PRRSV)引起的一种高度接触性传染病,以母猪的繁殖障碍(妊娠后期流产,产弱仔、死胎或木乃伊胎)以及仔猪、育肥猪的呼吸道症状为特征。PRRS是当今危害母猪、仔猪、育肥猪的一种重要病毒性繁殖障碍及呼吸道传染病,给全球养猪业造成了巨大的经济损失。

该病1987年首次在北美暴发,1989年在欧洲发生。我国于1995年发现本病,1996年证实了本病的存在,2006年暴发了由PRRSV变异株引起的高致病性PRRS,给养猪业造成了灾难性打击。目前,该病被世界动物卫生组织(OIE)列为法定报告疫病之一。

6.1.2.1 病原学

1. PRRSV基本特征

PRRSV属于套式病毒目动脉炎病毒科动脉炎病毒属成员,是一种单股正链RNA病毒,基因组全长14.9～15.5 kb。病毒粒子呈球形,外绕一层脂质双层膜,直径为50～65 nm,内部的核衣壳呈二十面体对称,直径为25～35 nm。

PRRSV基因组的变异速率快,遗传多样性是PRRSV的主要特征。根据病毒的核苷酸序列和血清学反应特征,将PRRSV分为两个基因型:PRRSV-1型(欧洲型)和PRRSV-2型(美洲型)(Meng et al.,1995; Zhou et al.,2015)。PRRSV-1型分为3个亚型,我国流行的PRRSV-1型属于亚型1,并可进一步分为4个亚群。RRRSV-2型分为9个谱系,每个谱系内又分为若干个亚谱系(Shi et al.,2010)。我国流行的PRRSV以PRRSV-2型为主,分离株主要属于谱系1(类NADC30株)、3(2010年新发现的突变株)、5(经典毒株PRRSV BJ-4和VR2332)和8(经典毒株PRRSV CH-1a和HP-PRRSV)等四个谱系(Guo et al.,2018; Tian,2017)。

PRRSV-1型与PRRSV-2型毒株之间差异很大,同一基因型内的不同PRRSV毒株之间也存在着明显的遗传多样性。基因突变引起PRRSV抗原多样性,致使病毒复制能力、组织嗜性以及毒力发生改变,出现高致病性与温和性等生物学特性差异的毒株。

2. 持续性感染与免疫抑制

PRRSV 主要在猪肺泡巨噬细胞和其他组织内的巨噬细胞中增殖，也可在淋巴细胞、树突状细胞以及睾丸生殖细胞中增殖。PRRSV 可长时间在扁桃体和淋巴组织中反复感染与复制，维持低病毒滴度和持续性感染状态。仔猪感染 PRRSV 后 251 d 仍然能在其血清中检测到病毒 RNA(Klinge et al.，2009)。

PRRSV 直接损伤巨噬细胞或导致细胞凋亡，引起细胞因子分泌紊乱，导致胸腺萎缩与 T 细胞凋亡，致使机体免疫调节紊乱和免疫抑制(Han et al.，2017；Yuan et al.，2016；He et al.，2012)。在临床上直接表现为宿主对其他病毒或细菌的易感性增强，继发感染频发、增重缓慢和死亡率增加。

PRRSV 诱导机体早期产生的特异性抗体不能有效中和或清除血液中的病毒，反而对病毒的复制具有增强效应，即抗体依赖性增强作用(Cancel-Tirado et al.，2004；Loemba et al.，1996)。直到感染后 4～8 周才产生高亲和活性的中和抗体，且仅仅对同源毒株具有中和作用，对异源毒株的交叉保护性差。

6.1.2.2　流行病学

各种年龄的猪和野猪对 PRRSV 均易感，但主要侵害繁殖母猪和仔猪，尤其是仔猪的易感性更高。PRRSV 美洲型毒株和欧洲型毒株引起的临床症状相似，临床症状随毒株的毒力、猪的年龄和免疫状态及环境因素而变化。低毒力毒株仅能引起亚临床或持续性感染，呈地方流行性。高毒力毒株引起的 PRRS 临床症状严重，以高热、高发病率和高死亡率为特征，呈流行性(Hu et al.，2013；Han et al.，2017)。PRRSV 阳性猪场的母猪繁殖障碍率上升，断奶前后仔猪的死亡率升高，生长育肥猪的料肉比增加，继发感染频发。

6.1.2.3　防控技术

根据 PRRSV 的特点及其抗感染免疫特征，国内在 PRRS 的诊断技术、综合防控及疫病净化等方面均取得了较大进展。

1. 诊断技术

(1)临床诊断　PRRS 的主要临床症状与病理变化为：

母猪妊娠后期流产，产死胎、木乃伊胎或弱仔。流产率 10%～50%。耐过母猪出现发情延迟，不规则发情或不孕，产仔率降低，泌乳减少或无乳等症状。

早产仔猪当时或在几天内死亡。哺乳仔猪发热(40℃以上)、呼吸急促、咳嗽。共济失调，腿呈外展姿势。皮下、眼睑或头部水肿，耳部、躯体末端皮肤发绀(故称蓝耳病)。死亡率达 30%～50%，甚至高达 100%。生长育肥猪主要表现为咳嗽、呼吸急促或困难，皮肤充血发红，增重降低。死亡率 12%～20%。种公猪性欲减弱或缺乏，精液量少、质量下降，有的运动障碍。

剖检主要见间质性肺炎和淋巴结肿大。肺脏表面有红棕色斑点，呈斑驳状，质地坚实有弹性，如橡胶状，不易塌陷。大部分感染猪的淋巴结增生、肿大，感染初期淋巴结呈半透明、棕褐色，随后淋巴结变硬，颜色变淡呈白色或稍带棕褐色。

(2)病毒抗原和核酸的检测　建立了检测病毒抗原与核酸的多种技术，能够快速对临床病例或采集的样品进行诊断与检测。能够应用免疫组织化学、免疫荧光染色及原位杂交等技术检测扁桃体、肺脏、淋巴结等组织中的病毒，并能直接对组织中的病毒进行定位，分析病毒的组织分布情况。

建立了反转录-聚合酶链反应(reverse transcription-polymerase chain reaction，RT-

PCR)、巢式PCR、多重PCR、实时荧光定量PCR等技术,可检测血清、唾液(或鼻咽)拭子、精液及组织中的PRRSV核酸,为疾病的快速诊断提供参考。PCR结合序列测定,能够准确鉴别疫苗毒株、野毒株或突变毒株感染。多重PCR能够同时鉴别PRRSV-1和PRRSV-2基因型,或同一基因型内的变异毒株。实时荧光定量PCR不仅灵敏度高,而且能够对样品中的病毒进行定量检测与分析。各种PCR还适用于持续性感染或亚临床感染的检测,在引进种猪和PRRSV净化过程中应用广泛。

(3)病毒的分离鉴定　取发病猪的扁桃体、淋巴结、肺脏、血清,或流产和死产胎儿的脾脏、肺脏冷藏处理,在取材后24～48 h内送至实验室进行PRRSV分离。常用于分离该病毒的细胞包括猪肺泡巨噬细胞和Marc-145细胞。从病料中直接分离PRRSV时,最好选择4～6周龄无特定病原体(SPF)猪或健康仔猪的肺泡巨噬细胞,以提高病毒分离效率。不同毒株在细胞上出现病变的时间不同,首次传代有时观察不到病变,需要盲传2～3代甚至更多代。出现CPE并能被特异的抗血清中和的分离物即为PRRSV。可同时结合PCR与序列测定、免疫荧光技术或免疫过氧化物酶单层细胞试验(IPMA)对分离病毒进行鉴定。当需要明确分离病毒的毒力或致病性时,可将病毒接种给PRRSV及其抗体阴性的仔猪进一步测定。

(4)特异性抗体的检测　ELISA、病毒中和(VN)试验、间接免疫荧光试验(IFA)和免疫过氧化物酶单层细胞试验(IPMA)等,可用以检测PRRSV特异性抗体,并能够区分PRRSV-1和PRRSV-2抗体,但不能鉴别免疫抗体与感染抗体。常根据抗体水平明显的高低波动,来判断猪群是否被野毒感染。

ELISA应用最广泛。用ELISA检测血清抗体时,需要根据猪群大小采集足够的样本量,以便对感染进行准确分析判定。IFA、IPMA与VN试验需要在细胞上进行,耗费时间长,没有标准化,尚未用于临床诊断,尤其是PRRSV中和抗体在感染后1～2个月才产生,VN试验不适合PRRS临床早期诊断用。

2. 预防与控制

目前尚无针对PRRS的有效治疗方法,主要采取综合防控措施与对症疗法。为了有效控制PRRS,根据PRRSV感染及传播状态,结合美国猪病兽医协会(AASV)对猪群的分类标准,将猪群分为Ⅰ～Ⅳ四类(表6-2),即Ⅰ类(阳性/不稳定):感染并在散毒;Ⅱ类(阳性/稳定):断奶仔猪PRRSV阴性;Ⅲ类:趋于阴性;Ⅳ类:阴性。临床实践中应根据本场PRRSV感染与疫情流行情况,全面了解后备母猪群、经产母猪群、公猪群及生产猪群各个阶段的带毒率和毒株特征,制定相应的防控措施。

(1)规范生产模式,建立健全生物安全体系　猪场实行多点式(或分点式)生产模式与建立健全生物安全体系是有效预防和控制PRRS的重要措施。改变传统的一点式(所有年龄段的猪饲养在一个场地)生产模式,实行多点式或分点式生产模式,将种猪、保育猪和育肥猪分区隔离饲养,有效切断传播途径,从而将PRRSV阻止在一个生产体系内传播,以便进行清群、消毒和复养。

建立健全生物安全体系,避免引入新的病毒,主要措施包括:①实行封闭式管理和全进全出的生产流程,特别是产房和保育猪的全进全出。②严格卫生消毒和检疫制度,强化人员控制。定期对猪舍内外环境进行消毒,保持猪舍、饲养用具及环境的清洁。所有进入猪场的车辆、物资、人员、设备进行有效消毒,禁止与猪有接触的外来人员进入猪场。③公猪舍可采用空气过滤系统，定期对精液进行 PCR 检测，淘汰 PRRSV 阳性公猪。④建立稳定的种猪群，坚持自繁自养，避免引入 PRRSV 及其抗体阳性猪。⑤定期监测猪群 PRRSV 的感染状况，以便及时采取应对措施。⑥做好各阶段猪群的饲养管理，保证猪群的全价营养水平，提高猪群免疫力。此外，要做好其他疫病的免疫接种和驱虫工作，特别是猪瘟、伪狂犬病和猪气喘病的控制。

表 6-2　根据 PRRSV 的感染状态对猪群的分类与防控目标

猪群分类	定义	排毒状态（核酸）	感染状态（抗体）	传播状态	防控目标
Ⅰ类 阳性[1]/不稳定[2]	在猪场检测到 PRRSV 野毒，并出现临床症状。未检测过的猪场都默认归入此类	阳性	阳性	垂直、水平	稳定母猪群
Ⅱ类 阳性/稳定[3]	用 PCR 连续 90 d（每 30 d 检测一次）检测断奶前未免疫仔猪，血清 PRRSV 阴性，并且种猪群未见 PRRS 临床症状。猪群尚未开始 PRRSV 净化	不确定	阳性	水平	稳定生长猪群
Ⅲ类 趋于阴性	引入阴性后备母猪 60 d 后，未受感染，ELISA 抗体为阴性（一点式猪场确认生长育肥猪群的 ELISA 抗体为阴性）	阴性	阳性	无	母猪群净化病毒
Ⅳ类 阴性[4]	在被判定为Ⅲ类猪场一年以后，所有猪群（种猪和生长育肥猪）保持 ELISA 抗体阴性。新建群或者清群后的重建群获得阴性	阴性	阴性	无	预防

注：1. 目前或者之前感染过 PRRSV；2. 病毒在猪群内循环传播；3. 病毒不在猪群内循环传播；4. 未感染 PRRSV。

（2）免疫预防　免疫接种是当前控制 PRRSV 的常用措施之一。PRRS 商品化疫苗包括灭活疫苗和致弱（减毒）活疫苗两种类型。灭活疫苗无毒力返强、散毒或者与野毒株重组等潜在风险，但其免疫保护效果低于减毒疫苗，所以减毒疫苗在世界各地应用广泛。我国至少有 7 个商品化的 PRRSV-2 致弱疫苗，毒株来源包括 CH-1R、CH-1a、JXA1-R、HuN4-F112、TJM-F92、R98 和 GDr180。这些疫苗能够减轻临床症状，降低病毒感染率和缩短排毒期，阻断病毒传播，但不能阻止机体被病毒继续感染，且对异源毒株或突变毒株只有部分或有限的保护作用。考虑到 PRRSV 减毒疫苗的潜在危险与保护局限性，免疫预防时，应根据猪场的 PRRSV 感染状态，确定是否使用疫苗，制定疫苗接种计划。

阴性和趋于阴性猪场：不应使用疫苗（包括灭活苗），通过执行规范的生产流程，严格生物安全措施，阻止 PRRSV 的传入。

阳性/稳定猪场：经产母猪群抗体阳性率 80%以上且生产成绩稳定，可不进行全群免疫，但对于引进的后备猪进行免疫驯化，即在引入 1 周内免疫，间隔 3～4 周第二次免疫。第二次免疫 4～6 周后，监测合格（抗体阳性）后方可混群。仔猪可在 3 周龄左右免疫或依据母源抗体消失的时间而定。

阳性/不稳定猪场：母猪群可同时全群免疫（普免），但有一定风险。首次免疫4周后再次普免，3～4个月后第三次免疫，以后每隔3～4个月免疫一次。也可以跟胎免疫，对断奶至配种前、怀孕50 d左右的猪群免疫。必须保证整栋舍的猪群同时免疫，不可在同一栋舍内只免疫部分猪群。仔猪可在2～3周龄免疫，但需根据PRRS发病情况，确定免疫时间，一般在发病日龄的4～6周前免疫。对于种用仔猪通常在14～21日龄免疫后，5月龄时再次免疫。对于引进的后备猪群，在引入1周内免疫，间隔3～4周再次免疫。

发生疫情的猪场：疫情发生初期，对所有繁殖母猪和后备猪进行一次普免，使猪群PRRS状态均一化，迅速减少易感动物，缩短疫病持续时间。之后母猪群在配种前进行一次免疫。仔猪群在母源抗体消失前至少1周，或在发病日龄的4～6周前免疫。对正在发病的保育猪群和生长肥育猪群不进行免疫。

采取免疫防控措施时，应注意以下几点：①不与其他病毒活疫苗同时或相距7 d内免疫，不要用自家组织灭活物、高免血清、抗病毒药物或皮质类固醇类药物。②避开种猪的生产生理敏感期。在配种后3 d内、分娩前3 d内及分娩当天不要免疫经典毒株弱毒疫苗；怀孕期母猪及生产公猪不要免疫高致病性猪蓝耳病弱毒疫苗。③不能过分依赖疫苗，而忽视生物安全控制。④应定期对猪群PRRSV感染状态进行监测与评估，根据本场PRRSV感染状态的变化而及时调整免疫程序，避免盲目使用活疫苗、免疫程序一成不变或混乱，如随意改变免疫剂量、缩短免疫时间或增减免疫次数。⑤不要频繁更换疫苗毒株，避免同时使用两种以上毒株来源的活疫苗。应选择同一毒株来源的活疫苗，在猪群中建立起优势毒株，以压制其他野毒株的循环传播，尽可能避免产生新的变异毒株，造成猪群中PRRSV毒株的多样化和复杂化，增加防控难度。

（3）发病后的控制措施　种猪场发生PRRS后，在执行严格的卫生消毒和生物安全管理措施的前提下，可采取封群的方法快速稳定猪群。主要措施包括：①减少仔猪的寄养，仔猪出生48 h后避免寄养。②同一时间断奶，禁止产房饲养断奶仔猪。③不同日龄的猪不能混养，从断奶到育成阶段，严格执行全进全出的猪群流动管理制度。④及时淘汰病猪，避免内部病毒循环。⑤封群期间不引种，仔猪断奶后移出猪场，不留作种用。在发病初期，也可给所有种猪紧急接种减毒活疫苗，以快速稳定猪群，缩短疫病持续时间。此外，应加强饲养管理，尽量减少应激，提高猪群体抵抗力，并及时应用抗菌药物如头孢菌素、氟苯尼考、替米考星等控制细菌感染。猪群一般经过封群2～4个月逐渐稳定，但不能完全清除病毒。

生长育肥猪群发病后，应及时对症治疗，控制继发感染，缓解临床症状，降低死亡率。限制猪的流动，并执行全进全出的饲养方式。

（4）PRRSV的净化　猪场彻底清除PRRSV是防控PRRS的终极目标，对处于PRRSV阳性/稳定状态的猪群可以实施净化措施。临床用于净化猪群PRRSV的方案主要包括全群淘汰/重新建群、检测—淘汰与种猪储备—封群—均匀化（load, close, and homogenise, LCH）模式等（Rathkjen et al., 2017；Corzo et al., 2010）。全群淘汰/重新建群和检测—淘汰方案已经在美国明尼苏达用于猪场或地区PRRSV的净化，成功地使PRRSV阳性猪场转为阴性场，但是该方案花费巨大，无法被广大猪场采纳。相比之下，LCH模式花费较低，并且能够使PRRSV阳性猪场获得成功净化，因此该方案更容易被猪场接受和推广。

LCH模式是综合种猪储备、封群、免疫接种、检测和生物安全管理等措施的净化方案，其主要程序如下：①种猪储备：一次引进不同日龄的足量PRRSV阴性的后备母猪，能够满足本场净化工作执行期间的生产需要，即在净化工作结束前不再引进后备母猪。②封群：全场封闭饲养 210 d，不引种，仔猪断奶后全部移出猪场，不自繁自养。③均匀化：使猪群的 PRRS 状态一致。给所有猪（母猪、后备猪、公猪和 1 周龄以上的仔猪）接种 PRRSV 减毒活疫苗（Ingelvac® PRRS MLV），间隔 4 周再次免疫母猪、后备猪和公猪，使场内所有猪的免疫状态一致。④检测：对猪群的 PRRSV 状态进行检测或跟踪监测。每隔 4 ～ 5 周采集至少 30 份断奶仔猪、生长育肥猪的血清样本，应用 RT-PCR 和 ELISA 分别检测其中的 PRRSV 核酸及特异性抗体。如检测到 PRRSV 核酸（PCR 阳性），表明猪群处于排毒状态，有病毒传播；检测到特异性抗体（ELISA 阳性），表明猪群处于阳性暴露状态。经过连续 4 次检测，PRRSV 核酸和抗体为阴性时，才认为 PRRSV 在该群中已被清除。⑤PRRSV 阴性猪群的宣布：将 30 头 PRRSV 阴性的哨兵后备猪放入 PRRSV 净化群中饲养 6 个月，经过 PCR 和 ELISA 检测哨兵猪的血清样本，当病毒核酸与特异性抗体均为阴性时，即可宣布该猪群为 PRRSV 阴性猪群。

在对猪群 PRRSV 进行净化的整个过程中，必须有完善的生物安全管理措施作保障，减少仔猪寄养，仔猪出生 48 h 后避免寄养；同一时间断奶，禁止产房饲养断奶仔猪；及时淘汰带毒仔猪，避免其饲养过程中散播病毒，造成病毒内部循环，传播给母猪；注射时要更换针头；不同日龄的猪不能混养，从断奶到育成阶段，严格执行全进全出的猪群流动管理制度。

6.1.2.4　防控成果及展望

自从 1995 年国内暴发和流行 PRRS 以来，我国高度重视 PRRS 的综合防控技术研究与成果转化，相继研发了 PRRS 抗体检测 ELISA、PCR、荧光定量 PCR 等多种病原和血清学检测技术，以 PRRSV CH-1R、JXA1-R、HuN4-F112、TJM-F92、R98 和 GDr180 等减毒毒株为代表的弱毒疫苗，以及 PRRS 的综合防控与净化技术等，在很大程度上降低了 PRRS 造成的经济损失，并在一些规模化种猪场实施了 PRRSV 净化措施。通过实施综合防控和区域净化措施，目前有的猪场处于 PRRSV 阳性/稳定状态，有的趋于阴性，少数为阴性状态。但由于国内猪场的饲养模式和管理技术水平参差不齐，生物安全措施不完善，猪群流动频繁，检疫制度不健全和执行力度不够等原因，加之 PRRSV 本身的生物学特性如毒株变异频率高、毒株之间极易发生重组和毒株之间交叉免疫保护性差，以及引起持续性感染和免疫抑制等因素，致使猪场 PRRSV 的感染率依然很高，相当一部分猪场处于病毒感染不稳定状态，PRRS 的防控形势依然严峻。因此，PRRS 是当前威胁我国养猪生产健康发展的最重要的传染病之一，需要继续加大力度对其进行防控。

虽然在 PRRS 防控方面做了很多工作，但仍然存在一些急需解决的问题：①PRRSV 的感染率及处于 PRRSV 阳性/不稳定状态的猪场比例高，PRRSV 变异毒株不断出现，混合感染与继发感染现象频繁，给快速诊断与有效防控造成了很大困难。②虽然有关于 PRRSV 基因工程疫苗如 DNA 疫苗、活载体重组疫苗及亚单位疫苗等的研究，但均处于实验室研究阶段。临床应用的减毒活疫苗，存在散毒、毒力返强、免疫保护效力低、不能阻止野毒继续感染等缺点。并且随着减毒活疫苗的大量使用，病毒在宿主免疫压力下可能会加速变异频率，出现野毒株与野毒株、野毒株与疫苗毒株或不同遗传背景的疫苗与疫苗毒株之间的重组等，从而不断出现具备新遗传特性的突变株。③缺乏疫苗免疫程序与免疫保护效果的评价方法与标准。④缺乏快速鉴别野毒感染与疫苗免疫抗体的检测技术等。⑤适合我国国情的 PRRSV 综合防控技术与净化措施不够完善。⑥基层技术人员对 PRRS 的抗感染免疫特征与防控技术认识不够，过度依赖免疫接种，忽视生物安全措施的重要性。

根据当前猪场 PRRS 防控中存在的实际问题，按照 PRRSV 的生物学特性与抗感染免疫特征，结合国内猪场的饲养管理现状，制定适合我国养猪生产的科学管理模式和完善的生物安全措施；研发敏感、特异的能够鉴别野毒感染与疫苗免疫的检测与诊断技术，明确国内PRRSV的流行状态与变异规律；加强安全、稳定、高效的PRRS传统疫苗及新型标记疫苗研究；严格执行生物安全管理措施，逐渐实现猪场由PRRS阳性/不稳定到阳性/稳定、趋于阴性再到阴性状态的转变，达到由PRRS的区域净化直至实现全国净化的最终目标。

6.1.3 猪圆环病毒病的防控

猪圆环病毒病又称猪圆环病毒相关疾病，是由猪圆环病毒感染引起或与其相关的多种症候的总称，包括断奶仔猪多系统衰竭综合征(post-weaning multisystemic wasting syndrome，PMWS)、猪皮炎肾病综合征、母猪繁殖障碍、增生性坏死性肺炎、猪呼吸道病综合征和仔猪先天性震颤等，其中以PMWS对养猪业的危害最为严重。猪圆环病毒病于1991年首次发生于加拿大萨斯卡彻温地区猪场(Clark，1997)，1996年已有确诊报告，后逐渐在其他国家发生。我国于2000年首次报道该病(郎洪武 等，2000)，目前，猪群中已广泛存在圆环病毒感染，引起免疫抑制，容易并发或继发其他病原的感染，临床上常见与猪瘟病毒、猪繁殖与呼吸综合征病毒、伪狂犬病毒等共感染，或继发感染副猪嗜血杆菌、链球菌、肺炎支原体及大肠杆菌等病原体，给养猪业造成巨大的经济损失。

6.1.3.1 病原学

猪圆环病毒(porcine circovirus，PCV)属于圆环病毒科圆环病毒属，是目前已知的最小的动物病毒，是一种无囊膜、单链、环状DNA病毒，能够在哺乳动物细胞中自主复制。PCV有3个型：PCV1、PCV2和PCV3，其中，PCV1没有致病性，广泛存在于猪体内及猪源传代细胞系。PCV2有致病性，1998年首次从PMWS病猪体内分离得到。PCV2呈现多种基因型，目前已知的PCV2有PCV2a、PCV2b、PCV2c、PCV2d、PCV2f等5个亚型(Bao et al.，2018)，其中，我国流行的基因型有PCV2a、PCV2b、PCV2d、PCV2f亚型，目前的优势基因型是PCV2b及PCV2d。PCV3是2016年被美国首次报道发现的新病原(Palinski et al.，2016)，随后相继被波兰、韩国和中国(Ku et al.，2017)等国家报道。PCV3与PCV2的衣壳蛋白(Cap)氨基酸同源性仅为30.0%，两者间存在交叉免疫保护的可能性较低。我国PCV3包括3a和3b 2个亚群。PCV3和猪只的繁殖障碍等疾病相关。目前在我国猪场，PCV3抗原阳性率达12.7%，血清阳性率达48.02%(翁善钢，2017)。

6.1.3.2 流行病学

猪是圆环病毒2型的自然宿主，不同年龄、品种和性别的猪都可感染。猪群中PCV2感染率高，但多为隐性感染，少数出现临床症状，也就是说猪只感染了PCV2，不等于猪群就发生了圆环病毒病，是否出现症状受体内外多种因素，如猪体的免疫水平和营养状态、病毒毒力、各种环境因素及其他病原微生物混合感染等的显著影响。病猪和带毒猪是本病的主要传染源。病猪或带毒猪可通过粪尿、呼吸道分泌物、乳汁、唾液、精液、胎盘或产道向外排出病毒，经消化道和呼吸道传播，或通过交配传播及经胎盘垂直将病毒传给胎儿。虽然我国猪场普遍存在圆环病毒感染，但不同地区、不同的猪场发病率与死亡率差别很大。目前我国猪场发病多见于保育仔猪，常于断奶后1周内发生PMWS和仔猪腹泻，发病率为30%～90%，死亡率为10%～50%；仔猪出生后发生先天性震颤及腹泻等；育肥猪多见发生皮炎肾病综合征及呼吸道病综合征；母猪发生繁殖障碍等。由于PCV2感染后可引起猪只免疫抑制，使其免疫力与抗病力低下，在外界因子及应激因素的作用下极易发病，故在临床上常见PCV2与猪瘟病毒、猪繁殖与呼吸综合征病毒、伪狂犬病毒等共感染，并继发感染副猪嗜血杆菌、链球菌、肺炎支原体及大肠杆菌等病原体。也可见PCV2与猪博卡病毒（PBoV）、猪细环病毒（TTSuV）、猪科布病毒（kobuvirus）等新病毒共感染。其他病原体的共感染或继发感染对PCV2有促进和协同致病作用，致使病情复杂化，增大发病率和死亡率，造成更大的危害性。

不同性别、年龄和品种的猪均可感染PCV3，但以妊娠母猪和仔猪更易感。PCV3可导致母猪出现厌食症状，皮肤出现多灶性丘疹、斑点和浅表性皮炎，生产性能下降；妊娠母猪发生繁殖障碍，如流产，产弱胎、死胎、木乃伊胎或弱仔猪，病情严重者甚至会急性死亡。患病仔猪出现多器官系统的功能紊乱。PCV3可以在感染猪的脑（包括死胎样本脑中）、肺（包括死胎）、淋巴结、扁桃体、精液和血清中检测到。这些结果显示PCV3存在于猪的不同组织中，且存在垂直传播风险。

6.1.3.3　防控技术

由于猪圆环病毒病的发生除了PCV2、PCV3是必要病原外，其他病原的混合感染或继发感染、环境因素、饲养管理等也是重要的诱因，因此，采取严格的生物安全措施，改善饲养环境，提高管理水平，预防控制病原体的入侵，是有效防控猪圆环病毒病的关键。

1. 严格检疫与消毒

定期对种猪进行检测，对圆环病毒阳性猪及时淘汰。应坚持自繁自养原则，必须引种时，要切实把好引种关，要从正规种猪场引种，要进行严格隔离观察和检疫，避免引进PCV2阳性猪。选择高效的消毒药定期对猪舍走道、栏舍、猪圈地面、墙壁、食槽等设施及用具进行严格消毒。场外车辆、人员进入猪场，必须经车辆消毒池、人员消毒通道消毒。场内人员和车辆进入场内也要进行严格消毒。如有人员要进入生产区和圈舍，必须经过更衣、沐浴和消毒。以最大限度减少猪场内污染的病原微生物，降低或杜绝猪群继发感染的概率。

2. 严格执行全进全出制，以防交叉感染

不同日龄、不同来源的猪不能混养。每批猪出栏后栏舍要进行严格消毒，并空置1周后再进猪。猪场不能混养犬、猫等其他动物。

3. 加强饲养管理，减少应激因素

仔猪发生PMWS与断奶应激、环境应激、营养应激等密切相关。因此，猪舍内要保证适宜的温度与湿度，饲养密度也不能过大。圈内要清洁卫生、干净干燥，因为潮湿环境有利于病原微生物繁殖，易造成疫病的发生与传播。猪舍要做好通风换气，改善空气质量，降低氨气及二氧化碳等的浓度。严禁饲喂发霉变质的饲料，提高猪群的蛋白质、氨基酸、微量元素和各种维生素等营养水平，确保猪只各个生长阶段的营养需要，并提高其采食量，以降低猪只的发病率，减少造成的损失。

4. 免疫预防

使用疫苗免疫是控制圆环病毒病最有效的办法。应用圆环病毒疫苗后可显著提高猪群的健康状况，降低发病率和死亡率，提高饲料转化率，提升养殖效益。圆环病毒疫苗的免疫程序为：经产母猪及公猪同一天免疫后，过2周再免疫1次；后备母猪及年青公猪在配种前免疫2次，间隔2周；妊娠母猪在怀孕10周及12周各免疫1次；公猪要每3～4个月免疫1次；仔猪在5周龄和7周龄时各免疫1次（施朝辉，2017）。

5. 药物保健预防(万遂如,2016)

方案1:清开灵粉(黄芩、黄连、石膏、水牛角、地黄、连翘、知母、甘草、桔梗、淡竹叶、牡丹皮等)1 000 g、排疫肽(五种高免球蛋白)300 g、抗菌肽 200 g、白细胞介素-4 300 g,拌入 1 t 料中连续饲喂 12 d。

方案2:银翘散(金银花、连翘、甘草、桔梗、荆芥、淡竹叶等)1 000 g、转移因子 500 g、干扰素 800 g、溶菌酶 400 g,拌入 1 t 料中连续饲喂 12 d。

方案3:双黄连浸膏粉(金银花、黄芩、连翘等)500 g 兑水 1 200 L,电解多维 800 g、干扰素 800 g、细菌素 200 g,兑水 1 t,连续饮用 12 d。

仔猪断奶前 3 d 开始使用方案 3,连续饮水 12 d;保育猪转群进入育肥期开始使用上述方案中任一方案;生产母猪于产前 1 周开始使用方案 1 或方案 2,连续使用 14 d,以保障母猪健康妊娠与安全产仔,以及防止“三炎症”(即子宫内膜炎、阴道炎、乳房炎)与便秘的发生。上述方案具有抗病毒、抗细菌、抗应激作用,可有效预防断奶仔猪多系统衰竭综合征、猪皮炎肾病综合征、腹泻、肺炎、蓝耳病、伪狂犬病、猪瘟、呼吸道病及多种细菌继发感染,并提高免疫力与抗病力等。

6. 发生猪圆环病毒病时的应急措施

一旦发生疫情,应立即对可疑病猪进行隔离饲养,以防交叉感染。对有临床症状的猪进行隔离治疗,实行对症治疗。5%葡萄糖生理盐水、头孢拉定、地塞米松混合静脉注射;抗病毒多肽,肌肉注射,1 次/d,连用 7 d;对于高热不退的猪还应配合复方柴胡注射液,肌肉注射,1 次/d,连用 3 d。同时对病死猪及其粪便和受污染的废弃物进行无害化处理,防止病原体传播扩散和污染环境。尽快采取病料进行检查,确定病性及混合或继发感染的病原,以便采取对症措施,防止疫病扩大传染。全面彻底消毒,猪舍内每天 1 次,外界环境 3 d 1 次,使用 0.5%强力消毒灵、1∶400 疫碘净(聚维酮碘,增效佐剂)、1∶100 菌毒敌或 1∶1 000 卫康等消毒液消毒。

6.1.3.4 防控成果及展望

自 2010 年猪圆环病毒 2 型疫苗在国内上市以来,随着猪圆环病毒病疫苗在国内的普及免疫,疫苗免疫成为防治猪圆环病毒病的主要手段。疫苗的应用有效改善了种猪和仔猪的生产成绩。对种猪而言,疫苗免疫可以有效预防 PCV2 导致的流产,产死胎、木乃伊胎等繁殖障碍问题。对仔猪而言,疫苗免疫可以提高日增重,降低料重比,提高猪群均匀度,降低混合感染概率和减少抗生素的使用。猪圆环病毒病得到了较好控制(林文耀 等,2017)。

然而在免疫新常态下,随着养猪业进一步朝着规模化集约化急速发展,猪圆环病毒病的流行、诊断、防控也出现了一些新的变化。现有的 PCV2 疫苗能否保护 PCV3 感染还未知,PCV2 免疫失败的现象也时有发生。因此,未来猪圆环病毒病防控上,除了应更加重视生物安全措施,还有以下因素需要考虑。

(1)选择合适的疫苗　PCV2 基因型多,目前市场上进口疫苗主要基于 PCV2a 毒株研发,国产疫苗属于 PCV2b 灭活苗。虽然 PCV2a 疫苗能够交叉保护 PCV2b 毒株,但 PCV2a 与 PCV2b 毒株之间的抗原性是存在一定差异的,且与 PCV2a 比较,PCV2b 疫苗能够更有效地预防不同基因型的感染。因此,选择 PCV2b 基因型的疫苗对圆环病毒病的防控效果更为理想。另外,应加快 PCV2 疫苗对 PCV3 交叉保护性评估。

(2)制定合理的免疫程序　目前有些产品注册注明使用对象是仔猪,因此有部分猪场只免疫仔猪,种猪不免。但是,PCV2 可以感染不同阶段的猪只,因此正确防控猪圆环病毒病的前提是对种猪和仔猪都实行免疫。仔猪圆环病毒病疫苗免疫程序的制定需要充分考虑母源抗体、生产感染阶段、饲养周期等。在制定免疫程序时，还应考虑其他疾病的影响。蓝耳病、伪狂犬病、猪瘟的感染均可导致圆环病毒病疫苗的免疫失败。猪只感染圆环病毒后也常引起免疫抑制，降低蓝耳病弱毒活疫苗和猪瘟弱毒活疫苗的免疫效果，还可降低动物对伪狂犬病疫苗的再次免疫应答。因此，在做好 PCV2 疫苗免疫的同时，猪场还应按科学合理的免疫程序做好蓝耳病、猪瘟、伪狂犬病、细小病毒病及气喘病等疫苗的免疫接种，对防止 PCV2 感染猪群发生 PMWS 是非常有效的。

(3)加强流行病学监测　PCV2 疫苗的广泛使用，降低了病毒载量，但是现在市场上所有的圆环病毒病疫苗都无法引起消除性免疫力，所以并不能完全根除猪场的 PCV2，即在免疫的情况下猪只仍可以感染 PCV2，给 PCV2 提供了在猪体内进化的机会，加快 PCV2 的进化速度，从而导致新的基因型的出现。因此，监测 PCV2 流行毒株的基因型，根据流行病学变化评估现有圆环病毒病疫苗的交叉免疫效果，是今后猪圆环病毒病研究需要考虑的重要问题。

6.1.4　猪口蹄疫的防控

口蹄疫(foot and mouth disease, FMD)是以水疱性损伤为特征、在对死亡尸体的剖检上可以发现明显的“虎斑心”、传染性最强的动物传染病，对易感偶蹄动物的感染可造成巨大经济损失(OIE, 2017)。世界动物卫生组织(OIE)将其列为 A 类动物传染病的第一位，是各成员必须申报的动物传染病。我国也将其列为一类动物疫病的第一个病害(农业部，2007)。

6.1.4.1　病原学

FMD 的病原为口蹄疫病毒(FMDV)，属小核糖核酸病毒科口蹄疫病毒属。该病毒有七个血清学上相互独立的血清型，分别是 O 型、A 型、C 型、亚洲Ⅰ型、南非 1 型、南非 2 型和南非 3 型，七个血清型之间不存在交叉免疫关系。在同一血清型内，通过生物化学方法可区分为不同的拓扑型和毒株群。FMDV 呈正二十面体，由蛋白包裹着 8 500 个核苷酸组成，无囊膜。核酸为单股正链 RNA，具有感染性。C 型 FMD 从 2004 年以来在世界范围内没有流行。我国流行的是 O 型、A 型和亚洲Ⅰ型。亚洲Ⅰ型在我国自 2011 年 6 月以来没有检出病原学样品。2017 年农业部发布了 2635 号公告，从 2018 年 7 月 1 日起，停止使用亚洲Ⅰ型疫苗。亚洲Ⅰ型主要感染牛，对猪的感染性很低，没有在我国形成猪的流行。O 型对牛、羊和猪都有很强的感染性，是我国最主要的流行型。近年来 80%以上的 O 型流行毒株是东南亚拓扑型(SEA)中的 Mya98 毒株群，另外有少量的中国猪拓扑型(Cathay)、泛亚拓扑型(Pan-Asia)和中东南亚拓扑型(ME-SA)的 Ind/2001 毒株群流行。Ind/2001 是近年来传入我国的，目前我国的 O 型疫苗可以有效预防这个毒株(刘湘涛，2017)。2009 年从武汉开始在我国流行的 A 型 FMDV(A/HuB/WH/1/2009/B)在遗传学上属 G1 分支，主要感染牛，对猪的感染性很低，一般只有人工接种才会感染。目前这个毒株已经停止在我国流行。2013 年引起广东茂名暴发口蹄疫的 A 型毒株(A/GDMM/S-2013)可同时感染牛和猪，在遗传学上属 G2 分支，属国际上 Sea-97 毒株群，目前我国流行的 A 型 FMDV 全部属于这个毒株群。我国这两个 A 型毒株没有遗传学上的关系(Abila, 2014)。

6.1.4.2 流行病学

1. FMDV 的感染途径和感染方式

皮肤、消化道和呼吸道均可发生感染，交配也是一种重要的感染途径。猪通常是通过直接接触感染，进入高污染的环境，或采食了污染的食物而感染。造成感染的剂量因不同的个体和毒株而有差异。病毒一旦进入猪群就会迅速扩散，通过空气和其他途径传播。猪可通过呼吸道分泌物排出大量 FMDV，每头猪 24 h 可制造出 $\log_{10} 5.8TCID_{50}$（半数组织培养感染剂量）到 $\log_{10} 7.6TCID_{50}$ 的病毒。1 000 头感染猪产生的病毒悬浮物可感染 1 km 内的猪。传播距离的远近与毒株、气候和地貌环境有关。猪源 O 型毒株很少通过空气传播（USDA，2011）。

2. FMDV 的持续感染和猪的隐性感染

某些反刍动物发病康复后，病毒在动物口咽部的持续存在超过 28 d 被称为持续感染。猪不是持续感染带毒者（OIE，2017）。当毒株毒力比较弱或感染量不足时，对猪只能形成感染而不能引起发病或仅出现亚临床症状，这种没有临床症状的感染称为隐性感染。另外，疫苗免疫后的猪尽管可能不发病，但也可能发生隐性感染，疫苗免疫剂量使用的越小，隐性感染的概率就越大。可通过咽喉拭子测毒和感染抗体检测来判断隐性感染（薛景山，2008）。

3. FMDV 的传播途径

感染动物的分泌物、排泄物和呼出的气体都含有病毒。这些排出的病毒可以引起易感动物的感染。FMDV 的传播途径分为直接传播、间接传播和空气传播。直接传播是指猪与感染动物或其排泄物等直接接触而造成的传播，也包括输入污染的胚胎和精液造成的传播。间接传播是指通过媒介引起的传播，包括人员和货物往来、吃污染的饲料和泔水、与未烹熟的肉类产品的接触以及鸟、鼠、昆虫传播等。尽管猪对空气传播没有牛敏感，但由于猪排毒量极大，在同圈内和场内传播还是扮演着非常重要的角色。鸟、鼠和昆虫受活动习性的地域限制，往往在同一场内传播起作用。人可机械性带毒。

4. FMD 的潜伏期

OIE 定义 FMD 的潜伏期为 14 d。猪的潜伏期一般是 2 d，最短潜伏期为 18～24 h，最长达 9 d（USDA，2011）。

5. 猪的排毒以及病毒在环境中的稳定性

FMDV 可通过急性感染期动物的分泌物、排泄物和呼出的气体大量排出，包括涎水、鼻分泌物、泪水、乳汁、尿液、粪便和精液等。在猪出现临床症状之前 4 d 即开始排毒。猪一般发病后排毒不会超过 14 d（USDA，2011）。病毒在中性环境和低温情况下具有较强的生命力，在 pH 6.0 以下或 9.0 以上会很快失活。胴体肉在自然酸化过程中可有效灭活病毒，但骨髓和腺体不存在酸化过程，可以隐藏病毒（USDA，2011）。

6.1.4.3 防控技术

1. 诊断技术

（1）样品采集　首选样品为水疱液和水疱皮（至少需要 1 g）。活体还可采集咽喉拭子和血液。如果错过采集水疱皮，可剖检采集淋巴结、骨髓和有心肌炎的心肌组织。组织样品需要用 pH 7.4 的保护液保存。

（2）实验室诊断方法　水疱液、水疱皮、急性发作期的血液和组织样品可以直接用于 PCR、RT-PCR 或酶联免疫吸附试验（ELISA）进行快速分型鉴定。如果样品中的病毒含量不足以直接检测鉴定，可先进行细胞分离扩增，用细胞培养上清液进行分型鉴定（OIE，2017）。

抗体检测分为非结构蛋白(NSP)抗体检测和结构蛋白(SP)抗体检测。检测到非结构蛋白抗体证明是感染过的动物,但分不清型别。感染过的动物和免疫过的动物都能检测到结构蛋白的抗体,检测到结构蛋白抗体无法区别感染动物还是免疫动物,但对它的检测可以区分型别。

FMDV 分离鉴定和血清抗体检测的实验室诊断方法在 OIE 的《陆生动物诊断试验与疫苗手册》中有详细的介绍(OIE,2017)。

(3)需要进行鉴别诊断的疾病　FMD 无法和其他水疱性疫病相区别,如猪水疱病(SVD)、水疱性口炎(VS)、水疱疹(VE)和塞内卡病(SV),但 SVD、VS 和 VE 在我国没有流行,几乎没有必要考虑鉴别诊断。近些年在国内外发生的 SV 在病原分类上和临床症状上都与 FMD 更接近,并且造成了一定危害,因此二者之间的鉴别诊断更有现实意义。

2.免疫

(1)疫苗及我国疫苗的现状　目前国际上所有商品化疫苗均是灭活疫苗,我国还推出了合成肽疫苗。国际上把灭活疫苗分为标准效力疫苗和高效疫苗。标准效力疫苗使用的抗原和佐剂能保证最低水平的保护效力,每头份含 3 个半数保护剂量($3PD_{50}$),这种疫苗一般用于常规免疫。高效疫苗每头份含 6 个以上 PD_{50},可提供更广谱的免疫和更快速的应答(OIE,2017)。我国的 FMD 疫苗效力标准为每头份大于 $6PD_{50}$。我国市场出现的高效力定制疫苗每头份可超过 $10PD_{50}$,并且在抗原含量和纯净度上达到国际先进水平。国产 FMD 疫苗是目前为数不多的能够全面占领国内市场的动物疫苗。

由于 FMDV 型内存在较大的抗原差异,所以测定流行毒株和疫苗毒株的血清学关系成为疫苗毒株匹配从而提高免疫效力的重要依据。

$$r_1=\frac{\text{参考血清抗流行毒株的效价倒数}}{\text{参考血清抗疫苗毒株的效价倒数}}$$

使用的血清学方法包括病毒中和实验(VNT)、ELISA 和补体结合实验(CFT),其中前者是通过中和体外病毒来测定的,更接近体内的病毒中和过程。r_1 值用来体现疫苗毒株和流行毒株间的抗原相关性。r_1 值大于 0.3,被认为流行毒株与疫苗毒株相似性比较高,预示会有较好的免疫效果。

(2)免疫持续期　疫苗的免疫持续期与疫苗抗原含量、疫苗与流行毒株的抗原相关性、疫苗组分、猪的品种有关。生产商应提供相应的指导以及提供疫苗的血清学应答能力和动力学信息(OIE,2017)。猪在自然发病后和免疫后的免疫期都不长,一般为 3～6 个月(USDA,2011)。

(3)免疫程序　OIE 没有推荐免疫程序,一般由疫苗厂商提供指导。猪场根据具体管理情况建立自己的免疫程序。应特别注意的是,由于我国实施强制免疫,仔猪普遍存在母源抗体,母源抗体对仔猪的首免效果影响很大,加之仔猪免疫应答能力差,因此不能对仔猪过早首免。根据一些大猪场的经验,提出以下参考免疫程序:①没有母源抗体的仔猪,1 月龄首免,1 个月后加强免疫,以后每 3～4 个月免疫一次。②有母源抗体的仔猪,2 月龄(或 70 日龄)首免,1 个月后加强免疫,以后每 3～4 个月免疫一次。③母猪最好跟胎确定免疫时间。配种前 3～4 周和产前 3～4 周各免疫一次。配种前 3～4 周免疫主要是为了应对配种期口蹄疫多发的情况。产前 3～4 周免疫主要是以提高仔猪母源抗体水平为目的。至于每年免疫 3 次还是 4 次,取决于所处地区的疫情情况。

3. 综合防治措施

由于FMD疫苗不能保证绝对可靠的免疫保护，因此应把生物安全作为FMD防控的首要工作，而把疫苗作为FMD防控的最后屏障。

(1)生物安全措施　所谓生物安全措施就是严防病毒传入和传出的所有技术手段。封闭猪舍、加强免疫和提高生物安全级别被证明是行之有效的防控措施(USDA，2011)。

(2)免疫措施　严格遵守免疫程序。疫苗免疫不能阻断病毒感染，但可以有效控制临床症状，减少感染猪的排毒。加大免疫剂量可以缩短免疫应答时间和减少排毒。免疫剂量在一定范围内是越大越好，但超过范围则只有理论意义而无实际意义。

(3)消毒措施　根据生物安全制度制定消毒方案。FMDV对碘制剂、季铵盐类和酚类有耐药性，对绝大多数消毒药都敏感。由于FMDV对酸更敏感，所以酸性消毒药应为首选。

(4)FMD发生后的紧急处理　发生疑似FMD疫情，应立即上报兽医主管部门，并采取封锁措施和消毒处理。同时采集诊断样品并立即送有资质的实验室。屠宰发病动物并对其尸体进行焚烧或深埋处理。全场和周边地区采取紧急免疫接种。具体操作可参照农业部2007年发布的《口蹄疫防治技术规范》(农业部，2007)。

6.1.4.4　防控成果及展望

多年来我国对口蹄疫的防控策略一直是采取注射疫苗和扑杀相结合的方式，根据世界动物卫生组织公布的数据，从2005年5月到2014年底，中国共报告115次疫情，但从2009年之后报告的亚洲Ⅰ型口蹄疫次数明显减少，2011年6月之后便再无该型口蹄疫疫情出现，经全国动物防疫专家委员会评估，我国亚洲Ⅰ型口蹄疫已达到全国免疫无疫标准，标志着我国亚洲Ⅰ型口蹄疫防控取得阶段性成果，进入新的历史时期。2018年，亚洲Ⅰ型口蹄疫退出强制免疫计划，现在对亚洲Ⅰ型的防控策略调整为以“监测扑杀”为主。

《国家口蹄疫防治计划(2016—2020年)》提出口蹄疫防治目标，到2020年，全国亚洲Ⅰ型口蹄疫达到非免疫无疫；A型口蹄疫免疫无疫；O型口蹄疫海南岛、辽东半岛、胶东半岛非免疫无疫，辽宁(不含辽东半岛)、吉林、黑龙江、北京、天津、上海免疫无疫，全国其他地区维持控制标准。要实现这一防控目标，还面临一些难题。FMD被公认为是最难防控的动物传染病，主要问题在于：

(1)由于FMD流行病学上的复杂性使其成为传染性最强、传播最快的动物传染病，常常来不及采取措施就已经扩散传播，特别是非免疫群体，发病率可达100%。

(2)血清型较多(目前我国面临O型和A型的压力以及来自周边国家亚洲Ⅰ型的威胁)，毒株变异快，型内毒株抗原表位差别大，疫苗毒株跟不上流行毒株的变异速度，很难精准地进行疫苗毒株匹配。

(3)灭活疫苗不能有效启动细胞免疫，即使有较强的抗体应答也不能产生百分之百的免疫保护。也常发生有抗体而不能保护、没抗体却能保护的现象。

(4)FMD疫苗抗原稳定性有待提高，特别是O型FMDV，稳定性和免疫原性都不够理想。即使保存条件良好抗原也会衰减。

(5)目前的疫苗免疫只能抵抗临床症状而不能完全阻断感染，只能减少感染率和排毒。这也解释了为什么使用疫苗消灭FMD会是个漫长的过程。

(6)母源抗体对免疫的干扰很大，是造成免疫失败的重要原因之一。在母源抗体完全消失后再进行免疫接种往往会有更好的抗体应答，但窗口期很危险。如何缩短免疫窗口期仍然比较困难。

(7)感染的动物种类多，使得病毒有更多的藏匿之处。病毒在不同动物间传播会造成更快的抗原变异。在偶蹄动物中绝大多数是感染而不发病的，反刍动物还存在持续感染，猪也存在隐性感染的问题，因此在传播中有很强的隐蔽性。

(8)超过一半的FMD疫情找不到传染源和传播途径，这个流行病学上的神秘点增加了防疫工作的不确定性。在生物安全上防微杜渐是唯一的弥补措施。

(9)我国猪病复杂，特别是引起免疫障碍的疾病会影响各种疫苗的免疫效果。由于需要免疫的疫苗多，接种密度很大，相互之间的干扰在所难免。如何统筹各种疫苗的使用是一项复杂的工作。

6.1.5 猪流行性腹泻的防控

猪流行性腹泻(porcine epidemic diarrhea, PED)是由猪流行性腹泻病毒(porcine epidemic diarrhea virus, PEDV)引起的，是当前对国内仔猪危害最为严重的传染性疾病，每年由PED引起的仔猪死亡而造成的经济损失巨大。腹泻和呕吐是PED的主要临床表现。母猪往往不出现明显的腹泻，主要表现为食欲减退和精神沉郁，母猪由于哺乳仔猪死亡不能哺乳而出现无乳症和延期发情(Annamalai et al., 2015)。病理变化主要局限于胃肠道，胃内充满完全未消化的凝乳块，小肠壁变薄、呈透明状，肠内充满淡黄色的液体。

6.1.5.1 病原学

PEDV属于冠状病毒科(*Coronaviridae*) α-冠状病毒属(*alphacoronavirus*)，为有包膜的单股正链RNA病毒(Pensaert et al.,1978)。病毒基因组约28 kb，由7个开放阅读框和5′和3′末端组成，ORF1a/b占5′端基因组全长的2/3，主要功能是指导基因组的复制、转录和病毒多聚蛋白的加工。其余的开放阅读框依次编码S、ORF3、E、M、N(Lee, 2015)。2001年以前，流行的PEDV毒株主要以经典毒株CV777及与其亲缘关系较近的毒株为主。2001—2010年，PEDV毒株不断变异形成各地区特有的流行毒株。2010年，PEDV变异毒株的再次大规模暴发致使疫苗株CV777免疫失败，主要变化在于变异毒株的S基因出现了15个碱基的插入与6个碱基的缺失，并伴有大量点突变(Lin et al.,2015)。

PEDV是一种高度接触性病毒，主要通过粪便，呕吐物，感染或亚临床感染的猪及其污染的环境、饲料以及人(工人，污染的工作服、胶靴等)传入猪群，野生动物和鸟类也能介导病毒的传入。另外，感染母猪的乳汁，污染的饲料、饲料添加剂以及喷雾干燥的猪血浆等都是潜在的传染源(Song et al., 2015)。

6.1.5.2 流行病学

世界范围内的PED流行大体分为5个阶段：英国、比利时小范围流行(1977—1988年)，欧洲与亚洲东部流行(1990—2000年)，泰国PED暴发(2007—2008年)，中国PEDV变异毒株流行(2010—2013年)，世界PEDV变异毒株流行(2013—2016年)(牛江婷 等,2018)。1973年，国内就有PED的报道。20世纪90年代初研制了基于PEDV CV777毒株的灭活油佐剂疫苗，广泛在猪群中使用。在2010年以前PED的发生率较低，以散发为主。2010年10月开始，PED在国内南方几个省猪群中出现暴发，随后迅速扩散到其他省份，尤其是西北地区，目前已有29个省、直辖市有本病的报道，是引起猪腹泻的主要疾病，对仔猪的危害尤为严重，造成大量仔猪死亡，肥育猪生产性能降低，对养猪业造成了巨大的经济损失，至今仍未得到有效的控制。

6.1.5.3 防控技术

1. 诊断技术

PEDV潜伏期约为2 d，一般为1～8 d，病程一般3～4周。粪便中的PEDV可在48 h内检测到，有些粪便中的病毒在排出4周内仍能检测到。现场快速诊断是早发现、早处置的基础，国内多个单位进行了PED现场快速诊断技术的研究，如汪怿旸等（2018）报道了建立PEDV胶体金快速检测方法。但本病的确诊还有赖于实验室方法，如可用免疫荧光（immunofluorescence，IF）技术，免疫组织化学试验（immunohistochemistry，IHC），原位杂交技术（in situ hybridization），电子显微镜技术（electron microscope），病毒分离技术（virus isolation），酶联免疫吸附试验（enzyme-linked immunosorbent assays，ELISA）和各种逆转录聚合酶链反应（reverse-transcription polymerase chain reaction，RT-PCR）等进行检测。目前有商业化的PEDV的常规RT-PCR和荧光定量RT-PCR检测试剂盒可供选用。也可用血清学方法检测PEDV抗体进行诊断，如间接免疫荧光技术（IFA）、ELISA和病毒中和（VN）试验。检测PEDV抗体对免疫的母猪意义不大，但测定免疫母猪血清和初乳中抗PEDV的中和抗体量或滴度，对评价母猪免疫效果非常必要（Diel et al.，2016；Song et al.，2016）。

2. 预防和控制

目前，对PED还没有有效的药物治疗，在生产实践中除了做好经常性的生物安全措施、疫苗免疫接种以外，在发生哺乳仔猪腹泻时可以从母猪和仔猪两方面着手处理。

（1）加强对母猪的管理

A. 净化母猪体内携带的各种病原体，提高其非特异性免疫力，保证出生仔猪的健康。可以根据本场的病原感染情况，在母猪产前和产后各1周做好母猪的保健预防，可在饲料中添加提高免疫力的中药及其提取物和维生素等。

B. 在急性暴发PED的猪场，可用母猪自己的水样腹泻物或者仔猪的搅碎的肠管返饲怀孕母猪。将腹泻仔猪小肠及内容物取出搅碎，在搅碎组织中按照1∶4加入生理盐水稀释，用纱布过滤后加入抗生素，静置15～30 min，尽快（从取病料到返饲在2 h内）饲喂临产前1周至1个月的母猪。一般一头小猪的病料可饲喂10～15头母猪，进行2～3次返饲，饲喂量由少到多。观察返饲母猪是否出现腹泻，一般要求有10%左右的母猪腹泻，并根据初生仔猪腹泻的情况决定是否再次返饲。在对母猪返饲时要考虑引发新病原感染和病原扩散的风险，特别是在粪便和肠道中可能存在猪繁殖与呼吸综合征病毒（PRRSV）和猪圆环病毒2型（PCV2），会造成病原在母猪和仔猪中传播。另外，由于所用材料中的PEDV的感染性并不相同，诱导母猪产生的免疫抗力可能并不能为仔猪提供有效的保护，感染性的病毒也会随粪便排出造成场舍和环境的污染，是猪场PEDV传播的潜在来源。

C. 猪舍的消毒。母猪进产房前，产房、产床要清扫干净，彻底消毒，并保持通风干燥。选择适当的消毒剂对场舍、环境消毒。大多数市售的杀病毒消毒剂对PEDV都有作用，如甲酚、2%氢氧化钠、1%福尔马林、含有0.1%去污剂的碳酸钠（4%无水碳酸钠或10%的碳酸钠）、离子和非离子洗涤剂、1%碘液（溶于磷酸）、氯仿等，组合使用消毒剂可提高对PEDV的杀灭效果。

D. 疫苗免疫接种。在流行地区防控PED的最好方法就是对母猪进行免疫接种，出生仔猪可从初乳中获得母源抗体而获得保护。国内有CV777毒株的弱毒疫苗和灭活疫苗的使用，目前市售的弱毒疫苗株有猪传染性胃肠炎-猪流行性腹泻二联活疫苗、猪传染性胃肠炎-猪流行性腹泻-猪轮状病毒三联活疫苗。PEDV的不断变异使得疫苗的免疫效果受到影响，选择流行毒株研制疫苗是必要的。流行毒株传代致弱后也可以作为疫苗使用，缺点是在传代过程中有可能毒力返强，并且这种毒株有可能通过重组与其他毒株交换基因产生新的毒株。重组缺陷毒株、复制缺陷毒株有望成为新的疫苗毒株。有专家建议，母猪在产前40 d和产前20 d进行跟胎后海穴免疫猪腹泻二联灭活疫苗(孙杰龙 等，2017；李娇 等，2018)。

(2)对哺乳仔猪的管理

A. 做好仔猪的保温。通过添加保温灯、保温板等措施，保持分娩舍的温度在20～24℃，保温箱内的温度28～32℃，对改善仔猪腹泻有作用。保温箱仔猪有腹泻时在箱底垫上一厚层干粉消毒剂，腹泻物及时清理和消毒。

B. 对症治疗和药物治疗。为减轻脱水症状，可在仔猪饮水中添加水溶性抗生素、电解多维；对腹泻仔猪灌服抗菌药物(如庆大霉素等，根据细菌药敏试验具体确定)；对严重的仔猪也可肌肉注射干扰素或黄芪多糖等。广谱抗病毒药物如利巴韦林可抑制PEDV的体外感染。一些化学抑制剂以及植物或天然来源的化合物可以抑制PEDV复制，是新的治疗PED的候选药物。天津大学和哈尔滨兽医研究所分别开发出了对PEDV有较好杀灭作用的药物，有望用于PED的防治。中药方剂也有一定的抑制病毒和治疗PED的作用(杨云乔 等，2017)。

C. 补充人工乳。腹泻仔猪出现高死亡率主要是由于缺奶或没有精力吸奶。给腹泻仔猪人工饲喂人工乳(可选择市售的成品或自行根据配方制备)，调成糊状少喂勤添。10日龄以内小猪，白天每隔1～2 h喂1次，每头每次喂40 mL；11～30日龄仔猪，每隔2～3 h喂1次，每头每次喂200～300 mL；30日龄以上的仔猪，不分昼夜每隔4 h喂1次，每头每次喂400～450 mL，直至断奶。

(3)做好猪场生物安全工作　严格的生物安全是防控PED暴发的基本措施。必须彻底对所有可能携带PEDV的物品、工具、人员进行消毒，在发生PED的时期加大消毒的密度。限制人员在育肥舍和分娩舍之间的流动以及猪场内外车辆和人员、物品的交流，引进的猪(包括后备母猪)要先隔离观察一段时间，无异常表现才可混群。

6.1.5.4　防控成果及展望

目前，PED依然是造成国内仔猪腹泻死亡的主要原因，对其防控技术的研究还需要进一步加强。

6.1.6　猪伪狂犬病的防控

猪伪狂犬病是由伪狂犬病毒(pseudorabies virus，PRV)引起的，严重危害家畜、野生动物和实验动物的一种多种动物共患的传染病。自从19世纪以来，该病曾经给全球养猪业造成严重的经济损失。但是，随着科学技术的进步与应用，在政府部门、技术专家、行业协会和养猪者的共同努力下，该病在欧美和亚洲部分国家的养猪业(家猪)中得到了净化与根除。该病防控技术模式是动物疾病净化的典范。

6.1.6.1 病例发现与病原确认

我国于1948年由刘永纯报道了猫伪狂犬病，这是首次报道的动物伪狂犬病。1956年分别在黑龙江国有宝泉岭农场和广东珠海国有珠江机械农场猪场中发现猪伪狂犬病流行(欧守杼 等，1958)；1957年在四川华容县发现了猪伪狂犬病(曹修源，1959)。1967—1978年，开展牛源伪狂犬病毒(Fa株)研究(黄寿森 等，1966)；佘永建等(1984)报道了断奶仔猪伪狂犬病，并分离到病毒。总体上，在1990年以前，我国伪狂犬病呈现散发状态。

20世纪90年代，由于该病的流行病学特点、临床症状和病理学特征的资料不全，国内一度将本病引起的母猪繁殖障碍、出生仔猪急性死亡等临床经过与猪瘟相混淆。陈焕春等(1998)从母猪所产死胎中分离到猪伪狂犬病毒鄂A株，确诊了本病，并总结了该病的主要流行病学特征，提出与猪瘟的鉴别诊断要点。之后，国内很多研究单位和一线技术人员，也从暴发病例中分离出伪狂犬病毒。为了防治该病，中国农业科学院哈尔滨兽医研究所从匈牙利引进了Bartha毒株，研制了弱毒疫苗。随后，国内科研院所以陈焕春院士团队和郭万柱教授团队为代表，分别以伪狂犬病鄂A株和Fa株为亲本株，开展了基因缺失疫苗研究，获得了新兽药注册证书，并推广到全国规模化猪场，有效控制了该病。

然而，自2010年以来，我国猪场中出现了传统疫苗Bartha株免疫后发病的现象。我国学者迅速分离到HNX株、HNB株、SMX株、HeN1株、ZJ01株和TJ株等(Yu et al.，2016a；Hu et al.，2015；An et al.，2013；Wang et al.，2014)，开展了毒力测定和交叉免疫保护试验，证明毒株发生了变异。猪感染试验发现，与传统毒株相比，新伪狂犬病毒的致病性增强了。根据全基因组序列特征，我国的流行毒株与国外毒株处于不同的进化分支。近期，华山医院科研人员对发生眼部疾病的养猪工作者，采用下一代测序(NGS)技术和抗体检测技术，分析推断本病毒可感染人，但尚未分离到病毒(Ai et al.，2018；赵伟丽 等，2018)。

6.1.6.2 病原学特征

猪伪狂犬病毒属于疱疹病毒科α-疱疹病毒属，为有囊膜的病毒。病毒对外界环境抵抗力很强，如在液体或固体表面至少可存活7 d，在猪舍干草上，夏季和冬季分别可存活30 d和46 d。在猪尿液、唾液、鼻液和猪场污水中，分别在14、4、2和1 d仍具有感染力。

伪狂犬病毒核酸类型为DNA，基因组大小在143 kb左右，如HNX毒株和HNB毒株的基因组大小分别为142 294 bp和142 255 bp(Yu et al.，2016a，2016b)，能编码100多种蛋白质。已经证实，与毒力密切相关的基因主要有胸苷激酶(TK)基因、gE基因、核苷酸还原酶(RR)基因；编码免疫蛋白的基因有gB和gC基因等。gG、gC、TK和gE基因是生长非必需基因，缺失这些基因，不影响病毒的复制能力。利用分子生物学方法改造的基因缺失疫苗往往缺失了TK、gE和(或)RR基因，通过鸡胚连续传代获得的弱毒株Bartha株则缺失了全部gE基因。

伪狂犬病毒野毒株可在鼻腔通过嗅球神经或在口腔通过舌咽神经，感染中枢神经系统，最终在三叉神经节中建立潜伏感染，病毒基因组存在于该部位。当由于应激、使用免疫抑制药物或霉变饲料等而发生免疫抑制时，机体抵抗力下降，伪狂犬病毒基因组重新复制转录，从而产生新的病毒粒子，引起动物发病。伪狂犬病毒基因组中与潜伏感染激活相关的基因是立即早期基因(IE180)。目前尚无消除潜伏感染的病毒及基因组，因此，潜伏感染猪是本病自然宿主，也是重要传染源，在疾病净化中必须淘汰。

病毒基因组相对比较稳定，但早期研究发现，在动物体内同时接种大剂量的不同基因缺失背景的毒株,可发生缺失的基因之间的互换现象。Henderson 等(1990)给绵羊注射两种不同的伪狂犬病毒基因缺失弱毒疫苗,最后从其体内分离出毒力返强的新毒株,实验室环境下证明不同基因缺失疫苗株可发生重组。病毒在动物群体中循环传播,可发生点突变或缺失,近几年新分离的毒株就是明显的例子。一些学者发现,SC 毒株中含有早期 Bartha-like 毒株的基因片段(Ye et al., 2016),但对 HNX 毒株的全基因组分析尚未发现新分离的野外分离株之间有基因重组现象(Yu et al., 2016a)。这种研究结果的差异可能和早期伪狂犬病毒株信息的严重缺漏有关。

由于伪狂犬病毒具有在神经系统中传递的特点,因此该病毒可作为神经病原学研究中的示踪模型(Johnson et al., 2011; Castillo et al., 2012; Brown et al., 2013; 尹贻鑫, 2013)。

6.1.6.3 流行病学

伪狂犬病毒可感染多种动物,包括家猪、野猪、牛、羊、犬、猫、水貂、浣熊、狐狸等。病毒可通过污染的饲料和饮水,通过消化道传播;可通过飞沫传播,在疫点周围 2～3 km 内仍具感染性。公猪感染后精液可携带病毒。伪狂犬病毒可通过妊娠母猪胎盘感染胎儿,引起流产和死胎。农场饲养的家犬接触了流产猪胎儿而发病死亡(冯现明 等,2013)。国外发现猎犬因接触了带毒野猪而发病(Cramer et al., 2011)。2016 年,在山东和辽宁饲养的狐狸和水貂,由于饲喂含伪狂犬病毒的猪内脏,导致大量发病死亡(Jin et al., 2016; Liu et al., 2017)。

6.1.6.4 防控技术

1. 临床诊断要点

母猪:主要是引起繁殖障碍,具体表现是:①母猪出现流产,产死胎和木乃伊胎,可产弱仔。母猪发病没有胎次和品种差异,发病前未见明显的精神、食欲变化。②母猪返情,屡配不孕,配种率下降。剖检可见母猪出现子宫内膜炎,其他病变不显著。

公猪:睾丸肿大,精液质量下降,主要是活力下降,种用价值下降。

产房仔猪:①如果在妊娠期感染,仔猪可出现虚弱和昏睡状态。②出生后感染,新生仔猪出现各种神经症状(如圆圈运动),尖叫,口吐白沫,可观察到腹泻。仔猪日龄越小,死亡率越高,甚至可达 100%。③由于免疫程序不合理或使用质量差(或下降)的疫苗,导致免疫效果不确实的仔猪,感染伪狂犬病毒后可出现顽固性腹泻。这类病仔猪可见的病变有脑膜脑炎,肺脏和肾脏出现针尖状出血点。

保育猪和生长猪:断奶仔猪感染后,可出现流鼻液、呼吸困难等症状,或者四肢划动等神经症状。剖检后,可见肺脏密集出血点,脾脏和肝脏有细小白色坏死灶,扁桃体出现坏死灶。组织出现坏死点(灶)是伪狂犬病毒新毒株致病的新特点。有神经症状的病猪可出现脑膜脑炎、脑组织充血出血等。

育肥猪:可出现轻度呼吸道症状,如咳嗽、流鼻液等,与猪流感症状类似,但病变不典型。

2. 实验室检测方法

(1)抗体检测　中和试验作为国际贸易中判定伪狂犬病感染的金标准,非免疫猪群中只要检出中和抗体,均认为是感染野毒所致。20 世纪 90 年代,华中农业大学已经建立了检测早期抗体 IgM 的乳胶凝集试验方法与试剂盒,但是 IgM 半衰期短,该方法在检测感染中后期血清时可能产生假阴性(邱德新 等, 2000)。随后,该单位又建立了以纯化后灭活的伪狂犬病毒鄂A 株为抗原的间接 ELISA 方法和试剂盒(邱德新 等, 2002)。国外建立了以 gB 蛋白及其单克隆抗体为基础的竞争 ELISA,感染后 9～14 d,可检出抗体。根据该病毒能凝集小鼠红细胞的特性，李学伍等建立了血凝和血凝抑制试验（李学伍 等，1996）。琼脂免疫扩散试验检测伪狂犬病抗体也有报道（王伟泽 等，1997），但未开发出试剂盒。

由于 gE、gG、gC 都是伪狂犬病毒非必需基因，缺失这些基因的伪狂犬病毒突变株具有毒力下降但保持免疫原性的特点，免疫动物体内不能产生针对这些缺失蛋白的抗体，这为区分免疫猪和自然感染猪提供了理论上的可能。以重组的 gE 蛋白、gG 蛋白和 gC 蛋白建立了鉴别诊断 ELISA 方法（竞争法和间接法），其中华中农业大学建立的间接法 gE-ELISA 获得了新兽药注册证书，实现规模化生产和供应，而竞争 ELISA 试剂盒是从国外进口的（唐勇 等，2004）。gE-乳胶凝集试验和 gG-乳胶凝集试验方法，gC-ELISA 和 gG-ELISA 方法虽有研究成功的报道，但尚未实现市场化供应。

（2）细胞免疫水平评价　细胞免疫是伪狂犬病免疫保护机制之一。以伪狂犬病毒为刺激源，首次建立了检测细胞免疫水平的 γ-IFN-ELISpot 方法，应用于活疫苗免疫后的针对伪狂犬病毒的特异性细胞免疫，检测结果表明，活疫苗与灭活疫苗的配合使用，可提高体液免疫和细胞免疫水平，产生的免疫效果最佳（谭鑫 等，2017）。

（3）病原学检测　用于病原学检查的方法有病毒分离，多种细胞如 BHK21 细胞、PK-15 细胞、IBRS-21 细胞（猪肾传代细胞）以及鸡胚原代上皮细胞等均可使用。免疫荧光试验、免疫组化试验和病毒中和试验用于细胞培养物中伪狂犬病毒的确认。家兔和小鼠接种试验能用于鉴定所分离的病毒，接种后在动物接种部位均可产生奇痒，表现为啃咬接种部位，之后死亡。家兔接种也可用于检验病料中是否有伪狂犬病毒，但小鼠却不能，因为小鼠对伪狂犬病毒的敏感性低于家兔。值得注意的是，有些弱毒疫苗株也能引起家兔死亡。Kong 等（2013）发现，给绵羊错误接种 Bartha-K61 株，可引起绵羊大批死亡。本动物试验一般不用于常规诊断，只用于分离毒株的致病性分析或者突变株与亲本毒株之间的毒力比较。理论上，这些病原学方法不能区分野毒株和疫苗毒株。

（4）核酸检测　常规 PCR 和定量 PCR 均已经建立，用于检测剖杀病猪的扁桃体、肺脏、脑组织等和公猪精液中的伪狂犬病毒核酸。三叉神经节是病毒潜伏感染的组织，是检测病毒核酸的最佳样品。gD 基因是 PCR 扩增的常用靶基因，但其他基因如 gB、gH 等也被作为靶基因。gE 基因是区分疫苗毒株和野毒株的靶基因，但只有 Bartha 毒株全部缺失了该基因，其他基因缺失疫苗毒株在 gE 基因中所缺失的片段不尽相同，因此，设计区分不同基因缺失疫苗毒株引物时要考虑缺失基因的区域特征，同时扩增产物尽可能测序，才能达到区分疫苗毒与野毒的目的。

3. 疫苗研制与应用

灭活疫苗：灭活疫苗具有研发速度快，安全性高、免疫后不排毒的特点，是预防本病的第一代疫苗。20 世纪 90 年代，华中农业大学以分离自流产胎儿的伪狂犬病毒鄂 A 株，接种 BHK21 细胞，经甲醛灭活，制备灭活疫苗，获得了国家新兽药注册证书，临床使用后，有效防控了伪狂犬病的发生，但不能用血清学方法区分免疫猪与自然感染猪（陈焕春 等，2001）。

弱毒活疫苗：通过体外细胞传代方式将分离的强毒株致弱或通过抗性筛选获得弱毒株制备的疫苗。如从 NIA-2.4 强毒株经过抗 5-溴脱氧鸟苷的筛选，获得 TK 和 gE 双缺失株。BUK 弱毒疫苗和 Bartha 株疫苗均是通过鸡胚传代后获得的。BUK 株传代后基因组的变化特点未见报道，但 Bartha 株基因组的 US 区中，发生 gI、gE、11k 和 28k 的缺失，同时 gC 也部分缺失（Lomniczi et al.，1987）。全部 gE 基因的缺失，是 Bartha 株疫苗免疫猪能够与野毒感染猪相区分的理论基础，但是该毒株没有缺失主要毒力基因——胸苷激酶（TK）基因，仍有残余毒力。gC 蛋白是免疫原性基因之一，其缺失可降低 Bartha 株疫苗免疫原性。但是，在传统毒株存在且感染压力低时，Bartha 株疫苗仍是可采用的疫苗。不过，更多研究结果认为，Bartha 株疫苗不能提供针对近几年流行毒株的保护力，无论从体外中和试验和体内免疫攻毒试验，均可得出相似的结论（An et al.，2013；Wang et al.，2014；Hu et al.，2015；Gu et al.，2015）。

基因工程疫苗：利用分子生物学技术，去除伪狂犬病毒的毒力基因如 TK、gE 和 RR 基因，同时缺失生长非必需基因如 gC、gG，构建毒力下降、保留免疫原性又可作为鉴别诊断的突变株，是本病疫苗研发的亮点。Kit 等（1985）构建了 BUK 毒株的 TK 单基因缺失疫苗突变株，毒力下降到可接受水平，是美国预防伪狂犬病的第一代基因缺失疫苗。我国构建了基于鄂 A 株和 Fa 株的 TK 单基因缺失毒株。TK 基因缺失毒株丧失了在神经系统潜伏感染的能力，但由于 TK 激酶在体内表达能力较低，无法刺激动物产生抗体，不能作为区分免疫动物与感染动物的血清学标志。因此，第二代基因缺失疫苗中，除了缺失 TK 基因外，分别缺失了 gC、gE 和 gG，产生了 TK/gC、TK/gE、TK/gE/gI、TK/gE/gI/RR 和 Tk/gG 等不同背景的缺失突变株（刘正飞 等，2004；何启盖 等，2006）；还可构建 gI 和 gp63 基因缺失株（颜其贵 等，1997）。gG 蛋白由于具有结合趋化因子的作用，其缺失后，可使趋化因子直接结合野毒，因此，TK/gG 缺失的疫苗毒株用于紧急免疫，可产生较好的治疗效果。此外，还有 gM、TK/gD 等单基因或双基因缺失疫苗毒株。但是，gE 基因缺失疫苗使用最为广泛。

DNA 疫苗：分别构建插入了伪狂犬病 gD、gC 和 gB 基因的真核表达质粒，免疫仔猪，能产生中和抗体，具有一定的保护力。但是，没有临床应用的报道。

伪狂犬病毒作为载体的多价或多联疫苗：由于基因组庞大而且存在生长非必需基因，以减毒伪狂犬病毒为载体，分别表达猪瘟病毒 E2 蛋白、猪繁殖与呼吸综合征病毒 GP5、猪细小病毒 VP2 蛋白、猪圆环病毒 Cap 蛋白、猪乙型脑炎病毒 M 蛋白和口蹄疫病毒 VP1 蛋白，实验室条件下，免疫动物具有一定的免疫保护力（Peeters et al.，1997；Tian et al.，2005；Chen et al.，2011；Qian et al.，2004；Song et al.，2007；Ping et al.，2015）。到目前为止，已经有 20 多种外源蛋白在不同伪狂犬病毒减毒毒株中得到表达，但仅局限在实验室研究，没有在临床实际中得到应用。

4.综合预防和控制措施

(1)注重生物安全，防止病原传入和传播　生物安全措施包括：①加强引种检疫，杜绝引入病猪、潜伏感染猪、排毒猪以及带毒公猪的精液，建立伪狂犬病阴性的公猪群体或公猪站。②加强猪只销售环节中的车辆和用具消毒，最好建立消毒中心，严格实施消毒措施。③猪群要全进全出，空栏彻底消毒。④定期消灭鼠类，防止病毒在不同猪舍乃至不同猪场传播。⑤无害化处理病猪，防止病原扩散。

(2)加强免疫预防，增强群体免疫力　已经证明，免疫是预防和控制本病的重要措施。免疫虽然不能完全阻止感染，但可阻止临床症状的发生，并提高群体免疫力。研究表明，不同日龄的非免疫猪如要成功感染野毒，需要的伪狂犬病病毒的剂量分别是：$10^{1\sim3}$ $TCID_{50}$（仔猪）、10^4 $TCID_{50}$（生长猪）和 10^5 $TCID_{50}$（成年猪）。与非免疫猪相比，免疫猪感染伪狂犬病毒所需的病毒量是非免疫猪的 100～1 000 倍，甚至更高。此外，血清阴性猪感染伪狂犬病毒后排毒量可达到 $10^{6\sim8}$ PFU（噬斑形成单位），但是免疫猪感染伪狂犬病毒后，其排毒数量是血清学阴性猪排毒量的1/10 000 ～ 1/1 000。由此可见，免疫对于建立群体免疫力和减少排毒量，改善生物安全均是有益的(Visser, 1997)。

肌肉注射是常规的免疫途径，但免疫效果容易受到母源抗体或前一次免疫产生抗体的干扰，因此根据体内抗体水平确定合适的免疫时间，是取得预期免疫效果的关键。而滴鼻免疫可以刺激黏膜免疫，限制病毒在黏膜局部繁殖，并可克服母源抗体的干扰，在感染急性期免疫后，减少野毒的复制与排毒，是在伪狂犬病暴发期控制该病的仔猪推荐免疫途径。一些文献也报道了伪狂犬病口服免疫的效果，是一种新的免疫方式，但尚未得到广泛使用(Maresch et al., 2012)。

实验室研究发现，猪感染圆环病毒2型后，可抑制B淋巴细胞对伪狂犬病疫苗刺激后的再次免疫反应(Kekarainen et al., 2008)，因此预防猪圆环病毒2型感染或PCV2相关疾病发生，有助于伪狂犬病的预防。

5.疾病净化与根除

“净化”是指猪群中无病例出现，疾病得到有效控制，而“根除”是指在猪群中不仅没有病例，而且没有伪狂犬病毒野毒和疫苗毒株存在。国内外经验证明，在家猪中实现伪狂犬病净化与根除是完全可能的。其核心技术是基因缺失标记疫苗研制与应用、配套使用区分野毒感染猪与免疫猪的鉴别诊断试剂盒，以检出和淘汰野毒感染猪。严格实施生物安全和全进全出的养猪工艺，是本病维持净化效果的主要保障措施。

本病的净化与根除，包含三个不同层面，即种猪场水平、区域水平和全国水平。

(1)种猪场水平　国家生猪产业技术体系专家组建议的本病净化与根除，主要包括以下主要步骤。

①材料准备阶段　主要选择和使用gE基因缺失疫苗和配套的gE-ELISA鉴别检测试剂盒。

②抽样调查阶段　用gE-ELISA试剂盒对猪群抽检，根据gE抗体阳性率确定根除计划的步骤。一般不用PCR作为猪群活体中野毒感染的调查方法，因为健康猪群野毒感染后处于潜伏感染时，不对外排毒，而三叉神经节只能在剖检后采集。

③检疫淘汰阶段　当gE抗体阳性率低于10%时，建议全群检测，淘汰野毒感染猪。此后每半年再全群检测一次，再淘汰野毒感染猪。在采样过程中，注意避免人员和用具所带来的交叉感染。

④加强免疫阶段　当gE抗体阳性率在10%～20%时，母猪每年免疫3～4次基因缺失活疫苗，仔猪可在60～70日龄肌肉注射免疫活疫苗，所留种猪可按照每年3～4次免疫规范免疫。

⑤清群阶段　当gE抗体阳性率高于20%时，可直接全部清群，全场消毒后，重新引入伪狂犬病阴性的新种猪群。也可对群体加强免疫，达到不排毒，建立无野毒感染的后备种猪，加大种猪群的更新力度，逐步实现无该病的群体。

⑥净化监测与认证阶段　当猪群中无野毒抗体，没有疑似病例后，猪群进入此阶段。种猪群仍实施免疫。通过抽样检测母猪的野毒抗体，公猪则全群检测，每6个月检测一次；并按照猪群数量1%～2%的比例，在猪群中均匀设立非免疫的保育猪和妊娠母猪(即哨兵猪)，每月检测野毒抗体。如果连续3年，母猪抽检、公猪和哨兵猪全部检测均无野毒抗体，可认为达到净化目的，申请国家有关部门认证。此后1年中，可抽检，仍无野毒抗体，即进入维持阶段。

⑦维持阶段　在此阶段，可不免疫活疫苗，临床上不感染野毒，也不出现病例。如果种群需要更新，必须从伪狂犬病阴性猪场引种，在本场隔离1个月，如仍为野毒抗体阴性，方可混群使用。加强访问人员的隔离、车辆消毒和定期灭鼠，也是维持阶段的重要措施。

规模化种猪场实施本病净化后，提高了生产水平，经济效益显著（何启盖 等，2015）。迄今为止，我国已经有7个规模化种猪企业获得了国家动物疫病预防控制中心颁发的“伪狂犬病净化示范场”的称号。越来越多的种猪场加入了“伪狂犬病净化创建场”活动，将有助于在全国范围内形成合力、步调一致地净化该病。

（2）区域水平　伪狂犬病区域性净化计划，在我国开始时间不长。目前在广西的贵港地区和湖北武汉市江夏区，开展该病区域净化的尝试。除了依靠重要种猪场如国家生猪产业技术体系综合试验站、国家生猪核心育种场以及有技术实力、财政保障和疾病净化意愿的大型猪场参与外，仍需要政府部门参与，在种猪场建设标准、从业管理、控制种猪流动、无害化处理设施建设与运行等方面参与，给予支持。

（3）全国水平　在全国范围内实施净化，需要运用法律法规、经济补偿（或奖励）等经济手段，依赖技术部门支持（如及时掌握伪狂犬病新特点，优化净化策略和方案），坚持不懈推动伪狂犬病净化。加强技术人员培训，充分发挥养殖企业、行业协会和政府部门的优势，参考国外成熟经验，在不同区域净化基础上，制定和实施种猪跨区域流动的标准，整体上实现我国伪狂犬病的净化和根除，提高我国养猪业的经济效益和国际竞争力。

6.1.6.5　防控成果及展望

近30年来，我国对伪狂犬病的防控，在病原分离鉴定、基因缺失疫苗和鉴别诊断试剂盒的研制与应用以及应对新毒株流行等方面，取得了一批具有我国自主知识产权的技术与产品，很多单项研究达到了国际先进水平。这也是我国猪病防控技术发展的缩影。但是，在整体水平上，不同新技术的集成应用、疾病流行规律的发现以及形成疾病净化的合力等方面，仍有短板，面临挑战，需要不断努力。

6.1.7　猪日本乙型脑炎的防控

猪日本乙型脑炎是由日本脑炎病毒（Japanese encephalitis virus，JEV）引起的一种繁殖障碍性疫病，怀孕母猪可表现为高热、流产、死胎和木乃伊胎，公猪则出现睾丸炎，仔猪感染可表现出神经症状，日龄稍大的商品猪大多不表现临床症状（陈溥言，2015）。病理变化主要在脑、脊髓、睾丸和子宫。JEV是一种蚊媒传播的人兽共患病病毒，除了感染猪，还可感染马、猴等多种动物和人类（蔡宝祥，2009）。人、猴和马等感染JEV后临床出现明显的脑炎症状，发病率低，但病死率较高。本病主要存在于亚洲地区，我国大部分地区时有发生。

6.1.7.1　病原学

JEV属于黄病毒科（*Flaviviridae*）黄病毒属（*Flavivirus*）。病毒粒子直径30～40 nm，呈球形，二十面体对称，在氯化铯中的浮密度为1.24～1.25 g/cm^3。病毒核心为衣壳蛋白包裹的RNA，外层为囊膜糖蛋白。JEV基因组为单股正链RNA，长约10 976 bp。JEV抗原性稳定，只有一个血清型，但可根据E基因的差异分为5个基因型，我国流行的毒株多为基因Ⅰ型和基因Ⅲ型，基因Ⅴ型仅一株有报道。

JEV能在原代仓鼠肾细胞以及伊蚊传代细胞（C6/36细胞）、乳仓鼠肾细胞（BHK21细胞)、非洲绿猴肾细胞(Vero细胞)等传代细胞中增殖,并产生细胞病变和形成空斑,也适宜在鸡胚卵黄囊内繁殖。不同JEV毒株在C6/36细胞上增殖形成的细胞病变不同:一类以细胞圆缩堆积脱落为主,如P3株等;一类以细胞大片融合为主,如SA14株等。不同JEV毒株在BHK21细胞上形成的空斑大小和形态也有差别。JEV弱毒疫苗株SA14-14-2的空斑小(<1.0 mm),而其亲本毒株SA14的空斑较大(≥1.5 mm)。JEV分离株的空斑大小与其毒力有一定的相关性,但不完全一致。此外,毒力强的毒株其空斑边缘清晰,而毒力低的毒株则空斑边缘模糊。JEV具有血凝活性,能凝集绵羊、鹅、鸽和雏鸡的红细胞,但不同毒株的血凝特性有明显差异,蚊源细胞C6/36增殖的乙脑病毒血凝性较好。

本病毒对外界环境的抵抗力不强,常用消毒药都有良好的灭活作用。本病毒在-20℃可保存一年,但病毒滴度降低,病毒在50%甘油生理盐水中于4℃可存活6个月。本病毒在pH 7以下或pH 10以上,活性迅速下降。

6.1.7.2 流行病学

本病为自然疫源性传染病。猪感染JEV后出现病毒血症的时间较长,血液中的病毒滴度较高,对乙脑的传播起重要作用。猪的饲养数量大、更新快,容易通过"猪—蚊—猪"的循环,扩大病毒的传播,所以猪是本病毒的主要增殖宿主和传染源。

本病主要通过带毒的蚊虫叮咬传播,已知库蚊、伊蚊、按蚊属中的很多蚊种以及库蠓等均能传播本病。其中三带喙库蚊(*Culex triaeniorhynchus*)为本病的主要媒介,病毒在三带喙库蚊体内可迅速扩增。三带喙库蚊的地理分布与本病的流行区相一致,它的活动季节也与本病的流行期明显吻合。三带喙库蚊是优势蚊种之一,病毒能在蚊体内繁殖和越冬,且可经卵传至后代,带毒越冬蚊能成为翌年感染人畜的传染源。因此,蚊不仅是传播媒介,也是病毒的贮存宿主。某些带毒的野鸟在传播本病方面的作用亦不应忽视。

猪不分品种和性别均易感,发病年龄多与性成熟期相吻合。本病在猪群中的流行特征是感染率高,发病率低,绝大多数在病愈后不再复发。

在热带地区,本病全年均可发生。在亚热带和温带地区本病有明显的季节性,主要在7—9月流行,这与蚊虫的活动有密切关系。我国华南地区的流行高峰在6—7月,华北地区为7—8月,而东北地区则为8—9月。气温和雨量与本病的流行也有密切关系,夏季连续阴雨后易发生本病流行。在自然条件下,每4～5年流行一次。

6.1.7.3 防控技术

1.诊断

(1)临床综合诊断　本病有严格的季节性,散发,仔猪有明显的脑炎症状,怀孕母猪发生流产,公猪发生睾丸炎。病猪取扁桃体、淋巴结、大脑皮质、丘脑和海马角进行组织学检查,发现非化脓性脑炎等,可作为诊断的依据。

(2)病毒分离与鉴定　在本病流行初期,采取病猪发热期血液,立即进行1～5日龄乳鼠脑内接种或SPF鸡胚卵黄囊接种,分离病毒。获得病毒后可用中和试验、血凝抑制试验、间接免疫荧光试验、RT-PCR和基因测序等鉴定。

病毒在感染动物血液内存留时间很短,可在扁桃体中存活较长时间,入侵中枢神经系统后可大量增殖。动物感染本病毒后,均产生补体结合抗体、中和抗体和血凝抑制抗体。流行地区的吸血昆虫,特别是库蚊体内常能分离出病毒。

小鼠是最常用来分离和繁殖本病毒的实验动物。各种年龄的小鼠都有易感性,以1～3日龄的乳鼠最易感。小鼠脑内接种后3～5 d发病，表现离巢，被毛无光泽，并于发病后1～2 d内死亡。根据感染途径的不同，JEV的毒力可以分为脑内毒力（神经毒力）和皮下毒力（神经侵袭毒力）。JEV分离株的毒力差异大多表现为皮下毒力的差异，脑内毒力差异不显著。根据不同JEV毒株对成年鼠皮下致病力的不同，可以将JEV分为强毒株和弱毒株。

（3）血清学诊断　酶联免疫吸附试验、血凝抑制试验、中和试验和间接免疫荧光试验是本病常用的血清学诊断方法。机体感染本病毒后3～4 d即可产生特异性IgM抗体，2周达高峰，因此确定单份血清中的IgM抗体，可以达到早期诊断的目的。由于本病毒抗体在发病的初期效价较低，且隐性感染或免疫接种过的人、畜血清中都可出现抗体，因此均以双份血清抗体效价升高4倍以上作为诊断标准。血清学方法多用于回顾性诊断或流行病学调查。

（4）鉴别诊断　猪乙型脑炎的诊断应注意与布鲁氏菌病、猪繁殖与呼吸综合征、猪伪狂犬病、猪细小病毒病等相区别。

2. 防控

预防猪流行性乙型脑炎，应从控制传播媒介和易感畜群免疫接种这两个方面采取措施。

控制传播媒介以灭蚊防蚊为主，尤其是三带喙库蚊。应根据其生活规律和自然条件，采取有效措施。对猪舍和周围环境定期进行喷药灭蚊。重要易感动物（如种公猪）畜舍必要时应加防蚊设施。

为了提高易感猪群的免疫力，可接种猪乙脑疫苗。目前商品化猪流行性乙型脑炎减毒活疫苗种毒为JEV SA14-14-2株。疫苗使用注意事项：一是易感动物一定要在当地蚊蝇出现季节前的1～2个月接种疫苗。二是母猪一般在配种之前免疫接种乙脑疫苗。为防止母源抗体的干扰，后备种猪一般在5月龄以上接种。一般注射一次即可，两次免疫效果更佳。应重点管理好没有经过夏秋季节的幼龄动物和从非疫区引进的动物。这类动物大多没有感染过乙脑病毒，一旦感染则容易产生病毒血症，成为传染源。

本病没有特效治疗药，猪发病后，采取对症治疗，减少死亡。对于病猪（成年种猪）可采用复方氨基比林注射液10 mL＋先锋霉素3～4 g＋地塞米松注射液4 mL混合肌肉注射，每天1次，连用3～5 d。出现脑水肿的，应配合脱水药物治疗，可用20%甘露醇（1～1.5 g/kg），静脉滴注，必要时4～6 h重复使用。睾丸肿大公猪需要抗菌消炎，预防继发感染。

发病猪处置：乙脑发病公猪经治疗多数康复，可继续作为种用；部分病程较长公猪可发生睾丸萎缩、失去种用功能，需淘汰处理。母猪感染乙脑发病流产的死胎和木乃伊带毒，需做无害化处理；母猪发生乙脑很少导致死亡，经适当治疗后康复，通常不会影响下一胎配种。

6.1.7.4　防控成果及展望

我国在猪乙型脑炎防控技术上进步显著。研发了检测猪乙型脑炎病毒抗体的乳胶凝集试剂盒、间接ELISA试剂盒，检测日本脑炎病毒的RT-PCR试剂盒与定量RT-PCR试剂盒；建立了检测组织中病毒抗原的间接免疫荧光方法，快速检测病毒的免疫胶体金试纸条方法、环介导等温扩增（LAMP）方法，检测多种感染动物血清中JEV抗体的抗原捕获ELISA方法等（王晓磊 等，2015；Li et al.，2012）。研制的猪乙型脑炎弱毒活疫苗（SA14-14-2株）保护效果确实、安全性好，广泛推广应用（滕蔓 等，2015）；灭活疫苗和乙型脑炎病毒样颗粒亚单位疫苗的研制进展顺利（Hua et al.，2014；赵鹏 等，2017）。基于防蚊灭蚊、疫苗接种和检测监控的猪乙型脑炎综合防控技术得到广泛的示范与推广。在该病的基础研究方面，揭示了我国不同生态地区的病原流行病学特征（Liu et al.，2013；Yuan et al.，2016）；揭示JEV野毒感染早期检测标志分子 NS1′蛋白(Wang et al. ,2015);发现JEV在感染猪的外周组织器官,尤其是扁桃体中可较长时间检测到;发现公猪免疫接种疫苗并不能完全保护不发病,但可显著缩短病程和组织损伤程度;发现了多个可有效干扰日本脑炎病毒感染的 shRNA(小发夹 RNA)作用靶点(Shen et al., 2014);获得了针对病毒不同结构蛋白和非结构蛋白的单克隆抗体,进一步揭示了病毒中和抗原表位(郑胜 等,2014,倪慧 等,2016;Deng et al., 2014);发现了日本脑炎病毒感染引发中枢神经系统炎症风暴的关键分子机制(Duan et al., 2015;Zhu et al., 2015; Ye et al., 2016);揭示了JEV感染蚊媒的二级受体机制(Liu et al., 2013)。以结构为基础的研究发现了靶向乙型脑炎病毒 NS3 解旋酶的两种抗病毒抑制剂(Fang et al. ,2016)。

近10年来,猪乙型脑炎在我国已得到有效防控,疫病的流行逐步减弱。通过蚊媒活跃季节前种猪群免疫接种疫苗,可有效预防乙型脑炎病毒感染引起的母猪流产,减轻公猪的临床发病严重程度,缩短病程时间。猪场的生态防蚊灭蚊措施的采取可有效减少该病的发生。一些大型规模化猪场建立了种猪群的全封闭空气过滤饲养系统,也对猪乙型脑炎的防控起到很好的作用。

日本脑炎病毒在自然界可感染蚊子、多种动物和人类,病原生态学较为复杂,在我国根除消灭该病较为困难,但可防可控。虽然到目前日本脑炎病毒只有一个血清型,我国主要流行基因Ⅰ型和Ⅲ型的病毒,预防该病的疫苗毒株为基因Ⅲ型,但病毒的基因型不断进化,基因Ⅲ型疫苗对基因Ⅰ型和其他基因型流行毒株的保护效果需要不断的监测和评估。此外,近期的研究发现日本脑炎病毒也可通过水平传播,对该病的防治提出新的挑战。该病的防控还需要持续的流行病学监测和进一步系统深入的研究。

6.1.8 猪细小病毒病的防控

猪细小病毒是导致初产母猪出现繁殖障碍性疾病的重要病原体之一(Molitor, 1983)。猪细小病毒病的主要特征是引起母猪流产、死胎、木乃伊胎以及新生仔猪的死亡。受感染的母猪本身常不表现明显的临床症状(Jiang et al., 2010; Ren et al., 2013),个别母猪表现体温升高、后躯瘫痪或关节肿大。感染仔猪常出现生长受阻,偶有皮炎、非化脓性心肌炎和消瘦性综合征(Krakowka et al., 2000; Mengeling et al., 2003)。

6.1.8.1 病原学

猪细小病毒(porcine parvovirus, PPV)属于细小病毒科细小病毒属。猪细小病毒是自主性病毒,复制过程不需要辅助病毒的帮助。分离株基因序列分析显示猪细小病毒的主动进化特性,依据其衣壳蛋白(VP1)基因序列排序和种系发育分析,以特异的核苷酸和氨基酸变异为特征,最近几年的分离株可归为一个新的病毒群。

在不同的病毒血清学试验中,例如病毒中和反应和血清凝集抑制试验,猪细小病毒只有一个血清型,并且所有的隔离群表现出高滴度交叉反应。针对新出现的病毒群,Zeeuw 于 2007 年通过血清抑制"典型"猪细小病毒的试验验证了新病毒交叉中和反应的差异。然而,新病毒是新的抗原类型还是新的基因型,仍然需要深入研究。

6.1.8.2 流行病学

猪细小病毒病在全球大部分地区呈地方流行(Mengeling et al., 2000; Zhang et al., 2010)。本病感染率很高,既可水平传播,又可通过血液感染胎儿(垂直传播)。消化道、呼吸道、胎盘感染及交配是常见的感染途径。虽然只有妊娠母猪表现出繁殖障碍的临床症状，但此病毒可在易感猪体内迅速增殖。病毒随着急性感染猪的粪便及分泌物排出，具有较高的稳定性，在环境中能保持数月的传染能力，当达到一定量后不易在环境中失活，成为持续性感染源，所以容易形成流行。

在群体中该病毒能经衣物、靴子或者养殖设备等污染媒介传播，啮齿动物也可将病毒引入猪群。该病毒存在于自然感染的公猪精液中，可以通过公猪精液传播。

2009 年 Jóźwik 证实细小病毒异源毒株可以在免疫接种细小病毒疫苗的猪体内增殖、主动排毒，因此该病毒在猪群内的循环不能仅仅依靠免疫接种达到绝对控制的目的。

6.1.8.3　防控技术

猪细小病毒在猪群流行很普遍，而且在环境中有很高的稳定性，导致很难建立和维持无猪细小病毒感染的育种猪。商品猪群更实际的目标是维持对猪细小病毒的免疫力。以往饲养者在母猪第一次生产之前通过各种方式感染猪细小病毒而达到免疫的目的，例如有意使母猪接触被病毒污染的组织，但这种方法既不可靠而且危险，因为这会导致猪群中猪瘟病毒等其他病原体的传播。因此，饲养者更应该借助于繁殖母猪的常规接种免疫。

目前针对猪细小病毒的疫苗主要有灭活苗、弱毒苗、亚单位苗及基因工程新型疫苗四种。大多数商业化灭活疫苗是以组织培养的化学纯方式（福尔马林、β-丙内酯、乙烯酰胺），或者采用油和铝胶为佐剂制成；这些疫苗诱导的抗体滴度能防止疾病的发生（Jóźwik et al.，2009）。疫苗接种后 4～13 个月仍可检出抗体（Vannier et al.，1986），保护效果可以持续 4 个月以上。因此，以 4～6 个月的间隔对母猪进行免疫，是维持猪群保护性抗体的必要步骤。一般情况下，在母猪配种前 2 个月初次免疫，配种前 1 个月再加强免疫。我国于 1987 年首次研制成功猪细小病毒灭活疫苗（潘雪珠 等，1987），以氢氧化铝和油水乳剂为佐剂，免疫保护效果良好。当前国内使用的猪细小病毒疫苗主要是灭活疫苗；为了简化免疫程序、降低临床应激反应，猪细小病毒灭活疫苗广泛使用联苗，例如猪细小病毒-猪伪狂犬病毒、猪细小病毒-乙脑病毒等。

弱毒疫苗也有了较好的发展，因为接种的是致弱活病毒，此类疫苗可诱导更长久持续的免疫应答，且几乎所有情况下通过胎盘的病毒传播都被阻止了（Zeeuw et al.，2007；Jóźwik et al.，2009）。母猪在妊娠期接种弱毒疫苗，一般也不会造成母猪繁殖障碍的严重后果。20 世纪 80 年代的疫苗毒株主要是 NADL-2 型（Paul et al.，1980，1984），该疫苗经口鼻接种后不能通过胎盘感染胎儿，而经子宫接种则造成胎儿死亡，因此仅限于非怀孕母猪使用。90 年代至今，相继又采用 HT 株、HT-SK-C 株和 N 株作为疫苗毒，病毒血症和疫苗保护率等都较理想。但是，由于猪细小病毒在猪群的高感染率，弱毒疫苗存在与野毒基因重组和毒力返强的隐患，因此应用受到一定限制。猪细小病毒弱毒疫苗主要在国外使用，我国应用较少。

基因工程活载体疫苗与弱毒疫苗相似，能诱导强而持久的免疫反应，实现了一针防多病的目的，但生产技术复杂、成本高，目前仍多处于实验室研究阶段。例如，将猪细小病毒 VP2 基因插入猪伪狂犬病毒，构建重组伪狂犬病毒 TK-/gG-/VP2＋株的二价基因工程疫苗，获得了较好的免疫保护效果（吕建强 等，2004）。

亚单位疫苗由病毒粒子的组成成分制成，能够提供程度不等的免疫保护。该类疫苗的免疫原亚单位大多数基于病毒的 VP2 蛋白，可以由多种高效表达体系进行表达，例如杆状病毒表达系统（Antonis et al.，2006）。

除了采取免疫接种等预防措施外，猪场的清洁净化等生物安全措施同样重要。发生疫情的猪场,应及时处理感染猪的排泄物和分泌物、污染的器具及场所。由于猪细小病毒对理化物质具有很强的抵抗力,猪场应选择消毒效果理想的消毒剂进行环境处理。同时,仔猪的母源抗体可持续20周以上,将断奶仔猪移至无污染的场所,可以培育猪细小病毒血清学阴性猪群,便于猪场的净化。

6.1.8.4 防控成果及展望

我国在1982年首次分离到PPV,20世纪80年代到90年代中期,国内猪群PPV感染率极高,普遍在60%以上,个别省份甚至达到87.50%,对养猪业的发展造成极大的威胁。随着PPV疫苗的投入使用,PPV疫情得到了有效的控制,自90年代中期开始,猪群的发病率显著下降。近年来,随着高致病性PRRSV以及PCV2的出现,二者逐渐被视为引起大范围母猪繁殖障碍和仔猪死亡的主要原因,而对PPV感染的危害性估计不足,相关调查发现,PPV和PRRSV、PCV2混合感染的现象非常普遍,仍然是引起繁殖障碍的重要原因,因此,对该病的防控不容松懈。

6.2 猪细菌性传染病的防控

6.2.1 猪传染性胸膜肺炎的防控

猪传染性胸膜肺炎(porcine contagious pleuropneumoniae, PCP)是由胸膜肺炎放线杆菌(*Actinobacillus pleuropneumoniae*, APP)引起的一种接触性传染病。以急性出血性纤维素性胸膜肺炎和慢性纤维素性坏死性胸膜肺炎为特征,急性型呈现高发病率、高死亡率。近年来本病的流行呈上升趋势,在全世界范围均有广泛分布,是影响世界各国养猪业的三大呼吸道疾病之一。猪传染性胸膜肺炎病理变化主要分为四种类型(Shope,1964):最急性型、急性型、亚急性型、慢性型。最急性型:支气管与气管剖检可见泡沫状红色液体,肺泡与间质水肿,肺脏表面覆有纤维素。急性死亡型:肺脏可见实质性出血区或坏死区,支气管和气管有红色泡沫样分泌物,肺脏表面对称性呈暗红色,肺脏切面似肝脏,肺间质出现红色胶冻样液体。亚急性型:主要表现为胸腔内有纤维素性渗出物;肝脏淤血呈暗红色,在气管和肺脏有不规则的纤维素性渗出或出血,多呈两侧性。慢性型:肺脏病变常呈局限性,常表现为黄色纤维素性渗出并与胸膜粘连;肺脏浆膜和胸壁不均匀性增厚,部分或大部分粘连,形成大小不一的结缔组织病灶;镜检可见肺间质有纤维素渗出物。

6.2.1.1 病原学

胸膜肺炎放线杆菌常呈球杆状,有时呈线状或多形性,革兰氏染色呈阴性。有荚膜或不完全荚膜,有鞭毛和菌毛,不形成芽孢,根据宿主、温度和寄生部位具有不同的运动性。胸膜肺炎放线杆菌通常寄生于扁桃体和上呼吸道,经飞沫或气雾在短距离内传播。病原菌在体外环境一般只能存活几天,对一般化学消毒剂(新洁尔灭、84消毒液等)以及外界环境压力抵抗力较低,能够在短时间内被杀灭。对链霉素、诺氟沙星、青霉素等抗生素严重耐药。

目前为止,依据其荚膜多糖和脂多糖的抗原属性以及对NAD的依赖性将胸膜肺炎放线杆菌分为 16 个血清型和 2 个生物型(Bossé et al.，2018)。

6.2.1.2　流行病学

猪传染性胸膜肺炎流行广泛。所有品种、年龄和性别的猪均易感，但 2～5 月龄育肥猪发病率最高，成年猪多为隐性经过。气温较低的冬季和早春晚秋季节易诱发此病，发病率多在 20%以上，由于各猪场免疫情况的不同，死亡率也存在较大变化，一般为 6%～20%。病猪和无症状无病变的隐性带菌猪为 APP 的主要传染源。健康猪吸入带菌猪排出的小液滴(鼻液、痰液、飞沫等)容易引发感染。有时甚至出现从一个猪栏跳跃到另一个猪栏感染的情况，说明 APP 可通过较远距离的气溶胶或往来人员、车辆进行传播。随着养猪业的发展与进步，人们对猪传染病的免疫与预防越来越重视。急性传染性胸膜肺炎在猪场暴发的情况并不常见，但由于 APP 具有隐性感染的特点，所以当猪群免疫水平下降时(养殖密度过高、营养条件不足、继发感染等)，就给传染性胸膜肺炎的暴发提供了条件。据近年来报道，只有 30%猪传染性胸膜肺炎单独发病的病例，70%的病例常与副猪嗜血杆菌、巴氏杆菌、链球菌及猪肺炎支原体等混合感染，引发严重的呼吸道疾病，且死亡率明显上升，造成较大的经济损失。

6.2.1.3　防控技术

1. 诊断技术

本病以猪呼吸困难为主要临床症状，根据临床症状确定疑似病例，传统方法一般再通过病原分离进行进一步鉴定。杨旭夫研制的培养基、建立的病原分离鉴定及分型方法以及在全国病原区分布研究等内容获得 1996 年中国农业科学院国家科技进步一等奖，并得到大规模的推广应用。

常用的分子生物学方法一般是使用特异性的引物或者是探针与病原菌的核酸结合从而完成对病原菌的检测。目前国内外的研究者已经针对 APP 不同的特异性基因建立了许多分子生物学检测方法，有聚合酶链反应(PCR)方法、半套式 PCR 方法、套式 PCR 方法、核酸探针杂交方法等(马晓平，2005；陈建华 等，2006；杨利 等，2009；李树清 等，2005)。

血清学试验主要是应用于菌株分型和筛选试验。近年来我国已经建立了多种血清学方法用于猪传染性胸膜肺炎放线杆菌的检测。具体方法如下：

间接血凝试验(IHA)：逯忠新等(1999)等使用间接血凝试验来检测猪传染性胸膜肺炎病猪血清抗体。该检测方法敏感、特异，可用于早期诊断。

补体结合试验 (CFT)：使用改良补体结合试验检测阳性血清。CFT 的特异性比间接血凝试验(IHA)高，能够将副溶血性嗜血杆菌与 APP 区别开，但其敏感性较差，而且操作烦琐，只能在实验室进行。

乳胶凝集试验 (LAT)：初步建立了检测猪胸膜肺炎放线杆菌分泌毒素(Apx)Ⅳ抗体的乳胶凝集方法，为猪传染性胸膜肺炎的快速诊断提供了技术支撑(郝成武 等，2012)。

补反试验 (CF)：分别制备盐水全细胞抗原、酚水抗原、超声波处理抗原、荚膜抗原用于改良补反试验(朱士盛，1990)，结果以盐水全细胞抗原方法简便、效价高、重复性好，多价抗原比单价抗原灵敏度高一个滴度，已经用于海岸检疫。

酶联免疫吸附试验(ELISA)：王淑敏等(2003)建立了酶标葡萄球菌 A 蛋白(PPA)酶联免疫吸附测定法(PPA-ELISA)，应用范围广，灵敏性高，特异性强。上海动植物检疫局周以凤建立的阻断 ELISA 已经用于口岸动物检疫(陈小玲 等，2001)。近年来，河南科技学院、河南省农业科学院畜牧兽医研究所、重庆出入境检验检疫局检验检疫技术中心、贵州省畜牧兽医研究所等各自研发的猪传染性胸膜肺炎放线杆菌ELISA检测试剂盒，均在生产实践中得到了较好的应用。

2. 防疫技术

防控该病在猪场的发生首先需要做好猪场的管理。强化猪场生物安全，重视引种检疫，杜绝传染源；发病猪群应做好控制，及时发现并诊断隔离淘汰病猪，防止散播病原；加强饲养管理，保持合理密度，严格执行卫生消毒措施；加强猪场饲养人员的规范管理，禁止闲杂人员走动。

合理科学的免疫程序以及药物预防可以有效控制本病。近十年来，我国主要研究的疫苗包括灭活疫苗、亚单位疫苗（刘建杰 等，2005），在防控PCP感染中发挥了重要作用。此外，PCP重组核酸疫苗、核酸疫苗、基因缺失疫苗及菌影疫苗等新型基因工程疫苗的研究也取得了突破性进展。值得注意的是，猪瘟、副猪嗜血杆菌、蓝耳病、支原体肺炎等疾病也要严格预防，使猪群对APP的易感性降低。

（1）灭活疫苗　杨旭夫（1998）用APP 7型菌株研制出以矿物油为佐剂的油包水型福尔马林灭活疫苗，用于针对性预防国内多发的血清型引起的猪胸膜肺炎，此疫苗安全可靠，免疫效果明显。逯忠新等（2002a，2002b）采用国内多发的APP 1、3、7血清型强毒株作为制苗菌株，制成油佐剂三价灭活苗，对上述3种血清型强毒株的保护率高，安全性良好。王迪（2015）采用山东多发的APP 1、5、7血清型菌株研制油佐剂三价灭活苗，对这三种血清型强毒株保护率可达90%～100%，安全性好。尽管灭活苗在国内运用得非常广泛，但它有许多缺点：如需多次免疫且保护效果非常有限；由于APP血清型众多，灭活苗仅能给免疫猪提供针对同一血清型菌株感染的抵抗力，甚至同型间有时也不能提供完全的交叉保护等。这些缺点给免疫预防该病带来了极大困难。

（2）亚单位疫苗　刘建杰等（2005）等利用ApxⅠ、ApxⅡ、ApxⅢ外毒素的重组表达产物和APP 7型菌研制了一种基因工程亚单位菌苗，对于PCP有显著的保护力，效果优于商品化的细菌灭活苗。邵美丽等（2006）体外重组表达了APP的6种主要毒力因子，组合免疫组可对小鼠产生高效的交叉保护力。杨利（2009）将APP在体内表达的两种蛋白ApxⅣA和TbpB（运铁蛋白结合蛋白B）与APP 1型灭活疫苗联合免疫小鼠后，能获得比灭活疫苗单独免疫时更高的保护力，而单一成分的亚单位疫苗只能提供部分保护，且亚单位疫苗需要多次免疫才能产生良好的保护。亚单位疫苗需要通过物理和化学方法进行提取，因此制备成本高，不利于大规模制备。

（3）基因工程疫苗　主要有重组核酸疫苗、基因缺失疫苗和菌影疫苗等。

重组核酸疫苗：王春来等（2001）体外重组表达了APP的5种主要毒力因子rApxⅠ、rApxⅡ、rApxⅢ、rApxⅣ和rOMP（OMP：外膜蛋白）重组蛋白，结果表明rApxⅣ能够产生很强的保护效果。贝为成等（2005）初步探索了APP毒素apxⅡA核酸疫苗，免疫小鼠后抗体滴度达1∶128以上。陈弟诗（2007）构建的双启动子表达质粒pEPR-apxⅡA，用1×TSS（转化储存溶液）法转化猪霍乱沙门氏菌C500株，得到工程菌C500/pEPR-apxⅡA，具有良好的免疫保护力。

基因缺失疫苗：Xu等(2006)构建了缺失apxⅠA基因的突变株D13039C⁻Ch1ʳ，该突变株对猪具有良好的交叉保护率。严克霞等(2006)体外表达APP的ApxⅡ的结构基因apxⅡA，其复性的重组毒素Ⅱ具有良好的免疫原性。林荔雯(2007)构建的SLW03(ΔapxⅠC/ΔapxⅡC)缺失株对APP 1、7型感染小鼠的保护率极高，安全性良好，可作为候选基因缺失株弱毒疫苗。Liu等(2007)初步探索了APP双基因突变弱毒株ΔapxⅡCΔapxⅣA，该突变株保护效率高，有望发展为不同血清型APP的标记性活疫苗。杜爱庆等(2008)探究了ApxⅠA、ApxⅡA、ApxⅢA、ApxⅣA融合表达的亚单位疫苗，免疫保护效果很好。谢文浩(2011)等构建了APP血清7型基因缺失株apxⅡC-/kan＋、apxⅡC-/ⅠN＋和APP血清5型的基因缺失株SW1ΔⅠC，这三株APP基因缺失株对同源血清型和异源血清型菌均有保护效力。

菌影疫苗：常月红(2008)将PhiX174的裂解基因E与启动阻遏系统λ PL/PR-cI857串联成为温度敏感的裂解盒，并将其插入APP-*E. coli*穿梭载体pGZRS-18中，制备出APP菌影，在动物体内产生较好的免疫应答。孙颖(2011)添加了金黄色葡萄球菌的核酸酶A基因(SN基因)裂解基因，并将E和SN基因与温控启动子串联后导入穿梭载体pMC-Express中，制备出带有温控启动子和双裂解基因的APP菌影。免疫原性比灭活疫苗更佳，可以诱导产生较好的免疫保护效果。徐良(2013)制备了胸膜肺炎杆菌菌影装载pCDNA-ompH基因的二联疫苗，免疫效果优于单一疫苗。

3. 治疗方法

对感染本病的猪场制定药物防治计划，逐步建立健康猪群。在混群、疫苗注射或长途运输前1～2 d，应投喂敏感的抗菌药物，如在饲料中添加适量的泰妙菌素、泰乐菌素、新霉素、林肯霉素和壮观霉素等抗生素，进行药物预防，可控制猪群发病。治疗时可以先做药敏试验，选择敏感药物治疗。

针对发病较轻的，尚有采食能力的个别病猪，进行混饲或者饮水给药；严重病例要联合给药治疗，将药品分别进行肌肉注射，有饮欲后，要在饮用水中添加适量的多维和板蓝根注射液。如果有混合感染的可能、高热不退或者低温不食和循环障碍严重的情况，必须在进行上述治疗的同时，对症加用黄芪多糖以及金蟾克喘素，可以对病情进行更好的控制。(王世雄 等，2017；王伟，2008)。

6.2.1.4　防控成果及展望

1. 疾病控制成果

我国猪传染性胸膜肺炎放线杆菌的初次检出在20世纪80年代后期，在90年代开始在全国各地的猪场暴发本病。东北地区以及华东地区阳性率为20%以上，最急性死亡率在80%～100%左右。在采用Apn疫苗后，死亡率降到了2%以下(陈小玲 等，2001)。到2010年，猪传染性胸膜肺炎在我国已经是散发，采用与流行病株血清型一样的疫苗就能保证免疫效果。总的来说，由于养猪业朝着集约化规模化不断发展，但国内对此病的认识和研究尚不足，所以APP感染率远高于20%。近年来由于针对性免疫预防的重视，单独的APP感染并暴发的案例并不常见，而呈现为其他生物或环境因素的诱导致使其发病的情况，说明该病已得到较好的控制。

2. 展望

目前来看，我国的猪传染性胸膜肺炎已经得到了较好的控制，疾病机理研究、生物制剂开发也取得了长足的进步。但目前该病的病原菌对链霉素、诺氟沙星、青霉素等抗生素已呈现高度的耐药,后续开发研究中,应当从非抗生素类药物治疗手段出发,研制治疗该病新的特效药。

目前猪传染性胸膜肺炎的基因工程疫苗由于安全性等问题的存在,仍处在实验室研究阶段,但基因工程疫苗具有良好的交叉保护性、较高的保护率并显著降低了感染带来的损伤,同时能不同程度抵抗病原在肺组织的定植。相信随着研究的进一步开展,安全、高效、廉价的新型疫苗将成为疾病防控的更有效的手段。

6.2.2 副猪嗜血杆菌病的防控

副猪嗜血杆菌病(haemophilosis parasuis, HPS)是由副猪嗜血杆菌(*Haemophilus parasuis*, Hps)引起的猪的一种接触性传染病。该病最早于1906年由德国学者Glasser发现,故又称"革拉泽氏病"(Glasser's disease)。该病在临床上以关节肿胀、疼痛、跛行、呼吸困难,以及胸膜、心包、腹膜、脑膜和四肢关节发生纤维素性炎症为特征,严重威胁断奶仔猪,是当前猪的重要细菌性传染病之一。

6.2.2.1 病原学

副猪嗜血杆菌属于巴氏杆菌科嗜血杆菌属中的成员。该菌为革兰氏阴性短小杆菌,呈多形性,如球杆状、细长乃至丝状。该菌无鞭毛、芽孢,通常有荚膜,但体外培养时荚膜生长易受影响。该菌有两极染色的特性,用亚甲基蓝染色时呈两极浓染。

副猪嗜血杆菌对于营养物质需求较高,其生长依赖烟酰胺腺嘌呤二核苷酸(nicotinamide adenine dinucleotide, NAD)(或称为V因子),故常用巧克力平板来分离细菌,在37℃、5% CO_2的条件下进行培养。该菌在金黄色葡萄球菌周围生长旺盛,称为"卫星现象"。

利用传统的血清学方法可将副猪嗜血杆菌分为15个血清型,但仍然有一部分临床分离菌株不能用传统血清学方法进行分类定型,表明可能还存在其他血清型。血清1、4、5、10、12、13和14型都可导致革拉泽氏病,血清2型、15型为弱毒力,血清3、6、7、8、9和11型则无毒力。从世界范围看,血清4型、5型、13型最为流行,日本、德国、美国等以血清4和5型最为常见。血清4型、5型、12型和13型是我国的优势血清型(王建 等,2014;佟铁铸 等,2017)。

Hps对外界环境的抵抗力不强,干燥环境可使其死亡,一般在60℃ 5~20 min内死亡,常用的消毒药物也可将其杀死,4℃下可存活7~10 d。

6.2.2.2 流行病学

Hps通常只感染猪,可以影响2周龄到4月龄的青年猪,主要在断奶后和保育阶段发病,常见于5~8周龄的猪,发病率一般在10%~15%,严重时病死率可达50%。Hps是猪上呼吸道中的一种共栖菌,常可在鼻腔、扁桃体和气管前段分离到而不见任何临床症状。当环境发生变化(如转群、断奶、混群、饲料的突然改变或通风不良)时或存在引起免疫抑制的因素时,会导致该病发生。

尹秀凤等(2007)于2003年11月至2005年4月采用细菌分离鉴定、结合PCR方法,对江苏、上海、安徽等省、直辖市送检的159个患病猪场的仔猪肺脏进行了副猪嗜血杆菌检测,结果阳性猪场为76个,阳性率为48%。佟铁铸等(2017)采用细菌分离鉴定和PCR方法对广东省79家规模化猪场的227头疑似关节炎、多发性浆膜炎的发病猪进行了检测,结果显示副猪嗜血杆菌阳性率达22.74%。以上研究表明副猪嗜血杆菌病已在我国不同地区广泛流行。

6.2.2.3　防控技术

1. 实验室诊断

(1)细菌分离鉴定　根据该病的临诊症状和剖检病变可做出初步判断,但细菌分离培养对确诊是非常必要的。分离细菌时所采病料应当来自发病急性期且没有使用任何抗生素的病猪,于无菌操作条件下采集病猪的肺脏、心包积液、关节液、淋巴结等,通常接种于含 NAD 的巧克力琼脂平板。在含血清和 NAD 的胰酪大豆胨琼脂(TSA)培养基培养 48 h 后,可以观察到针尖大小、圆形、光滑湿润、无色透明、边缘整齐的菌落。革兰氏染色后显微镜下观察,为革兰氏阴性细小杆菌。在无菌操作条件下,挑取上述可疑菌落,水平划线接种于无 NAD 的绵羊鲜血平板上,再挑取金黄色葡萄球菌垂直于水平线划线,37℃培养 24～48 h,观察其在葡萄球菌周围生长情况,应出现"卫星现象"且无溶血。我国各地已经分离到多株副猪嗜血杆菌。

(2)血清学诊断　副猪嗜血杆菌病的血清学诊断方法主要有间接血凝试验 (IHA)及酶联免疫吸附试验(ELISA)。

间接血凝试验 (IHA)是将可溶性抗原吸附于一种与免疫无关且有一定大小的不溶性颗粒的表面,在有电解质存在的适宜条件下,与相应的抗体发生特异性凝集。陶海静等(2006)、叶青华等(2017)和魏子贡等(2006)分别制备了 IHA 诊断液、凝集抗原或建立了 IHA 试验,用于检测血清中的抗副猪嗜血杆菌抗体。该法操作简便、特异性强,不与其他动物传染病阳性血清发生交叉凝集,可用于副猪嗜血杆菌感染诊断及免疫抗体监测。

ELISA 方法是目前实验室诊断中常用的方法,具有灵敏度高、稳定、操作简便等优点。王艳等(2006)、李鹏等(2011)分别建立了间接 ELISA 方法,用于检测副猪嗜血杆菌抗体,与进口试剂盒 Synbiocitis-ELISA 相比,阳性符合率超过 90%。宋帅等(2016)建立了检测副猪嗜血杆菌病原的夹心 ELISA 方法,该方法的特异性试验结果显示可检测出 15 个血清型的副猪嗜血杆菌病原,而其他病原菌的检测结果均为阴性;敏感性试验结果显示该方法能够检测出副猪嗜血杆菌的最低菌落浓度为 1×10^6 cfu(菌落形成单位)/mL。

(3)分子生物学检测　分子生物学方法以其高灵敏性、特异性的优势,非常适合动物传染病的快速检测或诊断。林雪玲等(2006)建立了 HPS PCR 检测方法,特异性与敏感性高、适用性强,可应用于临床 Hps 感染的诊断和检测。范锦戴等(2015)建立了副猪嗜血杆菌的纳米 PCR 检测技术,该技术的敏感性比普通 PCR 高 10 倍,特异性强,对大肠杆菌、肠炎沙门菌、金黄色葡萄球菌及猪链球菌 2 型等猪源细菌 DNA 扩增结果均为阴性,可为副猪嗜血杆菌病的防控和检验检疫提供技术支撑。于江等(2010)建立了基于 SYBR GreenⅠ荧光定量 PCR 检测 HPS 的技术。结果表明,该方法对 HPS 具有良好的特异性,不与其他猪源细菌发生交叉反应,敏感性比常规 PCR 高 100 倍,而且稳定性好,批间与批内重复试验变异系数均小于2.5%。李富祥等(2013)建立了副猪嗜血杆菌 TaqMan 实时荧光定量 PCR 检测方法,该方法与猪肺炎支原体、巴氏杆菌等其他 10 种细菌以及猪瘟病毒、猪繁殖与呼吸综合征病毒的核酸无交叉反应。临床样品检测结果表明,该方法具有敏感性高、特异性好、稳定性强和快速的优点,可用于副猪嗜血杆菌感染的早期诊断和流行病学调查以及副猪嗜血杆菌的定量分析。车勇良等(2013)建立了一种可对副猪嗜血杆菌进行快速检测并可凭肉眼判定结果的可视化 LAMP 方法,该法操作简便、反应快速、敏感性强、特异性高,适合在兽医基层推广应用。

2. 治疗

生产中不同的副猪嗜血杆菌分离株对不同药物的敏感性不同,药敏试验结果为科学防治该病提供理论依据。李志炎等(2007)在实践中摸索出用头孢噻呋配合左旋氧氟沙星治疗副猪嗜血杆菌的早期病例,取得了满意的临床治疗效果。但氧氟沙星已于2015年被禁止用于食品动物。

3. 疫苗

目前抗生素治疗副猪嗜血杆菌病有一定效果,但长期使用一方面导致细菌耐药情况严重,另一方面抗生素的滥用也导致药物在动物食品中的残留。因此,疫苗免疫是控制该病的另一有效手段。灭活疫苗具有使用安全、不存在散毒的风险、保存运输比较方便等优点,因此灭活疫苗的研发和应用比较广泛。一些学者用分离株制备单价灭活疫苗、亚单位疫苗等,试验结果表明有一定的保护作用。

在商品化疫苗方面,武汉科前生物股份有限公司最先研发、上市副猪嗜血杆菌灭活苗,到目前为止由我国自主研发并获得注册的副猪嗜血杆菌灭活苗(包括联苗)有13种(附录2),这些疫苗为预防副猪嗜血杆菌病做出重要贡献。

6.2.2.4 防控成果及展望

副猪嗜血杆菌是条件致病菌,环境因素、应激及蓝耳病、猪瘟等混合感染,会加重该病的暴发。因此,加强管理,落实生物安全措施,预防其他病原的感染尤为重要。接种疫苗可以有效防控该病,但是副猪嗜血杆菌血清型众多,各个地区流行的血清型不尽相同,不同血清型之间交叉保护率低,因此,应加强流行病学监测,根据本地区流行的血清型选用相应多价苗。

6.2.3 猪链球菌病的防控

猪链球菌病是由多种致病性猪链球菌感染引起的一种人兽共患病。猪链球菌是猪的一种常见和重要细菌病原体,也是人类动物源性脑膜炎的常见病因。猪链球菌属于链球菌R群,按荚膜分类法又分35个血清型,引起典型的脑膜炎、多发性浆膜炎、多发性关节炎及败血症,主要表现为发热和严重的毒血症。部分患病猪出现休克综合征,严重病例发病急,进展快,如果诊断、治疗不及时,预后较差,病死率极高。

6.2.3.1 病原学

猪链球菌(*Streptococcus suis*, SS)属于革兰氏阳性菌,兼性厌氧,多呈双球形或短链状,在液体培养基中呈长链,无鞭毛、不运动,无两极着色现象,大多数链球菌在培养早期形成荚膜。猪链球菌病是由多种不同血清群(C、D、E、L群)链球菌引起的不同临床特征传染病的总称。我国存在的猪链球菌血清型有1~4、6~16、18、20、22~33、1/2等30种,其中1、1/2、2、7、9和14型为引发猪病的主要血清型(Wisselink et al., 2002)。

该病临床上以淋巴结脓肿、脑膜炎、关节炎以及败血症为主要特征。根据临床表现,可大致分为四种类型:急性败血型,多见于仔猪和架子猪;脑膜炎型,多见于哺乳及断奶仔猪;淋巴结脓肿型,多见于断奶仔猪和出栏育肥猪,多于颌下、颈、腹等出现鸡蛋样大小的脓肿;关节炎型,多发生于架子猪(段凤娟 等,2016)。

猪链球菌对外界环境的抵抗力不强,在50℃水中可存活2 h;在0℃的灰尘中可存活1个月,在粪便中可以存活90 d,在腐尸中可存活42 d(4℃)。猪链球菌对一般消毒剂敏感,如2%石炭酸、0.1%新洁尔灭可在3~5 min内杀灭该菌,阳光直射2 h死亡。

6.2.3.2 流行病学

本病潜伏期一般为1~3 d,可达6 d以上。发病急、快是其显著特点。任何日龄的猪都易发，以 30～69 kg 架子猪最常见，但不同年龄的猪发病率和死亡率明显不同。本病一年四季均可发生，尤其在气候潮湿炎热的夏季和秋季易发，主要集中在 5—11 月份。规模化猪场较常见，通常呈地方性流行趋势。饲养密度大，通风不良，光照不足都会加重该病发病率。

本病的主要传染源是发病猪、带菌猪，它们的分泌物和排泄物存在病菌。病猪及未经无害化处理的死猪、猪内脏及被死猪体液污染的杂物，以及被污染的饲料、饮水和运输工具等是本病传播的重要媒介。

猪链球菌能够通过损伤的皮肤黏膜、呼吸道和消化道感染，传播途径广泛。另外，带菌母猪分娩后的乳汁及阴道分泌物也含有病原菌，这是初生仔猪发生感染的直接原因之一，新生仔猪还可经过脐带感染。

6.2.3.3 防控技术

1. 诊断技术

从传统的临床症状结合病原分离诊断到现在的分子生物学及免疫学诊断，猪链球菌病的诊断方法得到了长足的发展。

传统病原分离诊断，是将濒死病猪扑杀，将其心血、肝、脾、肾及化脓关节液抹片及触片，经革兰氏染色与瑞氏染色镜检。同时将检材分别无菌接种于 10%绵羊血液琼脂平板上。可按常规方法对分离的菌株进行生长试验、耐热试验、培育试验、生化试验等（徐引弟 等，2010）。

近年来，学者运用分子生物学知识，开发了多种可以准确检测猪链球菌病的方法。聚合酶链反应（PCR）、限制性片段长度多态性分析（RFLP）、随机扩增核酸片段多态性分析（RAPD）、脉冲场凝胶电泳法（PFGE）和多位点序列分析图谱（MLST）是检测猪链球菌的有效方法（桑有刚，2017）。学者利用 MLST 方法描述猪链球菌的种群结构、血清型和 ST 型别以及特定的克隆群与致病性的关系，建立相应的数据交换平台（http://ssuis.mlst.net）。我国学者尝试了三种内切酶（*Swa* Ⅰ，*Sma* Ⅰ，*Apa* Ⅰ）开展猪链球菌的 PFGE 分型研究。分析了 101 株菌，呈现两个带型，其中 PFGE-*Sma* Ⅰ 01 型 100 株，只有 1 株呈 PFGE-*Sma* Ⅰ 02 型。

在临床应用中，国内外学者利用免疫学知识，开发出了能够便捷快速地对猪链球菌病进行诊断的试剂盒。欧瑜（2001）制备溶菌酶释放蛋白（MRP）和胞外蛋白因子（EF）高免血清，建立了 Dot-ELISA 检测方法。李明等（2005）选用马链球菌兽疫亚种（SEZ）与猪链球菌 2 型（SS2）的全菌（WAC）、超声波抗原（UA）、荚膜多糖（CPS）作为抗原，建立起检测 SEZ 和 SS2 抗体的间接 ELISA 方法。通过比较发现，检测 SS2 抗体的 3 种抗原中，CPS 阳性率最高，特异性、稳定性好。孙智远（2010）用酶标葡萄球菌 A 蛋白（PPA）代替二抗，建立 PPA-ELISA 方法，具有敏感性强、简便、快速等优点。利用酶联免疫吸附试验（ELISA），华中农业大学与武汉科前动物生物制品有限责任公司联合开发的猪链球菌 2 型 ELISA 抗体检测试剂盒，于 2012 年获批新兽药注册证书，这种去除血清中干扰试验因素的 ELISA 方法，可以用于区分猪链球菌 2 型灭活疫苗免疫猪与野毒感染猪。

2. 防疫技术

重视预防先于治疗，治疗以非抗生素为主。王建等（2011）引入危害分析和关键控制点（HACCP）理念，绘制猪场猪链球菌感染的流程图，识别猪场猪链球菌感染的风险因子及关键控制点。针对各关键控制点制定出相应的防控措施，为猪链球菌的防控提供技术思路。控制措施在上海嘉定区、浦东新区、松江区、崇明县年出栏为万头以上的猪场以及农户示范应用，并定期进行监测和验证，效果均显著。

猪场防控该病的一般手段是加强猪舍内的卫生管理，定期对猪舍及猪场清扫及消毒。其次，加强生猪饲养管理，采用科学、合理的饲养方法，提高猪只自身免疫力和抵抗力。如条件允许，在猪舍安装空调等调节设施，从而实现高效、准确的环境调节，为猪只的健康生长创造良好条件。发现疑似患病猪只，及时实施隔离，如出现死猪，需严格遵照我国相关标准规定进行无害化处理，猪舍及猪场使用百毒杀进行全面、彻底地清理和消毒，猪群的排泄物应进行堆积发酵处理。

基于猪链球菌病致病机理的深入研究，多种疫苗得到研制和应用，并取得了显著的防控效果（王欢 等，2009）。在2000年以前，我国主要以活菌疫苗为主。以ST171、L143弱毒株（马链球菌兽疫亚种）为免疫原，加入蔗糖明胶稳定剂，制成冻干活苗，免疫猪保护率可达80%～100%（范忠军 等，2007）。1977年采用疫区流行区内死亡猪分离的乙型溶血性兰氏C群猪链球菌制成铝胶灭活苗，对猪有一定的保护力。高云飞等（2001）采用ST171弱毒菌株制成猪链球菌活菌苗，免疫保护力为9/12（75%）。

在2000年后逐渐出现免疫效果更好、安全性更高的灭活苗。我国首个批准生产的猪链球菌病灭活疫苗是以猪链球菌2型HA9801株为抗原的，此疫苗用于2005年四川链球菌病的紧急防控工作。王建等（2003）筛选出毒力强、免疫原性好的ATCC35246和HA9801株，制备得到的氢氧化铝胶二价灭活疫苗具有良好的免疫保护作用。游启有等（2008）开发研制的猪链球菌病灭活疫苗（2型，HA9801株），2005—2008年在全国十多个地区使用，证明该疫苗安全性好，副作用小，免疫效果可靠。2011年猪链球菌病灭活疫苗（马链球菌兽疫亚种＋猪链球菌2型＋猪链球菌7型）获批新兽药注册证书。2013年猪链球菌病蜂胶灭活疫苗（马链球菌兽疫亚种＋猪链球菌2型）获批新兽药注册证书。2016年猪链球菌病、副猪嗜血杆菌病二联灭活疫苗（LT株＋MD0322株＋SH0165株）获批新兽药注册证书。

2010年前后，我国出现大量亚单位疫苗及基因工程苗的研发及生产。王建等（2003）用热酸法提取马链球菌兽疫亚种ATCC35246株的类M蛋白，对小鼠保护率达到100%；范红结等（2003）将马链球菌兽疫亚种类*M*基因和猪链球菌2型*mrp*基因融合表达，制备成马链球菌兽疫亚种ATCC35246株和猪链球菌2型HA9801株二联灭活苗，免疫3周后以5LD_{50}的ATCC35246和HA9801强毒株进行攻击，结果全菌二联灭活菌苗的免疫保护率达90%。

3. *治疗方法*

药物治疗在猪群发病初期使用效果较好。针对不同养猪场，根据药敏试验结果，选用高敏药物。在生产实践中发现，大多数分离菌株对氨苄西林、头孢他啶、青霉素、磺胺嘧啶、环丙沙星、恩诺沙星等药物敏感。使用抗生素时，起初应用量大些，使血药浓度尽量提升，防止因药物剂量不足而使该菌产生耐药性（王志俊 等，2015）。群体治疗时可以全群口服抗生素，每吨饲料加入200 g阿莫西林或500 g土霉素，连用7 d，以防继发感染。针对关节脓肿，待脓肿成熟后，及时切开，排除脓汁，用3%过氧化氢或0.1%高锰酸钾液冲洗后，涂以碘酊，不缝合，几天可愈。配合肌肉注射青霉素等抗生素药品，短期内尽量避免用水冲洗，以防感染（王聪 等，2016）。邢桂珍（2014）研究表明，甘草总黄酮混悬剂工艺稳定，可存放9个月，毒性低，无刺激性，对人工感染猪链球菌病的治愈率可达80%以上，治疗效果与氟苯尼考注射液相当。

6.2.3.4 防控成果及展望

1. *技术成果*

目前我国猪链球菌优势血清型为2型，但各地流行血清型有差异。

1984年8月，猪链球菌病自地处湘西、贵州交界的山区的会同县开始流行。全县有14个乡(镇)发生本病，共占全县总面积的60%。经注射猪链球菌苗后，迅速控制了本病流行，四个月后追访，未再发现本病(江勤政，1985)。

1998年以来，杜文金等(1999)用分离菌制成的脓肿型链球菌多价多联蜂胶苗及败血性链球菌多价蜂胶灭活苗，同时配合敏感抗生素给山东、河南地区部分猪场使用，体表有脓肿者局部封闭治疗，控制了本病的流行。

1998—2010年，王建(2011)通过对华东地区六省份的猪链球菌病病例回顾调查和菌株收集，引入HACCP理念，针对各关键控制点制定出相应的防控措施，在上海嘉定区、浦东新区、松江区、崇明县年出栏万头以上的猪场以及农户示范应用，效果显著。

此外，在疾病的防控过程中也产生了很多科技专利成果。

陆承平教授主持完成的"猪链球菌病研究与防控技术"荣获2007年度国家科学技术进步二等奖。该成果首次证实近年来我国部分地区发生和流行的主要病原为猪链球菌2型及马链球菌兽疫亚种，阐明了这两种细菌的部分分子致病机理；建立了斑马鱼及SPF微型猪猪链球菌2型致病与免疫的动物模型；研制了猪链球菌2型快速PCR检测试剂盒；制订了猪链球菌鉴定的3项国家标准。研制成功防控猪链球菌病的疫苗，获得农业部新兽药注册证书。在2005年四川资阳等地暴发猪链球菌病的公共卫生事件中发挥了重要作用，直接经济效益达5.4亿元。

自2000年以来，国内中药的防治、快速检测手段、血清分型鉴定及疫苗研发等方面申请的猪链球菌的相关专利共189项，其中授权95项。

2. 展望

目前猪链球菌呈现出一定程度的耐药性。Zhang等(2008)对我国从2005—2007年分离的421株猪链球菌进行耐药性分析，发现分离株耐药性严重，对四环素、磺胺异噁唑、克林霉素、红霉素的耐药率分别达到91.7%、86.7%、68.4%、67.2%。胡军勇等(2012)对全国24个省、自治区、直辖市分离的112株分离株分析发现，菌株对大环内酯类、林可胺类药物耐药率为90%以上，对多西环素耐药率在60%以上。

相信通过对猪链球菌致病机理的深入研究，对传统中药的进一步应用，能够开发获得更加有效并且健康安全的防治手段。

6.2.4　猪气喘病的防控

猪气喘病，又称猪支原体肺炎(mycoplasmal pneumonia of swine, MPS)，是由猪肺炎支原体(*Mycoplasma hyopneumoniae*, Mhp)引起的猪的一种慢性、接触性传染病。临床上以咳嗽、气喘和肺尖叶、心叶、中间叶和膈叶前缘呈肉样或虾肉样实变为特征(图6-1、图6-2)，发病率高，死亡率低。随着我国规模化养殖业突飞猛进的发展，猪病的种类越来越多，新增疫病不断增加，复杂程度不断加剧，猪肺炎支原体与猪蓝耳病病毒、猪圆环病毒2型、胸膜肺炎放线杆菌、多杀性巴氏杆菌(*Pasteurella multocida*, PM)等病毒或细菌混合感染率逐渐增加，发生常见的猪呼吸道病综合征(porcine respiratory disease complex, PRDC)(Woeste et al., 2007)。发病猪的生长速度缓慢，饲料利用率低，育肥饲养期延长。据初步统计，该病每年给我国造成的直接经济损失高达40亿元，给养猪业带来巨大的损失(汪秉纲，2002)。

图 6-1　患病猪腹式呼吸，犬坐姿势

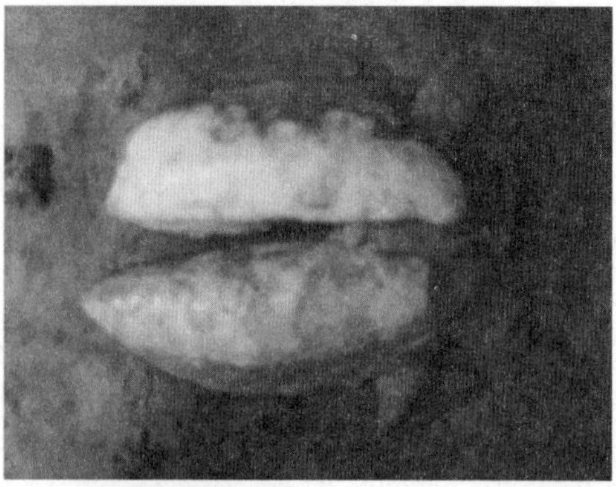

图 6-2　小叶性肺炎

6.2.4.1　病原学

从20世纪初发现猪气喘病，至今已有一百多年，各个国家的研究人员对该病进行了大量的研究，最初认为是细菌，1930年后认为该病的病原体是病毒。直至1965年Mhp由Mare等(1965)和Goodwin等(1965)首次分离获得，才确定了本病的病原体为猪肺炎支原体。我国是在1973年由上海农业科学院畜牧兽医研究所首次分离获得致病性Mhp毒株(李莹莹 等,2013)。

猪肺炎支原体属支原体目支原体科支原体属，革兰氏阴性，是一种没有细胞壁，但能自我复制的原核生物。姬姆萨或瑞氏染色呈多形性，有球状、环状、杆状、点状和两极状，大小不等。能在无细胞的人工培养基上生长，但对生长条件要求严格。分离可用含乳蛋白水解物、酵母浸出液和猪血清的液体培养基。在固体培养基上生长较慢，在含5% CO_2的条件下培养6 d，可见到圆形、边缘整齐、中央隆起的小菌落。支原体对外界环境抵抗力不强，在外界环境中存活不超过36 h，病肺组织块内的病原体在−15℃可保存45 d，在1℃可保存7 d。常用的化学消毒药均能将其杀灭。

6.2.4.2　流行病学

猪气喘病仅发生于猪，不同品种、年龄、性别的猪均能感染，其中以哺乳猪和幼猪最易感，其次是妊娠后期的母猪和哺乳母猪，育肥猪发病较少。母猪和成年猪多呈慢性和隐性感染。病原体存在于病猪的呼吸道及其分泌物中，伴随着病猪咳嗽、气喘和喷嚏的分泌物排出体外，形成飞沫，经呼吸道感染健康猪。病原体在猪体内存活的时间很长，病猪在症状消失后半年至一年多仍可排毒。该病春、秋、冬寒冷季节多发生。近年来，由于规模化猪场存在多病原感染的猪呼吸道病综合征，本病在夏季也可发生。猪舍饲养管理条件差，如通风不良、饲养密度过大造成的拥挤、气候突变、卫生条件不良都可促使该病发生，加重病情，如有继发感染，则病情更加严重，尤其在没有临床表现但存在有猪肺炎支原体感染的猪群，常会在上述因素的作用下表现出临床症状。

6.2.4.3　防控技术

1. 疫苗免疫预防

目前，市场上主要的猪气喘病疫苗为常规全菌体疫苗，包括弱毒活疫苗及灭活疫苗，其中弱毒活疫苗需要胸腔、鼻腔或肺内注射，免疫期长，预防效果显著；灭活疫苗通过肌肉注射，临床使用方便，免疫效果良好，在我国临床上较经常使用(Thacker et al.，1998)。

国外许多动物保健公司早在 20 世纪 90 年代就成功研制出猪支原体肺炎灭活疫苗，并投入市场，疫苗在仔猪不同日龄进行单次或两次免疫接种。哈药集团“瑞倍适”系列产品使用的是新型佐剂爱菲金，该佐剂含有 4.5％的矿物油，油滴细小，比传统油佐剂有更大的抗原结合面积，增强免疫应答；英特威“安百克”使用 Emunade 水包油佐剂，包含 15 种猪肺炎支原体抗原蛋白；辉瑞“瑞富特”采用专利水质佐剂 Carbopol，24 h 启动免疫，3 d 后产生有效保护；勃林格“茵格发”使用专用佐剂“茵培莱”，具有最佳的生物降解性，免疫后无任何不良反应；海博莱以左旋咪唑和树脂(carbomer)作为佐剂，左旋咪唑起免疫增强的作用，树脂起缓慢释放抗原作用，从而产生双重效力；梅里亚公司的猪肺炎支原体灭活疫苗(“猪克喘”)采用抗原性好的猪肺炎支原体 BQ14 株及阻断支原体感染的菌膜蛋白抗原，双效抗原提升了疫苗保护力，采用可快速释放抗原的水性氢氧化铝胶作佐剂，应激小，对 3 日龄仔猪免疫注射依然安全，且能快速诱导机体产生抗体(表 6-3)。

表 6-3　猪气喘病疫苗产品及免疫程序

疫苗	厂家	商品名	菌株	免疫程序	免疫期
灭活疫苗	哈药	瑞倍适-旺	P-5722-3 株	1 周龄或以上的猪，每头 1 头份 2.0 mL	6 个月
		瑞倍适	P-5722-3 株	首免 1 周龄，间隔 2 周二免，每次 2.0 mL/头	6 个月
	英特威	安百克	J 株	首免 7～10 日龄，间隔 2 周二免，每次 1.0 mL/头	4 个月
	辉瑞	瑞富特	P-5722-3 株	首免 7～10 日龄，2～3 周后二免，每次 2.0 mL/头	6 个月
	勃林格	茵格发	J 株	首免 2 周龄，4 周龄二免，每次 1.0 mL/头	4 个月
	海博莱	喜宜丰	J 株	一针免疫：7 日龄以上猪，每头 1 头份 2.0 mL；两针免疫：7～10 日龄首免，15～21 日龄二免，每次 2.0 mL/头	
	梅里亚	猪克喘	BQ14 株	一针免疫：10 周龄中晚期育肥猪紧急接种，每头 1 头份 2.0 mL；两针免疫：首免 5 日龄，3～4 周龄二免，每次 2.0 mL/头	
亚单位疫苗	普泰克	喘泰克	P 株	一针免疫：2 周龄或以上的猪，每头 1 头份 1.0 mL；两针免疫：首免 2 周龄，4 周龄二免，每次 1.0 mL/头	
活疫苗	南京天邦	支必宁	168 株	5～15 日龄仔猪，每头 1 头份 1.0 mL	6 个月
	中国兽医药品监察所/齐鲁动物保健品有限公司	支宜捷	RM48 株	胸腔接种：30 日龄以上的猪，每头 1 头份 1.0 mL，由右侧肩胛后缘约 2 cm 肋间隙进针 鼻腔接种：断奶前后仔猪，每头 2 头份 2.0 mL	6 个月

我国从20世纪50年代起，各大科研院所开展了该病的疫苗研制工作，自主研发获得注册的产品有2个。江苏省农业科学院畜牧兽医研究所于1979年在甘肃省分离168株，经3次克隆化培养，无细胞培养340代次，获得人工致弱的弱毒菌株，采用该菌株作为抗原制备成猪支原体肺炎活疫苗（168株）。该疫苗可产生较强的局部黏膜免疫力和细胞免疫力，肺内一次注射，2周内可产生保护力。2014年，由中国兽医药品监察所与齐鲁动物保健品有限公司等10家单位联合注册获批猪支原体肺炎活疫苗(RM48株)。该疫苗为冻干活疫苗，通过鼻腔或胸腔方式接种，一次免疫，能够有效预防猪支原体肺炎引起的猪气喘病。

近几年，研究人员尝试使用猪肺炎支原体主要抗原菌膜蛋白P97、P110、P46和P36（李桂兰 等，2007；于敏 等，2003），作为抗原制备具有一定保护率的疫苗，但由于猪肺炎支原体特异保护性抗原的不确定性，仅有普泰克“喘泰克”(P株亚单位疫苗)投入市场，免疫印迹证实抗原齐全、纯净，采用抗原浓缩技术，每次免疫仅需1.0 mL，使用了非油质佐剂QS-21。随着养殖业的发展，国内外对该疫病的防控仍然开展着广泛的研究，寻求更有效的防控策略。

2. 药物控制

采用药物预防和控制猪气喘病是可行且有效的措施。多种抗生素对本病的治疗有效，但抗生素只能控制疾病的发展，不能去除呼吸道或痊愈后器官中的病原体。猪场在控制猪气喘病时，应考虑猪呼吸道病综合征的控制效果，首先选择高效、低毒的药物，其次才考虑价格。药物的使用，应坚持“预防在先，治疗在后”，也就是说首先应采取药物预防，以控制猪群的感染和降低母猪的带菌率。

青霉素、头孢菌素及阿莫西林等对本病治疗无效，目前普遍应用的主要有替米考星、泰乐菌素、泰妙菌素、林可霉素、金霉素及恩诺沙星等。用药防治该病在猪出现应激时就开始，如断奶期、转群混养期和冬季来临时等。每吨饲料中添加200 g金霉素或250 g林可霉素，连续使用3周，可预防猪气喘病，也可使用泰妙菌素拌料给药，连续5～7 d。或每千克体重肌肉注射4万IU林可霉素，每天2次，连续5 d。用替米考星、泰乐菌素也可收到良好效果。发病后治疗，停药后病原菌往往会再次出现。由于初产母猪猪肺炎支原体的潜伏性感染并由此产生的排毒的机会更大，因此使用药物减少初产母猪带毒是很必要的。

3. 控制策略

猪气喘病发病率高、死亡率低、病程长，单纯依靠疫苗免疫接种和药物防治不可能完全控制规模化猪场的猪气喘病。因此，应采取综合性的措施。

改变和完善饲养方式。坚持自繁自养的原则。必须引种时，在隔离区饲养3个月以上，并经检疫证明阴性方可混群饲养（张弥申 等，2016）。做到养猪生产各阶段的全进全出，避免不同日龄、不同来源的猪混群饲养，从而减少和降低猪群之间猪肺炎支原体的接触感染机会。

加强猪群的饲养管理，避免饲喂发霉变质或含有真菌毒素的饲料；加强消毒卫生工作，一方面可降低猪肺炎支原体在猪场内的污染，另一方面可最大限度地减少猪场内其他病原微生物，从而减少或杜绝猪肺炎支原体感染猪群发生继发感染的概率。保持猪舍干燥，降低饲养密度。很多应激因素可导致猪气喘病的发生，加重感染猪群的病情，导致发病率和死亡率上升，因此应尽可能地减少猪群的应激因素。做好猪舍的通风换气，改善猪舍的空气质量，降低氨气浓度，对猪群进行定期驱虫。

使用高质量的饲料，提高猪群的营养水平。由于猪气喘病是一种慢性消耗性疾病，感染猪群对其他疾病的抵抗力下降，因此通过提高猪群饲料的蛋白质、氨基酸、维生素和微量元素等营养成分水平，提高饲料的质量，对于增强猪肺炎支原体感染猪群的抵抗力，防止其他病原微生物的继发感染是很重要的。

做好其他疫病的防制，重点是降低猪群 PRRSV 和 PCV2 的感染，做好猪瘟疫苗、猪伪狂犬病疫苗接种。

6.2.4.4　防控成果及展望

如今，国内研制出大量猪气喘病疫苗，但由于猪气喘病发病率高、死亡率低、病程长，疫苗免疫接种需要配合药物控制和其他综合防控措施共同发挥作用。

目前，控制猪气喘病最有效的方法是彻底净化病原。国外对净化 Mhp 已有报道，主要净化方法有完全减群后重扩群、全群检测后清阳性群、瑞士减群法、程序性用药、早期药物隔离断奶技术、封群、直接接触病毒、疫苗免疫等(Villarreal，2010)。完全减群后用阴性群重扩群是最直接、最彻底的方法，并且能一次性净化多种病原，但是这种方法成本较高，且有较高的再暴发的风险。全群检测后清阳性群的方法虽然可以用来净化有较好疫苗的病原，但不适用于净化猪肺炎支原体。瑞士减群法是瑞士首先使用的一种净化猪肺炎支原体的方法，也叫不完全减群法(Zimmerman et al.，1989)，其净化效果较好且可以根据猪场的实际情况进行必要的调整，已在多个国家使用。Tamiozzo 等(2006)对用瑞士减群法联合母猪疫苗免疫的猪场的后代进行了血清学监测，结果发现，98 头 150 日龄的育肥猪中只有 1 头为血清学阳性。Gige 等(2006)采用封群联合全场给药的方式净化 3 个猪场，结果发现，两个猪场获得了成功，一个猪场在用药结束后 6 个月重新感染。Alfonso 等(2004)采用早期隔离断奶联合多点式生产模式成功净化了一个 1 700 头母猪猪场的肺炎支原体。然而国内猪气喘病的净化技术还不成熟，可在严格消毒情况下剖腹取胎，并在严格隔离条件下人工哺乳，培育和建立无特定病原猪群，以新培育的健康母猪取代原来的母猪，配合综合性防控措施，逐步净化猪场。

6.2.5　猪大肠杆菌病的防控

大肠杆菌是动物肠道的正常寄居菌，构成肠道正常菌群的主要部分，当机体免疫力下降或菌体侵入肠外组织时，能引起严重腹泻和败血症，甚至造成死亡。猪大肠杆菌病是由致病性大肠杆菌引起的猪的一种急性传染病。临床上主要表现为肠炎、肠毒症等多种症状(钱锋，2009；宋秉生 等，1997)。根据猪的日龄以及病原菌的血清型不同，该病原菌引起的疾病可分为仔猪黄痢、仔猪白痢和仔猪水肿病三种。其中，仔猪黄痢以拉黄色稀粪(图 6-3)、发病率和死亡率均高为主要特征；仔猪白痢以拉白色稀粪(图 6-4)、发病率高、死亡率低，严重影响患病动物生长发育为主要特征；仔猪水肿病以部分组织器官水肿、神经症状、低发病率和高死亡率为特征(图 6-5)。这三种疾病可造成仔猪大批死亡或生长发育不良(李永明，1990)。近些年来，仔猪腹泻病普遍发生，且呈地方性流行，由于品种的不断改良、饲养方式的改进、耐药菌株增多等因素，使该病的病死率一直居高不下，且呈逐年上升的态势，防控形势日趋严峻(钱锋，2009)。

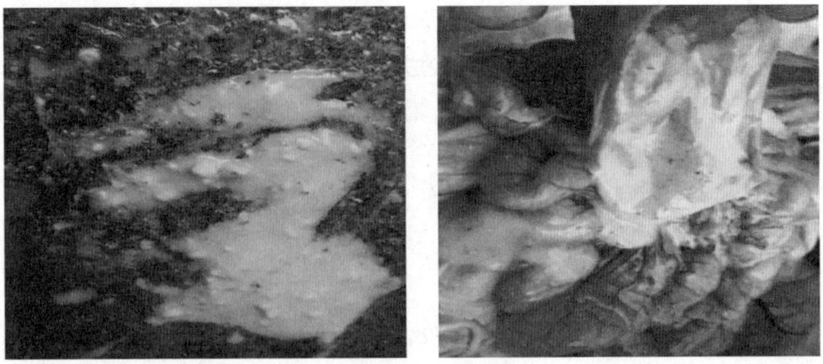

图 6-3 仔猪黄痢临床症状和病理变化

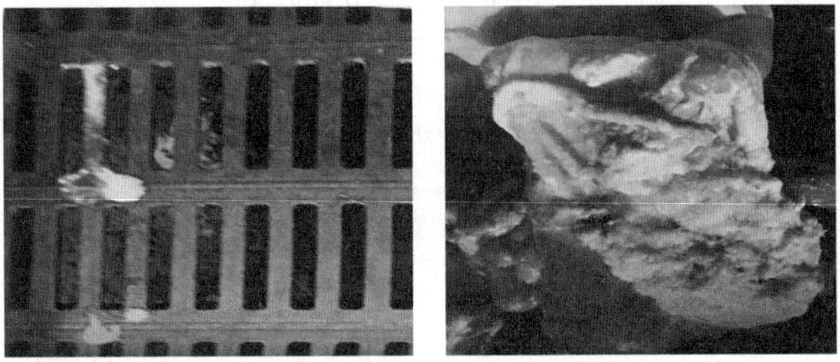

图 6-4 仔猪白痢临床症状和病理变化

图 6-5 仔猪水肿病临床症状

6.2.5.1 病原学

大肠杆菌属于肠杆菌科埃希氏菌属成员，无芽孢，为中等大小[(0.4～0.7) μm×(2～3) μm]、两端钝圆的革兰氏阴性杆菌。散在或成对存在，约50%的细菌具有周身鞭毛，能运动，部分菌株有荚膜。该菌兼性厌氧，在普通培养基上易于生长，37℃生长24 h，形成透明、浅灰色的湿润菌落；在肉汤培养中生长丰盛，肉汤高度浑浊，形成浅灰色、易摇散的沉淀物，一般不形成菌膜。生化反应活泼，在鉴定上具有意义的生化特性是：MR试验阳性和V-P试验阴性。不产生尿素酶、苯丙氨酸脱氢酶和硫化氢；不利用丙二酸钠，不液化明胶，不能利用枸橼酸盐，也不能在氰化钾培养基上生长。能分解乳糖，因而可在麦康凯培养基上生长，形成红色的菌落。

本菌对外界不利因素抵抗力较差，对高温的抵抗力也较弱，60℃维持 15 min 即可死亡，一般化学消毒药均易将其杀死。大肠杆菌抗原有菌体抗原(O)、表面(荚膜或包膜)抗原(K)和鞭毛抗原(H)三种，通常用 O:K:H 排列表示大肠杆菌的血清型。O 抗原在菌体胞壁中，属多糖、磷脂与蛋白质的复合物，即菌体内毒素，耐热。抗 O 血清与菌体抗原可出现高滴度凝集。K 抗原存在于菌体表面，多数为包膜物质，有些为菌毛，如 K88 等。有 K 抗原的菌体不能被抗 O 血清凝集，且有抵抗吞噬细胞的能力。可用活菌制备抗血清，以试管或玻片凝集作鉴定。在菌毛抗原中已知有 4 种对小肠黏膜上皮细胞有固着力，不耐热，有血凝性，称为吸着因子。引起仔猪黄痢的大肠杆菌的菌毛，以 K88 为最常见。H 抗原为不耐热的蛋白质，存在于有鞭毛的菌株，与致病性无关。近年来发现的肠道致病性大肠杆菌具有的蛋白质性黏附素抗原 F(菌毛抗原)也可用于血清型鉴定。这些不同的抗原类型相互的组合可形成不同的血清型，因此大肠杆菌的血清型可达数千种，但致病性的大肠杆菌的血清型则分布在有限的范围内(陈甜甜 等，2008)。

Sehofield(1995)研究发现了某些大肠杆菌对猪有致病性，其中肠道产肠毒素性大肠杆菌(ETEC)是最主要的致病性大肠杆菌(Kohler et al.，1967)，在仔猪腹泻病原中，约有 40%的病例由 ETEC 引起(杨正时，1987)。

6.2.5.2　流行病学

仔猪黄痢的发生无季节性，与环境卫生关系密切，应激因素、阴雨潮湿、冷热不定、母乳不足、圈舍污秽等都可促发仔猪黄痢。黄痢多发于 7 日龄以内哺乳仔猪，病猪主要表现为排黄色或黄白色水样粪便，死亡率可达 80%以上，甚至 100%。

仔猪白痢的发生与菌群失调和母源抗体减少有关，并与各种应激因素有密切的关系。白痢多发于 10～30 日龄仔猪，病猪粪便呈乳白或灰白色，发病率可达 80%。目前猪大肠杆菌性腹泻的发病日龄有延长趋势，可长达 60 日龄，60～90 日龄的断奶仔猪也发生大肠杆菌性腹泻。

仔猪水肿病一年四季均可流行，但以春季的 4—5 月和秋季的 9—10 月多发。体格健壮，营养良好，体重在 10～40 kg 的仔猪多发生该病。多由于饲料和饲养方法的突然改变、阴雨潮湿等使仔猪抵抗力下降，诱发本病(方希修 等，2004)。水肿病多发生于断奶后 1～2 周的仔猪，发病率 10%～50%，病死率可达 90%以上，影响仔猪生长发育和降低饲料报酬而造成较大经济损失(宣长和 等，1996)。

6.2.5.3　防控技术

由致病性大肠杆菌引起的猪的疾病可分为仔猪黄痢、仔猪白痢和仔猪水肿病三种。目前猪大肠杆菌病的防治主要包括以下几个方面：

1. 饲养管理措施

加强饲养管理，保持母猪产房的清洁干燥，注意消毒，可用 0.1%高锰酸钾擦洗母猪乳头和乳房，并使仔猪尽早吃上初乳，做好仔猪的饲养管理，提早补料；尽量减少或防止各种应激因素对猪的刺激，做好防寒防暑工作；及时清理粪便，料槽、饮水槽要经常刷洗(缪梅芳 等，2003)。有研究表明补铁能大大降低仔猪黄、白痢及水肿病的发病率(董彝，2000)。

2. 疫苗免疫

仔猪主要通过吃奶和舔母猪皮肤而摄入了粪便中的大肠杆菌。预防猪大肠杆菌病的关键在于降低致病性大肠杆菌感染的机会和保证仔猪从初乳中获得足够的母源抗体而得到免疫保护。因此，对妊娠后期的母猪接种疫苗，可提高初乳中的母源抗体水平，仔猪出生后吮食初乳，获得母源抗体产生被动免疫，从而抵抗大肠杆菌在肠道定居增殖，有效中和肠毒素，获得保护力。

我国现已成功研制了大肠杆菌 K88ac-LTB 双价基因工程菌苗，新生猪腹泻大肠杆菌 K88、K99 双价基因工程疫苗，仔猪大肠杆菌腹泻 K88、K99、987P 三价灭活苗，MM-3 工程菌苗(含 K88ac 及无毒肠毒素 LT 两种保护性抗原成分)，仔猪大肠杆菌病基因工程灭活疫苗(K88ac-ST1-LTB)。此外，一些进口疫苗也可用于免疫。

3. 抗生素的应用

由于大肠杆菌较易产生耐药性，尤其是近来抗菌药物的广泛应用，使耐药菌株不断增加。因此，在治疗病猪前，最好分离出致病大肠杆菌进行药敏试验，以选出抑菌效果最好的抗生素。为了减缓耐药性的产生，最好几种不同的药物轮换使用。母仔同治也是一种治疗仔猪白痢的较理想方法。通过母体给药后，抑制母体内病原性大肠杆菌，调理乳汁，遏制乳源感染大肠杆菌，药物的有效成分进入乳汁，仔猪食入，达到乳汁给药的目的。

常用的抗生素有：土霉素、磺胺甲基嘧啶、磺胺二甲基嘧啶、恩诺沙星、环丙沙星、诺氟沙星、痢菌净等。在抗生素治疗的同时，对病猪还要进行补液，如口服补液盐。

4. 微生态制剂的应用

微生态制剂(microecologics)，又称微生态调节剂，是运用微生态原理，利用对宿主有益无害的活的正常微生物或正常微生物促生长物质经过特殊工艺制成的制剂，可用于调整机体微生态平衡。猪大肠杆菌病主要是由于致病性大肠杆菌在肠道内大量繁殖，造成菌群失调，破坏了肠道内正常的微生态环境而引起的。微生态制剂能增加有益菌的数量，调节肠道菌群的平衡，使有益菌在数量上占绝对优势，抑制有害菌群的生长，同时又可产生有机酸，胃 pH 降低，可有效预防猪大肠杆菌病的发生，对仔猪的保护率可达 80%以上。目前，菌种主要有蜡样芽孢杆菌、枯草芽孢杆菌、乳酸杆菌、乳酸球菌、酵母菌等。

6.2.5.4 防控成果及展望

针对仔猪黄痢、仔猪白痢和仔猪水肿病有不同的防治方法(张弥申 等，2016)。

仔猪黄痢：母猪产前用 0.1%高锰酸钾溶液洗涤乳头，以免初生仔猪开乳时就受到大肠杆菌的感染。出现症状后治疗往往效果不佳。发现病猪立即对与病猪接触过的未发病仔猪进行药物预防，疗效较好。仔猪出生后口服痢菌净，预防效果较好。患病猪每千克体重肌肉注射或口服庆大霉素注射液，每头 1.5 万 IU。

仔猪白痢：给母猪提供营养全面的饲料，有条件的可饲喂青绿多汁饲料；做好初产母猪的预防接种；因地、因时选用药物，如白龙散、大蒜液、硅炭银、活性炭和促菌生，庆大霉素、氟苯尼考及喹诺酮类药物均可使用，对于抗生素无效的，可采用收敛、止泻、助消化的药物。

仔猪水肿病：疫苗对于预防仔猪水肿病的发生作用有限，饲料中加入药物预防虽然现在广泛使用，但存在食品安全隐患，且细菌易产生耐药性。虽然限制饲喂高营养饲料可显著降低该病的发生率，但限饲影响猪生长，延长饲养周期。缺硒地区每头仔猪断奶前补硒。合理搭配日粮，防止饲料中蛋白含量过高，适当搭配青绿饲料。治疗可静脉注射 50%葡萄糖 40 mL 和

20%磺胺嘧啶钠注射液 10 mL，同时肌肉注射适量速尿注射液；10%葡萄糖酸钙注射液 10 mL+40%乌洛托品注射液 10 mL，静脉注射，同时配合轻泻药物进行治疗。

6.2.6　猪肺疫的防控

猪肺疫(swine plague)是由某些血清型的多杀性巴氏杆菌(*Pasteurella multocida*，Pm)引起的一种急性、热性传染病，又名猪出血性败血症，俗称“锁喉风”。最急性型猪肺疫通常呈现败血症经过，呼吸极为困难；急性型以纤维素性胸膜肺炎为特征；慢性猪肺疫表现为慢性肺炎、胃肠炎以及渐进性消瘦。作为一种流行范围广的疫病，猪肺疫曾对生猪养殖造成严重的经济损失。

6.2.6.1　病原学

Davies 等(2004)发现多杀性巴氏杆菌不具有宿主特异性，该菌血清型多而复杂，不同血清型之间在毒力和流行病学方面有很大差异。目前，我国猪群中流行的菌株主要以 5:A 和 6:B为主，其次为 8:A 和 2:D。A 型菌株广泛存在于自然界，感染后多呈散发，病程较长且通常与其他病原混合，临床上难以鉴别；B 型菌株致病力最强，主要存在于中国、印度等地，感染发病常表现最急性和急性经过，可导致败血症，也可引起肺炎；D 型的非产毒素菌株，以及一些未定型的菌株亦可引起肺炎。

6.2.6.2　流行病学

病猪和带菌猪是猪肺疫的主要传染源。不同日龄的猪均可发病，但以仔猪和青年猪感染最为常见。目前猪肺疫通常为散发，有时呈地方性流行。天气突变、冷热交替、湿热多雨季节多发，但没有明显的发病季节性。作为条件性致病菌，带菌猪在饲养管理不善或应激状态下抵抗力下降，病原菌经淋巴液进入血液，可导致机体出现内源性感染。由于常与大肠杆菌、葡萄球菌、链球菌、附红细胞体、猪瘟病毒、猪圆环病毒 2 型、猪繁殖与呼吸综合征病毒、支原体、弓形虫等病原发生混合感染或继发感染，且可能存在协同致病，猪肺疫常造成较严重的后果，这也是该病防控的难点及意义所在。例如，猪繁殖与呼吸综合征单独感染对猪群致死率较低，但与多杀性巴氏杆菌混合接种试验猪后，死亡率达 100%，因此控制猪肺疫的继发感染对防控猪繁殖及呼吸综合征也非常重要。随着养殖集约化程度的快速发展和细菌耐药谱扩大，猪肺疫的发生流行有上升趋势(熊香权 等，2017)。

6.2.6.3　防控技术

1. 诊断技术

(1)检测诊断材料选择　用于病原细菌分离的病料以心血、肝脏、脾脏为好，肺常有杂菌污染。检测带菌动物或潜伏期动物时，常用口咽棉拭子或扁桃体拭子。

(2)抗体检测诊断技术　试管凝集、间接凝集、琼脂扩散试验、对流免疫电泳和 ELISA 等方法都曾用于猪肺疫血清抗体监测，目前以 ELISA 方法应用最为广泛。吴斌等(2005)以 pET-28b 为载体在 BL21 中成功表达猪多杀性巴氏杆菌 *omp*H 基因，产物具有反应原性，包被酶标板进行 ELISA 检测，可区分阴阳性血清，敏感性高于用全菌体裂解抗原进行琼脂扩散试验，也高于全菌裂解抗原包被酶标板后进行 ELISA。黄先奇(2009)筛选出猪源多杀性巴氏杆菌 pm1069 基因后进行原核表达和免疫检测，建立了间接 ELISA 的方法。利用对流免疫电泳鉴定猪源 Pm 血清型，特异性高，重复性好，快速、准确、操作方便，不需要特殊设备，易于在生产实践中推广。

(3)猪肺疫病原诊断　传统的诊断一般要进行细菌分离纯化、形态学鉴定、生化鉴定、动物回归试验等，过程复杂，少数分离需要通过接种小鼠进行细菌富集，工作量大。由于多杀性巴氏杆菌属于苛养菌，对营养要求较高，用血琼脂或巧克力琼脂培养较好，国外一般用5%或10%小牛或羊血琼脂培养基，也有学者尝试脑心浸液琼脂(含5%去纤维绵羊血)、改良Knight's培养基、Pm双选择培养基、葡萄糖淀粉琼脂以及大豆胰蛋白酶琼脂进行分离。目前国内常用的是改良马丁琼脂(添加4%小牛血清、1 g/L血红素)培养基。肖华春等(2017)报道在培养过程中分段补料工艺可提高猪多杀性巴氏杆菌活疫苗EO630株培养活菌数。不同方式制备的猪胃消化液马丁汤培养基影响菌液含菌量，室温消化的猪胃消化液制备的马丁汤培养基有利于提高培养菌数。

目前的诊断方法主要是分子生物学鉴定(唐先春 等，2004)，特异性强，灵敏度高。由于传统分型技术烦琐，且荚膜在体外培养时可能消失，开展间接血凝试验鉴别血清型时需先回归动物后再重新分离细菌制备荚膜抗原，利用分子生物学手段建立的荚膜PCR分型技术已经基本替代了传统分型方法(彭忠 等，2016)。许培文(2018)利用环介导等温扩增(LAMP)技术开展猪肺疫检测，灵敏度比普通PCR可提高100倍，检测时间只需1 h左右，但容易污染出现假阳性，使其应用受到一定限制。肖国生等(2010)研制了猪胸膜肺炎放线杆菌、猪肺炎支原体和多杀性巴氏杆菌联合检测芯片，特异性强、敏感性高、可重复使用，检测与PCR及分离鉴定结果符合率高。利用脉冲场凝胶电泳，对患巴氏杆菌病的猪分离株进行遗传关系分析，鉴别能力强于基因组重复序列PCR技术。

2.防疫技术

(1)传统疫苗接种防疫　长期以来，我国预防猪肺疫的疫苗基本是B型疫苗，随着A型菌株的发现和不断增加，广东省生物药厂和广东省农科院共同培养的A型CA株猪肺疫活疫苗在广东、华东等地使用，取得良好的防疫效果；广东永顺生物制药股份有限公司进行了猪肺疫A型和B型二价弱毒苗制作与免疫试验，效果良好。同时使用A型和B型活疫苗，在大部分地区具有现实必要性。

常用于生产的猪肺疫疫苗主要有猪肺疫氢氧化铝甲醛苗，猪肺疫弱毒苗，口服猪肺疫弱毒苗，猪瘟、猪丹毒、猪肺疫三联活疫苗，猪丹毒、猪巴氏杆菌二联灭活苗等类型。猪肺疫氢氧化铝甲醛苗是B型多杀性巴氏杆菌经培养、甲醛灭活后加氢氧化铝胶而制备的，断奶猪皮下或肌肉注射5 mL，免疫后15 d产生免疫力，免疫期6个月。猪肺疫弱毒苗主要有A型CA株冻干苗和B型EO630冻干苗，适宜于各生长期的健康猪，1头份/头，免疫期6个月。口服猪肺疫弱毒苗为蒙古系弱毒菌苗，是多杀性巴氏杆菌弱毒株经培养，加稳定剂后冻干制成的，1头份/头混于少量饮水中饮用接种，7 d后产生强大的免疫力，免疫期10个月，只能口服不能肌肉注射，肌肉注射可能产生与强毒株感染相似的后果，导致急性猪肺疫。猪瘟、猪丹毒、猪肺疫三联活疫苗是猪源多杀性巴氏杆菌EO630株与猪瘟兔化毒株及猪丹毒弱毒株通过较高的工艺制作，每头份含猪源巴氏杆菌3亿个以上，每头肌肉注射1头份，7～9 d产生免疫力。三联苗相对于单苗安全性较差，剂量需要严格控制，初生仔猪、弱仔和病猪不宜接种。弱毒疫苗虽然效果好，但在体内毒力可能返强。

虽然疫苗免疫接种是预防和控制猪肺疫的主要措施，但由于病原血清型复杂、地区差异大，免疫机制不明，至今尚缺少理想的疫苗。将分离的细菌用于制备猪肺疫灭活疫苗本场免疫,可避免血清型的差异。

(2)新型猪肺疫疫苗接种防疫　徐良(2013)利用A型猪源多杀性巴氏杆菌外膜蛋白H成功构建了pCDNA-*omp*H基因疫苗,并将其装载到猪胸膜肺炎杆菌菌影中,制备了胸膜肺炎杆菌菌影装载pCDNA-*omp*H基因的二联疫苗。曾东柱(2014)通过质谱分析鉴定了猪多杀性巴氏杆菌4个新型免疫蛋白,利用大肠杆菌表达系统对磷酸甘油变位酶PGAM进行原核表达,所得产物具有良好的免疫活性,免疫小鼠后表现出一定的攻毒保护率。郝杰等(2015)利用pET-28a(+)为表达载体构建重组质粒转化大肠杆菌BL21,表达多杀性巴氏杆菌PlpP基因,将纯化的重组蛋白制备亚单位疫苗,皮下注射免疫小鼠,对A、B和D 3种血清型的保护率分别是16.67%、33.33%和66.67%,说明PlpP蛋白具有一定的免疫保护性。伍小松等(2017a)将猪多杀性巴氏杆菌抗菌肽ABC转运体ATP结合蛋白克隆至pET-28a(+)构建重组质粒,诱导表达目的蛋白,免疫小鼠后表现出一定的攻毒保护率。伍小松等(2017b)利用MetQ基因亚克隆至pET-28a(+)转化至大肠杆菌BL21表达出蛋白,加氢氧化铝佐剂免疫小鼠后显著提高血清IgG水平,攻毒保护率达40%。

3.猪肺疫治疗技术

作为细菌性疾病,抗生素预防保健和治疗在猪肺疫控制中起到了重要作用,四环素类、氨基糖苷类、青霉素类等抗生素都被广泛用于猪肺疫治疗。但由于耐药现象越来越严重,抗生素控制治疗猪肺疫出现了不同程度的挑战。在中草药防控猪肺疫方面开展了少量的探索研究,胡长青(2016)发现复方淫羊藿对猪多杀性巴氏杆菌感染小鼠具有良好的保护作用。

6.2.6.4　防控成果及展望

40年来,得益于相关技术的进步特别是疫苗免疫技术的成熟,猪肺疫已在全国范围总体得到较好的控制,主要呈现为带菌率高而发病率低,常见于混合感染,单纯的猪肺疫基本处于散发状态,防控效果明显。

由于猪肺疫总体控制,部分地区和猪场在猪肺疫的防控上重视程度有所下降,导致该病时有零星发病,而细菌耐药性的出现,也增加了该病的抗生素治疗难度。利用现代技术,研制更为广谱的猪多杀性巴氏杆菌疫苗,提高疫苗与流行毒株之间的交叉保护性,是猪肺疫疫苗防控的重要方向。降低中兽药成本,进一步提高疗效,利用中兽药开展猪肺疫防制,应对巴氏杆菌耐药性,也是猪肺疫综合防控的可能途径。

6.2.7　猪丹毒的防控

猪丹毒(swine erysipelas,SE)是由猪丹毒杆菌(*Erysipelothrix rhusiopathiae*)引起的一种以急性败血症、亚急性皮肤荨麻疹或慢性增生性炎症(非化脓性关节炎、慢性疣状心内膜炎和淋巴结炎等)为主要特征的人畜共患传染病,亦可引起母猪流产和仔猪腹泻,是广泛存在和威胁危害生猪养殖的重要疫病。

6.2.7.1　病原学

猪丹毒杆菌宿主范围广,猪为主要带菌动物,多种脊椎或非脊椎动物包括水生动物、蜱、螨等均可带菌而形成广泛疫源,传染源控制难度较大。目前该菌已确定有26个血清型(1a、1b、2~24及N型),其中1a、1b和2型为主要的猪源分离株,占比80%以上,是我国优势血清型。1型菌株主要引起急性败血型猪丹毒,毒力最强;2型菌株主要与疹块型或关节炎型猪丹毒有关,毒力较弱。该菌血清型存在自发变异现象,1a 型可变为 1b 及 2 型,2 型也可变为 1a 及 1b 型(潘乃珍 等,1985)。

6.2.7.2 流行病学

猪丹毒呈世界范围流行,在我国亦曾影响重大,20 世纪后期与猪瘟和猪肺疫并称为我国生猪养殖的三大传染病。动物一旦感染猪丹毒杆菌,即可通过粪便、尿液、唾液、鼻腔分泌物等散毒,猪群主要通过摄入污染的水、饲料或伤口而感染。该病常年可发生,但集中于炎热多雨季节,各种年龄、品种和性别的猪均易感,但 3～6 月龄架子猪尤为敏感。病猪和隐性带菌猪是主要的传染源,35%～50%的健康或康复猪扁桃体和淋巴组织携带病原,当细菌毒力增强或猪只抵抗力下降时发生内源性感染,导致猪丹毒暴发流行。

20 世纪 80 年代以来,鉴于猪丹毒的危害,疫苗接种和药物防控普及推广,使其得到很好的控制,流行模式以零星发病为主,其威胁和危害逐渐解除。但近年来,以 1a 型流行菌株为主引起的急性败血症型猪丹毒在我国多个省份有抬头趋势,老病新发且呈地区性流行或暴发,深受业界关注,其原因正受广泛研讨,疫苗免疫减少被认为是主要因素。

6.2.7.3 防控技术

1. 诊断技术

(1)监测诊断材料选择　通过研究猪丹毒杆菌在脏器中的分布,在进行病原分离鉴定时,通常采集病猪血液、肾脏、脾脏、肝脏、心血、淋巴结、病变关节、病变皮肤、扁桃体等作为材料,其中以肾脏分离率较高。在利用 ELISA 手段检测猪丹毒抗体时,血清和血浆检测结果差异不显著;通过悬挂棉绳采集唾液进行抗体检测具有可行性,便于操作和降低应激,已有成功案例(刘俐君 等,2015)。

(2)抗体诊断技术　猪丹毒抗体监测诊断经历了不同的时期。早期的培养凝集试验可准确反映猪丹毒免疫水平,且能够区分感染抗体与免疫抗体。间接血凝试验与反向间接血凝试验均具有特异和灵敏的特点,但凝集试验要求条件较高并需准备高免血清。沉淀试验用于猪丹毒杆菌血清型鉴定效果可靠。在 V 形微量滴定板操作补体结合试验,可在数小时内区分疫苗免疫和野毒感染抗体,其特异性和敏感性高于生长抑制试验。用提纯的猪丹毒 64 kDa 蛋白作为抗原包被建立 ELISA,可用于检测猪丹毒抗体动态变化;利用表面蛋白 SpaA416 作为抗原建立 ELISA,已成功用于疫苗接种的保护性抗体、母源抗体和感染抗体监测。肖国生(2003)创建了 Dot-PPA-ELISA 猪丹毒抗体快速检测方法,血清中 IgG 抗体可检出量达 2.61×10^{-9} g,膜片室温保存 4 个月、4℃保存 7 个月检测活性不变,操作简便、快速准确,结果客观易于判定,重复性好,适合基层检疫单位和生猪养殖企业免疫监测和流行病学调查。利用 SPA 重组多肽 rSpaA451 作为抗原,建立荧光微粒子免疫检测技术检测猪丹毒 IgG 抗体,其敏感性高于传统 ELISA 手段,适于免疫或感染初期抗体检测,从人力和时间成本考虑,特别适于大量样本筛选(刘俐君 等,2015)。

(3)病原诊断技术　用可疑病料进行细菌分离鉴定是诊断猪丹毒最为可靠的办法,但由于猪丹毒杆菌菌落较小、生长缓慢和病料易受污染,加上感染后抗生素治疗的干扰作用,使病原分离难度提高。针对经抗生素治疗动物的病料及损伤皮肤中的疑似猪丹毒杆菌,在细菌分离为阴性时,可考虑利用免疫组化手段进行诊断。利用反向间接血凝试验,可检测猪丹毒急性病例病原。利用荧光标记抗体检测病原,敏感性高,检测时间短。将猪丹毒杆菌特异分型高免血清标记于葡萄球菌 A 蛋白,用于鉴定猪丹毒杆菌血清型,快速、敏感和简便,其鉴定效果与细菌数量、血清效价和细菌培养时间有一定关系。基于16S rRNA序列，从1994年开始分子生物学手段被用于小鼠携带的丹毒杆菌检测，奠定了猪丹毒杆菌分子生物学检测方法的基础，从此分子生物学检测方法成为猪丹毒最常用的检测诊断方法。该法具有特异性强、快速、重复性好、操作简单、敏感性高的优点，成为主流方法（刘俐君 等，2015）。

2. 防疫技术

(1)传统疫苗接种技术　利用兔、鸡胚、含吖啶染料的培养基培养，可获得猪丹毒弱毒菌株，作为弱毒疫苗使用能有效刺激机体产生免疫应答，但不同培养基对疫苗质量有一定影响（万莉 等，2010）。GC42和G4T10株是我国主要使用的猪丹毒弱毒活疫苗类型，免疫后7 d产生免疫力并持续6个月。G370株弱毒疫苗口服20亿个细菌免疫后，5 d获得免疫力，免疫8个月后保护效果仍较好，整体免疫效果优于FⅡ65株，安全试验表明，这一疫苗对不同性别、不同年龄猪只包括妊娠母猪均表现安全，发生猪丹毒的猪群最早在服苗后3 d得到控制，7 d后整体得以控制，可用于紧急口服免疫。虽然弱毒疫苗免疫力好，但母源抗体和抗生素很容易干扰免疫效力，在免疫前需进行母源抗体监测，在使用弱毒活疫苗前8～10 d，需停止使用抗生素（万莉 等，2010；杨宏 等，1986），同时由于致弱机理不清，存在弱毒疫苗株返强的风险。

利用猪瘟、猪丹毒、猪肺疫三联弱毒活疫苗免疫曾是最常见的猪丹毒免疫模式，效果与单苗相近且三病同免。利用阳离子脂质体包裹CpG，对该三联疫苗具有很强的免疫激活作用，但使用不当可导致免疫猪过敏（龙章富 等，2003）。相对于单苗，三联苗安全性相对较差，操作不当或接种处于应激状态的猪群，可能会导致较为严重的免疫反应，隐性感染猪群注射疫苗后，有引起疫病暴发的可能，残弱和病猪不宜注射。

猪丹毒和猪肺疫氢氧化铝二联灭活疫苗是生产中常用的另一种疫苗，由猪丹毒2型强毒和B型猪多杀性巴氏杆菌按一定比例混合后，经氢氧化铝胶浓缩而成，免疫18 d后产生坚强免疫力，免疫期持续6个月。猪丹毒和猪多杀性巴氏杆菌弱毒株（G4T10和EO630株）分别培养后混合，加稳定剂冷冻真空干燥后制成二联弱毒活疫苗，于仔猪断奶前使用，断奶后2个月加强免疫一次，效果确实，但这一疫苗使用后，个别猪只会出现过敏反应，免疫诱导隐性感染猪发病的风险也不同程度存在，具有一定隐患。

(2)新型疫苗接种技术　表面保护蛋白SpaA的发现鉴定，为猪丹毒亚单位疫苗的研究奠定了基础（曹文尧，2007）。对SpaC的免疫原性研究结果表明，含有SpaC的疫苗或SpaC载体疫苗有望用于治疗猪丹毒。

陈开旭等（2009）在SpaA蛋白基因序列N末端偶联人α胰岛素抑制剂（AAT）的信号肽基因和大鼠寡聚软骨基质蛋白（COMP）片段序列，在C末端偶联编码3个拷贝的鼠补体C3分子的最小片段作为分子佐剂，构建了真核表达质粒pcDNA3-AAT-COMP-spaAN-C3d3（pcD-ACSC）和pcDNA3-spa（pcD-S），同时接种后发现pcD-ACSC基因疫苗对猪丹毒杆菌感染具有一定的免疫保护力。利用6个新的核苷酸代替典型无荚膜转位子变异株33H6的转位子Tn916基因，构建了重组菌株YS-1，免疫接种小鼠后产生持续保护力。重组菌株YS-19作为活疫苗接种新生无病原菌仔猪进行鼻腔黏膜免疫，接种2个剂量可产生保护力，并在仔猪血清中检测到IgG和IgA，表现出安全和良好的免疫反应（万莉 等，2010）。

3. 药物防控治疗技术

长期以来，青霉素类和头孢类抗生素是治疗猪丹毒的有效药物。氨苄西林、头孢曲松、青霉素、红霉素等对猪丹毒分离株表现出良好的抑制性，对猪丹毒防控起到了巨大的作用。但随着抗生素的不断使用,耐药性的问题已不可回避,特别是庆大霉素、卡那霉素、洁霉素、甲氧苄啶、复方新诺明等在近年分离株中表现出严重的耐药性(姚焱彬 等,2017)。在选择预防治疗药物时,需重视药物的敏感性。

6.2.7.4 防控成果及展望

由于猪丹毒疫苗和抗生素的使用,对猪丹毒的控制取得了决定性成果,猪丹毒已由一种危害严重的常见疫病变为影响相对轻微的猪病,防控压力相对降低。但近年来,以1a型流行菌株为主引起的急性败血型猪丹毒在我国多个省、自治区有抬头趋势,老病新发且呈地区性流行或暴发,需引起重视(魏文涛 等,2017)。

疫苗免疫仍是猪丹毒防控的重要手段,但猪丹毒弱毒活疫苗的安全性问题在一定程度上制约了该类疫苗的使用,需进一步研究控制。抗生素治疗方面,选择药物时充分考虑耐药性,是实现治疗效果的努力方向。关于猪丹毒老病新发的原因,需进一步研究验证以谋求相应的对策。

6.2.8 仔猪副伤寒的防控

6.2.8.1 病原学

仔猪副伤寒,又称为猪沙门菌病,是由多种血清型的沙门菌引起的一种高热传染病。沙门菌有2 400多个血清型,我国已发现约200个。临床上仔猪副伤寒几乎全部是由猪霍乱沙门菌变种孔成道夫血清型(*S. choleraesuis* variety *kunzendorf*)和鼠伤寒沙门菌(*S. typhimurium*)引起的,它们分别导致5月龄内断奶仔猪的败血症和小肠结肠炎。

世界范围内,包括中国,猪霍乱沙门菌变种孔成道夫血清型一直是引致仔猪副伤寒的最常见血清型(Morehouse et al., 1977; Wilcock et al., 1976; Mills et al., 1986; Hensel, 2004; Zhu et al., 2017)。在部分地区,例如北美,则以鼠伤寒沙门菌最为常见(Foley et al., 2008)。值得注意的是,由于广泛使用抗菌药物,沙门菌的耐药性日趋严重。经鉴定有多重耐药性的猪霍乱沙门菌或鼠伤寒沙门菌与水中原虫互作后毒力显著增强(Xiong et al., 2010)。在美国和欧洲报道过的生化特性非典型鼠伤寒沙门菌,能够依赖粪池中残留的抗生素作为唯一碳源存活(Barnhill et al., 2010)。近年来多种细菌相继出现明显的耐药性,甚至发现了"无药可用"的超级细菌。因此,抗生素使用和细菌耐药性问题应该引起人们足够的重视。

6.2.8.2 流行病学

沙门菌存在于猪的肠道内,持续或间断地从粪便中排出大量沙门菌的隐性长期带菌猪普遍存在。感染一种或多种沙门菌持续排菌的现象也较多见,但除了猪霍乱沙门菌和鼠伤寒沙门菌外,其他血清型很少引起原发性临床疾病。同时,混群、运输、并发其他疾病、抗生素治疗及饲料缺乏等多种应激因素可能使带菌猪的排菌加剧。

大多数仔猪副伤寒暴发于断奶仔猪,而未断奶仔猪和成年猪感染率很高但发病较少见(Wilcock et al., 1976),近40年来这一规律仍然没有显著变化(Li et al., 1999; Luo et al., 2003; 刘芹防 等, 2009; Zhu et al., 2017)。宿主适应性猪霍乱沙门菌几乎只能从病猪中分离,它是仔猪副伤寒的主要致病菌;而鼠伤寒沙门菌也世界性分布,但无宿主特异性,在美国是当前最常分离到的血清型。

关于猪沙门菌的最主要传染源在学界尚未得出一致的结论,原因是沙门菌属的多样性及其复杂的生物学特性。现在已知猪霍乱沙门菌的主要传染源是感染猪的排菌和污染的环境，并且垂直传播与水平传播共存。

基本说来，粪口传播是沙门菌强毒株最可能的传播方式。猪群沙门菌的感染率高于发病率。有研究表明，25%的猪群从未感染过沙门菌，24%的猪群持续感染，而 50%猪群大部分时间感染。2006 年调查发现，美国 52.6%的猪群呈沙门菌阳性，高于 2000 年的 32.8%和 1995 年的 38.2%。我国学者对部分地区猪群的感染状况相继做过调查，沙门菌阳性猪场的比例在各个地区差别较大，例如上海市宝山区饲养环境较好的猪场中霍乱沙门菌血清阳性率较低（10%），脏乱差且饲养密度大的猪场阳性率则较高，可达 75%左右。

6.2.8.3　防控技术

沙门菌感染猪并不一定会发病，只有长时间感染细菌后严重应激猪才可能发病。控制该病发生的关键是尽量减少猪接触病菌的机会，隔离带菌猪和污染的饲料及环境这个最重要的传染源，并且严防应激的发生。

预防仔猪副伤寒，使用弱毒疫苗是有效的，这主要依赖于该疫苗能激发细胞免疫应答。相比来说，沙门菌的灭活疫苗则对强毒力细菌的攻击几乎没有保护作用（Davies et al.，1976）。英国曾经使用猪霍乱沙门菌弱毒疫苗消灭了仔猪副伤寒。北美洲也引进该弱毒疫苗，对控制系统性沙门菌病的发生起到了重要的作用。

我国使用的弱毒苗主要是房晓文等于 20 世纪 60 年代选育的一株毒力弱而稳定、免疫原性良好的猪霍乱沙门菌弱毒株，命名为 C500。该弱毒疫苗 1965 年开始试用，1976 年列入兽医生物制品规程。为避免注射疫苗后因为该菌部分残余毒力而出现的体温升高、发抖、呕吐、减食等症状，后续经过试验，表明口服该弱毒疫苗在不提高剂量情况下具有同样的免疫效果，并且毒力稳定、安全，对仔猪有坚强免疫力。因此，C500 株的口服剂型疫苗于 1978 年经农业部批准在全国推广使用（黄昌炳 等，1981），免疫效果确实，使我国仔猪副伤寒得到有效控制，取得了相当可观的经济效益和社会效益。该疫苗对仔猪副伤寒的效力试验获得全保护，普遍认为其效力与菌数呈平行关系，可免于效检，该疫苗优于国外同类产品。目前，全国仔猪副伤寒弱毒疫苗使用的 C500 株，年产量在 1.5 亿头份左右，包括口服和注射两种剂型（康凯，2003）。

近 40 年来科学家们相继尝试用其他方法研制新的仔猪副伤寒疫苗：筛选了猪霍乱沙门菌 aro 缺失株（Nnalue et al.，1989），用转座方法获得了猪霍乱沙门菌突变株（Wilson et al.，1990），用猪的纯化中性粒细胞中传代获得了猪霍乱沙门菌 38PMNa-5X 和 SC-54（Roof et al.，1995）以及猪水肿病与仔猪副伤寒二联基因工程疫苗（满晓营 等，2009）等，这些新的疫苗均对免疫猪产生了不同程度的免疫保护。

我国科学家针对该疫苗生产应用中存在冻干存活率低、较高温度（如 37°C）下保护功能较差的问题，对 20 世纪 60—70 年代沿用至今的落后冻干工艺进行改进，按照保护剂与菌体相容性特性设计耐热保护剂，改善冻干抗原的品质以及产品保存温度，提高了我国猪霍乱沙门菌 C500 弱毒疫苗的应用效果（朱良全 等，2017）。

6.2.8.4　防控成果及展望

目前生猪养殖中针对沙门菌病的预防主要是采用抗菌药物，但是同时也带来耐药性及食品安全风险，因此，对本病的防控不建议预防用药，认真做好卫生工作和饲养管理是预防该病的根本措施。病猪或病死猪应认真进行无害化处理工作，以防发生人类食物中毒。

6.3 猪寄生虫病的防控

改革开放40年来，我国养猪生产已从粗放散养演变为集约化、机械化养猪，疫病的诊断技术和防控方法不断推陈出新，猪寄生虫病的防控也取得了显著的成绩。危害极大的人畜共患寄生虫病，如猪带绦虫病、猪旋毛虫病、日本分体吸虫病（日本血吸虫病）等在猪场已基本得到了控制（孔繁瑶，1997）。

6.3.1 猪寄生虫病的诊断方法和技术

正确诊断是有效防治疾病的前提。猪寄生虫病的诊断方法和技术取得了长足的进步，有病原学诊断方法、免疫血清学诊断方法及分子生物学诊断方法等。

1. 病原学诊断方法

对寄生于消化道的寄生虫，因其虫卵、卵囊或幼虫均可通过粪便排出体外，常通过检查粪便，确定是否感染寄生虫及感染强度。粪便虫卵检查法包括直接涂片法、漂浮集卵法、沉淀集卵法、麦氏计数法、毛蚴孵化法等。对寄生于体表的寄生虫，如蜱、螨、虱等，常采用肉眼观察和显微镜观察相结合的方法。对寄生于血液和组织内的寄生虫，则采用涂片、抹片、触片或组织切片等染色检查，必要时，还通过动物接种的方法辅助诊断（孔繁瑶，1997）。

2. 免疫血清学诊断方法

已报道的寄生虫免疫血清学诊断方法很多，包括间接血凝试验（IHA）、酶联免疫吸附试验（ELISA）、免疫荧光技术（免疫荧光抗体标记技术）、放射免疫分析技术、免疫印迹技术等。由于寄生虫结构复杂、生活史的不同阶段有各不相同的阶段特异性抗原，加之一些寄生虫表膜抗原不断变异，寄生虫的免疫血清学诊断不如病毒、细菌等微生物病原的诊断可靠，但对猪囊虫、棘球蚴、旋毛虫、住肉孢子虫、弓形体等寄生于组织内或血液的寄生虫的诊断却较为有效，在寄生虫病流行病学调查方面也具有独特的实用价值。

3. 分子生物学诊断方法

已在寄生虫诊断上得到应用的分子生物学技术也很多，如DNA限制性内切酶酶切图谱分析、限制性DNA片段长度多态性分析、DNA探针技术、DNA指纹分析、聚合酶链反应（PCR）、随机扩增核酸片段多态性分析（RAPD）、核酸序列分析等。

4. 猪寄生虫病的综合诊断

这些诊断方法和技术的应用，极大地推动了寄生虫的分类研究，应用于寄生虫病的诊断和流行病学调查，为切实防控寄生虫病提供了有力依据。但值得注意的是，即使在动物体内发现了寄生虫，并非就一定会引起寄生虫病，有些条件性致病的寄生虫，在机体免疫功能正常的情况下是不致病的，如猪隐孢子虫、结肠小袋纤毛虫等。相反，没检测到寄生虫或虫卵也并不意味着猪群不存在寄生虫感染，如保育仔猪的粪样未检测到猪蛔虫卵，也不能完全确定保育仔猪没有感染蛔虫，因为猪蛔虫感染后需长达3个月才能发育成熟排卵。

猪场疫病流行情况也发生了很大的变化，多病原混合感染较为普遍，单一疾病的典型病例少、非典型病例多，这无疑增加了猪病的诊断难度。对猪寄生虫病的诊断更是如此。大部分寄生虫病不呈现特异性症状，多表现为隐性感染，常呈慢性、消耗性经过，临床表现与其他传染病极易混淆，极大地增加了对猪寄生虫病的诊断和防控的难度。如猪蛔虫的幼虫移行到肺脏或后圆线虫（又称猪肺线虫）感染引起的咳嗽、气喘等症状，易与猪肺炎支原体等引起的呼吸道疾病混淆；猪球虫造成的仔猪腹泻易与病毒或细菌性腹泻混淆；有齿冠尾线虫（猪肾虫）病出现的后躯不能负重、跪地行走，易与营养缺乏、风湿症等混淆；猪疥螨造成的皮肤损伤易与缺锌症、葡萄球菌感染等混淆。因此，在诊断某些疾病是否由寄生虫感染引起时，除了用实验室方法外，还需结合临床表现、病例剖检、治疗验证及流行病学调查等进行综合判断（甘孟侯 等，2005）。

6.3.2 猪寄生虫病的防控方法

1. 抗猪寄生虫药物

化学药物仍是防控猪寄生虫病的主要手段。目前，用于控制猪体内线虫的药物有：大环内酯类（如伊维菌素、阿维菌素、多拉菌素等）、苯并咪唑类（如阿苯达唑、芬苯达唑、氟苯达唑等）、左旋咪唑、噻嘧啶、敌百虫等，剂型上有针剂、粉散剂、片剂、口服溶液剂、透皮剂等。用于控制猪体内吸虫、绦虫的药物有：苯并咪唑类（如阿苯达唑、芬苯达唑等）、氯硝柳胺及吡喹酮等，剂型上有粉散剂、片剂等。用于控制猪体外寄生虫的药物有：大环内酯类（如伊维菌素、阿维菌素、多拉菌素等）、有机磷酸酯类（如敌百虫、马拉硫磷、辛硫磷、二嗪农、蝇毒磷等）、拟除虫菊酯类（如溴氰菊酯、氯氰菊酯、氰戊菊酯等）及双甲脒等，剂型上有粉散剂、针剂、浇泼剂、口服溶液剂等。其中，伊维菌素较为广谱、低毒，剂型也最为多样，既可混饲、内服，也可注射或浇泼外用。用于控制猪原虫的药物有：磺胺类药物、妥曲珠利、氨丙啉、地美硝唑等，剂型上有针剂、粉散剂、口服溶液剂等（陈杖榴，2010）。

2. 抗猪寄生虫疫苗

目前寄生虫疫苗的研究和使用主要集中于原虫，包括球虫、弓形虫等，而针对消化道线虫及体外寄生虫的疫苗相对较少。由于寄生虫是真核生物，大多数是多细胞生物，有着复杂的生活史，抗原复杂且易变异、伪装，表面抗原常脱落与更新，使宿主难以产生保护性免疫应答；虽然有些疫苗免疫保护性好，但生产成本高，免疫方法复杂，与抗寄生虫药的广谱性相比具有较窄的保护范围；有些寄生虫可以感染多种动物，其疫苗却往往对某种动物保护效果较好，而对另种动物保护效果较差，或者对不同年龄的动物保护效果不一致（赵军明 等，2007）。正是由于上述问题的存在，制约了猪寄生虫疫苗的研发和使用（兰希 等，2014）。

3. 其他

一些另类的措施也得到了一定的发展，如苏云金芽孢杆菌（一种流行性细菌杀虫剂）、硅灰、摄食阻断剂、昆虫生长调节剂等，只是很少应用于养猪生产。

6.3.3 当前猪寄生虫病的流行情况及防控现状

虽然我们对寄生虫的生物学特性、诊断方法、传播途径、致病机理及敏感药物等均已较为清楚，但是湖南（唐礼德，2007）、广西（李凤梅 等，2017）、广东（陈宝妮 等，2008；李结 等，2017）、浙江（陈宝妮 等，2008；楼芳芳 等，2016）、河南（仇书兴 等，2008）、福建（江斌 等，2010；黄永康，2013）、江苏（朱鸿峰，2016）、安徽（陈会良 等，2016）、江西（朱钱龙 等，2012）、湖北（韩战强 等，2013）、四川（孙艳 等，2017）、北京（刘莹，2011）、辽宁（徐鹏 等，2010）、贵州（刘朝华，2014）、云南（薛开燕 等，2012）等地猪寄生虫感染情况调查结果显示，无论是生产条件优越的集约化猪场还是环境卫生恶劣的中小猪场，均不同程度地存在着猪蛔虫、猪食道口线虫（又称结节虫）、猪鞭虫（又称猪毛尾线虫或毛首线虫）、类圆线虫、猪球虫、结肠小袋纤毛虫等寄生虫的感染；猪疥螨也普遍存在于各地猪场中。随着猪与寄生虫的其他宿主接触减少，需要其他宿主参与的寄生虫，如猪囊虫、猪细颈囊尾蚴、猪棘球蚴、姜片吸虫、华支睾吸虫及猪后圆线虫（又称猪肺线虫）等的感染情况已经得到很大程度的控制和减少。由于鼠、猫等进出猪场，以致弓形虫病仍呈地方性流行。多种寄生虫混合感染的情况也较为常见。究其原因，大体如下：

1. 重视不够

由于寄生虫病常呈隐性感染，是一种慢性消耗性疾病，没有烈性传染病那么来势汹涌，所以不易被生产者觉察和重视。但是多数寄生虫从猪感染虫卵到发育成成虫再次排卵所需周期短，排卵数量大，集约化猪场猪群集中度高、数量也大，更易于寄生虫的传播和重复感染，从而易使星星之火形成燎原之势。事实上，寄生虫的各个生长发育阶段均会像温水煮青蛙一样不断消耗猪的体质，使猪更易于发生各类疾病。

2. 情况不清

虽然有关我国猪寄生虫感染情况的报道越来越多，但是结果却不尽相同：不同地域、不同季节、不同生产环境、不同管理方式、不同卫生条件以及对寄生虫采取不同处理方式的猪群，感染寄生虫的种类和感染程度均存在很大差异。因此，非常有必要了解自家猪场寄生虫病的流行情况及防控现状。

3. 手段盲目

许多猪场只是为了驱虫而驱虫，缺少驱虫前的检测和驱虫后的监测，以致在防控寄生虫时选择什么药、什么时候给药、给多长时间的药、间隔多长时间给一次药以及通过什么途径给药等均盲目地“一刀切”也就不足为奇了。

4. 效果模糊

不同虫种对单一成分药物的敏感性差异很大，如苯并咪唑类药物（阿苯达唑、芬苯达唑）对猪体外寄生虫及原虫无效；即便是同一虫种，在不同的生长发育阶段，对同一种药物的敏感性也会存在很大差异，如大环内酯类药物（阿维菌素、伊维菌素）对猪蛔虫第四期以前的移行期幼虫的作用很弱；几乎所有药物对虫卵无效。

6.3.4 集约化养猪生产中寄生虫病的防控

猪寄生虫病的传播途径复杂多样，如种猪群间的交叉水平传播、母猪传给仔猪、外来猪传给自家猪、后备猪带进种猪群、猪群内部的重复感染、生产工具的交叉传播及饲料/饮水的污染等，而且猪群易发生蓄积性感染，以致日龄越大的猪，感染寄生虫的概率就越高。各地调查结果也证实，日龄较大的猪感染寄生虫的种类较多，感染率也相对较高，各阶段猪群的寄生虫感染率从高到低的顺序为种公猪、种母猪、育肥猪、生长猪、保育猪、哺乳猪。猪场要切实控制寄生虫的传播和流行，就需要在恰当的时间选择恰当的驱虫药物采取恰当的方式来切断传播途径。因此，猪场非常有必要适时检测自家猪场各阶段猪群感染寄生虫的种类及感染程度，以为制定和实施自家猪场寄生虫病防控策略提供依据。

1.药物的选择

猪场选用驱虫药物的原则是安全、广谱、高效、便于操作，剂型多样，既可群防群治，也可单个治疗，适用范围较为宽广。但是，目前各类抗寄生虫药物仍有一定的局限性，如大环内酯类药（如伊维菌素、多拉菌素等）对疥螨、血虱等体外寄生虫及蛔虫、食道口线虫、类圆线虫等消化道线虫效果切实，但对线虫的移行期幼虫及猪鞭虫作用较弱或无效；苯并咪唑类药（如芬苯达唑、阿苯达唑等）对体内各期线虫、吸虫、绦虫均有很好的驱杀作用，但对疥螨等猪体外寄生虫无效；地美硝唑对于猪结肠小袋纤毛虫有效，但用药物治疗猪结肠小袋纤毛虫引起的腹泻易出现复发，表现为用药时腹泻被控制，停药后又出现，这可能与结肠小袋纤毛虫包囊或猪无症状感染有关；磺胺类药（如磺胺间甲氧嘧啶等）则用于控制弓形虫、球虫及细菌性继发感染，但易造成猪肾脏毒性。由于猪场普遍存在多种寄生虫混合感染的情况，而感染寄生虫后的细菌性继发感染也普遍存在，因此合理的联合用药尤为重要。

2.给药的程序

种猪群：于初春、夏季、深秋全群同步混饲驱虫3～4次，每次驱虫持续给药1周。定期进行虫检，及时了解种猪群的感染情况。感染严重的，间隔10 d再重复驱虫一次，以将种猪群寄生虫的感染率降到最低。

后备猪、新引进猪：在混入自家猪群之前必须彻底驱虫1～2次，以免成为猪场寄生虫病的传染源。

重胎母猪：进产房之前彻底驱虫一次，清洁体表，以免母源虫体感染新生仔猪。

保育猪：在保育期结束前彻底驱虫一次。

生长育肥猪：卫生条件好的猪场，生长育肥猪驱虫一次，基本上可以安全上市；卫生条件差的猪场，需酌情增加驱虫次数。

3.其他辅助措施

(1)控制好寄生虫病的细菌性继发感染　寄生虫病患猪的皮肤、肠壁等天然保护屏障遭到破坏，机体营养损耗、抗病能力减弱，易造成其他病原微生物的乘虚而入，尤其是细菌性继发感染的风险加大。因此，驱杀猪体内外寄生虫时，需同时控制其细菌性混合或继发感染。

(2)切断寄生虫病的传播途径　防止鼠、鸟等动物出入猪场；猪场应减少狗、猫等的饲养，防止这些动物出入生产区，避免这些动物及其排泄物污染饮水和饲料，以降低外源性寄生虫对猪群的感染概率。

(3)清洁场舍环境及生产用具　猪群尽量全进全出，清群或驱虫后应彻底清洁栏舍，定期用外喷杀虫剂对环境和生产用具进行驱虫消毒。及时清理相关废弃物，并作生物发酵等无害化处理，以免成为传染源，反复侵害猪群。

总之，猪场寄生虫病的防控是一项系统工程，既不能视而不见，也不能草木皆兵，只要从细节着手，仔细观察猪只的生长状况及行为表现，定期虫检，及时发现、及时处理，便可有效降低猪群寄生虫病的风险及危害，从根本上提高养猪生产的经济效益。

6.4 猪场主要霉菌毒素中毒病的防控

6.4.1 危害猪场的主要霉菌和霉菌毒素

6.4.1.1 霉菌

霉菌,顾名思义是指能引起物品发生霉变的真菌,通常指那些菌丝体比较发达的丝状真菌。霉菌在自然界中分布很广泛、种类有很多,目前有记载的约 100 000 种,而对饲料和饲料原料造成污染的霉菌有 200～300 种,其中主要有曲霉属、青霉属、镰刀菌属等(胥革非,2001)。影响霉菌生长的因素很多,包括生长的基质底物,所在环境的温度、湿度,季节等。谷物在田间生长期间遇到持续湿雨天气或变化剧烈的气候时感染霉菌的概率就会增加,收获过程中和收获后的机械磨损、不良干燥方式、昆虫、鼠害损伤等也容易造成霉菌感染。霉菌的生长取决于基质的水分活度。一般水分活度大于 0.75 时霉菌即可生长。猪配合饲料由不同原料组成,不同原料的水分活度是有差异的,在水分含量一致情况下,仍然会有一些水分活度高的原料容易先发生霉变,继而引起配合饲料霉变(何学超 等,2004)。

6.4.1.2 霉菌毒素

霉菌毒素是指霉菌在其所污染的基质中所产生的有毒的次级代谢产物。目前已知污染猪饲料的霉菌毒素有 300 多种,其中对猪危害相对严重的有呕吐毒素(deoxynivalenol,DON)、T-2 毒素(T-2 toxin,T-2)、玉米赤霉烯酮(zearalenone,ZEA)、伏马毒素(fumonisins,FBs)、赭曲霉毒素 A(ochratoxin A,OTA)以及黄曲霉毒素 B_1(aflatoxin B_1,AFB_1)等。这些主要霉菌毒素几乎都具有熔点高、溶解性差、稳定性高、分解缓慢等物理和化学特性。在产毒霉菌中,同一产毒菌株的产毒能力是不固定的,不同条件下很容易发生改变。能产毒的霉菌经过多代繁殖后可能失去产毒能力,而不会产生毒素的霉菌在一定条件刺激下也可能会产出毒素,因此产毒菌种产生的毒素不具有严格的专一性,一种菌种可产生几种毒素,同一毒素可由几种霉菌产生(沈尔平,2006)。作为猪饲料中最主要的能量供给原料的玉米、小麦、稻谷等谷物,现已深受霉菌毒素问题的困扰,可以说谷物和饲料在储藏过程中除了病虫害,霉菌毒素污染是威胁粮食安全的第二大问题。

6.4.2 危害猪场的主要霉菌毒素及其特性

6.4.2.1 黄曲霉毒素

黄曲霉毒素是黄曲霉、寄生曲霉、集蜂曲霉和溜曲霉等曲霉菌的次级代谢产物,为二氢呋喃氧杂萘邻酮的衍生物,分子包含一个双呋喃环和一个氧杂萘邻酮。在已发现的 20 多种黄曲霉毒素类化合物中,黄曲霉毒素 B_1 的毒性最强,具有严重的致突变、致癌、致畸形的三致作用。黄曲霉毒素分子量小,在猪消化道被吸收后,运载至各器官并对其产生毒性效应。黄曲霉毒素可穿过胎盘屏障给胎儿的生长发育带来影响,产生致畸形等毒性作用。黄曲霉毒素在猪体内的代谢主要在细胞的微粒体酶系统催化下进行,比如 AFB_1 在 C10 处羟基化生成 AFM_1 后经乳汁排泄,在 C8—C9 处发生环氧化后结合鸟嘌呤,进而干扰蛋白质合成,在不同位置水合、羟基化后通过尿液排泄等等(Verma et al., 2002)。

猪体内积蓄少量黄曲霉毒素时,会表现出慢性中毒症状,表现为动物生长发育缓慢、生产性能下降、免疫系统和天然防御机能受到破坏等；当该毒素积蓄到一定的量后，猪体产生急性中毒症状，表现为实质细胞坏死、出血、便血、死亡等现象。黄曲霉毒素 B_1 能明显降低生长猪的采食量和饲料转化率，从而抑制猪的生长。有研究表明，仔猪分别饲喂对照饲料和含 0.1 mg/kg 黄曲霉毒素 B_1 的饲料 90 d 后，结果发现黄曲霉毒素 B_1 对仔猪的生长性能、内脏器官、血清和肝脏相关酶的活性都产生影响。黄曲霉毒素 B_1 使得仔猪日增重降低了 12.90%（$P<0.01$），料重比提高了 7.54%（$P<0.01$）；黄曲霉毒素显著影响猪内脏器官的相对质量（器官鲜重/活体重），猪的肝脏、肾脏、脾脏、胰脏的相对质量分别比对照组提高了 8.24%（$P<0.05$）、27.27%（$P<0.01$）、41.18%（$P<0.01$）、42.86%（$P<0.01$）。伴随饲喂时间的延长，上述影响日益严重，呈现时间依赖性关系（Mishra et al.，2003）。在黄曲霉毒素对母猪免疫机能影响的研究中，饲喂高剂量黄曲霉毒素组母猪血液中的白细胞数量、肝脏组织的纤维化程度、肿瘤坏死因子 α 的浓度均显著高于其他各组，日粮中黄曲霉毒素含量达到 120 μg/kg 时，母猪出现肝脏炎症和损伤情况。试验还证明了母猪食入一定量黄曲霉毒素 B_1 后对仔猪也造成一定的影响，可能是毒素造成母猪繁殖机能降低后，使得仔猪免疫系统受影响且重者出现死亡，轻者出现异常神经症状（Harvey et al.，1990）。

6.4.2.2　呕吐毒素

呕吐毒素主要由禾谷镰刀菌、尖孢镰刀菌、串珠镰刀菌、雪腐镰刀菌等镰刀菌代谢产生，化学名为脱氧雪腐镰刀菌烯醇，化学结构为 3α，7α，15-三羟基-12，13-环氧单端孢霉-9-烯-8-酮。呕吐毒素是 B 型单端孢霉烯族毒素的代表，因能引起动物呕吐，故称呕吐毒素。呕吐毒素具有很强的细胞毒性，主要作用于生长代谢较快的细胞如胃肠道黏膜细胞、淋巴细胞、胸腺细胞等，能透过各种生物屏障（细胞膜等），从而影响器官中细胞活力。呕吐毒素会结合在核糖体 60S 大亚基上，影响肽基转移酶在核糖体上的活性位点，抑制 DNA、RNA 和蛋白质的合成，从而导致丝裂原活化蛋白激酶（MAPK）细胞信号通路的磷酸化，进而影响这条通路调控的免疫应答、炎症反应和细胞凋亡等基因的表达。呕吐毒素主要存在于玉米、玉米蛋白粉、干酒糟及其可溶物（DDGS）、玉米胚芽粕、小麦及其副产品中。各种动物对呕吐毒素的敏感性不一样，一般来说猪敏感性最高。呕吐毒素进入猪的消化道后有几个去路：一是很少部分通过粪便被直接排泄；二是一部分被肠道微生物代谢（碳 12-13 去环氧化），然后再被吸收，极少部分随粪便排泄；三是大部分在消化道前端被迅速吸收运载至肝脏等器官，然后部分进入体循环经尿液排泄，部分通过肝肠循环回到肠道，被降解或被重吸收。呕吐毒素及其代谢产物的毒性次序为：呕吐毒素＞15-乙酰呕吐毒素＞3-乙酰呕吐毒素＞去环氧呕吐毒素（糖基化可以降低毒性）（Malekinejad et al.，2007）。

呕吐毒素对猪具有免疫毒性、细胞毒性、胚胎毒性及肠道毒性等，其中肠道毒性最有代表性。猪采食了含有呕吐毒素的饲料后，最主要的症状是肠胃炎，表现为采食量下降、共济失调、呕吐、体重下降以及机体免疫力降低等症状。有试验证明，仔猪饲喂含有 0.9 mg/kg 呕吐毒素的饲料时采食量变化不明显，增重略有降低，肠细胞氧化应激增加；饲喂含 3.5 mg/kg 呕吐毒素的饲料时，仔猪采食量和增重分别减少了 14% 和 12%。另一研究发现，当饲料中含有 1 mg/kg 以上的 DON 时可引起猪的采食量下降，含有 3.6 mg/kg 时，仔猪的饲料消耗量降低了 20%，采食量与饲料中 DON 浓度呈线性相关，饲料中 DON 每增加 1 mg/kg 时猪的采食量下降大约 6%。动物之所以会出现采食量下降和拒食现象，可能是因为 DON 能通过调节小肠 5-羟色胺、儿茶酚胺等受体抑制小肠的正常蠕动，从而影响消化系统（Danicke et al.，2007）。

Li 等（2018）给试验仔猪分别饲喂含低剂量呕吐毒素、1 000 μg/kg 呕吐毒素、2 000 μg/kg 呕吐毒素及 3 000 μg/kg 呕吐毒素的饲料，然后采取仔猪十二指肠和空肠样品制作组织切片观察，发现低剂量呕吐毒素组绒毛结构完整，排列紧密，无损伤；1 000 μg/kg 组绒毛上的微绒毛开始出现损伤现象；2 000 μg/kg 组可观察到微绒毛损伤明显，绒毛顶部遭受破坏；3 000 μg/kg 组除可观察到微绒毛明显损伤外，绒毛结构完整性明显遭受破坏（图 6-6、图 6-7）。

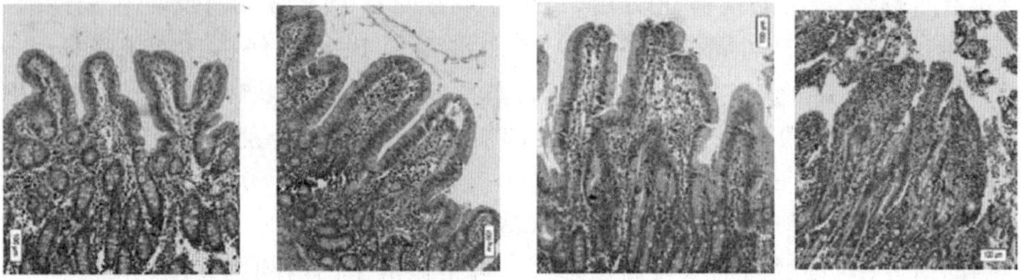

低剂量呕吐毒素　1 000 μg/kg 呕吐毒素　2 000 μg/kg 呕吐毒素　3 000 μg/kg 呕吐毒素

图 6-6　各组仔猪十二指肠绒毛结构（Li et al.，2018）

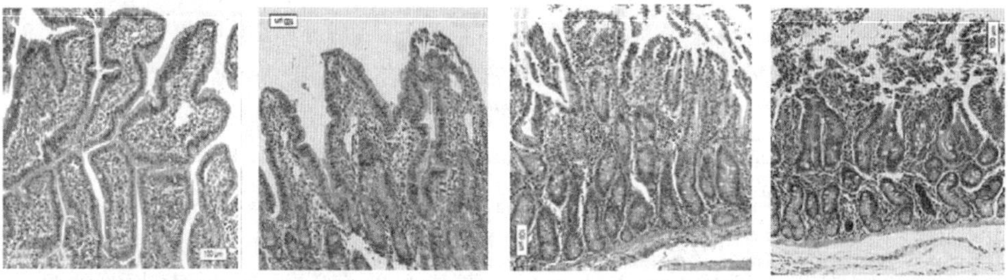

低剂量呕吐毒素　1 000 μg/kg 呕吐毒素　2 000 μg/kg 呕吐毒素　3 000 μg/kg 呕吐毒素

图 6-7　各组仔猪空肠绒毛结构（Li et al.，2018）

6.4.2.3　玉米赤霉烯酮

玉米赤霉烯酮由禾谷镰刀菌、三线镰刀菌、串珠镰刀菌、雪腐镰刀菌等多种镰刀菌代谢产生，为 2,4-二羟基苯甲酸内酯类化合物，化学名称为 6-(10-羟基-6-氧基碳烯基)-β-雷锁酸-μ-内酯，与猪的内源雌激素结构相似（Vol，1999）。玉米赤霉烯酮对猪主要表现为生殖毒性。这是由于玉米赤霉烯酮与雌二醇结构相似，可以竞争性作用于细胞膜上的雌激素受体，与受体结合后使其转移至细胞核内，从而引起雌激素样效应甚至生殖障碍。另外，玉米赤霉烯酮也可以损伤猪肝脏，引起氧化应激、脂质过氧化，导致免疫毒性、细胞毒性等。玉米赤霉烯酮进入猪体内后被代谢生成 α-玉米赤霉烯醇和 β-玉米赤霉烯醇（α-ZOL 和 β-ZOL），其中 α-ZOL 毒性比玉米赤霉烯酮更高（Zinedine et al.，2007）。

在玉米赤霉烯酮对猪的危害研究中，结果都证明了玉米赤霉烯酮能使母猪出现不同程度性早熟、乳头肿大、外生殖器肿胀，发情周期紊乱、假发情、卵巢萎缩、持久黄体、受孕异常、产仔数减少及产弱仔等等一系列临床症状；能使公猪睾丸组织萎缩，包皮水肿，精液浓度降低、质量下降等；对精原细胞和精母细胞都有不同程度的损伤（Minervini et al.，2001）。Chen 等（2015）的试验确定了对断奶后母猪饲喂含有 1.1～3.2 mg/kg 的 ZEA 的日粮 21 d 后，会导致子宫畸形肿大（图 6-8）和血清中促黄体激素和催乳素的变化，同时也会导致阴户的变化；体外试验也证实了 ZEA 会对猪的卵母细胞造成影响，提高卵泡闭锁的概率，影响卵母细胞的成熟率和精子穿透的能力。另有研究对青年母猪随机分组，饲喂 1.5 mg/kg ZEA 4 周后发现生殖道和子宫内膜腺重量分别增加了 2.4 倍、0.5 倍；饲喂 ZEA 污染饲料的母猪的雌激素受体 β（ERβ）mRNA 和蛋白浓度分别高 2 倍、3.5 倍（Edwards et al.，1987）。

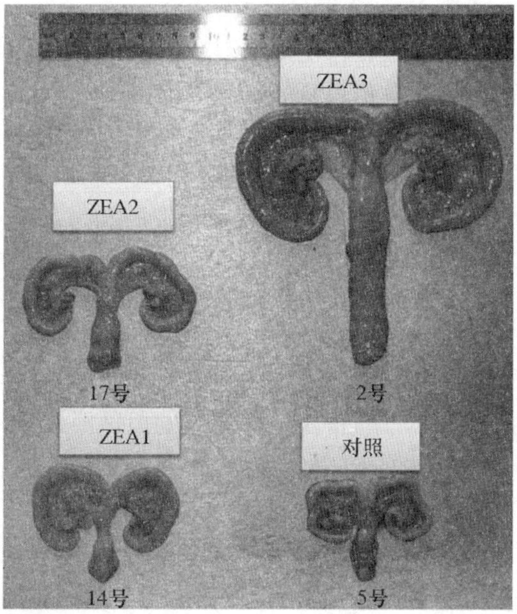

图 6-8　不同浓度 ZEA 对子宫的影响
（Chen et al.，2015）
ZEA1、ZEA2、ZEA3 组玉米赤霉烯酮含量分别是 1.1、2.0、3.2 mg/kg

玉米赤霉烯酮作为一种类雌激素的霉菌毒素，在生猪养殖生产中被人们广泛研究和认识，尽管其毒性在霉菌毒素中并不算最强，但猪对这类毒素是最敏感的。总的来说，很多研究表明玉米赤霉烯酮能导致猪生殖器官不同程度肿大、病变、功能减退等，而在实际养殖生产中，当饲料中玉米赤霉烯酮含量为 100～200 μg/kg 时，青年母猪中即有可能出现阴户红肿现象，浓度为 200～500 μg/kg 时，母猪群体中即可出现不同程度的假发情、阴户红肿等临床症状，浓度超过 500 μg/kg 甚至平均值为 1 000 μg/kg 以上时，整个猪场表现为全场性的假发情、脱肛、妊娠母猪流产、初生仔猪八字腿等繁殖障碍问题（图 6-9）。总体来说，玉米赤霉烯酮的表观毒性与动物的品种、性别、年龄和养殖场的管理水平是密切相关的，对于亚健康、高应激且饲养管理不善的青年母猪而言，200 μg/kg 浓度的玉米赤霉烯酮即可引起阴户红肿等外观症状。

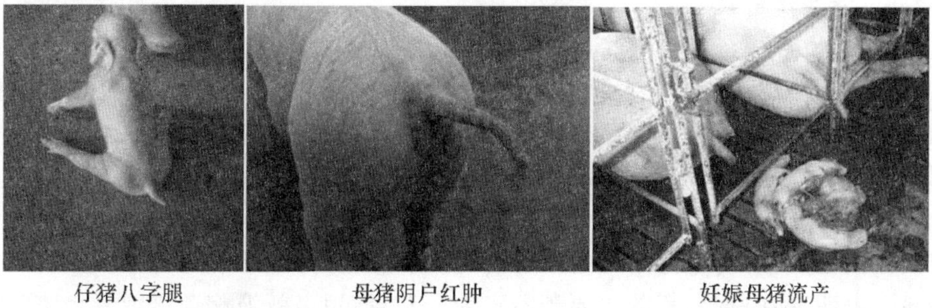

仔猪八字腿　　母猪阴户红肿　　妊娠母猪流产

图 6-9　玉米赤霉烯酮对猪场的危害

6.4.2.4 T-2毒素

T-2毒素主要由拟孢镰刀菌、枝孢镰刀菌、梨孢镰刀菌和三线镰刀菌等镰刀菌代谢产生。T-2毒素属于单端孢霉烯族毒素的A型，是此类毒素中毒性最强的一种，其主要毒性基团结构与B型呕吐毒素的一致。T-2毒素的毒性有基因毒性、细胞毒性、免疫毒性等，能危害猪的消化、神经、生殖系统，造成猪体表、口腔、肝脏等器官损伤。T-2毒素能够与肽基转移酶结合，从而抑制DNA、RNA合成，最终抑制蛋白质的合成以发挥毒性作用；T-2毒素的细胞毒性是干扰细胞膜磷脂的代谢，增加肝脏中的脂质过氧化；免疫毒性则是通过损伤脾脏、胸腺、肠黏膜而致使白细胞减少，引发免疫抑制，提高猪对致病菌的易感性。T-2毒素可使动物口腔、肌胃、肠黏膜发生病变，从而发挥其消化道毒性(Sorsa et al.，1980)。

有研究用T-2毒素对猪的肝脏细胞进行暴露，暴露浓度分别为0、0.02 mg/kg、0.05 mg/kg、0.1 mg/kg，48 h后发现细胞氧化应激和细胞凋亡相关基因的表达有增加、药物和脂质代谢的基因表达有下降的现象，用荧光定量PCR方法测定细胞色素P450家族的CYP2D25和CYP51两个药物代谢基因的表达，结果也可推断出，T-2毒素对细胞的毒性是通过丝裂原活化蛋白激酶(MAPK)途径，诱导氧化应激和细胞凋亡的(Pestka et al.，2004)。

6.4.2.5 伏马毒素

伏马毒素是由串珠镰刀菌、层生镰刀菌和轮枝镰刀菌等在一定的温度和湿度下代谢产生的有毒产物，是由不同的多氢醇和丙三酸组成的结构类似的双酯化合物。伏马毒素迄今共发现11种，其中以伏马毒素B危害范围最大，研究最广。伏马毒素的化学结构与动物机体内的鞘氨醇、神经鞘氨醇有着高度的相似性，因此其可以竞争性地结合神经鞘氨醇N-2酰基转移酶，从而抑制神经酰胺的合成，进而干扰细胞上鞘脂类的合成代谢(Riley et al.，1993)。

不同的动物对伏马毒素的敏感性不同，同一种动物不同性别对伏马毒素的敏感性也不尽相同。相比较而言，马、猪对伏马毒素的敏感程度强，家禽较低，牛的敏感性要更低些，因为有研究表明，瘤胃能代谢部分伏马毒素。对猪而言，伏马毒素能降低其免疫功能，损伤肝脏，引发肺水肿和心血管系统疾病。给猪饲喂伏马毒素含量为16 mg/kg的饲料4～7 d后，试验猪出现肺水肿；连续给猪饲喂伏马毒素含量为5 mg/kg的饲料4 d后即可观测到胆固醇、谷草转氨酶和碱性磷酸酶等肝功能指标出现显著升高，说明肝脏遭受损伤；给猪饲喂伏马毒素含量为10 mg/kg的饲料3个月后，可观察到多个器官的血管通透性增加(Marasas et al.，1996)。

6.4.2.6 赭曲霉毒素

赭曲霉毒素是由曲霉菌属和青霉菌属霉菌代谢产生的，是由异香豆素连接到β-苯丙氨酸上的衍生物。在赭曲霉毒素的几种结构类似的化合物中，赭曲霉毒素A毒性最强。赭曲霉毒素对猪的毒性主要有肝肾毒性和肠毒性。赭曲霉毒素的中毒反应为脱水、多尿，伴随蛋白尿和糖尿，消化功能紊乱，肠黏膜出血，腹泻等。赭曲霉毒素在消化道被吸收进入机体后，能与血浆蛋白结合，其结合物能在血液中检测到，在剂量不高时，细胞色素P450、环氧化酶、脂肪氧化酶等可以将其代谢至无毒，剂量高出细胞处理能力后，赭曲霉毒素即可展现其强烈的肝肾毒性。

许多研究表明，赭曲霉毒素的主要靶器官为肝和肾，用高效液相色谱或者免疫学的方法检测时，也发现赭曲霉毒素进入猪体内后随即分布于各个器官且以肝脏和肾脏含量最高。有研究发现赭曲霉毒素可引起猪肾脏萎缩或肿大、变色，肾小管萎缩、坏死，肾小球透明变性等；造成肝细胞膜增厚，线粒体肿胀、溶解，内质网减少，肝细胞溶解。用免疫荧光技术分析各脏器显示，肝、肾、心肌等组织都能检测到赭曲霉毒素的存在，解剖时发现皮肤上有出血点，内脏明显充血、水肿。从目前的研究进展来看，赭曲霉毒素的肠毒性作用机制暂不明确，研究者普遍认为赭曲霉毒素通过抑制蛋白质、RNA 和 DNA 的合成，诱导细胞氧化应激（包括脂质过氧化、蛋白质氧化损伤以及 DNA 氧化损伤）、胞内钙平衡紊乱、线粒体机能障碍、细胞程序性死亡等途径发挥毒害作用，但上述作用机制的研究较少。现有的研究结果主要包括赭曲霉毒素降低紧密连接复合体中关键蛋白的含量，使得肠道屏障功能下降，赭曲霉毒素抑制肠道抗氧化防御系统，诱导氧化应激等，如 HT29D4 细胞经 100 μmol/L 赭曲霉毒素暴露 48 h 后，Na^+ 依赖的葡萄糖吸收显著下降等（Kumagai，1988）。

6.4.3　近年来我国猪饲料霉菌毒素污染情况及管控现状

6.4.3.1　我国猪饲料霉菌毒素污染现状

我国是世界农业大国，谷物产量居世界前列。但我国相当部分地区处于亚热带，适合的温度和湿度条件容易使得粮食作物感染霉菌，因此霉菌毒素在猪饲料用谷物原料中检出率极高。据中国饲料检验中心抽样检测报道，我国玉米、小麦、麸皮均有霉菌毒素的污染，这些猪饲料原料中霉菌毒素的检出率均为 100%，超标率居高不下。其中玉米作为最主要的饲料原料，在猪料中使用比例很大，高者可达 70%，因此玉米霉变产毒导致猪饲料成品质量的改变是养猪生产中不可避免的问题。

杨晓飞等（2007）在四川不同地区采集主要饲料原料样品，共五类 133 个样品。五类样品分别是：玉米；玉米蛋白粉；小麦及其他谷物副产品（米糠、次粉）；饼粕类（豆粕、菜籽粕）；鱼粉及其他动物性蛋白类等。样品用于测定黄曲霉毒素 B_1、T-2 毒素、赭曲霉毒素 A、伏马毒素、呕吐毒素和玉米赤霉烯酮的含量。结果表明，这些样品中 6 种霉菌毒素的污染率很高，尤其是伏马毒素、呕吐毒素和黄曲霉毒素 B_1 的检出率非常高，而玉米赤霉烯酮和 T-2 毒素的检出率较低。从超标率数据上看，呕吐毒素和 T-2 毒素污染严重，超标率高。王若军等（2003）从全国各省（自治区、直辖市）采集 94 份饲料和原料样品进行主要霉菌毒素检测。检测结果发现，污染最严重的霉菌毒素是呕吐霉素、伏马毒素和玉米赤霉烯酮，其次是黄曲霉毒素和 T-2 毒素，不同饲料原料中霉菌毒素污染的情况不同，玉米以呕吐霉素、烟曲霉毒素和玉米赤霉烯酮为主，而蛋白类饲料原料则黄曲霉毒素和 T-2 毒素的污染程度相对较重。苏永腾（2018）从 2013 年 1 月至 2016 年 7 月共采集玉米样品 696 份和猪饲料（包括配合料和浓缩料）样品 340 份进行黄曲霉毒素 B_1、玉米赤霉烯酮、呕吐毒素三种毒素的检测分析。玉米样品主要来自我国玉米主产区，猪饲料样品主要来自我国畜禽养殖规模较大的省（自治区、直辖市）的饲料生产商和大型养殖场，包括江苏、江西、河南、安徽、浙江、湖南、福建、广东、四川、山东、广西、河北、上海、陕西、湖北、内蒙古、辽宁等地区。检测结果发现 2013 年 1 月至 2016 年 7 月间，玉米中三种毒素的检出率均达到 90%以上，污染范围广；玉米黄曲霉毒素 B_1、呕吐毒素的最高值分别为 28.56 μg/kg 和 4 493.83 μg/kg，远远高于国家规定的限量标准，污染严重。黄曲霉毒素 B_1 平均值为 5.00 μg/kg，玉米赤霉烯酮平均值为 220.80 μg/kg，呕吐毒素平均值为 722.46 μg/kg（表 6-4），以上三种毒素的平均值分别为限量标准的 9.62%、48.32%、73.51%。2013 年 1 月至 2016 年 7 月间采集了猪配合饲料，其中仔猪料（108 份样品）、种猪料（175 份样品）、育肥猪料（57 份样品），将这三阶段的配合饲料的三种毒素含量相比较，种猪配合饲料样品的三种毒素的平均值均最高，黄曲霉毒素 B_1 平均含量达到 5.19 μg/kg，玉米赤霉烯酮平均含量达到

189.61 μg/kg,呕吐毒素平均含量达到1 046.77 μg/kg,超过限量标准(1 000 μg/kg),具体见图6-10。

表6-4　玉米中三种霉菌毒素检测结果(苏永腾,2018)

项目	黄曲霉毒素 B_1	玉米赤霉烯酮	呕吐毒素
总样本数	696	696	696
阳性样本数	590	656	674
检出率/%	97.97	93.24	99.32
最高值/(μg/kg)	28.56	1 549.49	4 493.83
阳性样品平均值/(μg/kg)	5.00	220.80	722.46
阳性样品中值/(μg/kg)	4.92	235.96	714.76

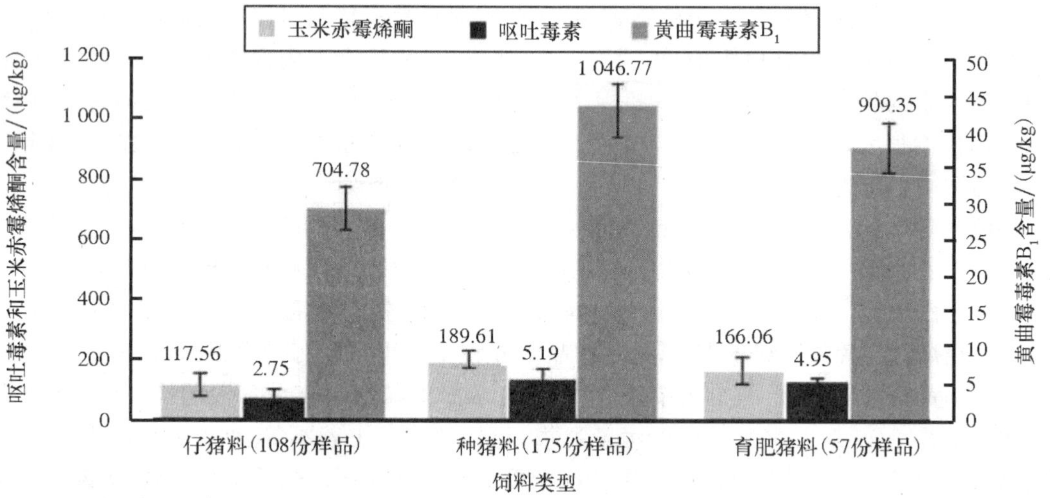

图6-10　仔猪料、种猪料、育肥猪料中三种毒素含量比较(苏永腾,2018)

6.4.3.2　我国猪饲料霉菌毒素污染的规律性分析

作为猪饲料的主要能量原料,玉米、稻谷、小麦等谷物受霉菌毒素的污染相当普遍,相对严重的有呕吐毒素、伏马毒素、玉米赤霉烯酮、黄曲霉毒素 B_1 等,在很多调查报告中,这些主要的霉菌毒素检出率都达到或接近100%。由图6-11可见,近几年不同年份的玉米黄曲霉毒素 B_1 含量变化不大,而不同年份的呕吐毒素的含量变化则非常大,说明毒素的污染存在年份性,与玉米生长和收获时的环境存在非常大的关系。

值得注意的是,由于各种谷物性质不一样,它们感染的菌株及其产毒情况也各有差别。脂含量高的谷物较易感染黄曲霉菌;麦类则主要以镰刀菌和麦角菌为主;长江沿岸及长江以南地区的谷物以黄曲霉为主;东北和华北的谷物以镰刀菌为主,西北地区的霉变概率则相对较低。按季节因素考虑时,夏季以黄曲霉为主,而冬季以镰刀菌为主,因此,同时饲喂多种谷物或者在饲料配方中使用多种谷物时,受霉菌毒素的危害概率就更大。以玉米为例,玉米受霉菌感染的程度除了与

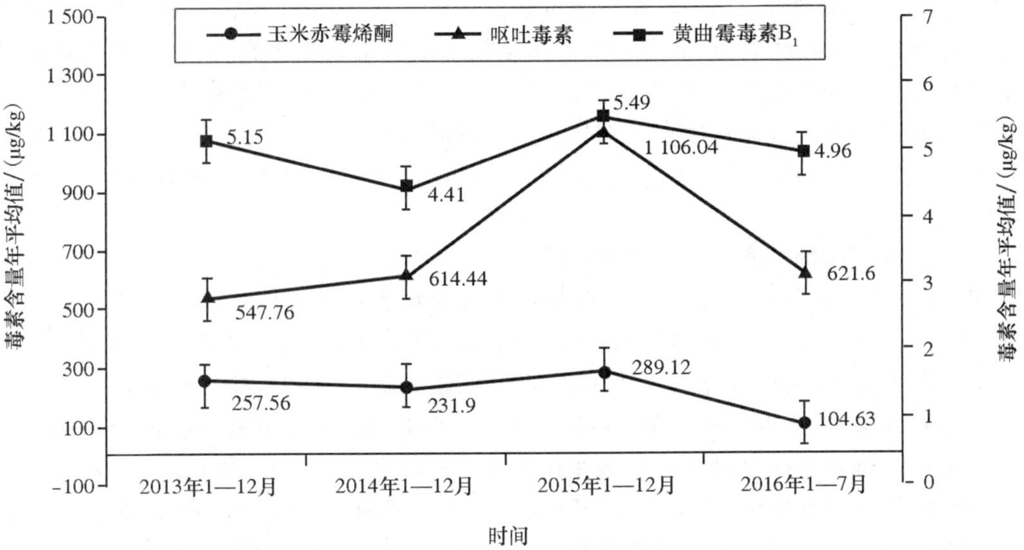

图 6-11　2013 年 1 月至 2016 年 7 月间玉米中三种毒素含量的年平均值(苏永腾,2018)

其成熟度、玉米粒的完整度有关外,与地域和季节也有很大关系,我国南北方均产玉米,但不同地区,同一季节收获的玉米所带菌属有较大差别,同一地区、不同季节、不同年份的玉米所带菌属也不一样。苏永腾(2018)从 2013 年 1 月至 2016 年 7 月共采集玉米样品 696 份进行黄曲霉毒素 B_1、玉米赤霉烯酮、呕吐毒素三种毒素的检测分析。玉米样品主要来自我国玉米主产区东北(黑龙江、吉林、辽宁、内蒙古部分地区)、西北(包括陕西、宁夏、甘肃和内蒙古部分地区)、山东、河北、河南。检测结果发现,西北玉米的三种毒素污染情况最轻,黄曲霉毒素 B_1 的平均值为 3.76 μg/kg,比最高的河北省低 26.42%,玉米赤霉烯酮为 129.91 μg/kg,比最高的河南省低 48.65%,呕吐毒素为 378.94 μg/kg,比最高的河南省低 65.35%。这五个区域中,河南玉米的玉米赤霉烯酮和呕吐毒素污染最严重,分别达到 253.02 μg/kg,1 093.80 μg/kg,河北玉米的黄曲霉毒素 B_1 污染最严重,达到 5.11 μg/kg。五个区域的三种毒素污染相比较来看,河南玉米最严重,河北次之,随后是山东,东北玉米污染较轻,西北玉米污染情况最轻,具体如图 6-12 所示。

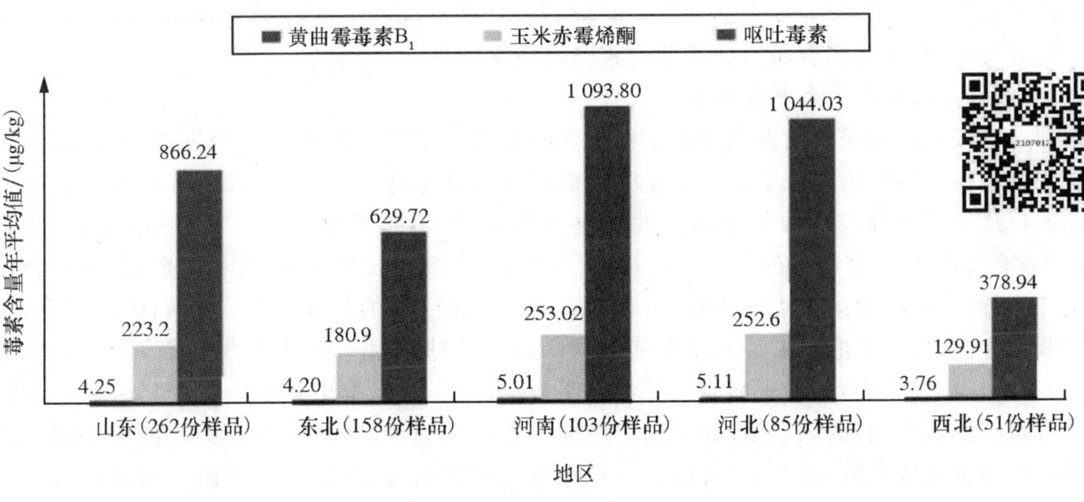

图 6-12　2013 年 1 月至 2016 年 7 月间五个玉米主产区的玉米中三种毒素含量年平均值比较(苏永腾,2018)

大体而言，我国猪饲料及其原料镰刀菌毒素污染较重地区主要集中在华东热湿储粮生态区、华北和东北冷湿储粮生态区，曲霉菌毒素污染较重地区主要集中在华南、西南热湿储粮生态区，而青藏高寒干燥储粮生态区、蒙新干冷储粮生态区、华北干热储粮生态区、西南中温低湿储粮生态区、华南高温高湿储粮生态区都处在相对较低水平。究其原因，霉菌毒素高发区都为湿度较大地区，而气温为中低温的适宜镰刀菌生长和产毒，气温为高温的适宜曲霉菌生长和产毒。

6.4.3.3 我国猪饲料霉菌毒素管控标准

我国农业部颁布的饲料卫生标准对猪饲料及其原料的霉菌毒素进行了具体规定。2001年版的饲料卫生标准中仅对玉米、花生饼粕、豆粕、菜籽和棉籽粕、猪配合和浓缩饲料进行黄曲霉毒素 B_1 的限量控制；2006年增补了玉米及副产物、猪饲料的玉米赤霉烯酮限量，增补了赭曲霉毒素的限量；2007年增补了猪配合饲料呕吐毒素的限量；2008年增补了猪配合饲料 T-2 毒素的限量；同时也确定了以上毒素的检测仲裁方法。2017年农业部颁布了新的饲料卫生标准代替以上标准，在新的标准中，霉菌毒素的限量要求占了比较大的篇幅，相比较过去版本的限量而言，猪饲料原料的毒素限量要求部分变高了，对猪饲料的限量要求部分变得更为严格。具体如表6-5所示。

表6-5 2017年饲料卫生标准(GB 13078)对猪饲料及原料的限量要求

真菌毒素	玉米及其加工产物	其他植物性饲料原料	仔猪饲料	青年母猪饲料	其他猪饲料
黄曲霉毒素 B_1/(μg/kg)	50	30	10		20
呕吐毒素/(mg/kg)		5			1
玉米赤霉烯酮/(mg/kg)	0.5(玉米皮、喷浆玉米皮、玉米浆干粉、玉米酒糟类等:1.5)	1	0.15	0.1	0.25
赭曲霉毒素 A/(μg/kg)		100			100
伏马毒素 B_1+B_2/(mg/kg)	60				5
T-2 毒素/(mg/kg)		0.5			0.5

6.4.3.4 我国生猪养殖行业霉菌毒素防控技术现状

1. 兽医临床霉菌毒素中毒的诊断

通过观察猪体的损伤情况来判断霉菌毒素的危害是猪场兽医诊断常用方法，为解决霉菌毒素问题提供了临床依据。T-2 毒素等单端孢霉烯族毒素会造成口腔溃疡，可观察到病灶由黄色的口疮变成溃疡。霉菌毒素可引发出血和肠炎，并引起其他组织器官损伤，如 DON 和 T-2 毒素等对猪都具有很强的肠道毒性，可引发肠道(小肠和大肠)的瘀斑和出血，解剖时会发现十二指肠出血，表现为瘀点或瘀斑，并伴随着霉菌毒素引发的其他损伤。在黄曲霉毒素引发脂肪肝综合征时，由于肝脏合成氨基酸能力降低，致使脂肪堆积，最终使得肝脏发黄。动物体表会表现出血、发黄症状，但腹部脂肪并没有明显增加。另外，霉菌毒素中毒的猪只在解剖时被发现很多体表/皮肤的淤血情况，主要是增加毛细血管脆性，影响凝血素的功能而导致。赭曲霉毒素会引发尿酸盐沉积和肾肿胀。玉米赤霉烯酮能引起母猪流产、死胎、假发情等情况，对中毒猪解剖时会发现子宫肿大等病理变化。

2. 猪饲料及原料的霉菌毒素检测技术

猪饲料及原料的检测是我国猪场霉菌毒素防控工作的重点。关于猪饲料霉菌毒素定量分析，一般有薄层层析法(TLC)、高效液相色谱法(HPLC 法)、酶联免疫法(如竞争 ELISA 法)等方法。对于赭曲霉毒素 A、呕吐毒素、T-2 毒素、伏马毒素，国标法指定使用薄层层析法检测。薄层层析法由于设备简单，易于普及，所以国内外仍在使用。但该法样品前处理烦琐，且提取和纯化效果不够理想，提取液中杂质较多，在展开时影响斑点的荧光强度，而双向展开虽避免了杂质干扰，但增加了操作步骤和时间。HPLC 检测霉菌毒素的基本原理也是利用霉菌毒素的荧光特性，主要是用荧光检测器，其检测的效率、灵敏度和重现性更高，因此 HPLC 法一直是重要的霉菌毒素的化学分析方法。对于黄曲霉毒素、玉米赤霉烯酮、赭曲霉毒素 A，国标法也指定用 HPLC 法检测。该法灵敏而准确，但要求检验员具备较高分析操作能力，因此实际上并没能在猪场和饲料厂中广泛使用。免疫化学分析方法具有灵敏、特效、操作简单的特点，酶联免疫法(如竞争 ELISA 法)试剂盒采用固相直接竞争性酶联免疫原理检测样品中的毒素含量。相对而言，免疫学分析方法在猪场和饲料厂霉菌毒素分析中得到了广泛运用。胶体金标记技术是继荧光标记、酶标记和放射性免疫标记之后的又一新型的免疫标记技术，也可以用于猪饲料霉菌毒素检测。除了以上几种方法，气相色谱法(GC)和串联质谱也可用于饲料霉菌毒素分析，尤其是串联质谱可以同时分析多种毒素，但需要昂贵的仪器设备，未能广泛使用。

3. 猪饲料管控和脱毒技术

随着对霉菌毒素危害认识的深入，饲料霉菌控制成为猪场不可缺少的生物安全管控工作之一。饲养管理水平高的猪场建立有霉菌毒素风险控制标准，制定了相应的质量控制制度，但由于猪场不能控制饲料原料的质量，猪场并不能完全规避霉菌毒素风险，因此饲料脱毒、解毒技术应运而生。

长期以来，业界普遍通过添加防霉剂抑制饲料中霉菌的滋生，但防霉剂对已感染的霉菌和已产生的毒素没有清除能力。在过去的十几年里，国内养猪业尝试了化学、物理和生物学等多种方法消除猪饲料中的霉菌毒素。但由于大多数霉菌毒素的化学性质很稳定，而且绝对含量不高，因此到目前只有脱毒吸附技术具有较高的实用性。目前国内应用的霉菌毒素吸附剂，主要原料有非金属矿物、水解细胞壁多糖、活性炭、微生物、酶等物质。体外试验表明，活性炭和聚乙烯吡咯烷酮等对毒素有较好的吸附作用，但没有多少动物体内试验或案例证实这些物质的脱毒效果，而且其作用机理是物理吸附，对饲料中的某些营养成分有较强吸附作用，因此活性炭和聚乙烯吡咯烷酮逐渐淡出了人们的视野。沸石、凹凸棒土、膨润土、蒙脱石、硅藻土、海泡石等不同类型的黏土矿物具有良好的电负性和多孔性等特性，使得一些品质好的铝硅酸盐类对黄曲霉毒素 B_1 有较好的吸附能力，但对另外几种霉菌毒素的吸附效果比较微弱。这些铝硅酸盐对极性毒素的吸附力在很大程度上取决于其阳离子交换量、比表面积尤其是内比表面积，同时多数矿物的重金属含量容易超标，增加了安全风险。一些聚糖类物质因其巨大的比表面积和众多的化学键而成为很多霉菌毒素处理剂的主要成分，但又有研究表明，糖的化学键易受复杂消化道环境的影响，使得其吸附效果难于评价，所以实际使用效果并不稳定。用酶解和生物转化方式来解决饲料霉菌毒素是一个有意义和开发前景的方法。有研究发现，乳酸菌、双歧杆菌、白腐真菌、假蜜环菌及黑曲霉等具有解毒作用，但又有研究发现某些通常认为是安全的微生物可能在特定条件下产生有毒代谢物，一些毒素被降解后其产物仍有毒性或毒性更大。

6.4.4 规模化猪场防控霉菌毒素的合理方案

6.4.4.1 防控霉菌毒素重在预防

防控霉菌毒素对猪的危害，首当其冲是严防饲料霉变和使用霉变原料。因此，必须在饲料的应用和生产的各环节中确保好品质。①饲料在保存、加工、运输过程中必须严格控制含水量。北方玉米、稻谷、高粱含水量不超过15%；油料饼粕、麦类及其加工副产品、薯干含水量不超过13%；南方谷物和饲料含水量不超过12.5%。原料收购时须测定其含水量，不得收购含水量超过上述标准的原料或半成品。②仓库要通风、干燥、凉爽。经常检查库存物是否干燥，发现异常立即处理。春末至秋初是产毒霉菌生长繁殖的季节，尤其要注意防范。执行谷物和饲料"先进先出"的原则，尽可能缩短谷物和饲料的库存时间，减少污染机会和污染时间，在使用过程中(亦即饲料生产过程中)，及时将加工和操作设备中存留的结块和发霉饲料清除掉。③最好在饲料生产加工过程中围绕霉菌毒素设立"危害分析和关键控制点"体系文件并严格执行。可以将重要原料毒素检测、原料巡视抽查检测、成品检测等环节作为关键控制点，制定合理的、适合本企业产品标准的关键限值，以控制饲料产品霉菌毒素风险。④合理利用防霉剂，在高温、潮湿季节，饲料原料及成品饲料容易被霉菌及其毒素污染，此时可利用丙酸及其盐类、山梨醇及其盐类、双乙酸钠等常用防霉剂延长保存期。总之，做好原料含水量检测控制、原料和成品保管、生产过程控制等工作是猪饲料霉菌毒素风险管理的必要手段。

6.4.4.2 选择有效的脱毒方法

霉菌一旦生长并大量繁殖，再使用防霉剂、水洗、暴晒等措施均无济于事，还可能由于霉菌孢子生长受到胁迫而加速其代谢产生各种毒素。过去人们采用过多种针对饲料霉菌毒素的解毒办法，如曾尝试用蒸煮、紫外照射、水洗、人工剔除、暴晒等措施控制霉菌毒素，但由于霉菌毒素普遍具有熔点高、溶解性差、稳定性高、分解缓慢等特性，这些方法很难分解和剔除霉菌毒素，仅仅做到抑制或者杀灭饲料中的霉菌而已。亦有用氨水降解黄曲霉毒素的方法，有研究说在一定氨水浓度下氨化黄曲霉毒素，总体破坏率达到98%左右，从结果看似乎找到了可行的方法，但饲料一旦霉变后毒素就不仅仅是黄曲霉毒素一种，而且碱性处理方法使得饲料的食用价值大受破坏，很多营养素损失殆尽。而饲料中添加霉菌毒素处理剂以解决霉菌毒素问题的方法越来越被广泛认同和采用。目前霉菌毒素吸附剂种类很多，其主要成分和处理机制也各有不同，各有利弊。黏土类矿物吸附毒素种类有限且会干扰猪对营养素的吸收，寡糖和聚糖类物质的吸附效果不太稳定，酶解或微生物降解毒素的效果尚不明确。深入研究天然铝硅酸盐的理化特性，筛选具有良好吸附特性的矿物进行特殊的改性处理，使得产品在吸附力、亲水疏水性、吸附选择性、协助动物机体解毒上都有针对性的优化，是目前解决饲料霉菌毒素污染风险的一个良好对策。当然，微生物降解霉菌毒素也具有良好的前景，但需要更多更完善的工作。

6.4.4.3 猪场霉菌毒素风险评估与解决方案的制定

猪场霉菌毒素的控制与解决，前提是搞清楚猪饲料的毒素污染状况和所选用脱毒剂产品对各种毒素的脱除能力。同时还要有方法去衡量两者之间的关系，去计算什么样的毒素污染水平需要具有什么效果的脱毒剂，计算需要量是多少等，这是一个严谨的设计过程。了解饲料毒素污染水平的唯一途径就是检测，检测方法有很多，所用试剂盒和分析仪器也很多，需要评估出合适的方法、合适的仪器、合适的分析耗材，这一点非常重要。另外，也要考虑不同阶段的猪只对不同毒素的敏感程度，不同毒素的叠加、协同效应等因素。

6.4.4.4　营养与免疫

细胞毒性是饲料霉菌毒素对猪体毒性作用的主要方式，毒素通过氧化反应等途径损伤细胞，导致不同组织细胞凋亡，引发组织病变。如果在设计猪饲料产品时考虑强化营养性的抗氧化剂或使用一些非营养性的免疫增强剂，对毒素的毒性缓解和维持动物健康具有一定的意义。如使用*L*-抗坏血酸、维生素E等抗应激、抗氧化的维生素类添加剂，可以有效缓解毒素的危害作用；使用蛋氨酸、精氨酸、硫辛酸等在氧化反应、维护肠道健康等方面有特殊功能的氨基酸，能加强动物对毒素的抵抗性；使用姜黄素、酵母聚糖、藻类提取物等，对动物的免疫、肝脏保护、肠道保护等具有一定的积极意义。上述添加剂的强化使用，能在一定程度上中和、缓解饲料霉菌毒素对动物的毒性，是解决霉菌毒素危害的可用辅助手段之一，而这一手段的使用需考虑的关键问题是添加剂的有效性及产品成本增加的压力。

总之，掌握危害猪的主要霉菌和霉菌毒素的种类和特性，了解近年来我国猪饲料霉菌毒素污染情况及管控现状，在此基础上制定规模化猪场防控霉菌毒素的合理方案，坚持重在预防的防控方针，选择有效的脱毒方法，制定和切实实施猪场霉菌毒素风险评估与解决方案，加上选择和使用合理的营养与免疫方法，就能有效管控猪场的霉菌和霉菌毒素的风险。

参考文献

贝为成，严琳，何启盖，等. 2005. 猪传染性胸膜肺炎放线杆菌毒素apxⅡA基因的真核表达及其核酸疫苗[J]. 农业生物技术学报，13(5)：616-619.

蔡宝祥. 2009. 近年来我国流行性乙型脑炎研究进展[J]. 畜牧与兽医，41(8)：1-5.

曹文尧. 2007. 丹毒丝菌表面保护抗原A作为重组亚单位疫苗和核酸疫苗的初步研究[D]. 新疆农业大学.

曹修源. 1959. 猪伪狂犬病的病例报告[J]. 中国兽医学杂志，(2)：44-46.

常月红. 2008. 胸膜肺炎放线杆菌菌影(Ghost)的制备及其免疫效力评价[D]. 东北农业大学.

车勇良，陈如敬，王隆柏，等. 2013. 副猪嗜血杆菌可视化LAMP检测方法的建立与应用[J]. 西北农林科技大学学报(自然科学版)，41(12)：61-66.

陈宝妮，武力，李美娣，等. 2008. 广东和浙江部分地区集约化猪场肠道寄生虫感染情况调查[J]. 养猪，6：73-74.

陈弟诗. 2007. 猪霍乱沙门氏菌携带的含APP apxⅡA基因的双启动子表达载体pEPR-apxⅡA的构建[D]. 四川农业大学.

陈焕春，方六荣，何启盖，等. 1998. 猪伪狂犬病病毒鄂A株的分离鉴定[J]. 畜牧兽医学报，28(2)：156-161.

陈焕春，金梅林，何启盖，等. 2001. 猪伪狂犬病油乳剂灭活疫苗的制备及安全性与免疫性试验[J]. 畜牧兽医学报，32(1)：44-51.

陈会良，汪凯，刘换换，等. 2016. 安徽省规模化猪场猪肠道寄生虫感染情况调查[J]. 畜牧与兽医，4：98-101.

陈建华，王洪宁，陈勇，等. 2006. 猪胸膜肺炎放线杆菌四川株的分离鉴定及猪体内APXⅣA

毒素基因的PCR检测[J]. 中国畜牧兽医,33(1):49-52.
陈开旭,李轶杰,张富春,等. 2009. spaA嵌合体核酸疫苗增强抗体水平的研究[J]. 细胞与分子免疫学杂志,11:984-986.
陈溥言. 2015. 兽医传染病学[M]. 6版. 北京:中国农业出版社.
陈甜甜,杨忠福,刘建柱. 2008. 猪大肠杆菌病研究进展[J]. 猪业科学,8:20-24.
陈小玲,杨旭夫,朱士盛. 2001. 猪传染性胸膜肺炎的流行现状和防制措施[J]. 中国兽医杂志,37(7):33-35.
陈杖榴. 2010. 兽医药理学[M]. 北京:中国农业出版社.
董彝. 2000. 实用猪病临床类症鉴别[M]. 北京:中国农业出版社.
杜爱庆,刁有祥,张伟,等. 2008. 猪胸膜肺炎放线杆菌溶血毒素的克隆表达及其对小鼠免疫保护作用[J]. 微生物学报,48(3):342-348.
杜文金,孙融冰. 1999. 猪链球菌病的流行及防制[J]. 养猪,(4):44-46.
段凤娟,周洁,陈涛. 2016. 猪链球菌病的临床诊断及防治[J]. 新农业,(15):35-36.
范红结,陆承平,唐佳祺. 2003. 马链球菌兽疫亚种类*M*基因与猪链球菌2型*mrp*基因片段的融合表达及仔猪免疫试验[J]. 南京农业大学学报,26(4):78-81.
范锦戴,陈慧敏,马保华,等. 2015. 副猪嗜血杆菌纳米PCR检测方法的建立[J]. 中国兽医科学,45(10):1043-1046.
范忠军,柴虹,王永明,等. 2007. 猪链球菌病及其疫苗研究进展[J]. 上海畜牧兽医通讯,(6):2-3.
方希修,虞晓春,刘建文,等. 2004. 猪水肿病的诊断与治疗[J]. 动物科学与动物医学,(8):64-65.
冯现明,林向武,靳琤琤,等. 2013. 犬伪狂犬病诊断[J]. 四川畜牧兽医,40(8):49.
甘孟侯,杨汉春. 2005. 中国猪病学[M]. 北京:中国农业出版社.
高云飞,苏亚君,李宝臣. 2001. 猪链球菌活疫苗的研制[J]. 中国预防兽医学报,23(3):228-230.
韩战强,梁楠,李鹏伟. 2013. 猪肠道寄生虫流行病学研究进展[J]. 畜禽业,(7):67-68.
郝成武,马勋. 2012. 检测猪胸膜肺炎放线杆菌ApxⅣ抗体乳胶凝集试验方法的建立[J]. 中国兽医学报,32(3):383-386.
郝杰,赵墩,刘崇灵,等. 2015. 猪多杀性巴氏杆菌PlpP基因的原核表达及其免疫保护性的研究[J]. 中国兽医科学,(6):584-588.
何启盖,陈焕春,方六荣,等. 2006. 猪伪狂犬病病毒双基因缺失突变株(HB-98株)安全性、稳定性和免疫原性测定[J]. 中国兽医学报,26(2):165-168.
何启盖,童光志,杨汉春,等. 2015. 猪伪狂犬病流行病学特征、净化技术及其应用示范[J]. 中国畜牧杂志,51(24):68-74.
何学超,肖学彬,杨军,等. 2004. 玉米储藏品质控制指标的研究[J]. 粮食储藏,(3):46-50.
胡长青. 2016. 复方淫羊藿对多杀性巴氏杆菌感染小鼠保护作用研究[J]. 湖南畜牧兽医,(5):43-46.
胡军勇,汤细彪,汤电,等. 2012. 临床分离猪链球菌和副猪嗜血杆菌多重耐药性监测[J]. 华中农业大学学报,31(5):623-628.

黄昌炳,冯文达,薛民权,等. 1981. 仔猪副伤寒弱毒通气培养冻干苗口服免疫研究[J]. 中国农业科学,6:89-94.

黄寿森,程由铨. 1966. 牛伪狂犬病的研究(第一报) 牛伪狂犬病病毒的分离及若干生物学特性的研究[J]. 畜牧兽医学报,9(1):21-32.

黄先奇. 2009. 猪源多杀性巴氏杆菌体内表达基因的筛选及间接 ELISA 方法的建立[D]. 四川农业大学.

黄永康. 2013. 猪场寄生虫病的流行现状与科学防控[J]. 福建畜牧兽医,3:59-61.

江斌,吴胜会,林琳,等. 2010. 福建省部分规模化猪场寄生虫病的调查[J]. 养猪,(3):65-66.

江勤政. 1985. 猪链球菌病流行情况的调查诊断与观察[J]. 畜牧与兽医,(6):24-25.

康凯. 2003. 仔猪副伤寒活疫苗[J]. 中国兽医杂志,37(2):49.

孔繁瑶. 1997. 家畜寄生虫学[M]. 北京:中国农业大学出版社.

兰希,赵慧,丁剑冰,等. 2014. 寄生虫病疫苗研究新进展[J]. 中国病原生物学杂志,11:1059-1061.

郎洪武,张广川,吴发权,等. 2000. 断奶猪多系统衰弱综合征血清抗体检测[J]. 中国兽医科技,30(3):3-5.

李凤梅,王晓烨,邱丹,等. 2017. 2015 年～2016 年广西南宁猪肠道寄生虫的流行情况调查[J]. 中国预防兽医学报,8:624-627.

李富祥,熊和丽,姚俊,等.2013. 副猪嗜血杆菌 TaqMan 实时荧光定量 PCR 检测方法的建立及应用[J].中国兽医科学,43(12):1268-1273.

李桂兰,刘志宗,张映山,等. 2007. 猪肺炎支原体致病机理研究进展[J]. 畜禽业,10:4-7.

李娇,王文秀,谢金文,等. 2018. 我国猪流行性腹泻疫苗研究与应用现状[J]. 养猪,(1):110-112.

李结,路鹏云. 2017. 广东农垦规模化猪场寄生虫流行病学调查[J]. 广东农业科学,5:132-136.

李明,何孔旺,陆承平. 2005. 检测两种猪源链球菌抗体间接 ELISA 方法的筛选与应用[J]. 中国人兽共患病学报,21(10):867-870,86.

李鹏,姜平,李军星,等.2011. 副猪嗜血杆菌重组 P2 蛋白的高效表达及间接 ELISA 方法的建立[J].中国兽医学报,31(4):480-484,520.

李树清,易建平,胡永强,等. 2005. 猪传染性胸膜肺炎放线杆菌的套式 PCR 检测[J]. 中国预防兽医学报,27(3):217-222.

李学伍,陈焕春,吴斌,等. 1996. 伪狂犬病毒血凝及血凝抑制试验[J]. 华中农业大学学报,(4):354-358.

李莹莹,何颖,赵武,等. 2013. 猪支原体肺炎研究进展[J]. 动物医学进展,34 (10):95-100.

李永明. 1990. 猪大肠杆菌病病原学研究概况[J]. 贵州农业科学,(4):39-41.

李志炎,宋国盛.2007. 头孢噻呋配合左旋氧氟沙星对副猪嗜血杆菌病的疗效观察[J].湖北畜牧兽医,(10):23-24.

林荔雯. 2007. 胸膜肺炎放线杆菌 ΔapxⅠC/ΔapxⅡC 双基因缺失株的构建及其生物学特性和免疫原性的研究[D]. 华中农业大学.

林文耀,刘国民,冯凯,等. 2017. 新常态下猪圆环病毒病的流行病学、诊断、防控新趋势[J]. 养猪,(5):105-107.
林雪玲,黄耿森,冼琼珍,等. 2006. 副猪嗜血杆菌分离鉴定与PCR检测方法的建立及应用[J]. 吉林农业大学学报,28(3):321-324.
刘建杰,陈焕春,李冲,等. 2005. 新型基因工程亚单位菌苗对猪传染性胸膜肺炎的保护效力研究[J]. 中国农业科学,38(3):596-600.
刘俐君,张见,赵小波,等. 2015. 猪丹毒检测方法的对比与分析[J]. 中国动物保健,17(8):53-54.
刘芹防,崔尚金. 2009. 猪沙门氏菌病病原学、流行病学、诊断及防治进展 [J]. 猪业科学,12:24-28.
刘湘涛. 2017. 口蹄疫流行态势分析[J]. 中国兽医科技(增),47:45-49.
刘莹. 2011. 某猪场胃肠道寄生虫调查与猪排泄物无害化处理[D]. 中国农业大学.
刘朝华. 2014. 黔南黑猪三都养殖区寄生虫病调查报告[J]. 当代畜牧,7:55-56.
刘正飞,陈焕春,吴斌,等. 2004. 伪狂犬病病毒鄂A株TK-/gE-/gI-基因缺失疫苗的安全性和保护力研究[J]. 畜牧兽医学报,35(1):70-73.
龙章富,高荣,孟民杰,等. 2003. 阳离子脂质体包裹CpG对猪瘟猪肺疫猪丹毒三联疫苗免疫效应的影响[J]. 中国兽医科技,33(3):15-18.
楼芳芳,屠平光. 2016. 金华地区规模猪场猪寄生虫病调查及防治[J]. 湖北畜牧兽医,7:29-30.
逯忠新,鲁炳义. 1999. 用间接血凝试验检测猪传染性胸膜肺炎[J]. 中国兽医科技,(10):25-27.
逯忠新,赵萍,邵英德,等. 2002a. 猪传染性胸膜肺炎三价灭活疫苗的研究——菌种选择、疫苗制备及安全性试验[J]. 中国兽医科学, 32(3):7-9.
逯忠新,赵萍,邵英德,等. 2002b. 猪传染性胸膜肺炎三价灭活疫苗的研究——效力、最小免疫量、免疫持续期和保存期试验[J]. 中国兽医科学,32(5):8-10.
吕建强,陈焕春,赵俊龙,等. 2004. 表达猪细小病毒VP2基因的重组伪狂犬病毒的构建及其生物学特征研究[J]. 病毒学报,20(2):133-137.
马晓平. 2005. 猪传染性胸膜肺炎放线杆菌的分离鉴定及PCR检测方法的建立[D]. 四川农业大学.
满晓营,吴斌,罗勇,等. 2009. 表达SLTEC保护性抗原的重组猪霍乱沙门氏菌C500株的构建及生物学特性[J]. 微生物学报,49(4):0518-0523.
缪梅芳,龚冬尧. 2003. 仔猪水肿病的综合防治[J]. 中兽医学杂志,(4):38-39.
倪慧,王钰,毛岩,等. 2016. 日本脑炎病毒囊膜蛋白单克隆抗体的制备及特性分析[J]. 畜牧与兽医,48(7):1-9.
牛江婷,伊淑帅,胡桂学,等. 2018. 猪流行性腹泻流行病学研究进展[J]. 中国兽医杂志,54(1):69-71.
农业部. 2007. 口蹄疫防治技术规范,高致病性禽流感防治技术规范等14个动物疫病防治技术规范[A]. 农医发〔2007〕12号.
欧守杼,黄引贤. 1958. 猪伪狂犬病病原诊断报告[J]. 畜牧兽医学报,3(2):149-159.
欧瑜. 2001. 猪链球菌2型毒力相关蛋白的检测及其基因片段的克隆与表达[D]. 南京农业

大学.
潘乃珍,汪宁,戴祖海. 1985. 不同毒力猪丹毒菌的生长特性以及变异的观察[J]. 畜牧兽医学报,16(2):115-117.
潘雪珠,粟寿初,余晨,等. 1987. 注射猪细小病毒灭活疫苗的豚鼠的抗体反应[J]. 上海畜牧兽医通讯,4:4-6.
彭忠,梁婉,吴斌. 2016. 多杀性巴氏杆菌分子分型方法简述[J]. 微生物学报,56(10):1521-1529.
钱锋. 2009a. 仔猪出血性大肠杆菌病的诊断与防治[J]. 上海畜牧兽医通讯,(4):101.
钱锋. 2009b. 仔猪腹泻与饲料中维生素、微量元素、矿物质含量的研究[J]. 畜牧与饲料科学,30(2):179-180.
邱德新,陈焕春,何启盖,等. 2000. 乳胶凝集试验与血清中和试验检测猪伪狂犬病血清抗体的比较[J]. 中国预防兽医学报,22(4):302-305.
邱德新,陈焕春,何启盖,等. 2002. 间接ELISA检测猪伪狂犬病血清抗体[J]. 中国兽医学报,22(2):149-152.
仇华吉,童光志,沈荣显. 2005. 猪瘟兔化弱毒疫苗-半个世纪的回顾[J]. 中国农业科学,38(8):1675-1685.
仇书兴,菅复春,任广志,等. 2008. 河南省规模化猪场肠道寄生虫感染情况调查[J]. 畜牧与兽医,7:39-42.
桑有刚. 2017. 猪链球菌病的诊断和治疗[J]. 中国畜牧兽医文摘,(12):35-37.
邵美丽,刘思国,王春来,等. 2006. 猪传染性胸膜肺炎放线杆菌毒素apxⅢA基因的克隆和表达[J]. 中国预防兽医学报,28(2):139-141.
佘永建,周秀富,周光荣,等. 1984. 一次断奶仔猪伪狂犬病的暴发及其病原鉴定[J]. 中国兽医科学,(10):45-46.
沈尔平. 2006. 常见霉菌毒素概览[J]. 养猪,1:53-54.
施朝辉. 2017. 猪圆环病毒病的流行病学及其综合防控技术[J]. 中国畜牧兽医文摘,33(11):142-143.
宋秉生,王兴亚. 1997. 仔猪大肠杆菌性腹泻[J]. 甘肃畜牧兽医,(3):3-27.
宋帅,李春玲,臧莹安,等. 2016. 副猪嗜血杆菌病原夹心ELISA检测方法的建立及应用[J]. 华北农学报,31(增刊):463-469.
苏永腾. 2018. 我国猪饲料霉菌毒素污染现状分析[J]. 国外畜牧学(猪与禽),38(4):87-89.
孙杰龙,熊喜华,汤海林,等. 2017. 规模猪场预防和控制猪流行性腹泻的经验[J]. 猪业科学,34(3):79-80.
孙艳,安拉扎,乔雪峰. 2017. 四川省西昌市规模猪场寄生虫调查研究[J]. 中国猪业,(11):58-60.
孙颖. 2011. App菌影装载多杀性巴氏杆菌OmpH外膜蛋白DNA疫苗的研究[D]. 天津农学院.
孙智远,李书光,王金良,等. 2010. PPA-ELISA对多种动物马链球菌兽疫亚种抗体的检测[J]. 黑龙江畜牧兽医,(23):121-123.
谭鑫,库旭钢,于学祥,等. 2017. IFN-γ-ELISpot方法用于评价猪伪狂犬病疫苗免疫效果[J].

畜牧兽医学报,48(10):1939-1948.
唐礼德. 2007. 湖南省规模化猪场胃肠道寄生虫感染的综合防治措施研究[D]. 华中农业大学.
唐先春,吴斌,陈焕春. 2004. 猪多杀性巴氏杆菌PCR检测方法的建立及其应用[J]. 中国兽医科学,34(2):26-27.
唐勇,陈焕春,覃雅丽,等. 2004. 猪伪狂犬病gE-ELISA鉴别诊断方法的建立及初步应用[J]. 农业生物技术学报,12(6):635-638.
陶海静,王老七. 2006. 副猪嗜血杆菌间接血凝诊断液的研究[J]. 郑州牧业工程高等专科学校学报,26(4):14-16.
滕蔓,罗俊,樊剑鸣,等. 2015. 猪流行性乙型脑炎弱毒活疫苗的效价测定及保存稳定性研究[J]. 河南农业科学,44(2):119-122,131.
佟铁铸,贾爱卿,樊惠英. 2017. 广东省副猪嗜血杆菌的流行病学调查[J]. 中国动物传染病学报,25(5):42-46.
涂长春. 2003. 猪瘟国际流行态势、我国现状及防制对策[J]. 中国农业科学,36(8):955-960.
万莉,韩国全,郭万柱,等. 2010. 猪丹毒疫苗的研究进展[J]. 猪业科学,6:32-35.
万遂如. 2016. 关于猪圆环病毒感染的防控问题[J]. 养殖与饲料,(9):1-3.
汪秉纲. 2002. 疫苗诱导对猪肺炎支原体的免疫防卫[J]. 国外畜牧学(猪与禽),5:8-10.
汪怿旸,赵振鹏,赵巍,等. 2018. 猪流行性腹泻病毒胶体金检测方法的建立[J]. 畜牧与兽医,(04):100-105.
王春来,杨旭夫,刘杰. 2001. 胸膜肺炎放线杆菌溶血毒素特性鉴定及免疫原性研究[J]. 中国预防兽医学报,23(3):209-214.
王聪,刘翊中. 2016. 猪链球菌研究进展[J]. 西北民族大学学报(自然科学版),37(4):20-24.
王迪. 2015. 猪传染性胸膜肺炎放线杆菌三价灭活疫苗的研制[D]. 山东农业大学.
王欢,邓治邦. 2009. 猪链球菌病及其疫苗研究进展[J]. 动物医学进展,30(1):84-88.
王建,刘佩红,陆承平,等. 2003. 猪链球菌病二联灭活疫苗的研制[J]. 南京农业大学学报,26(1):70-73.
王建,邵卫星,吕占军,等. 2014. 2012年我国部分省市规模化猪场副猪嗜血杆菌分离鉴定及菌株血清分型[J]. 动物医学进展,35(3):48-52.
王建. 2011. 上海地区猪链球菌病流行情况调查及风险控制分析与实践[D]:南京农业大学.
王琴,范学政,赵启祖,等. 2012. 猪瘟防控技术研究进展[J]. 中国兽药杂志,47(9):58-61.
王琴,涂长春. 2015. 猪瘟[M]. 北京:中国农业出版社.
王若军,苗朝华,张振雄,等. 2003. 中国饲料及饲料原料受霉菌毒素污染的调查报告[J]. 饲料工业,24(7):53-55.
王世雄,穆天龙,刘丽仙,等. 2017. 猪传染性胸膜肺炎的诊断及防控[J]. 中国畜牧兽医文摘,33(4):136.
王淑敏,冼琼珍,温广杰. 2003. PPA-ELISA检测猪传染性胸膜肺炎抗体方法的建立[J]. 黑龙江畜牧兽医,(1):37-38.
王伟. 2008. 周口市猪传染性胸膜肺炎流行病学调查与防治试验[D]. 华中农业大学.
王伟泽,何启盖,方六荣,等. 1997. 应用琼脂免疫扩散试验检测猪伪狂犬病病毒血清抗体的试验研究[J]. 畜禽业,(4):8-9.

王晓磊,霍红,郭立平,等. 2015. 猪流行性乙型脑炎病毒 prM-E 抗原捕获 ELISA 检测方法的建立[J]. 中国预防兽医学报,37(6):14-18.

王艳,夏万田,柏坤桃,等.2006. 副猪嗜血杆菌间接 ELISA 抗体检测方法的建立[J].畜牧与兽医,38(3):5-7.

王志俊,穆秀梅,王红宝,等. 2015. 猪链球菌病的发病特点及防控措施[J]. 山西农业科学,43(12):1684-1686.

魏文涛,姚焱彬,刘全喜,等. 2017. 2012—2015 年江淮地区猪丹毒杆菌分离株血清型、spaA 基因遗传进化及 PFGE 基因型分析[J]. 微生物学通报,44(3):664-672.

魏子贡,蔡旭旺,金梅林,等.2006. 副猪嗜血杆菌抗体间接血凝检测方法的建立及应用[J].中国兽医科学,36(9):713-718.

翁善钢. 2017. 一种新的猪圆环病毒——猪圆环病毒 3 型[J]. 养猪,(04):64.

吴斌,唐先春,陈焕春,等. 2005. 猪源多杀性巴氏杆菌 *ompH* 基因的克隆、表达[J]. 畜牧兽医学报,36(7):701-704.

伍小松,罗艳辉,余兴龙,等. 2017a. 猪多杀性巴氏杆菌重组抗菌肽 ABC 转运体 ATP 结合蛋白诱导的免疫保护研究[J]. 中国预防兽医学报,39(9):746-749.

伍小松,罗艳辉,余兴龙,等. 2017b. 重组猪多杀性巴氏杆菌 MetQ 诱导小鼠抗攻毒感染的免疫保护力研究[J]. 农业生物技术学报,25(10):1628-1688.

肖国生,曹三杰,黄小波,等. 2010. 猪胸膜肺炎放线杆菌、猪肺炎支原体和多杀性巴氏杆菌联合检测芯片的研制及应用[J]. 畜牧兽医学报,41(1):77-85.

肖国生. 2003. Dot-PPA-ELISA 快速检测猪丹毒抗体方法的建立及应用研究[D]. 四川农业大学.

肖华春,王成业,陆有飞,等. 2017. 分段补料法生产猪多杀性巴氏杆菌病活疫苗(EO630 株)的试验研究[J]. 中国兽药杂志,51(7):10-14.

谢文浩,曹三杰,黄小波,等. 2011. 三株猪胸膜肺炎放线杆菌 apx 基因缺失株生物学特性和免疫原性研究[C]. 中国畜牧兽医学会 2011 学术年会.

邢桂珍. 2014. 甘草总黄酮混悬剂的药学研究及对人工感染猪链球菌病的治疗作用[D]. 吉林大学.

熊香权,李庆凡,刘跃武. 2017. 湖南省猪肺疫疫情预报[J]. 黑龙江畜牧兽医,09 下:103-105.

胥革非. 2001. 粮食发热与霉变[J]. 粮油储藏与检验,(1):30-38.

徐良. 2013. 猪传染性胸膜肺炎杆菌菌影装载猪源巴氏杆菌外膜蛋白 H 基因疫苗的免疫效果评价[D]. 天津农学院.

徐鹏,刘孝刚,李霞,等. 2010. 辽宁省猪寄生虫流行区系调查[J]. 畜牧与兽医,8:68-70.

徐引弟,王治方,朱文豪,等. 2010. 河南省规模化猪场猪链球菌 2 型的分离鉴定和药敏试验[J]. 中国畜牧兽医,37(1):155-157.

许培文. 2018. 猪多杀性巴氏杆菌可视化 LAMP 检测方法的建立[J]. 中国农学通报,34(12):146-150.

宣长和,任凤兰,孙福先. 1996. 猪病学[M]. 北京:中国农业科技出版社.

薛景山. 2008. 口蹄疫防疫问题解析[M]. 北京:中国农业出版社:32.

薛开燕,薛开刚,朱家民. 2012. 禄劝某猪场肠道寄生虫感染情况调查与分析[J]. 云南畜牧兽医,(5):26-27.

严克霞,刘建杰,吴斌,等. 2006. 猪胸膜肺炎放线杆菌毒素Ⅱ基因的克隆、表达及其免疫原性[J]. 农业生物技术学报,14(4):493-497.

颜其贵,郭万柱,余光开,等. 1997. 伪狂犬病病毒 Fa 株 gI 和 gp63 基因缺失株的构建[J]. 畜牧兽医学报,28(6):562-566.

杨宏,陈天祥. 1986. 猪丹毒母源抗体对单独菌苗免疫的干扰试验[J]. 四川畜牧兽医,1:10-12.

杨利,刘良,曹三杰,等. 2009. 猪胸膜肺炎放线杆菌半套式 PCR 检测方法的建立及应用[J]. 中国兽医科学,39(9):790-795.

杨利. 2009. APP apxⅣA 基因序列特性及 rApxⅣA/rTbpB 亚单位复合菌苗对小鼠的免疫研究[D]. 四川农业大学.

杨晓飞,余冰,陈代文,等. 2007. 2006 年四川地区饲料原料霉菌毒素污染状况的调查报告[J]. 饲料工业,28(13):61-64.

杨旭夫. 1998. 猪传染性胸膜肺炎灭活疫苗效果好[J]. 畜牧兽医科技信息,(11):6.

杨云乔,郑建高,姜军华,等. 2017. 复方中药对猪流行性腹泻的治疗效果[J]. 中国兽医学报,37(7):1353-1358.

杨正时. 1987. 动物病原性大肠杆菌与大肠杆菌病[J]. 中国兽医科技,(6):25-28.

姚焱彬,卜凡,魏文涛,等. 2017. 2012—2015 年安徽地区猪丹毒的流行特征及病原分离株药物敏感性分析[J]. 中国预防兽医学报,39(5):374-378.

叶青华,冯宏美,岳华. 2017. 副猪嗜血杆菌多价平板凝集抗原的研制[J]. 黑龙江畜牧兽医,(07 上):196-198.

尹秀凤,王艳,姜平. 2007. 我国部分地区副猪嗜血杆菌病的流行病学调查[J]. 畜牧与兽医,39(6):11-13.

尹贻鑫,2013. 伪狂犬病毒沿神经元细胞轴突运输的初步研究[D]. 华中农业大学.

游启有,杨球,以体强,等. 2008. 猪链球菌病灭活疫苗(2 型,HA9801 株)的研制——猪链球菌 2 型灭活疫苗临床使用效果[J]. 广东畜牧兽医科技,33(6):40-43.

于江,吴家强,张玉玉,等. 2010. 副猪嗜血杆菌荧光定量 PCR 检测技术的建立与应用[J]. 家畜生态学报,31(4):77-81.

于敏,杨建德,相文华,等. 2003. 猪肺炎支原体的研究进展[A]. 中国畜牧兽医学会家畜传染病学分会成立 20 周年庆典暨第十次学术研讨会论文集(上)[C]. 596-599.

曾东柱. 2014. 多杀性巴氏杆菌 HN06 株新型免疫蛋白的鉴定及 PGAM 免疫功能研究[D]. 华中农业大学.

张弥申,吴家强,李良鉴,等. 2016. 赢在现场:规模化猪场兽医临床实战图谱[M]. 北京:中国农业出版社.

赵军明,荣光,王新华,等. 2007. 动物寄生虫疫苗的研究进展[J]. 中国畜牧兽医,34(7):116-119.

赵鹏,江雅,王经满,等. 2017. 毕赤酵母分泌表达 JEV prME 蛋白及其形成病毒样颗粒的免疫原性鉴定[J]. 生物工程学报,33(5):863-874.

赵伟丽,乌依罕,李红芳,等. 2018. 伪狂犬病毒脑炎临床观察与脑脊液二代测序鉴定[J]. 中华医学杂志,98(15):1152-1157.

郑胜,王经满,王钰,等. 2014. 猪流行性乙型脑炎病毒 B 细胞多表位抗原的表达及免疫原性分析[J]. 畜牧与兽医,46(4):20-25.

朱鸿峰. 2016. 苏州市某规模化猪场消化道寄生虫调查[J]. 中国动物检疫,(1):67-70.

朱良全,孙晔,蒋卉,等. 2017. 仔猪副伤寒活疫苗中耐热保护剂应用相关参数的研究[J]. 微生物学通报,44(9):2128-2136.

朱钱龙,袁冠马. 2012. 江西部分地市集约化猪场主要肠道寄生虫病流行情况调查[J]. 江西畜牧兽医杂志,5:15-17.

朱士盛. 1990. 猪嗜血杆菌胸膜肺炎改良补反诊断抗原的研究简介[J]. 中国动物检疫,(2):9-10.

Abila R. 2014. Epidemiological analysis of FMD outbreaks in South-East Asia and China (2010-2014) [C]. Open Session of the Standing Technical and Research Committee of the EuFMD. Cavtat(Croatia),29-31.

Ai J W, Weng S S, Cheng Q, et al. 2018. Human endophthalmitis caused by pseudorabies virus infection, China, 2017[J]. Emerg Infect Dis, 24(6):1087-1090.

Alfonso A, Geiger J O, Freixes C, et al. 2004. *Mycoplasma hyopneumoniae* and PRRSV elimination in a 1700 sow multi-site system[M]. Proceedings of the 18th IPVS Congress, Hamburg:174.

An T Q, Peng J M, Tian Z J, et al. 2013. Pseudorabies virus variant in Bartha-K61-vaccinated pigs, China, 2012[J]. Emerg Infect Dis, 19(11):1749-1755.

Annamalai T, Saif L J, Lu Z, et al. 2015. Age-dependent variation in innate immune responses to porcine epidemic diarrhea virus infection in suckling versus weaned pigs[J]. Vet Immunol Immunopathol, 168(3-4):193-202.

Antonis A F, Bruschke C J, Rueda P, et al. 2006. A novel recombinant virus-like particle vaccine for prevention of porcine parvovirus-induced reproductive failure [J]. Vaccine, 24 (26):5481-5490.

Bao F, Mi S, Luo Q, et al. 2018. Retrospective study of porcine circovirus type 2 infection reveals a novel genotype PCV2f[J]. Transbound Emerg Dis, 65(2):432-440.

Barnhill A E, Weeks K E, Xiong N, et al. 2010. Identification of multiresistant *Salmonella* isolates capable of subsisting on antibiotics[J]. Appl Environ Microbiol, 76 (8): 2678-2680.

Becher P, Avalos Ramirez R, Orlich M, et al. 2003. Genetic and antigenic characterization of novel pestivirus genotypes: implications for classification[J]. Virology, 311(1):96-104.

Beer M, Goller K V, Staubach C, et al. 2015. Genetic variability and distribution of classical swine fever virus[J]. Anim Health Res Rev, 16(1):33-39.

Blacksell S D, Khounsy S, Boyle D B, et al. 2005. Genetic typing of classical swine fever viruses from Lao PDR by analysis of the 5′ non-coding region[J]. Virus Genes, 31(3):349-355.

Bossé J T, Li Y, Fernandez Crespo R, et al. 2018. Comparative sequence analysis of the capsular polysaccharide loci of *Actinobacillus pleuropneumoniae* serovars 1-18, and development of two multiplex PCRs for comprehensive capsule typing[J]. Vet Microbiol, 220:83-89.

Brown M C, Mukerji S, Drottar M, et al. 2013. Identification of inputs to olivocochlear neurons using transneuronal labeling with pseudorabies virus (PRV) [J]. J Assoc Res Otolaryngol, 14(5):703-717.

Cancel-Tirado S M, Evans R B, Yoon K J. 2004. Monoclonal antibody analysis of porcine reproductive and respiratory syndrome virus epitopes associated with antibody-dependent enhancement and neutralization of virus infection[J]. Vet Immunol Immunopathol, 102 (3):249-262.

Castillo D G, Zahner M R, Schramm L P. 2012. Identification of the spinal pathways involved in the recovery of baroreflex control after spinal lesion in the rat using pseudorabies virus [J]. Am J Physiol Regul Integr Comp Physiol, 303(6):R590-598.

Chen X X, Yang C W, Huang L B, et al. 2015. Zearalenone altered the serum hormones, morphologic and apoptotic measurements of genital organs in post-weaning gilts [J]. Asian-Australas J Anim Sci, 28(2):171-179.

Chen Y, Guo W, Xu Z, et al. 2011. A novel recombinant pseudorabies virus expressing parvovirus VP2 gene:Immunogenicity and protective efficacy in swine[J]. Virol J, 8:307.

Clark E G. 1997. Post-weaning multisystemic wasting syndrome[J]. Proc Am Assoc Swine Pract, 28:499-501.

Corzo C A, Mondaca E, Wayne S, et al. 2010. Control and elimination of porcine reproductive and respiratory syndrome virus[J]. Virus Res, 154(1-2):185-192.

Cramer S D, Campbell G A, Njaa B L, et al. 2011. Pseudorabies virus infection in Oklahoma hunting dogs[J]. J Vet Diagn Invest, 23(5):915-923.

Danicke S, Byussow K P, Goyarts T, et al. 2007. On the transfer of the fusarium toxins deoxynivalenol (DON) and zearalenone (ZON) from the sow to the full term piglet during the last third of gestation[J]. Food Chem Toxicol, 45(9):915-923.

Davies R L, Maccorquodale R, Reilly S. 2004. Characterisation of bovine strains of *Pasteurella multocida* and comparison with isolates of avian, ovine and porcine origin[J]. Vet Microbiol, 99(2):145-158.

Davies R, Kotlarski I. 1976. The role of thymus-derived cells in immunity to salmonella infection[J]. Aust J Exp Biol Med Sci, 54(3):221-236.

Deng W L, Guan C Y, Liu K, et al. 2014. Fine mapping of a linear epitope on EDIII of Japanese encephalitis virus using a novel neutralizing mAb[J]. Virus Res, 179, 133-139.

Diel D G, Lawson S, Okda F, et al. 2016. Porcine epidemic diarrhea virus: An overview of current virological and serological diagnostic methods[J]. Virus Res, 226:60-70.

Duan X, Zohaib A, Li Y, et al. 2015. miR-206 modulates lipopolysaccharide-mediated inflammatory cytokine production in human astrocytes[J]. Cell Signal, 27, 61-68.

Edwards S, Cantley T C, Rottinghaus G E, et al. 1987. The effects of zearalenone on reproduction in swine. Ⅰ. The relationship between ingested zearalenone dose and anestrus in non-pregnant, sexually mature gilts[J]. Theriogenology, 28(1):43-49.

Fang J, Li H, Kong D, et al. 2016. Structure-based discovery of two antiviral inhibitors targeting the NS3 helicase of Japanese encephalitis virus[J]. Sci Rep, 6:34550.

Foley S L, Lynne A M, Nayak R. 2008. Salmonella challenges: prevalence in swine and poultry and potential pathogenicity of such isolates[J]. J Anim Sci, 86:E149-162.

Giger T G, Schmid W, Klein U. 2006. Eradication of *M. hyopneumoniae* in breeding herds without restoking or partial depopulation[M]. Nielsen J P and Jorsal S E. Proceedings of the 19th IPVS congress. Copenhagen, Denmark: Narayana Press:312.

Goodwin R F, Whittlestone P. 1965. Experiments on the possible relationship between inclusion-body rhinitis, enzootic pneumonia and type-xi pneumonia of pigs [J]. Res Vet Sci, 6:100-107.

Gu Z, Dong J, Wang J, et al. 2015. A novel inactivated gE/gI deleted pseudorabies virus (PRV) vaccine completely protects pigs from an emerged variant PRV challenge[J]. Virus Res, 195, 57-63.

Guo Z, Chen X X, Li R, et al. 2018. The prevalent status and genetic diversity of porcine reproductive and respiratory syndrome virus in China: a molecular epidemiological perspective[J]. J Virol, 15(1):2.

Han J, Zhou L, Ge X, et al. 2017. Pathogenesis and control of the Chinese highly pathogenic porcine reproductive and respiratory syndrome virus[J]. Vet Microbiol, 209:30-47.

Harvey R B, Kubena L F, Huff W E, et al. 1990. Effects of treatment of growing swine with aflatoxin and T-2 toxin[J]. Am J Vet Res, 51(10):1688-1693.

He Y, Wang G, Liu Y, et al. 2012. Characterization of thymus atrophy in piglets infected with highly pathogenic porcine reproductive and respiratory syndrome virus [J]. Vet Microbiol, 160(3-4):455-462.

Henderson L M, Katz J B, Erickson G A, et al. 1990. In vivo and in vitro genetic recombination between conventional and gene-deleted vaccine strains of pseudorabies virus [J]. Am J Vet Res, 51(10):1656-1662.

Hensel M. 2004. Evolution of pathogenicity islands of *Salmonella enterica* [J]. Int J Med Microbiol, 294(2-3):95-102.

Hu R M, Zhou Q, Song W B, et al. 2015. Novel pseudorabies virus variant with defects in TK, gE and gI protects growing pigs against lethal challenge[J]. Vaccine, 33(43):5733-5740.

Hu S P, Zhang Z, Liu Y G, et al. 2013. Pathogenicity and distribution of highly pathogenic porcine reproductive and respiratory syndrome virus in pigs[J]. Transbound Emerg Dis, 60 (4):351-359.

Hua R, Li Y N, Chen Z S, et al. 2014. Generation and characterization of a new mammalian cell line continuously expressing virus-like particles of Japanese encephalitis virus for a subunit vaccine candidate[J]. BMC Biotechnol,14:62.

Jiang Y,Shang H,Xu H,et al. 2010. Simultaneous detection of porcine circovirus type 2, classical swine fever virus, porcine parvovirus and porcine reproductive and respiratory syndrome virus in pigs by multiplex polymerase chain reaction [J]. Vet J,183 (2):172-175.

Jin H L,Gao S M,Liu Y,et al. 2016. Pseudorabies in farmed foxes fed pig offal in Shandong province,China[J]. Arch Virol,161(2):445-448.

Johnson R D, Chadha H K, Dugan V P, et al. 2011. Bilateral bulbospinal projections to pudendal motoneuron circuitry after chronic spinal cord hemisection injury as revealed by transsynaptic tracing with pseudorabies virus[J]. J Neurotrauma,28(4):595-605.

Jóźwik A, Manteufel J, Selbitz H J, et al. 2009. Vaccination against porcine parvovirus protects against disease,but does not prevent infection and virus shedding after challenge infection with a heterologous virus strain [J]. J Gen Virol,90(10):2437-2441.

Kekarainen T, Montoya M, Mateu E, et al. 2008. Porcine circovirus type 2-induced interleukin-10 modulates recall antigen responses[J]. J Gen Virol,89(Pt 3):760-765.

Kit S,Kit M,Pirtle E C. 1985. Attenuated properties of thymidine kinase-negative deletion mutant of pseudorabies virus[J]. Am J Vet Res,46(6):1359-1367.

Klinge K L, Vaughn E M, Roof M B, et al. 2009. Age-dependent resistance to porcine reproductive and respiratory syndrome virus replication in swine[J]. Virol J, 6:177.

Kohler E M. 1967. Studies on *Escherichia coli* in gnotobiotic pigs[J]. Comp Med,31:278-283.

Kong H, Zhang K, Liu Y, et al. 2013. Attenuated live vaccine (Bartha-K16) caused pseudorabies (Aujeszky's disease) in sheep[J]. Vet Res Commun,37(4),329-332.

Krakowka S,Ellis J A,Meehan B,et al. 2000. Viral wasting syndrome of swine:experimental reproduction of postweaning multisystemic wasting syndrome in gnotobiotic swine by coinfection with porcine circovirus and porcine parvovirus [J]. Vet Pathol,37 (3):254-263.

Ku X, Chen F, Li P, et al. 2017. Identification and genetic characterization of porcine circovirus type 3 in China[J]. Transbound Emerg Dis,64(3):703-708.

Kumagai S. 1988. Effects of plasma ochratoxin A and luminal pH on the jejunal absorption of ochratoxin A [J]. Food Chem Toxicol,26(9):753-758.

Lee C. 2015. Porcine epidemic diarrhea virus:An emerging and re-emerging epizootic swine virus[J]. Virol J,12:193.

Li M,Wu P,Ye J,et al. 2012. Development and application of an antigen capture ELISA assay for diagnosis of Japanese encephalitis virus in swine,human and mosquito[J]. Virol J,9:4.

Li R, Li Y, Su Y, et al. 2018. Short-term ingestion of deoxynivalenol in naturally contaminated feed alters piglet performance and gut hormone secretion[J]. Anim Sci J. doi:10. 1111/asj. 13034. [Epub ahead of print].

Li W C, Chiang C S, Chiu N C, et al. 1999. Characterization of group D1 non-typhoid *Salmonella isolates by serotyping and pulsed field gel electrophoresis*[J]. *Acta Paediatr Taiwan*, 40(6): 430-433.

Li X, Xu Z, He Y, et al. 2006. Genome comparison of a novel classical swine fever virus isolated in China in 2004 with other CSFV strains[J]. Virus Genes, 33(2): 133-142.

Lin C M, Annamalai T, Liu X, et al. 2015. Experimental infection of a US spike-insertion deletion porcine epidemic diarrhea virus in conventional nursing piglets and cross-protection to the original US PEDV infection[J]. Vet Res, 46: 134.

Liu H, Li X T, Hu B, et al. 2017. Outbreak of severe pseudorabies virus infection in pig-offal-fed farmed mink in Liaoning Province, China[J]. Arch Virol, 162(3): 863-866.

Liu H, Lu H J, Liu Z J, et al. 2013. Japanese encephalitis virus in mosquitoes and swine in Yunnan Province, China 2009-2010[J]. Vector-Borne Zoonot, 13(1): 41-46.

Liu J, Chen X, Lin L, et al. 2007. Potential use an *Actinobacillus pleuropneumoniae* double mutant strain Deltaapx Ⅱ C Deltaapx Ⅳ A as live vaccine that allows serological differentiation between vaccinated and infected animals[J]. Vaccine, 25(44): 76-96.

Liu K, Qian Y, Jung Y S, et al. 2017. mosGCTL-7, a C-type lectin protein, mediates Japanese encephalitis virus infection in mosquitoes[J]. J Virol, 91(10): pii: e01348-16.

Liu W, Zhu M, Pei J J, et al. 2013. Molecular phylogenetic and positive selection analysis of Japanese encephalitis virus strains isolated from pigs in China[J]. Virus Res, 178: 547-552.

Loemba H D, Mounir S, Mardassi H, et al. 1996. Kinetics of humoral immune response to the major structural proteins of the porcine reproductive and respiratory syndrome virus [J]. Arch Virol, 141(3-4): 751-761.

Lomniczi B, Watanabe S, Benporat T, et al. 1987. Genome location and identification of functions defective in the Bartha vaccine strain of pseudorabies virus[J]. J Virol, 61(3): 796-801.

Luo C Y, Ko W C, Kan C D, et al. 2003. In situ reconstruction of septic aortic pseudoaneurysm due to *Salmonella* or *Streptococcus* microbial aortitis: long-term follow-up [J]. J Vasc Surg, 38(5): 975-982.

Luo Y, Li S, Sun Y, et al. 2014. Classical swine fever in China: a minireview[J]. Vet Microbiol, 172(1-2): 1-6.

Malekinejad I I, Schoevers E J, Daemen I J, et al. 2007. Exposure of oocytes to the fusarium toxins zearalenone and deoxynivalenol causes aneuploidy and abnormal embryo development in pigs [J]. Biol Reprod, 77(5): 840-847.

Marasas W F. 1996. Fumonisins: history, world-wide occurrence and impact[J]. Adv Exp Med Biol, 392: 1-17.

Mare C J, Switzer W P. 1965. New species: *Mycoplasma hyopneumoniae*; a causative agent of virus pig pneumonia [J]. Vet Med Small Anim Clin, 60: 841-846.

Maresch C, Lange E, Teifke J P, et al. 2012. Oral immunization of wild boar and domestic pigs with attenuated live vaccine protects against pseudorabies virus infection[J]. Vet

Microbiol,161(1-2):20-25.

Meng X J,Paul P S,Halbur P G,et al. 1995. Phylogenetic analyses of the putative M (ORF 6) and N (ORF 7) genes of porcine reproductive and respiratory syndrome virus (PRRSV):implication for the existence of two genotypes of PRRSV in the U. S. A. and Europe[J]. Arch Virol,140(4):745-755.

Mengeling W L, Lager K M, Vorwald A C. 2000. The effect of porcine parvovirus and porcine reproductive and respiratory syndrome virus on porcine reproductive performance [J]. Anim Reprod Sci,60-61:199-210.

Mengeling W L,Lager K M,Vorwald A C,et al. 2003. Comparative safety and efficacy of attenuated single strain and multi-strain vaccines for porcine reproductive and respiratory syndrome [J]. Vet Microbiol,93(1):25-38.

Mills K W,Kelly B L. 1986. Antibiotic susceptibilities of swine *Salmonella* isolants from 1979 to 1983 [J]. Am J Vet Res,47(11):2349-2350.

Minervini F, Dell' Aquila M E, Maritato F, et al. 2001. Toxic effects of the mycotoxin zearalenone and its derivatives on in vitro maturation of bovine oocytes and 17beta-estradiol levels in mural granulosa cell cultures[J]. Toxicol In Vitro,15(4-5):489-495.

Mishra H N, Chitrangada D. 2003. A review on biological control and metabolism of aflatoxin [J]. Crit Rev Food Sci Nutr,43(3):245-264.

Moennig V. 2000. Introduction to classical swine fever:virus,disease and control policy[J]. Vet Microbiol,73:93-102.

Molitor T W, Joo H S, Collett M S. 1983. Porcine parvovirus: virus purification and structural and antigenic properties of virion polypeptides [J]. J Virol,45(2):842-854.

Moormann R J,van Gennip H G,Miedema G K,et al. 1996. Infectious RNA transcribed from an engineered full-length cDNA template of the genome of a pestivirus[J]. J Virol, 70(2): 763-770.

Nnalue N A, Stocker B A. 1989. Vaccination route, infectivity and thioglycollate broth administration: effects on live vaccine efficacy of auxotrophic derivatives of *Salmonella choleraesuis*[J]. MicrobPathog,7(4):299-310.

OIE. 2017. Manual of diagnostic test and vaccines for terrestrial animal[M]. USA:OIE.

Palinski R,Pineyro P,Shang P,et al. 2016. A novel porcine circovirus distantly related to known circoviruses is associated with porcine dermatitis and nephropathy syndrome and reproductive failure [J]. J Virol,91(1):1879-1916.

Paton D J,McGoldrick A,Greiser-Wilke I,et al. 2000. Genetic typing of classical swine fever virus[J]. Vet Microbiol,73(2-3):137-157.

Paul P S, Mengeling W L. 1980. Evaluation of a modified live-virus vaccine for the prevention of porcine parvovirus-induced reproductive disease in swine [J]. Am J Vet Res, 41(12):2007-2011.

Paul P S,Mengeling W L. 1984. Oronasal and intramuscular vaccination of swine with a modified live porcine parvovirus vaccine: multiplication and transmission of the vaccine virus [J]. Am J Vet Res,45(12):2481-2485.

Peeters B,Bienkowska-Szewczyk K,Hulst M,et al. 1997. Biologically safe,non-transmissible pseudorabies virus vector vaccine protects pigs against both Aujeszky's disease and classical swine fever[J]. J Gen Virol,78(Pt 12),3311-3315.

Pensaert M B,De Bouck P. 1978. A new coronavirus-like particle associated with diarrhea in swine[J]. Arch Virol, 58:243-247.

Pestka J J,Zhou H R,Moon Y,et al. 2004. Cellular and molecular mechanisms for immune modulation by deoxynivalenol and other trichothecenes:unraveling a paradox[J]. Toxicol Lett,153(1):61-73.

Ping Q, Zhi X, Bo W, et al. 2015. Construction and immune efficacy of recombinant pseudorabies virus expressing PrM-E proteins of Japanese encephalitis virus genotype Ⅰ [J]. Virol J,12:214.

Postel A,Schmeiser S,Bernau J,et al. 2012. Improved strategy for phylogenetic analysis of classical swine fever virus based on full-length E2 encoding sequences[J]. Vet Res,43:50.

Postel A,Schmeiser S,Perera C L,et al. 2013. Classical swine fever virus isolates from Cuba form a new subgenotype 1. 4[J]. Vet Microbiol,161(3-4):334-338.

Qian P,Li X M,Jin M L,et al. 2004. An approach to a FMD vaccine based on genetic engineered attenuated pseudorabies virus:one experiment using VP1 gene alone generates an antibody responds on FMD and pseudorabies in swine[J]. Vaccine,22 (17-18):2129-2136.

Rathkjen P H,Dall J. 2017. Control and eradication of porcine reproductive and respiratory syndrome virus type 2 using a modified-live type 2 vaccine in combination with a load, close,homogenise model:an area elimination study[J]. Acta Vet Scand,59(1):4-15.

Ren X,Tao Y,Cui J,et al. 2013. Phylogeny and evolution of porcine parvovirus [J]. Virus Res,178(2):392-397.

Riley R T,Norred W P,Bacon C W. 1993. Fungal toxins in food:recent concerns[J]. Ann Rev Nutr,13:167-189.

Roof M B,Doitchinoff D D. 1995. Safety,efficacy,and duration of immunity induced in swine by use of an avirulent live *Salmonella choleraesuis*-containing vaccine[J]. Am J Vet Res, 56(1):39-44.

Sehofield F W. 1995. Oedema disease (enterotoxins) in swine. Ⅱ. Experiments conducted in a susceptible herd[J]. Can J Comp Med,19: 242.

Shen T, Liu K, Miao D, et al. 2014. Effective inhibition of Japanese encephalitis virus replication by shRNAs targeting various viral genes in vitro and in vivo[J]. Virology,454-455,48-59.

Shi M,Lam T T,Hon C C,et al. 2010. Molecular epidemiology of PRRSV:a phylogenetic perspective[J]. Virus Res,154(1-2):7-17.

Shope R E. 1964. Porcine contagious pleuropneumonia: Ⅰ. experimental transmission, etiology,and pathology[J]. J Exp Med,119(3):357.

Song D, Moon H, Kang B. 2015. Porcine epidemic diarrhea: a review of current epidemiology and available vaccines[J]. Clin Exp Vaccine Res, 4(2): 166-176.

Song Y, Jin M, Zhang S, et al. 2007. Generation and immunogenicity of a recombinant pseudorabies virus expressing cap protein of porcine circovirus type 2[J]. Vet Microbiol, 119(2-4): 97-104.

Song Y, Singh P, Nelson E, et al. 2016. A computationally-designed serological assay for the porcine epidemic diarrhea virus[J]. J Clin Microbiol, 54: 2039-2046.

Sorsa M, Linssainmaa K, Paittela M, et al. 1980. Evaluation of the mutagenicity of epoxytrichothecene mycotoxins in *Drosophila melanogaster*[J]. Hereditas, 92: 163-165.

Tamiozzo P J, Sernia C H, Carranza A I. 2006. Monitoring the presence of *Mycoplama hyopneumoniae* in the offspring of sows on a farm that used the "Swiss Method" for *Mycoplasma hyopneumoniae* eradication. Nielsen J P and Jorsal S E. Proceedings of the 19th IPVS congress[M]. Copenhagen, Denmark: Narayana Press: 398.

Terpstra C. 1991. Hog cholera: an update of present knowledge[J]. Br Vet J, 147: 397-406.

Thacker E, Thacker B, Boettcher T, et al. 1998. Comparison of antibody production, lymphocyte stimulation, and protection induced by four commercial *Mycoplasma hyopneumoniae* bacterins [J]. Swine Health Prod, 3(6): 107-112.

Tian K. 2017. NADC30-like porcine reproductive and respiratory syndrome in China[J]. Open Virol J, 11: 59-65.

Tian Z J, Qiu H J, Ni J Q, et al. 2005. Construction and characterization of a recombinant pseudorabies virus expressing porcine reproductive and respiratory syndrome virus GP5 [J]. Yi Chuan Xue Bao, 32(12): 1248-1255.

United States Department of Agriculture(USDA). 2011. Animal and plant health inspection service, veterinary Services[A]. Nahems guidelines: vaccination for contagious diseases. appendix a: foot-and-mouth disease.

Vannier P, Brun A, Chappuis G, et al. 1986. Study of the efficacy of an inactivated virus vaccine against porcine parvovirus [J]. Ann Rech Vet, 17(4): 425-432.

Verma J, Swain B K, Johri T S. 2002. Effect of various levels of aflatoxin and ochratoxin A and combinations thereof on protein and energy utilisation in broilers [J]. J Sci Food Agr, 82: 1412-1417.

Villarreal I. 2010. Epidemiology of *M. hyopneumoniae* infections and effect of control measures[M]. Ghent, Belgium: Ghent University: 28-41.

Visser N. 1997. Vaccination strategies for improving the efficacy of programs to eradicate Aujeszky's disease virus[J]. Vet Microbiol, 55(1-4): 61-74.

Vol N. 1999. Stability of zearalenone during extrusion of corn grits[J]. J Food Prot, 62: 1482-1484.

Wang C H, Yuan J, Qin H Y, et al. 2014. A novel gE-deleted pseudorabies virus (PRV) provides rapid and complete protection from lethal challenge with the PRV variant emerging in Bartha-K61-vaccinated swine population in China[J]. Vaccine, 32(27): 3379-

3385.

Wang J, Li X, Gu J, et al. 2015. The A66G back mutation in NS2A of JEV SA14-14-2 strain contributes to production of NS1′ protein and the secreted NS1′ can be used for diagnostic biomarker for virulent virus infection[J]. Infect Genet Evol, 36:116-125.

Wilcock B P, Armstrong C H, Olander H J. 1976. The significance of the serotype in the clinical and pathological features of naturally occurring porcine salmonellosis[J]. Can J Comp Med, 40(1):80-88.

Wilcock B P. 1979. Experimental *Klebsiella* and *Salmonella* infection in neonatal swine [J]. Can J Comp Med, 43(2):200-206.

Wilson D R, Chatfield S, Betts J, et al. 1990. Alternative methods of attenuating *Salmonella* species for potential vaccine use[J]. Res Microbiol, 141(7-8):827-830.

Wisselink H J, Joosten J J, Smith H E. 2002. Multiplex PCR assays for simultaneous detection of six major serotypes and two virulence-associated phenotypes of *Streptococcus suis* in tonsillar specimens from pigs[J]. J Clinic Microbiol, 40(8):2922.

Woeste K, Grosse B E. 2007. Transmission of agents of the porcine respiratory disease complex (PRDC) between swine herds: a review. Part Ⅰ-diagnostics, pathogen transmission via pig movement [J]. Dtsch Tierarztl Wochenschr, 114(9):324-326, 328-337.

Xiong G, Husseiny M I, Song L, et al. 2010. Novel cancer vaccine based on genes of *Salmonella* pathogenicity island 2[J]. Int J Cancer, 126(11):2622-2634.

Xu F, Chen X, Shi A, et al. 2006. Characterization and immunogenicity of an apxⅠA mutant of *Actinobacillus pleuropneumoniae*[J]. Vet Microbiol, 118(4):230-239.

Ye C, Guo J C, Gao J C, et al. 2016. Genomic analyses reveal that partial sequence of an earlier pseudorabies virus in China is originated from a Bartha-vaccine-like strain[J]. Virology, 491:56-63.

Ye J, Zhang H, He W, et al. 2016. Quantitative phosphoproteomic analysis identifies the critical role of JNK1 in neuroinflammation induced by Japanese encephalitis virus[J]. Sci Signal, 9(448):ra98.

Yu T, Chen F, Ku X, et al. 2016a. Growth characteristics and complete genomic sequence analysis of a novel pseudorabies virus in China[J]. Virus Genes, 52(4):474-483.

Yu T, Chen F, Ku X, et al. 2016b. Complete genome sequence of novel pseudorabies virus strain HNB isolated in China[J]. Genome Announc, 4(1):e01641-01615.

Yuan L, Wu R, Liu H, et al. 2016. Tissue tropism and molecular characterization of a Japanese encephalitis virus strains isolated from pigs in southwest China[J]. Virus Res, 215:55-64.

Yuan S, Zhang N, Xu L, et al. 2016. Induction of apoptosis by the nonstructural protein 4 and 10 of porcine reproductive and respiratory syndrome virus [J]. PLoS One, 11 (6): e0156518.

Zeeuw E J, Leinecker N, Herwig V, et al. 2007. Study of the virulence and crossneutralization capability of recent porcine parvovirus field isolates and vaccine viruses in experimentally infected pregnant gilts [J]. J Gen Virol, 88(2): 420-427.

Zhang C, Ning Y, Zhang Z, et al. 2008. In vitro antimicrobial susceptibility of *Streptococcus suis* strains isolated from clinically healthy sows in China[J]. Vet Microbiol, 131(3-4): 386.

Zhang C F, Song C P, Chen C M, et al. 2010. Reproductive failure in wild boars associated to porcine parvovirus infection and in vivo and in vitro characterization of the causal isolate [J]. Trop Anim Health prod, 42(8): 1611-1613.

Zhou Z, Liu Q, Hu D, et al. 2015. Complete genomic characterization and genetic diversity of four European genotype porcine reproductive and respiratory syndrome virus isolates from China in 2011[J]. Virus Genes, 51(3): 375-384.

Zhu B, Ye J, Nie Y, et al. 2015. MicroRNA-15b modulates Japanese encephalitis virus-mediated inflammation via targeting RNF125[J]. J Immunol, 195: 2251-2262.

Zhu L, Zhao X, Yin Q, et al. 2017. Mucosal IgA and IFN-γ+ CD8 T cell immunity are important in the efficacy of live *Salmonella enteria* serovar *Cholerae suis* vaccines[J]. Sci Rep, 7: 46408.

Zimmerman W, Odermatt W, Tschudi P. 1989. Enzootic pneumonia (EP): the partial curing of EP-reinfected swine herds as an alternative to total cure [J]. Schweiz Arch Tierheilk, 131: 179-186.

Zinedine A, Soriano J M, Moltó J C, et al. 2007. Review on the toxicity, occurrence, metabolism, detoxification, regulations and intake of zearalenone: an oestrogenic mycotoxin [J]. Food Chem Toxic, 45(1): 1-18.

第7章
猪病防控大事记
（1978—2018年）

本章内容提要

改革开放40年以来，我国在猪病防控领域发生了很多大事，有一些事件影响深远，例如重大疫情的发生、重要防疫政策的实施、创新型产品的开发等，这些历史事件可以使我们以史为鉴，吸取教训，总结经验，开拓未来。本章简要综述了我国在猪病防控领域的技术进步历史进程、主要事件和防控策略，期望对我国同行有帮助。

回忆起40年来猪病防控，我们体会到从防控理念到政策的进步；防控制剂、疫苗研发到新兽药研制成功，诊断技术的不断进步，使得我们对猪病防控从单一病例诊疗走向群体预防的历史过程。

7.1 猪病防控理念和政策进步

1998年，中华人民共和国动物防疫法开始实行，将动物防疫纳入法制轨道。同年，农业部提出动物疫病区域化控制的理念，试点无规定动物疫病区建设。

2002年，农业部颁布《动物免疫标识管理办法》、《动物检疫管理办法》、《动物防疫条件审核管理办法》、《猪伪狂犬病防治技术规范》（农办牧〔2002〕74号）。2007年，农业部印发《猪瘟防治技术规范》、《猪伪狂犬病防治技术规范》、《口蹄疫防治技术规范》（农医发〔2007〕12号）。同年，国家推行动物疫病强制免疫计划，对猪瘟、口蹄疫、高致病性猪蓝耳病实施强制免疫。这些法律条款、技术规范为有效防控动物疫病提供有利依据。

2006年,中国动物疫病预防控制中心成立。在农业部领导下主抓全国动物疫病防控工作。近年来,中国动物疫病预防控制中心在农业部兽医局领导下,开展国家中长期动物疫病防治规划(2012—2020年)实施工作。这是我国第一个指导全国动物疫病防治工作的综合性规划,提出到2020年,全国所有种猪场高致病性猪蓝耳病、猪瘟、猪伪狂犬病、猪繁殖与呼吸综合征要达到净化标准的目标。

7.2 猪病防控制剂制备技术不断革新,多个重要猪病疫苗、兽药等产品研制成功

兽药生产规范化。1978年,我国第一部兽药国家标准《兽药规范》正式出版,1992年重新修订;1991年,第一部《中华人民共和国兽药典》(中国兽医药品监察所)出版(1990版),从2000年以后每5年更新一次。这是目前我国现行的两个兽药国家标准。

猪用疫苗研制和生产技术进步。1978年,猪瘟兔化弱毒同源原代细胞苗正式投产应用,标志着猪用疫苗从组织苗向细胞苗的转变。1991年,仔猪腹泻大肠杆菌K88/K99二价基因工程灭活疫苗及仔猪大肠杆菌病K88-LTB双价基因工程活疫苗均研制成功并首次实现商品化,标志着我国进入二代兽用疫苗时代,即基因工程疫苗时代。2003年,猪伪狂犬病三基因(TK、gE、gI)缺失活疫苗(SA215株)获得新兽药证书,这是我国第一个在技术上达到国际疫苗应用标准且拥有完全自主知识产权的动物病毒基因工程疫苗,并于2016年上市。2004年,猪口蹄疫O型合成肽疫苗获得一类新兽药证书,并于2007年上市,标志着我国猪用疫苗进入第三代即合成肽疫苗时代。2012年,农业部兽医局批准金宇保灵生物药品有限公司以悬浮培养工艺生产猪口蹄疫O型灭活疫苗,标志着我国进入运用生物反应器培养细胞大规模生产猪用疫苗时代。2017年,猪瘟标记疫苗即猪瘟病毒E2重组杆状病毒灭活疫苗获得二类新兽药证书,有助于猪瘟净化;同年,猪O型口蹄疫3A3B表位缺失疫苗获批国家一类新兽药,猪口蹄疫O型、A型二价灭活疫苗(Re-O/MYA98/JSCZ/2013株+Re-A/WH/09株)获批国家一类新兽药,后者是世界首例口蹄疫反向遗传技术疫苗。

猪病诊断试剂产业化进程加快。1988年,农(牧)字第92号批准"猪旋毛虫抗原、酶复合物及阴、阳性血清"。1993年,农(牧)函字第59号批准"口蹄疫细胞中和试验抗原与阴、阳性血清"。2005年,农业部第442号公告明确了兽用诊断制品注册分类及注册资料要求,对兽用诊断试剂的注册进行了规范。2005—2017年我国共批准注册了39项猪用诊断试剂产品,其中,2007年猪旋毛虫抗体快速检测试纸条获得二类新兽药证书,这是国内第一个获得新兽药证书的人畜共患病检测试纸,2009年建立了我国第一条兽用诊断试剂生产线。

其他猪用生物制剂及兽药的研制。1979年,开始采用从猪脾加工提取转移因子,对多种猪病进行治疗。1997年,四川省乐至县生物技术公司研制的猪白细胞干扰素获得批准,并投入生产,这是我国批准商业化生产的第一个免疫增强剂产品。2003年,"喹烯酮"原料药和预混剂获得国家一类新兽药证书,是新中国成立以来第一个获得国家一类新兽药证书的兽用化学药物。

7.3　猪病诊断技术不断进步,猪病诊断趋于标准化

猪病诊断实验室标准化。2002 年,农业部发布首批国家兽医参考实验室名单,中国兽医药品监察所被确定为国家猪瘟参考实验室单位,中国农业科学院兰州兽医研究所被确定为国家口蹄疫参考实验室单位;2017 年,OIE 确认中国兽医药品监察所标准物质研究室为 OIE 猪瘟参考实验室;2018 年 1 月,农业部公布第二批国家兽医参考实验室和首批国家兽医专业实验室名单,国家猪瘟参考实验室、国家猪繁殖与呼吸综合征参考实验室(含高致病性猪蓝耳病)等在列。

猪病诊断技术标准化,制定了一系列国家标准、行业标准和地方标准。1988 年发布国家标准《正向间接血凝试验》[农(牧)字第 17 号]。2002 年,聚合酶链反应 (PCR) 试验引入伪狂犬病诊断技术国家标准(GB/T 18641),同年,还发布了流行性乙型脑炎诊断技术国家标准,猪传染性胃肠炎诊断技术、猪流行性腹泻诊断技术、猪丹毒诊断技术、猪巴氏杆菌病诊断技术、猪萎缩性鼻炎诊断技术、猪痢疾诊断技术等农业行业标准。2008 年,口蹄疫病毒荧光 RT-PCR 检测方法成为国家标准(GB/T 22915)。

7.4　猪病防控学术交流和国际合作

1984 年,家畜传染病防制研究会在江苏无锡成立,1992 年,家畜传染病防制研究会更名为中国畜牧兽医学会家畜传染病学分会。

1990 年,(美)A. D. 莱曼(Leman,A. D.)著《猪病学》(第 6 版)由刘文军等翻译并在我国首次出版;1996 年,宣长和、任凤兰、孙福先主编的《猪病学》在我国出版。

2007 年,中国正式以主权国家身份加入世界动物卫生组织(OIE),参与国际重大猪病防控战略实施。

2013 年,第 10 届国际 PRRS 学术研讨会在我国北京召开,这是该会议首次在美国以外的地方举行。

2018 年,第 25 届国际猪病大会在重庆召开,这是该会议首次在中国举办,5 599 人注册参会。

7.5　猪病防控研究成果显著

1978 年,全国科学大会召开,中国农业科学院兰州畜牧与兽药研究所《畜禽针灸技术的研究》及中国兽医药品监察所《猪瘟兔化弱毒疫苗》、《仔猪副伤寒弱毒疫苗》、《家畜布氏菌猪型二号弱毒菌苗和口服免疫法》、《猪瘟、猪丹毒、猪肺疫三联弱毒冻干苗》获全国科学大会奖。

1983 年,中国兽医药品监察所《猪瘟兔化弱毒疫苗》获国家技术发明一等奖。

1985年，江苏省农业科学院《猪弓形体病的病原分析、感染来源及快速诊断技术》、中国农业科学院兰州兽医研究所《猪1号病5号病三种诊断检疫技术的建立和应用》获国家科学技术进步三等奖。

1987年，中国农业科学院中兽医研究所《兽用抗菌新药“痢菌净”的研制及大面积推广应用》、中国农业科学院兰州兽医研究所《猪O型口蹄疫组织培养聚乙烯亚胺(BEI)灭活矿物阿佐剂疫苗》获国家科学技术进步二等奖。

1988年，河南省食品公司等《猪旋毛虫病防制研究》获国家科学技术进步二等奖；哈尔滨兽医研究所《猪传染性胃肠炎弱毒疫苗》获国家科学技术进步三等奖。

1989年，中国兽医药品监察所《猪霍乱沙门氏菌C500号光滑型菌株仔猪副伤寒弱毒菌苗》获国家技术发明二等奖；广东省农业科学院兽医研究所等《A型(群)猪肺疫CA株弱毒菌苗的研究》获国家科学技术进步三等奖。

1990年，河南省农业科学院畜牧兽医研究所等《猪旋毛虫病诊断与防治技术的研究和推广应用》获国家科学技术进步二等奖。

1993年，中国兽医药品监察所《畜用布鲁氏菌猪二号菌株口服活疫苗》获国家技术发明二等奖。

1995年，军事医学科学院生物工程研究所《仔猪大肠杆菌腹泻基因工程多价疫苗》获国家科学技术进步一等奖；哈尔滨兽医研究所《猪传染性萎缩性鼻炎油佐剂灭活菌苗》获国家科学技术进步二等奖；新疆畜牧科学院兽医研究所《口蹄疫A型鸡胚化弱毒乳兔反应苗的研究与应用》获国家科学技术进步三等奖。

1997年，中国农业科学院上海家畜寄生虫病研究所等《农业血防综合治理新技术研究》获国家科学技术进步二等奖。

1998年，河北医科大学《猪囊尾蚴cDNA文库的构建与人、猪囊虫病诊断用抗原的合成》获国家科学技术进步二等奖。

1999年，中国农业科学院兰州兽医研究所《猪O型口蹄疫灭活疫苗(Ⅱ)研制及其生产工艺》获国家技术发明二等奖。

2000年，中国农业科学院兰州兽医研究所《猪口蹄疫病毒系统发生树及其应用》获国家科学技术进步二等奖。

2001年，华中农业大学等《伪狂犬病鄂A株分离鉴定及分子生物学与综合防治研究》获国家科学技术进步二等奖。

2004年，中国农业科学院哈尔滨兽医研究所等《猪病毒性腹泻二联疫苗》获国家科学技术进步二等奖。

2005年，四川农业大学等《伪狂犬病基因缺失疫苗的研究与应用》获国家科学技术进步二等奖。

2006年，中国农业大学等《动物性食品中药物残留及化学污染物检测关键技术与试剂盒产业化》获国家科学技术进步二等奖。

2007年，南京农业大学等《猪链球菌病研究及防控技术》获国家科学技术进步二等奖。

2008年，河南省动物免疫学重点实验室等《生猪主要违禁药物残留免疫试纸快速检测技术》获国家科学技术进步二等奖。

2009 年，中国农业科学院兰州畜牧与兽药研究所等《新兽药"喹烯酮"的研制与产业化》获国家科学技术进步二等奖。

2010 年，中国农业科学院哈尔滨兽医研究所《猪繁殖与呼吸综合征防制技术及应用》获国家科学技术进步二等奖。

2011 年，山东省农业科学院畜牧兽医研究所等《猪主要繁殖障碍病防控技术体系的建立与应用》、华中农业大学等《动物流感系列快速检测技术的建立及应用》获国家科学技术进步二等奖；江西农业大学等《仔猪断奶前腹泻抗病基因育种技术的创建及应用》获国家技术发明二等奖。

2012 年，中国人民解放军军事医学科学院军事兽医研究所等《重要动物病毒病防控关键技术研究与应用》获国家科学技术进步一等奖；四川大学等《猪鸡病原细菌耐药性研究及其在安全高效新兽药研制中的应用》获国家科学技术进步二等奖。

2013 年，中国动物疫病预防控制中心等《高致病性猪蓝耳病病因确诊及防控关键技术研究与应用》获国家科学技术进步二等奖。

2015 年，江苏省农业科学院《安全高效猪支原体肺炎活疫苗的创制及应用》获国家技术发明二等奖。

2016 年，华中农业大学等《我国重大猪病防控技术创新与集成应用》、中国农业科学院兰州兽医研究所《针对新传入我国口蹄疫流行毒株的高效疫苗的研制及应用》获国家科学技术进步二等奖；华中农业大学《动物源食品中主要兽药残留物高效检测关键技术》获国家技术发明二等奖。

2017 年，扬州大学等《重要食源性人兽共患病原菌的传播生态规律及其防控技术》获得国家科学技术进步二等奖。

7.6　猪病防控效果初现

2003 年，胶东半岛、辽东半岛、四川盆地、松辽平原（吉林）和海南岛等 5 个无规定动物疫病区建设通过农业部验收。

2006 年，我国控制高致病性猪蓝耳病疫情。

2015 年，首批国家认证"动物疫病净化示范场""动物疫病净化创建场"名单出炉，广东广宁广三保畜牧有限公司、福建省永诚华多种猪有限公司、广西农垦永新畜牧集团良圻原种猪场和广西柯新源（集团）原种猪有限责任公司被认定为"猪伪狂犬病净化示范场"。

2017 年，第二批主要动物疫病净化示范场、创建场名单公布，广西梧州市新利畜牧有限公司（原种场）等 3 个种猪场被认定为"猪伪狂犬病净化示范场"，广西农垦永新畜牧集团西江有限公司千秋原种场等 28 个种猪场被认定为"动物疫病净化创建场"。

2017 年，猪瘟、高致病性猪蓝耳病退出国家强制免疫计划，同时发布防治指导意见。

2018 年，我国亚洲Ⅰ型口蹄疫已达到全国免疫无疫标准，在全国范围内停止亚洲Ⅰ型口蹄疫免疫，实施以监测扑杀为主的综合防控措施。

7.7 猪病防控高端人才

1995年，殷震在动物病毒学，沈荣显在猪瘟、马传染性贫血、牛瘟防治上有突出贡献，当选中国工程院院士。

2003年，陈焕春在猪病疫苗和诊断研究方面取得一系列成果，当选中国工程院院士。

2013年，张改平因免疫试纸快速检测技术体系的成就，当选中国工程院院士。

2015年，沈建忠因在新兽药创制及保障动物源食品安全方面的成就，当选中国工程院院士。

附　　录

附录 1　主要猪病在我国被发现的时间

1. 猪瘟:我国何时开始流行无明确记载,1925 年开始有研制高免血清治疗的记载,最早的流行病学调查数据为 1935 年,当时我国大部分省区都有发生。

2. 伪狂犬病:我国 1948 年首次报道。

3. 蓝耳病:哈尔滨兽医研究所等单位于 1995 年从发病猪的体内分离到病毒。

4. 口蹄疫:最早的资料记载,中国的云南、甘肃、新疆等地区于 1893 年至 1915 年期间一直有该病的流行。O 型最早于 1950 年在新疆发病;A 型在 1964 年由苏联传入新疆和内蒙古;亚洲Ⅰ型发生于 2004 年。

5. 圆环病毒病:2000 年开始有血清流行病学调查的报道,最早于 2001 年分离到病毒。

6. 猪流感:1918 年开始中国有猪流感的报道。

7. 猪细小病毒病:1982 年上海首次分离到病毒。

8. 猪传染性胃肠炎:1956 年广东最早报道。

9. 猪流行性腹泻:1984 年中国确定该病流行。

10. 猪丹毒:1946 年四川最早报道。

11. 猪链球菌病:1949 年吴硕显最早报道上海郊区的猪场发病。

12. 李氏杆菌病:我国在 20 世纪 50 年代报道本病。

13. 附红细胞体病:1981 年证实有该病存在。

14. 猪支原体肺炎:1951 年南京第一次报道本病,1973 年分离到病原。

15. 猪传染性胸膜肺炎:我国最早于 1987 年报道发生本病。

16. 副猪嗜血杆菌病:我国于 1990 年证实有本病的流行。

17. 传染性萎缩性鼻炎:我国于1970年至1980年从国外引进种猪的过程中发生本病。
18. 猪痢疾:中国1978年证实有本病的发生。
19. 猪衣原体病:中国在20世纪80年代证实有本病存在。
20. 猪梭菌性肠炎:1964年报道发生本病。
21. 猪增生性肠病:1999年林绍荣最早报道本病,2007年才有流行病学调查的数据。
22. 非洲猪瘟:2018年8月在辽宁沈阳首次发现。

附录2 我国猪用疫苗产品目录

附表2-1 猪瘟疫苗产品目录

通用名	企业名称	批准文号	批准日期	备注	商品名
高致病性猪繁殖与呼吸综合征、猪瘟二联活疫苗(TJM-F92株+C株)	华威特(江苏)生物制药有限公司	兽药生字101451108	2017-11-15		华温蓝
	中牧实业股份有限公司成都药械厂	兽药生字(2016)220051108	2016-6-15		威联
	吉林硕腾国原动物保健品有限公司	兽药生字(2016)070321108	2016-2-23		瑞兰稳
政府采购专用猪瘟活疫苗(脾淋源)	广西丽原生物股份有限公司	兽药生字200351114	2017-12-6		
	金宇保灵生物药品有限公司	兽药生字050151114	2017-9-27		
	浙江诗华诺倍威生物技术有限公司	兽药生字110571114	2017-6-23		
	北京信得威特科技有限公司	兽药生字010371114	2017-3-20		
	浙江诺倍威生物技术有限公司	兽药生字110571114	2017-3-7		
	四川海林格生物制药有限公司	兽药生字220521114	2016-10-8		
	齐鲁动物保健品有限公司	兽药生字(2016)150251114	2016-5-20		
政府采购专用猪瘟活疫苗(细胞源)	广西丽原生物股份有限公司	兽药生字200351115	2017-12-6		
	吉林和元生物工程股份有限公司	兽药生字070181115	2017-10-23		
	南京天邦生物科技有限公司	兽药生字100991115	2017-10-23		
	金宇保灵生物药品有限公司	兽药生字050151115	2017-9-27		

续附表 2-1

通用名	企业名称	批准文号	批准日期	备注	商品名
政府采购专用猪瘟活疫苗(细胞源)	浙江诗华诺倍威生物技术有限公司	兽药生字 110571115	2017-6-23		
	杭州佑本动物疫苗有限公司	兽药生字 110541115	2017-6-20		
	吉林正业生物制品股份有限公司	兽药生字 070221115	2017-5-2		
	北京信得威特科技有限公司	兽药生字 010371115	2017-3-20		
	国药集团扬州威克生物工程有限公司	兽药生字 101041115	2017-3-7		
	四川海林格生物制药有限公司	兽药生字 220521115	2016-10-26		
猪瘟、猪丹毒、猪多杀性巴氏杆菌病三联活疫苗	齐鲁动物保健品有限公司	兽药生字(2015)150251016	2015-7-3		
	武汉中博生物股份有限公司	兽药生字(2015)170261016	2015-6-23		
	成都天邦生物制品有限公司	兽药生字(2015)220011016	2015-3-13		
	中牧实业股份有限公司江西生物药厂	兽药生字(2015)140401016	2015-2-3		
	湖南中岸生物药业有限公司	兽药生字(2014)180021016	2014-12-10		文单非
	广东永顺生物制药股份有限公司	兽药生字(2014)190591016	2014-10-28		
	辽宁益康生物股份有限公司	兽药生字(2014)060131016	2014-10-28		
	乾元浩生物股份有限公司南京生物药厂	兽药生字(2014)100081016	2014-10-28		
	重庆澳龙生物制品有限公司	兽药生字(2014)230241016	2014-10-28		
猪瘟、猪丹毒、猪多杀性巴氏杆菌病三联活疫苗(兔源+G4T10株+EO630株)	上海海利生物技术股份有限公司	兽药生字(2016)090201104	2016-5-20		

续附表 2-1

通用名	企业名称	批准文号	批准日期	备注	商品名
猪瘟、猪丹毒、猪多杀性巴氏杆菌病三联活疫苗(细胞源+GC42株+EO630株)	安徽东方帝维生物制品股份有限公司	兽药生字(2016)120491107	2016-7-15		帝维多
	山西海森生物制品有限公司	兽药生字(2016)040721107	2016-6-27		
猪瘟、猪丹毒、猪多杀性巴氏杆菌病三联活疫苗(细胞源+G4T10株+EO630株)	哈药集团生物疫苗有限公司	兽药生字(2016)080071105	2016-6-15		丹联美瑞
	中牧实业股份有限公司成都药械厂	兽药生字(2015)220051105	2015-11-26		
猪瘟、猪丹毒、猪多杀性巴氏杆菌病三联活疫苗(细胞源+GC42株+EO630株)	广西丽原生物股份有限公司	兽药生字200351107	2017-12-6		多丽宁
	广东永顺生物制药股份有限公司	兽药生字(2015)190591107	2017-4-20		
	瑞普(保定)生物药业有限公司	兽药生字(2016)030381107	2016-3-15		
猪瘟活疫苗(传代细胞源)	广东永顺生物制药股份有限公司	兽药生字(2015)190591084	2017-4-20		
	杭州佑本动物疫苗有限公司	兽药生字(2013)110541084	2017-4-6		瘟净宁
	云南生物制药有限公司	兽药生字(2015)250121084	2015-12-1		云温宁
	广东温氏大华农生物科技有限公司	兽药生字(2014)190031084	2014-4-29		诸瘟威
	哈药集团生物疫苗有限公司	兽药生字(2014)080071084	2014-4-15		艾美瑞
	北京信得威特科技有限公司	兽药生字(2013)010371084	2013-7-16		信安宁
	哈尔滨元亨生物药业有限公司	兽药生字(2013)080391084	2013-7-16		
	吉林和元生物工程股份有限公司	兽药生字(2013)070181084	2013-7-16		新温必沙
	江苏南农高科技股份有限公司	兽药生字(2013)100971084	2013-7-16		瘟克清

续附表 2-1

通用名	企业名称	批准文号	批准日期	备注	商品名
猪瘟活疫苗(传代细胞源)	辽宁益康生物股份有限公司	兽药生字(2013)060131084	2013-7-16		温康
	普莱柯生物工程股份有限公司	兽药生字(2013)160021084	2013-7-16		稳柯健
	齐鲁动物保健品有限公司	兽药生字(2013)150251084	2013-7-16		文捷
	瑞普(保定)生物药业有限公司	兽药生字(2013)030381084	2013-7-16		文易康
	山东绿都生物科技有限公司	兽药生字(2013)151821084	2013-7-16		
	四川海林格生物制药有限公司	兽药生字(2013)220521084	2013-7-16		
	武汉中博生物股份有限公司	兽药生字(2013)170261084	2013-7-16		
	新疆天康畜牧生物技术股份有限公司	兽药生字(2013)310011084	2013-7-16		
	云南生物制药有限公司	兽药生字(2013)250061084	2013-7-16		
	中牧实业股份有限公司江西生物药厂	兽药生字(2013)140401084	2013-7-16		
猪瘟活疫苗(兔源)	浙江诗华诺倍威生物技术有限公司	兽药生字 110571001	2017-9-11		脾倍威
	北京信得威特科技有限公司	兽药生字 010371001	2017-9-27		
	九江博美莱生物制品有限公司	兽药生字 140391001	2017-9-27		
	华派生物工程集团有限公司	兽药生字(2014)221011001	2017-8-21		
	北京华夏兴洋生物科技有限公司	兽药生字 010641001	2017-3-20		瘟倍优
	四川海林格生物制药有限公司	兽药生字 220521001	2017-1-24		
	浙江正力安拓生物科技有限公司	兽药生字 110891001	2016-12-14		瘟必舒
	哈药集团生物疫苗有限公司	兽药生字(2016)080071001	2016-6-22		林美瑞

续附表 2-1

通用名	企业名称	批准文号	批准日期	备注	商品名
猪瘟活疫苗(兔源)	青岛易邦生物工程有限公司	兽药生字(2016)150131001	2016-6-15		易瘟净
	瑞普(保定)生物药业有限公司	兽药生字(2016)030381001	2016-5-31		文易宁
	青海生物药品厂有限公司	兽药生字(2016)290011001	2016-5-20		
	上海海利生物技术股份有限公司	兽药生字(2016)090201001	2016-5-11		瘟立净
	杨凌绿方生物工程有限公司	兽药生字(2016)270021001	2016-4-7		
	福州大北农生物技术有限公司	兽药生字(2016)130141001	2016-3-15		诸稳康
	瑞普(保定)生物药业有限公司	兽药生字(2016)030381002	2016-3-15		
	齐鲁动物保健品有限公司	兽药生字(2015)150251002	2015-12-30		
	齐鲁动物保健品有限公司	兽药生字(2015)150251001	2015-12-30		
	四川华神兽用生物制品有限公司	兽药生字(2015)221271001	2015-12-14		
	乾元浩生物股份有限公司南京生物药厂	兽药生字(2015)100081001	2015-8-6		
	磐石益格生物科技发展有限公司	兽药生字(2015)070331001	2015-7-13		
	浙江美保龙生物技术有限公司	兽药生字(2015)110851001	2015-7-13		
	中牧实业股份有限公司成都药械厂	兽药生字(2015)220051002	2015-7-13		
	中牧实业股份有限公司成都药械厂	兽药生字(2015)220051001	2015-7-13		
	哈尔滨元亨生物药业有限公司	兽药生字(2015)080391001	2015-5-27		
	山西海森生物制品有限公司	兽药生字(2015)040721001	2015-3-13		
	吉林正业生物制品股份有限公司	兽药生字(2015)070221001	2015-2-13		

续附表 2-1

通用名	企业名称	批准文号	批准日期	备注	商品名
猪瘟活疫苗(兔源)	重庆澳龙生物制品有限公司	兽药生字(2015)230241001	2015-1-15		
	安徽东方帝维生物制品股份有限公司	兽药生字(2014)120491001	2014-12-10		
	湖南中岸生物药业有限公司	兽药生字(2014)180021001	2014-12-10		
	北京市兽医生物药品厂	兽药生字(2014)010651001	2014-11-24		
	成都天邦生物制品有限公司	兽药生字(2014)220011001	2014-6-10		
	山东华宏生物工程有限公司	兽药生字(2014)150101001	2014-4-29		
	山东绿都生物科技有限公司	兽药生字(2014)151821001	2014-4-29		
	武汉中博生物股份有限公司	兽药生字(2013)170261001	2013-12-9		
	广东永顺生物制药股份有限公司	兽药生字(2013)190591001	2013-3-25		
	辽宁益康生物股份有限公司	兽药生字(2013)060131001	2013-3-4		
	金宇保灵生物药品有限公司	兽药生字(2013)050151002	2013-1-7		
	山西隆克尔生物制药有限公司	兽药生字(2012)040131002	2012-12-28	已过有效期	
	广西丽原生物股份有限公司	兽药生字(2012)200351001	2012-9-27	已过有效期	
	新疆天康畜牧生物技术股份有限公司	兽药生字(2012)310011001	2012-9-10	已过有效期	
	金宇保灵生物药品有限公司	兽药生字(2012)050151001	2012-6-19	已过有效期	
	九江博美莱生物制品有限公司	兽药生字(2012)140391001	2012-6-19	已过有效期	
	北京信得威特科技有限公司	兽药生字(2012)010371001	2012-3-19	已过有效期	
	杭州荐量兽用生物制品有限公司	兽药生字(2012)110541001	2012-2-24	已过有效期	瘟净灵

续附表 2-1

通用名	企业名称	批准文号	批准日期	备注	商品名
猪瘟活疫苗(兔源)	四川华神兽用生物制品有限公司	兽药生字(2011)220611001	2011-9-19	已过有效期	
	福州大北农生物技术有限公司	兽药生字(2011)130141002	2011-7-21	已过有效期	
	北京华都诗华生物制品有限公司	兽药生字(2011)010321001	2011-6-16	已过5年有效期	
	云南生物制药有限公司	兽药生字(2011)250061001	2011-4-27	已过5年有效期	
	齐鲁动物保健品有限公司	兽药生字(2011)150251002	2011-4-12	已过5年有效期	
	齐鲁动物保健品有限公司	兽药生字(2011)150251001	2011-4-12	已过5年有效期	
	南京天邦生物科技有限公司	兽药生字(2011)100991001	2011-3-21	已过5年有效期	
猪瘟活疫苗(细胞源)	金宇保灵生物药品有限公司	兽药生字 050151004	2017-9-27		
	浙江诗华诺倍威生物技术有限公司	兽药生字 110571004	2017-12-6		瘟净威
	杭州佑本动物疫苗有限公司	兽药生字 110541004	2017-11-22		
	华威特(江苏)生物制药有限公司	兽药生字 101451004	2017-10-10		华温康
	北京信得威特科技有限公司	兽药生字 010371004	2017-9-27		
	国药集团扬州威克生物工程有限公司	兽药生字 101041004	2017-9-11		瘟宁
	华派生物工程集团有限公司	兽药生字(2014)221011004	2017-8-21		
	九江博美莱生物制品有限公司	兽药生字 140391004	2017-6-26		
	北京华夏兴洋生物科技有限公司	兽药生字 010641004	2017-1-24		瘟倍康
	四川海林格生物制药有限公司	兽药生字 220521004	2017-1-24		
	吉林正业生物制品股份有限公司	兽药生字 070221004	2017-1-10		

续附表 2-1

通用名	企业名称	批准文号	批准日期	备注	商品名
猪瘟活疫苗(细胞源)	青岛易邦生物工程有限公司	兽药生字(2016)150131004	2016-6-15		
	上海海利生物技术股份有限公司	兽药生字(2016)090201004	2016-6-15		
	哈药集团生物疫苗有限公司	兽药生字(2016)080071004	2016-5-31		
	福州大北农生物技术有限公司	兽药生字(2016)130141004	2016-3-15		
	瑞普(保定)生物药业有限公司	兽药生字(2016)030381004	2016-3-15		
	山西隆克尔生物制药有限公司	兽药生字(2016)040131004	2016-2-1		
	四川华神兽用生物制品有限公司	兽药生字(2015)221271004	2015-12-14		
	云南生物制药有限公司	兽药生字(2015)250121004	2015-12-1		
	广东永顺生物制药股份有限公司	兽药生字(2015)190591004	2015-7-27		
	中牧实业股份有限公司成都药械厂	兽药生字(2015)220051004	2015-7-13		
	江苏南农高科技股份有限公司	兽药生字(2015)100971004	2015-6-23		
	武汉中博生物股份有限公司	兽药生字(2015)170261004	2015-6-23		
	哈尔滨元亨生物药业有限公司	兽药生字(2015)080391004	2015-5-27		
	乾元浩生物股份有限公司	兽药生字(2015)010081004	2015-3-13		
	山西海森生物制品有限公司	兽药生字(2015)040721004	2015-3-13		
	安徽东方帝维生物制品股份有限公司	兽药生字(2015)120491004	2015-1-21		
	吉林特研生物技术有限责任公司	兽药生字(2015)070291004	2015-1-21		瘟特威
	武汉科前生物股份有限公司	兽药生字(2015)170041004	2015-1-21		科稳宁

续附表 2-1

通用名	企业名称	批准文号	批准日期	备注	商品名
猪瘟活疫苗（细胞源）	重庆澳龙生物制品有限公司	兽药生字（2015）230241004	2015-1-15		
	湖南中岸生物药业有限公司	兽药生字（2014）180021004	2014-12-10		
	普莱柯生物工程股份有限公司	兽药生字（2014）160021004	2014-11-24		
	北京市兽医生物药品厂	兽药生字（2014）010651004	2014-11-24		
	中牧实业股份有限公司江西生物药厂	兽药生字（2014）140401004	2014-11-24		
	山东绿都生物科技有限公司	兽药生字（2014）151821004	2014-11-2		
	哈尔滨维科生物技术开发公司	兽药生字（2014）080011004	2014-10-28		
	辽宁益康生物股份有限公司	兽药生字（2014）060131004	2014-10-28		
	山东滨州沃华生物工程有限公司	兽药生字（2014）151721004	2014-7-10		
	四川省华派生物制药有限公司	兽药生字（2014）221011004	2014-7-10		
	普莱柯生物工程股份有限公司	兽药生字（2014）160021004	2014-6-10		
	成都天邦生物制品有限公司	兽药生字（2014）220011004	2014-4-29		
	广东温氏大华农生物科技有限公司	兽药生字（2014）190031004	2014-4-29		诸瘟稳
	山东华宏生物工程有限公司	兽药生字（2014）150101004	2014-4-29		
	杨凌绿方生物工程有限公司	兽药生字（2014）270021004	2014-4-15		
	青岛蔚蓝生物制品有限公司	兽药生字（2013）151181004	2013-11-6		
	山东泰丰生物制品有限公司	兽药生字（2013）151781004	2013-9-30		
	南京天邦生物科技有限公司	兽药生字（2012）100991004	2012-12-28	已过有效期	

续附表 2-1

通用名	企业名称	批准文号	批准日期	备注	商品名
猪瘟活疫苗(细胞源)	乾元浩生物股份有限公司南京生物药厂	兽药生字(2012)100081004	2012-12-28	已过有效期	
	广西丽原生物股份有限公司	兽药生字(2012)200351004	2012-9-27	已过有效期	
	金宇保灵生物药品有限公司	兽药生字(2012)050151004	2012-7-27	已过有效期	
	九江博美莱生物制品有限公司	兽药生字(2012)140391004	2012-6-19	已过有效期	
	杭州荐量兽用生物制品有限公司	兽药生字(2012)110541004	2012-6-19	已过有效期	瘟荐宁
	吉林和元生物工程股份有限公司	兽药生字(2012)070181004	2012-5-17	已过有效期	温必沙
	中牧实业股份有限公司兰州生物药厂	兽药生字(2012)280011004	2012-5-8	已过有效期	
	北京信得威特科技有限公司	兽药生字(2012)010371004	2012-3-19	已过有效期	
	国药集团扬州威克生物工程有限公司	兽药生字(2012)101041004	2012-3-12	已过有效期	
	四川海林格生物制药有限公司	兽药生字(2011)220521004	2011-11-29	已过有效期	
	新疆天康畜牧生物技术股份有限公司	兽药生字(2012)310011004	2011-10-27	已过有效期	
	四川华神兽用生物制品有限公司	兽药生字(2011)220611004	2011-9-19	已过有效期	
	吉林正业生物制品股份有限公司	兽药生字(2011)070221004	2011-9-13	已过有效期	
	北京华都诗华生物制品有限公司	兽药生字(2011)010321004	2011-5-9	已过5年有效期	
	云南生物制药有限公司	兽药生字(2011)250061004	2011-4-27	已过5年有效期	
	广东永顺生物制药股份有限公司	兽药生字(2011)190591004	2011-4-12	已过5年有效期	
猪瘟耐热保护剂活疫苗(兔源)	福州大北农生物技术有限公司	兽药生字 130141050	2017-12-6		诸稳泰
	齐鲁动物保健品有限公司	兽药生字 150251050	2017-9-11		瘟必灵
	乾元浩生物股份有限公司南京生物药厂	兽药生字(2015)100081050	2015-12-23		瘟必宁

续附表 2-1

通用名	企业名称	批准文号	批准日期	备注	商品名
猪瘟耐热保护剂活疫苗（兔源）	瑞普（保定）生物药业有限公司	兽药生字（2015）030381050	2015-6-23		文可舒
	武汉中博生物股份有限公司	兽药生字（2015）170261050	2015-6-23		
	山西隆克尔生物制药有限公司	兽药生字（2014）040131050	2014-11-2		
	广西丽原生物股份有限公司	兽药生字（2014）200351050	2014-5-7		霖耐宁
	山东绿都生物科技有限公司	兽药生字（2013）151821050	2014-5-7		
	中牧实业股份有限公司成都药械厂	兽药生字（2013）220051050	2013-6-24		
	新疆天康畜牧生物技术股份有限公司	兽药生字（2012）310011050	2012-10-24	已过有效期	
	南京天邦生物科技有限公司	兽药生字（2012）100991050	2012-9-10	已过有效期	
	杭州荐量兽用生物制品有限公司	兽药生字（2012）110541050	2012-6-19	已过有效期	
	福州大北农生物技术有限公司	兽药生字（2012）130141050	2012-2-21	已过有效期	诸稳定
猪瘟耐热保护剂活疫苗（细胞源）	华派生物工程集团有限公司	兽药生字 221011051	2017-10-23		
	成都天邦生物制品有限公司	兽药生字 220011051	2017-9-11		
	中牧实业股份有限公司兰州生物药厂	兽药生字 280011051	2017-6-20		
	中牧实业股份有限公司成都药械厂	兽药生字 220051051	2017-5-2		
	杭州佑本动物疫苗有限公司	兽药生字（2016）110541051	2017-4-6		
	中牧实业股份有限公司江西生物药厂	兽药生字 140401051	2017-4-6		
	南京天邦生物科技有限公司	兽药生字 100991051	2017-3-7		
	武汉中博生物股份有限公司	兽药生字 170261051	2017-3-7		

续附表 2-1

通用名	企业名称	批准文号	批准日期	备注	商品名
猪瘟耐热保护剂活疫苗(细胞源)	安徽东方帝维生物制品股份有限公司	兽药生字(2016)120491051	2016-5-19		帝维稳
	四川华神兽用生物制品有限公司	兽药生字(2015)221271051	2015-12-14		
	金宇保灵生物药品有限公司	兽药生字(2015)050151051	2015-3-9		
	北京市兽医生物药品厂	兽药生字(2014)010651051	2014-11-24		瘟倍安
	广西丽原生物股份有限公司	兽药生字(2014)200351051	2014-4-29		稳耐宁
	国药集团扬州威克生物工程有限公司	兽药生字(2014)101041051	2014-4-29		瘟易宁
	吉林正业生物制品股份有限公司	兽药生字(2014)070221051	2014-4-29		瘟热保
	重庆澳龙生物制品有限公司	兽药生字(2014)230241051	2014-4-29		
	普莱柯生物工程股份有限公司	兽药生字(2013)160021051	2013-1-7	已过有效期	
	青岛蔚蓝生物制品有限公司	兽药生字(2012)151181051	2012-12-28	已过有效期	
	北京华都诗华生物制品有限公司	兽药生字(2012)010321051	2012-12-17	已过有效期	
	成都天邦生物制品有限公司	兽药生字(2012)220011051	2012-5-17	已过有效期	

附表 2-2 猪蓝耳病疫苗产品目录

通用名	企业名称	批准文号	批准日期	备注	商品名
高致病性猪繁殖与呼吸综合征、猪瘟二联活疫苗(TJM-F92株+C株)	华威特(江苏)生物制药有限公司	兽药生字 101451108	2017-11-15		华温蓝
	中牧实业股份有限公司成都药械厂	兽药生字(2016)220051108	2016-6-15		威联
	吉林硕腾国原动物保健品有限公司	兽药生字(2016)070321108	2016-2-23		瑞兰稳

续附表 2-2

通用名	企业名称	批准文号	批准日期	备注	商品名
高致病性猪繁殖与呼吸综合征活疫苗（GDr180株）	北京信得威特科技有限公司	兽药生字 010371103	2018-1-10		信蓝宁
	广东永顺生物制药股份有限公司	兽药生字（2015）190591103	2017-4-20		
高致病性猪繁殖与呼吸综合征活疫苗（HuN4-F112株）	吉林正业生物制品股份有限公司	兽药生字 070221074	2017-10-25		
	哈药集团生物疫苗有限公司	兽药生字 080071074	2016-7-27		
	上海海利生物技术股份有限公司	兽药生字 090201074	2016-6-30		
	哈尔滨维科生物技术开发公司	兽药生字（2016）080011074	2016-1-25		
高致病性猪繁殖与呼吸综合征活疫苗（JXA1-R株）	湖南中岸生物药业有限公司	兽药生字 180021064	2017-11-20		兰静优
	南京天邦生物科技有限公司	兽药生字 100991064	2017-11-20		蓝可利
	瑞普（保定）生物药业有限公司	兽药生字 030381064	2017-11-20		蓝易灵
	广东永顺生物制药股份有限公司	兽药生字（2016）190591064	2017-4-20		
	武汉中博生物股份有限公司	兽药生字 170261064	2017-4-20		
	吉林和元生物工程股份有限公司	兽药生字 070181064	2016-12-12		
	普莱柯生物工程股份有限公司	兽药生字 160021064	2016-8-29		
	齐鲁动物保健品有限公司	兽药生字 150251064	2016-8-29		
	山西海森生物制品有限公司	兽药生字 040721064	2016-8-29		蓝剑
	国药集团扬州威克生物工程有限公司	兽药生字 101041064	2016-6-30		
	广东温氏大华农生物科技有限公司	兽药生字（2016）190031064	2016-5-31		
	中牧实业股份有限公司成都药械厂	兽药生字（2015）220051064	2015-9-22		

续附表 2-2

通用名	企业名称	批准文号	批准日期	备注	商品名
高致病性猪繁殖与呼吸综合征活疫苗(TJM-F92株)	山西隆克尔生物制药有限公司	兽药生字 040131075	2016-6-30		
	新疆天康畜牧生物技术股份有限公司	兽药生字 310011075	2016-6-30		
	吉林特研生物技术有限责任公司	兽药生字 070291075	2016-6-27		蓝特威
	青岛易邦生物工程有限公司	兽药生字(2016)150131075	2016-6-15		易蓝净
	吉林硕腾国原动物保健品有限公司	兽药生字(2013)070321075	2013-7-3		瑞兰安
高致病性猪繁殖与呼吸综合征活疫苗(TJM-F92株,悬浮培养)	华威特(江苏)生物制药有限公司	兽药生字 101451116	2017-4-25		华蓝康
高致病性猪繁殖与呼吸综合征耐热保护剂活疫苗(JXA1-R株)	哈尔滨元亨生物药业有限公司	兽药生字 080391113	2018-1-25		安普锐舒
	成都天邦生物制品有限公司	兽药生字 220011113	2017-5-8		蓝福佳
猪繁殖与呼吸综合征病毒活疫苗(CH-1R株)	浙江诗华诺倍威生物技术有限公司	兽药生字 110571063	2018-1-11		蓝净威
	华派生物工程集团有限公司	兽药生字(2016)221011063	2017-8-21		蓝经灵
	北京华夏兴洋生物科技有限公司	兽药生字 010641063	2017-4-6		蓝倍优
	成都天邦生物制品有限公司	兽药生字 220011063	2016-10-17		蓝力佳
	上海海利生物技术股份有限公司	兽药生字 090201063	2016-8-15		蓝耳净
	普莱柯生物工程股份有限公司	兽药生字(2016)160021063	2016-6-22		
	福州大北农生物技术有限公司	兽药生字(2016)130141063	2016-6-15		蓝定抗
	青岛易邦生物工程有限公司	兽药生字(2016)150131063	2016-6-15		易蓝清

续附表 2-2

通用名	企业名称	批准文号	批准日期	备注	商品名
猪繁殖与呼吸综合征病毒活疫苗（CH-1R株）	哈尔滨维科生物技术开发公司	兽药生字（2014）080011063	2014-10-28		
	乾元浩生物股份有限公司南京生物药厂	兽药生字（2013）100081063	2013-6-4		
猪繁殖与呼吸综合征活疫苗（R98株）	齐鲁动物保健品有限公司	兽药生字150251099	2017-10-25		蓝威捷
	辽宁益康生物股份有限公司	兽药生字060131099	2017-10-10		蓝精灵
	中牧实业股份有限公司成都药械厂	兽药生字（2015）220051099	2015-11-26		蓝洁
	湖南中岸生物药业有限公司	兽药生字（2015）180021099	2015-9-22		兰芷优
	瑞普(保定)生物药业有限公司	兽药生字（2015）030381099	2015-3-13		文易舒
	江苏南农高科技股份有限公司	兽药生字（2015）100971099	2015-2-13		蓝克清
猪繁殖与呼吸综合征灭活疫苗(CH-1a株)	浙江美保龙生物技术有限公司	兽药生字110851054	2017-12-6		兰立定
	哈尔滨维科生物技术开发公司	兽药生字（2014）080011054	2014-10-28		

附表 2-3　猪圆环病毒病疫苗产品目录

通用名	企业名称	批准文号	批准日期	备注	商品名
猪圆环病毒2型杆状病毒载体灭活疫苗(CP08株)	扬州优邦生物药品有限公司	兽药生字（2015）101081098	2015-9-22		圆立优
	武汉中博生物股份有限公司	兽药生字（2015）170261098	2015-3-30		圆环力康
猪圆环病毒2型基因工程亚单位疫苗	青岛易邦生物工程有限公司	兽药生字（2014）150131096	2014-11-2		易圆净
猪圆环病毒2型基因工程亚单位疫苗(大肠杆菌源)	普莱柯生物工程股份有限公司	兽药生字160021128	2017-11-15		圆柯欣

续附表 2-3

通用名	企业名称	批准文号	批准日期	备注	商品名
猪圆环病毒2型灭活疫苗(DBN-SX07株)	四川海林格生物制药有限公司	兽药生字 220521076	2016-8-15		海圆安
	安徽东方帝维生物制品股份有限公司	兽药生字 120491076	2016-7-27		东方圆
	成都天邦生物制品有限公司	兽药生字 220011076	2016-6-22		圆力佳
	福州大北农生物技术有限公司	兽药生字(2016)130141076	2016-5-11		诸欢泰
	北京信得威特科技有限公司	兽药生字(2016)010371076	2016-1-25		信圆宁
	辽宁益康生物股份有限公司	兽药生字(2016)060131076	2016-1-25		圆康
	湖南中岸生物药业有限公司	兽药生字(2015)180021076	2015-9-22		元芷优
	山东华宏生物工程有限公司	兽药生字(2015)150101076	2015-3-2		
	山东绿都生物科技有限公司	兽药生字(2015)151821076	2015-3-2		绿圆康
	山东滨州沃华生物工程有限公司	兽药生字(2015)151721076	2015-2-13		沃圆清
猪圆环病毒2型灭活疫苗(LG株)	哈药集团生物疫苗有限公司	兽药生字(2015)080071071	2015-6-9		元美瑞
	上海海利生物技术股份有限公司	兽药生字(2015)090201071	2015-7-3		圆毕净
	青岛蔚蓝生物制品有限公司	兽药生字(2015)151181071	2015-6-9		助圆康
	哈尔滨维科生物技术开发公司	兽药生字(2015)080011071	2015-6-3		
猪圆环病毒2型灭活疫苗(SH株)	常州同泰生物药业科技有限公司	兽药生字(2016)100651069	2016-6-15		圆益
	普莱柯生物工程股份有限公司	兽药生字(2015)160021069	2015-7-27		圆健
	北京市兽医生物药品厂	兽药生字(2015)010651069	2015-4-29		圆倍安
	吉林正业生物制品股份有限公司	兽药生字(2015)070221069	2015-4-29		

续附表 2-3

通用名	企业名称	批准文号	批准日期	备注	商品名
猪圆环病毒2型灭活疫苗(SH株)	乾元浩生物股份有限公司南京生物药厂	兽药生字(2015)100081069	2015-4-29		圆浩佳
	江苏南农高科技股份有限公司	兽药生字(2013)100971069	2013-7-23		圆克清
	青岛澳兰百特生物工程有限公司	兽药生字151801069	2018-2-13		澳兰圆清
猪圆环病毒2型灭活疫苗(SH株,II)	中牧实业股份有限公司成都药械厂	兽药生字220051121	2018-2-13		圆梦
	洛阳惠中生物技术有限公司	兽药生字163001121	2017-10-23		园倍适
	江苏南农高科技股份有限公司	兽药生字100971121	2016-10-26		圆克清佳
猪圆环病毒2型灭活疫苗(WH株)	广东永顺生物制药股份有限公司	兽药生字190591087	2018-1-31		
	中牧实业股份有限公司成都药械厂	兽药生字(2016)220051087	2016-1-25		圆满
	武汉中博生物股份有限公司	兽药生字(2015)170261087	2015-6-23		
	武汉科前生物股份有限公司	兽药生字(2013)170041087	2013-12-5		科圆宁
	南京天邦生物科技有限公司	兽药生字(2013)100991087	2013-6-4		圆必宁
猪圆环病毒2型灭活疫苗(YZ株)	扬州优邦生物药品有限公司	兽药生字101081120	2016-10-26		圆立净
猪圆环病毒2型灭活疫苗(ZJ/C株)	浙江诗华诺倍威生物技术有限公司	兽药生字110571088	2018-1-23		圆净诺
	华派生物工程集团有限公司	兽药生字(2014)221011088	2017-8-21		圆环康
	杭州佑本动物疫苗有限公司	兽药生字(2013)110541088	2017-4-6		圆量
	杭州荐量兽用生物制品有限公司	兽药生字(2013)110541088	2013-8-26		圆量
	齐鲁动物保健品有限公司	兽药生字(2013)150251088	2013-8-26		圆捷
	瑞普(保定)生物药业有限公司	兽药生字(2013)030381088	2013-8-26		诺元妥

附表 2-4　口蹄疫疫苗产品目录

通用名	企业名称	批准文号	批准日期	备注	商品名
口蹄疫O型、亚洲Ⅰ型灭活疫苗(ONXC株＋JSL株)	中农威特生物科技股份有限公司	兽药生字(2014)280027057	2014-3-17		
口蹄疫O型、A型、亚洲1型三价灭活疫苗(O/HB/HK/99株＋AF/72株＋Asia-1/XJ/KLMY/04株，悬浮培养)	中牧实业股份有限公司兰州生物药厂	兽药生字280017533	2017-8-14		
口蹄疫O型、A型、亚洲1型三价灭活疫苗(OHM/02株＋AKT-Ⅲ株＋Asia1KZ/03株)(悬浮培养工艺)	杨凌金海生物技术有限公司	兽药生字270487525	2017-3-28		
	内蒙古必威安泰生物科技有限公司	兽药生字050217525	2017-1-24		
	新疆天康畜牧生物技术股份有限公司	兽药生字(2015)310017525	2015-11-26		
口蹄疫O型、A型、亚洲Ⅰ型三价灭活疫苗(O/HB/HK/99株＋AF/72株＋Asia-Ⅰ/XJ/KLMY/04株)	中牧实业股份有限公司保山生物药厂	兽药生字(2014)250047520	2014-12-12		
	中牧实业股份有限公司兰州生物药厂	兽药生字(2014)280017520	2014-9-2		
口蹄疫O型、A型二价灭活疫苗(O/MYA98/BY/2010株＋Re-A/WH/09株)	金宇保灵生物药品有限公司	兽药生字050157538	2018-2-23		
	中农威特生物科技股份有限公司	兽药生字280027538	2018-2-23		
口蹄疫O型、A型二价灭活疫苗(OHM/02株＋AKT-Ⅲ株)(悬浮培养工艺)	天康生物股份有限公司	兽药生字310017541	2018-2-23		
	杨凌金海生物技术有限公司	兽药生字270487541	2018-2-23		

续附表 2-4

通用名	企业名称	批准文号	批准日期	备注	商品名
口蹄疫O型、亚洲1型、A型三价灭活疫苗(O/MYA98/BY/2010株+Asia1/JSL/ZK/06株+Re-A/WH/09株)	中农威特生物科技股份有限公司	兽药生字(2014)280027519	2014-8-18		
	金宇保灵生物药品有限公司	兽药生字(2013)050157519	2013-11-25		
口蹄疫O型、亚洲1型二价灭活疫苗(OHM/02+JSL株)	天康生物股份有限公司	兽药生字310017061	2018-2-23		
口蹄疫O型、亚洲1型二价灭活疫苗(OS株+JSL株)	中牧实业股份有限公司兰州生物药厂	兽药生字(2014)280017062	2014-3-27		
	中牧实业股份有限公司保山生物药厂	兽药生字(2013)250047515	2013-4-11		
口蹄疫O型、亚洲Ⅰ型二价灭活疫苗(OJMS株+JSL株)	中农威特生物科技股份有限公司	兽药生字(2014)280027053	2014-9-10		
	金宇保灵生物药品有限公司	兽药生字(2014)050157053	2014-3-12		
口蹄疫O型、亚洲Ⅰ型二价灭活疫苗(ONXC株+JSL株)	内蒙古必威安泰生物科技有限公司	兽药生字(2016)050217059	2016-3-15		
	中农威特生物科技股份有限公司	兽药生字(2014)280027057	2014-3-17		
口蹄疫O型灭活疫苗(OHM/02株)	天康生物股份有限公司	兽药生字310017539	2018-2-23		
口蹄疫O型灭活疫苗(OJMS株)	金宇保灵生物药品有限公司	兽药生字050157537	2018-2-23		

续附表 2-4

通用名	企业名称	批准文号	批准日期	备注	商品名
猪口蹄疫O型、A型二价灭活疫苗（Re-O/MYA98/JSCZ/2013株＋Re-A/WH/09株）	中农威特生物科技股份有限公司	兽药生字 280027542	2018-2-23		
猪口蹄疫O型病毒3A3B表位缺失灭活疫苗(O/rV-1株)	中牧实业股份有限公司兰州生物药厂	兽药生字 280017535	2017-12-28		欧标
猪口蹄疫O型合成肽疫苗(多肽0405＋0457)	中牧实业股份有限公司兰州生物药厂	兽药生字 280017534	2017-12-6		
猪口蹄疫O型合成肽疫苗(多肽2570＋7309)	新疆天康畜牧生物技术股份有限公司	兽药生字（2015）310017056	2015-7-2		
	中牧实业股份有限公司兰州生物药厂	兽药生字（2015）280017056	2015-2-3		
	申联生物医药(上海)股份有限公司	兽药生字（2014）090297056	2014-3-5		
	中农威特生物科技股份有限公司	兽药生字（2013）280027056	2013-5-23		
猪口蹄疫O型合成肽疫苗(多肽2600＋2700＋2800)	申联生物医药(上海)股份有限公司	兽药生字（2014）090297522	2014-7-10		
猪口蹄疫O型合成肽疫苗(多肽98＋93)	中牧实业股份有限公司兰州生物药厂	兽药生字（2014）280017521	2014-7-21		
猪口蹄疫O型合成肽疫苗(多肽TC98＋7309＋TC07)	天康生物股份有限公司	兽药生字 310017532	2017-2-13		
猪口蹄疫O型灭活疫苗(OZK/93株＋OR/80株)	金宇保灵生物药品有限公司	兽药生字（2016）050157058	2016-3-15		

续附表 2-4

通用名	企业名称	批准文号	批准日期	备注	商品名
猪口蹄疫O型灭活疫苗（O/MYA98/BY/2010株）	中农威特生物科技股份有限公司	兽药生字（2016）280027527	2016-2-17		
猪口蹄疫O型灭活疫苗（O/Mya98/XJ/2010株+O/GX/09-7株）	杨凌金海生物技术有限公司	兽药生字270481093	2017-4-25		
	中牧实业股份有限公司保山生物药厂	兽药生字250041093	2016-10-31		
	新疆天康畜牧生物技术股份有限公司	兽药生字（2014）310011093	2014-11-24		
	中牧实业股份有限公司兰州生物药厂	兽药生字（2014）280011093	2014-11-24		
	金宇保灵生物药品有限公司	兽药生字（2014）050151093	2014-1-23		
	内蒙古必威安泰生物科技有限公司	兽药生字（2014）050211093	2014-1-23		
	新疆天康畜牧生物技术股份有限公司	兽药生字（2014）310011092	2014-1-23		
猪口蹄疫O型灭活疫苗（OS/99株）	中牧实业股份有限公司兰州生物药厂	兽药生字（2015）280017044	2015-6-1		
	中牧实业股份有限公司保山生物药厂	兽药生字（2012）250047044	2012-2-21	已过有效期	
	新疆天康畜牧生物技术股份有限公司	兽药生字（2011）310017044	2012-1-19	已过有效期	
猪口蹄疫O型灭活疫苗（OZK/93株+OR/80株）	内蒙古必威安泰生物科技有限公司	兽药生字（2016）050217510	2016-3-15		
	金宇保灵生物药品有限公司	兽药生字（2016）050157058	2016-3-15		
猪口蹄疫O型灭活疫苗（OZK/93株+OS/99株）	中牧实业股份有限公司保山生物药厂	兽药生字（2014）250047055	2014-8-18		
	中牧实业股份有限公司兰州生物药厂	兽药生字（2014）280017055	2014-4-29		
猪口蹄疫灭活疫苗(O型)	中牧实业股份有限公司兰州生物药厂	兽药生字（2015）280017004	2015-7-13		
	中农威特生物科技股份有限公司	兽药生字（2011）280027004	2011-5-31	已过有效期	
口蹄疫A型灭活疫苗(AF/72株)	中农威特生物科技股份有限公司	兽药生字（2013）280027052	2013-9-22		

附表 2-5　猪流行性腹泻、猪传染性胃肠炎疫苗产品目录

通用名	企业名称	批准文号	批准日期	备注	商品名
猪传染性胃肠炎、猪流行性腹泻、猪轮状病毒(G5型)三联活疫苗(弱毒华毒株+弱毒CV777株+NX株)	上海海利生物技术股份有限公司	兽药生字(2016)090201097	2016-6-30		卸立净
	吉林正业生物制品股份有限公司	兽药生字(2016)070221097	2016-6-30		腹泻易好
	哈尔滨维科生物技术开发公司	兽药生字(2015)080011097	2015-1-15		
猪传染性胃肠炎、猪流行性腹泻二联活疫苗	哈尔滨维科生物技术开发公司	兽药生字(2014)080011046	2014-11-2		
	浙江易邦生物技术有限公司	兽药生字(2011)110571043	2011-6-16	已重新取得文号	
猪传染性胃肠炎、猪流行性腹泻二联活疫苗(HB08株+ZJ08株)	中牧实业股份有限公司成都药械厂	兽药生字220051109	2017-6-29		腹康
	瑞普(保定)生物药业有限公司	兽药生字030381109	2016-8-29		维乐复康
	福州大北农生物技术有限公司	兽药生字(2015)130141109	2015-12-21		诸福康
猪传染性胃肠炎、猪流行性腹泻二联活疫苗(SCJY-1株+SCSZ-1株)	华派生物工程集团有限公司	兽药生字221011134	2018-2-23		胃腹流康
猪传染性胃肠炎、猪流行性腹泻二联活疫苗(WH-1R株+AJ1102-R株)	武汉科前生物股份有限公司	兽药生字170041133	2018-1-23		科腹净
猪传染性胃肠炎、猪流行性腹泻二联灭活疫苗	中牧实业股份有限公司江西生物药厂	兽药生字140401043	2018-1-25		腹安
	青岛蔚蓝生物制品有限公司	兽药生字151181043	2018-1-10		助腹康
	浙江诗华诺倍威生物技术有限公司	兽药生字110571043	2017-6-23		泻净诺
	四川海林格生物制药有限公司	兽药生字220521043	2017-5-12		海泻安

续附表 2-5

通用名	企业名称	批准文号	批准日期	备注	商品名
猪传染性胃肠炎、猪流行性腹泻二联灭活疫苗	上海海利生物技术股份有限公司	兽药生字 090201043	2016-8-15		卸可净
	山东滨州沃华生物工程有限公司	兽药生字（2015）151721043	2015-6-3		沃富康
	普莱柯生物工程股份有限公司	兽药生字（2015）160021043	2015-6-1		威伏
	哈药集团生物疫苗有限公司	兽药生字（2015）080071043	2015-5-27		富美瑞
	吉林正业生物制品股份有限公司	兽药生字（2014）070221043	2014-11-2		
	哈尔滨维科生物技术开发公司	兽药生字（2014）080011043	2014-10-28		
	广东温氏大华农生物科技有限公司	兽药生字（2014）190031043	2014-1-23		止泻威
	江苏南农高科技股份有限公司	兽药生字（2013）100971043	2013-11-25		泻克清
	成都天邦生物制品有限公司	兽药生字（2013）220011043	2013-8-26		利力佳
猪传染性胃肠炎、猪流行性腹泻二联灭活疫苗（WH-1 株＋AJ1102 株）	安徽东方帝维生物制品股份有限公司	兽药生字 120491124	2018-1-10		东方福
	武汉科前生物股份有限公司	兽药生字 170041124	2016-12-22		科泻宁

附表 2-6　猪伪狂犬病疫苗产品目录

通用名	企业名称	批准文号	批准日期	备注	商品名
伪狂犬病活疫苗（Bartha-K61 株）	江苏南农高科技股份有限公司	兽药生字 100977018	2018-1-10		伪克清
	广西丽原生物股份有限公司	兽药生字 200357018	2017-12-6		维丽宁
	吉林和元生物工程股份有限公司	兽药生字 070187018	2017-10-23		卫必沙
	吉林正业生物制品股份有限公司	兽药生字 070227018	2017-10-10		

续附表 2-6

通用名	企业名称	批准文号	批准日期	备注	商品名
伪狂犬病活疫苗（Bartha-K61株）	华派生物工程集团有限公司	兽药生字（2015）221017018	2017-8-21		
	浙江诗华诺倍威生物技术有限公司	兽药生字 110577018	2017-6-23		伪静威
	北京信得威特科技有限公司	兽药生字 010377018	2017-3-7		
	四川华神兽用生物制品有限公司	兽药生字 221277018	2017-1-10		
	山东绿都生物科技有限公司	兽药生字 151827018	2016-7-27		猪见喜
	哈药集团生物疫苗有限公司	兽药生字（2016）080077018	2016-6-22		伪美瑞
	青岛易邦生物工程有限公司	兽药生字（2016）150137018	2016-6-15		易伪净
	福州大北农生物技术有限公司	兽药生字（2016）130147018	2016-3-15		伪狂静
	南京天邦生物科技有限公司	兽药生字（2016）100997018	2016-3-15		威必宁
	乾元浩生物股份有限公司南京生物药厂	兽药生字（2016）100087018	2016-3-15		
	瑞普(保定)生物药业有限公司	兽药生字（2016）030387018	2016-3-15		伪易灵
	武汉科前生物股份有限公司	兽药生字（2016）170047018	2016-3-15		科伪宁
	北京市兽医生物药品厂	兽药生字（2016）010657018	2016-2-1		畜倍安
	齐鲁动物保健品有限公司	兽药生字（2015）150257018	2015-12-30		
	云南生物制药有限公司	兽药生字（2015）250127018	2015-12-14		云净
	山西隆克尔生物制药有限公司	兽药生字（2015）040137018	2015-9-22		
	中牧实业股份有限公司成都药械厂	兽药生字（2015）220057018	2015-8-6		
	广东永顺生物制药股份有限公司	兽药生字（2015）190597018	2015-7-27		

续附表 2-6

通用名	企业名称	批准文号	批准日期	备注	商品名
伪狂犬病活疫苗（Bartha-K61株）	上海海利生物技术股份有限公司	兽药生字（2015）090207018	2015-7-27		伪可净
	吉林特研生物技术有限责任公司	兽药生字（2015）070297018	2015-7-13		炜特威
	四川省华派生物制药有限公司	兽药生字（2015）221017018	2015-6-1		伪安清
	乾元浩生物股份有限公司	兽药生字（2015）010087018	2015-3-13		
	成都天邦生物制品有限公司	兽药生字（2014）220017018	2014-12-24		威力佳
	湖南中岸生物药业有限公司	兽药生字（2014）180027018	2014-12-10		伟之安
	中牧实业股份有限公司江西生物药厂	兽药生字（2014）140407018	2014-11-24		
	哈尔滨维科生物技术开发公司	兽药生字（2014）080017018	2014-10-28		
	山东滨州沃华生物工程有限公司	兽药生字（2014）151727018	2014-7-10		沃威宁
	九江博美莱生物制品有限公司	兽药生字（2014）140397018	2014-6-26		
	辽宁益康生物股份有限公司	兽药生字（2014）060137018	2014-6-26		
	山东华宏生物工程有限公司	兽药生字（2014）150107018	2014-6-26		
	四川海林格生物制药有限公司	兽药生字（2014）220527018	2014-6-26		
	重庆澳龙生物制品有限公司	兽药生字（2014）230247018	2014-6-26		
	普莱柯生物工程股份有限公司	兽药生字（2014）160027018	2014-6-10		普宁
	青岛易邦生物工程有限公司	兽药生字（2014）150137018	2014-3-17		易伪净
	青岛蔚蓝生物制品有限公司	兽药生字（2014）151187018	2014-1-23		伪易净
	武汉中博生物股份有限公司	兽药生字（2013）170267018	2013-12-9		

续附表 2-6

通用名	企业名称	批准文号	批准日期	备注	商品名
伪狂犬病活疫苗（Bartha-K61株）	山西海森生物制品有限公司	兽药生字（2013）040727018	2013-7-23		伪福来
	金宇保灵生物药品有限公司	兽药生字（2013）050157018	2013-4-22		
	云南生物制药有限公司	兽药生字（2013）250067018	2013-4-11		
	哈尔滨元亨生物药业有限公司	兽药生字（2013）080397018	2013-3-4	已过有效期	
	吉林和元生物工程股份有限公司	兽药生字（2012）070187018	2012-4-5		
	新疆天康畜牧生物技术股份有限公司	兽药生字（2012）310017018	2012-3-13		
	杭州荐量兽用生物制品有限公司	兽药生字（2012）110547018	2012-2-24		伪狂安
	广东温氏大华农生物科技有限公司	兽药生字（2011）190037018	2011-11-29		伪狂威
	国药集团扬州威克生物工程有限公司	兽药生字（2011）101047018	2011-11-29		伪狂宁
	齐鲁动物保健品有限公司	兽药生字（2011）150257018	2011-4-12	已过5年有效期	
	南京天邦生物科技有限公司	兽药生字（2011）100997018	2011-3-21	已过5年有效期	
伪狂犬病灭活疫苗(闽A株)	中牧实业股份有限公司江西生物药厂	兽药生字 140407017	2017-8-14		
	杭州佑本动物疫苗有限公司	兽药生字（2012）110547017	2017-4-6		伪荐灵
	广东温氏大华农生物科技有限公司	兽药生字 190037017	2017-2-8		伪净威
	上海海利生物技术股份有限公司	兽药生字（2016）090207017	2016-3-18		伪净威
	青岛易邦生物工程有限公司	兽药生字（2016）150137017	2016-3-15		
	山东华宏生物工程有限公司	兽药生字（2014）150107017	2014-8-12		
	山东绿都生物科技有限公司	兽药生字（2014）151827017	2014-7-24		

续附表 2-6

通用名	企业名称	批准文号	批准日期	备注	商品名
伪狂犬病灭活疫苗(闽A株)	杭州荐量兽用生物制品有限公司	兽药生字(2012)110547017	2012-8-21		伪荐灵
	瑞普(保定)生物药业有限公司	兽药生字(2012)030387017	2012-8-9		维安
猪伪狂犬病活疫苗(HB-98株)	武汉科前生物股份有限公司	兽药生字(2016)170041056	2016-1-25		科卫宁
	中牧实业股份有限公司成都药械厂	兽药生字(2016)220051056	2016-1-25		中牧伪宁
猪伪狂犬病活疫苗(SA215株)	四川华神兽用生物制品有限公司	兽药生字221271061	2016-12-2		扑伪优
猪伪狂犬病灭活疫苗	中牧实业股份有限公司成都药械厂	兽药生字(2016)220051044	2016-1-25		
	武汉科前生物股份有限公司	兽药生字(2015)170041044	2015-9-22		科威宁
猪伪狂犬病耐热保护剂活疫苗(C株)	扬州优邦生物药品有限公司	兽药生字101081119	2017-12-6		伪狂宁
	浙江美保龙生物技术有限公司	兽药生字110851119	2017-12-6		安为佳
	武汉中博生物股份有限公司	兽药生字170261119	2016-6-22		伪狂力康
猪伪狂犬病耐热保护剂活疫苗(HB2000株)	中牧实业股份有限公司成都药械厂	兽药生字220051117	2016-12-2		
	安徽东方帝维生物制品股份有限公司	兽药生字120491117	2016-11-10		
	武汉科前生物股份有限公司	兽药生字(2016)170041117	2016-6-15		科伟净

附表 2-7　猪乙型脑炎疫苗产品目录

通用名	企业名称	批准文号	批准日期	备注	商品名
猪乙型脑炎活疫苗	湖南中岸生物药业有限公司	兽药生字180021080	2017-3-7		亿力能
	重庆澳龙生物制品有限公司	兽药生字(2015)230241080	2015-11-26		

续附表 2-7

通用名	企业名称	批准文号	批准日期	备注	商品名
猪乙型脑炎活疫苗(SA14-14-2株)	上海海利生物技术股份有限公司	兽药生字(2016)090201068	2016-3-18		脑易净
	中牧实业股份有限公司成都药械厂	兽药生字(2016)220051068	2016-1-25		
	武汉科前生物股份有限公司	兽药生字(2015)170041068	2015-7-13		科乙宁
猪乙型脑炎油乳剂灭活疫苗	武汉中博生物股份有限公司	兽药生字(2013)170261038	2013-12-9		

附表 2-8 猪细小病毒病疫苗产品目录

通用名	企业名称	批准文号	批准日期	备注	商品名
猪细小病毒病灭活疫苗	上海海利生物技术股份有限公司	兽药生字(2015)090201078	2015-7-27		细小净
	山东华宏生物工程有限公司	兽药生字(2014)150101078	2014-6-3		
	齐鲁动物保健品有限公司	兽药生字(2013)150251078	2013-9-22		
	山东绿都生物科技有限公司	兽药生字(2013)151821078	2013-8-12		
猪细小病毒病灭活疫苗(BJ-2株)	瑞普(保定)生物药业有限公司	兽药生字 030381085	2017-9-27		喜利平
	扬州优邦生物药品有限公司	兽药生字 101081085	2017-2-13		细净优
猪细小病毒病灭活疫苗(CP-99株)	吉林硕腾国原动物保健品有限公司	兽药生字(2015)070321058	2015-11-2		瑞仔健
	武汉中博生物股份有限公司	兽药生字(2015)170261058	2015-6-23		
	吉林正业生物制品股份有限公司	兽药生字(2014)070221058	2014-10-28		
	山东滨州沃华生物工程有限公司	兽药生字(2014)151721058	2014-4-15		沃喜康
猪细小病毒病灭活疫苗(L株)	哈药集团生物疫苗有限公司	兽药生字(2015)080071072	2015-7-3		细美瑞

续附表 2-8

通用名	企业名称	批准文号	批准日期	备注	商品名
猪细小病毒病灭活疫苗（NJ株）	杭州佑本动物疫苗有限公司	兽药生字 110547531	2018-1-25		佑小宝
	辽宁益康生物股份有限公司	兽药生字 060137531	2016-9-19		喜得康
猪细小病毒病灭活疫苗（S-1株）	上海海利生物技术股份有限公司	兽药生字（2015）090201078	2017-6-15		细小净
猪细小病毒病灭活疫苗（WH-1株）	中牧实业股份有限公司成都药械厂	兽药生字 220051059	2017-8-30		
	武汉科前生物股份有限公司	兽药生字（2013）170041059	2013-12-5		科细宁
猪细小病毒病灭活疫苗（YBF01株）	青岛易邦生物工程有限公司	兽药生字（2012）150131081	2012-11-28	已过有效期	

附表 2-9　猪流感疫苗产品目录

通用名	企业名称	批准文号	批准日期	备注	商品名
猪流感病毒H1N1亚型灭活疫苗(TJ株)	中牧实业股份有限公司成都药械厂	兽药生字 220051101	2016-7-27		感绝
猪流感病毒H1N1亚型灭活疫苗(TJ株)	武汉科前生物股份有限公司	兽药生字（2015）170041101	2015-3-13		科流宁

附表 2-10　猪支原体肺炎疫苗产品目录

通用名	企业名称	批准文号	批准日期	备注	商品名
猪支原体肺炎活疫苗	吉林正业生物制品股份有限公司	兽药生字（2013）070221026	2013-8-22		
	吉林和元生物工程股份有限公司	兽药生字（2015）070181026	2017-10-10		菲必舒
	江苏南农高科技股份有限公司	兽药生字 100971026	2016-10-17		
	山东华宏生物工程有限公司	兽药生字 150101026	2016-7-27		

续附表 2-10

通用名	企业名称	批准文号	批准日期	备注	商品名
猪支原体肺炎活疫苗	瑞普(保定)生物药业有限公司	兽药生字(2014)030381026	2014-7-10		优瑞舒
	新疆天康畜牧生物技术股份有限公司	兽药生字(2012)310011026	2012-3-13	已过有效期	
猪支原体肺炎活疫苗(168株)	南京天邦生物科技有限公司	兽药生字100991062	2016-12-14		支必宁
	福州大北农生物技术有限公司	兽药生字130141062	2016-10-31		诸欢畅
	贵州福斯特生物科技有限公司	兽药生字(2016)240051062	2018-1-10		支益宁
	乾元浩生物股份有限公司南京生物药厂	兽药生字(2015)100081062	2015-9-22		喘浩佳
猪支原体肺炎活疫苗(RM48株)	浙江诗华诺倍威生物技术有限公司	兽药生字(2015)110571094	2017-6-23		喘净威
	齐鲁动物保健品有限公司	兽药生字(2015)150251094	2015-1-7		支宜捷
	山东绿都生物科技有限公司	兽药生字(2015)151821094	2015-1-7		
猪支原体肺炎灭活疫苗	华派生物工程集团有限公司	兽药生字(2015)221011102	2017-8-21		支肺通
	瑞普(保定)生物药业有限公司	兽药生字(2015)030381102	2015-12-1		优瑞适
	武汉科前生物股份有限公司	兽药生字(2015)170041102	2015-4-7		科喘宁
	哈药集团生物疫苗有限公司	兽药生字(2014)080071091	2014-6-3		瑞倍适
猪支原体肺炎灭活疫苗(CJ株)	天康生物股份有限公司	兽药生字310011127	2017-10-10		天支净
猪支原体肺炎灭活疫苗(DJ-166株)	中牧实业股份有限公司成都药械厂	兽药生字(2016)220051110	2016-1-25		肺祥
猪支原体肺炎灭活疫苗(p-5722-3株)	哈药集团生物疫苗有限公司	兽药生字(2014)080071090	2014-6-3		瑞倍适-旺

附表 2-11　仔猪水肿病疫苗产品目录

通用名	企业名称	批准文号	批准日期	备注	商品名
仔猪水肿病灭活疫苗	辽宁益康生物股份有限公司	兽药生字 060131066	2017-12-28		

附表 2-12　猪丹毒疫苗产品目录

通用名	企业名称	批准文号	批准日期	备注	商品名
猪丹毒、多杀性巴氏杆菌病二联灭活疫苗	北京市兽医生物药品厂	兽药生字（2016）010651015	2016-2-17		
猪丹毒活疫苗（G4T10株）	成都天邦生物制品有限公司	兽药生字 220011009	2017-9-11		
	中牧实业股份有限公司兰州生物药厂	兽药生字 280011009	2017-9-11		
	浙江正力安拓生物科技有限公司	兽药生字 110891009	2016-8-15		丹毒舒
	青岛易邦生物工程有限公司	兽药生字（2016）150131009	2016-6-15		
	哈药集团生物疫苗有限公司	兽药生字（2016）080071009	2016-5-31		丹美瑞
	广东温氏大华农生物科技有限公司	兽药生字（2016）190031009	2016-5-20		诸丹威
	武汉中博生物股份有限公司	兽药生字（2016）170261009	2016-1-25		
	武汉科前生物股份有限公司	兽药生字（2015）170041009	2015-12-1		科丹宁
	齐鲁动物保健品有限公司	兽药生字（2015）150251009	2015-7-27		
	中牧实业股份有限公司江西生物药厂	兽药生字（2015）140401009	2015-2-3		
	湖南中岸生物药业有限公司	兽药生字（2014）180021009	2014-12-10		优丹虹
	乾元浩生物股份有限公司南京生物药厂	兽药生字（2014）100081009	2014-4-29		

续附表 2-12

通用名	企业名称	批准文号	批准日期	备注	商品名
猪丹毒活疫苗(GC42 株)	广西丽原生物股份有限公司	兽药生字 200351008	2017-12-6		丹丽宁
	吉林和元生物工程股份有限公司	兽药生字(2015)070181008	2017-10-10		单必沙
	广东永顺生物制药股份有限公司	兽药生字(2015)190591008	2017-4-20		
	安徽东方帝维生物制品股份有限公司	兽药生字 120491008	2016-7-27		帝维丹
	湖南中岸生物药业有限公司	兽药生字(2016)180021008	2016-4-18		诸丹虹
	瑞普(保定)生物药业有限公司	兽药生字(2016)030381008	2016-3-15		丹易宁
	成都天邦生物制品有限公司	兽药生字(2015)220011008	2015-3-13		
	九江博美莱生物制品有限公司	兽药生字(2015)140391008	2015-2-9		
	辽宁益康生物股份有限公司	兽药生字(2014)060131008	2014-10-28		
	山东华宏生物工程有限公司	兽药生字(2014)150101008	2014-8-12		
	广东永顺生物制药股份有限公司	兽药生字(2014)190591008	2014-6-3		
	哈尔滨维科生物技术开发公司	兽药生字(2014)080011008	2014-2-19		
	南京天邦生物科技有限公司	兽药生字(2013)100991008	2013-9-3		
猪丹毒灭活疫苗	浙江诗华诺倍威生物技术有限公司	兽药生字 110571007	2017-6-23		丹净诺
	四川海林格生物制药有限公司	兽药生字 220521007	2017-1-24		
	安徽东方帝维生物制品股份有限公司	兽药生字 120491007	2016-12-14		帝维单
	北京市兽医生物药品厂	兽药生字(2016)010651007	2016-2-22		

续附表 2-12

通用名	企业名称	批准文号	批准日期	备注	商品名
猪瘟、猪丹毒、猪多杀性巴氏杆菌病三联活疫苗	齐鲁动物保健品有限公司	兽药生字（2015）150251016	2015-7-3		
	武汉中博生物股份有限公司	兽药生字（2015）170261016	2015-6-23		
	成都天邦生物制品有限公司	兽药生字（2015）220011016	2015-3-13		
	中牧实业股份有限公司江西生物药厂	兽药生字（2015）140401016	2015-2-3		
	湖南中岸生物药业有限公司	兽药生字（2014）180021016	2014-12-10		
	广东永顺生物制药股份有限公司	兽药生字（2014）190591016	2014-10-28		
	辽宁益康生物股份有限公司	兽药生字（2014）060131016	2014-10-28		
	乾元浩生物股份有限公司南京生物药厂	兽药生字（2014）100081016	2014-10-28		
	重庆澳龙生物制品有限公司	兽药生字（2014）230241016	2014-10-28		
猪瘟、猪丹毒、猪多杀性巴氏杆菌病三联活疫苗(兔源＋G4T10株＋EO630株)	上海海利生物技术股份有限公司	兽药生字（2016）090201104	2016-5-20		
猪瘟、猪丹毒、猪多杀性巴氏杆菌病三联活疫苗(细胞源＋GC42株＋EO630株)	安徽东方帝维生物制品股份有限公司	兽药生字（2016）120491107	2016-7-15		
	山西海森生物制品有限公司	兽药生字（2016）040721107	2016-6-27		
猪瘟、猪丹毒、猪多杀性巴氏杆菌病三联活疫苗(细胞源＋G4T10株＋EO630株)	哈药集团生物疫苗有限公司	兽药生字（2016）080071105	2016-6-15		
	中牧实业股份有限公司成都药械厂	兽药生字（2015）220051105	2015-11-26		

续附表 2-12

通用名	企业名称	批准文号	批准日期	备注	商品名
猪瘟、猪丹毒、猪多杀性巴氏杆菌病三联活疫苗(细胞源+GC42株+EO630株)	广西丽原生物股份有限公司	兽药生字 200351107	2017-12-6		多丽宁
	广东永顺生物制药股份有限公司	兽药生字(2015)190591107	2017-4-20		
	瑞普(保定)生物药业有限公司	兽药生字(2016)030381107	2016-3-15		

附表 2-13　仔猪大肠杆菌病疫苗产品目录

通用名	企业名称	批准文号	批准日期	备注	商品名
仔猪大肠杆菌病基因工程灭活疫苗(GE-3株)	辽宁益康生物股份有限公司	兽药生字(2016)060131112	2016-2-22		

附表 2-14　副猪嗜血杆菌病疫苗产品目录

通用名	企业名称	批准文号	批准日期	备注	商品名
副猪嗜血杆菌病二价灭活疫苗(1型LC株+5型LZ株)	青岛易邦生物工程有限公司	兽药生字 150131111	2017-8-21		
	浙江诗华诺倍威生物技术有限公司	兽药生字 110571111	2017-6-23		嗜净诺
	山东滨州沃华生物工程有限公司	兽药生字(2015)151721111	2015-12-30		沃副宁
副猪嗜血杆菌病二价灭活疫苗(4型JS株+5型ZJ株)	洛阳惠中生物技术有限公司	兽药生字 163001118	2017-7-10		
	普莱柯生物工程股份有限公司	兽药生字 160021118	2016-7-27		富宁
副猪嗜血杆菌病灭活疫苗	中牧实业股份有限公司成都药械厂	兽药生字(2016)220051065	2016-1-25		
	武汉科前生物股份有限公司	兽药生字(2013)170041065	2013-12-31		科富宁

续附表 2-14

通用名	企业名称	批准文号	批准日期	备注	商品名
副猪嗜血杆菌病四价蜂胶灭活疫苗(4型SD02株+5型HN02株+12型GZ01株+13型JX03株)	山东华宏生物工程有限公司	兽药生字150101129	2018-1-31		福猪康
猪链球菌病、副猪嗜血杆菌病二联灭活疫苗(LT株+MD0322株+SH0165株)	武汉科前生物股份有限公司	兽药生字170041125	2017-2-28		科菌净

附表 2-15　仔猪副伤寒疫苗产品目录

通用名	企业名称	批准文号	批准日期	备注	商品名
仔猪副伤寒活疫苗	广西丽原生物股份有限公司	兽药生字200351019	2017-11-6		富丽宁
	吉林正业生物制品股份有限公司	兽药生字070221019	2017-9-11		
	吉林和元生物工程股份有限公司	兽药生字070181019	2017-8-14		
	浙江诗华诺倍威生物技术有限公司	兽药生字110571019	2017-6-23		寒净威
	杭州佑本动物疫苗有限公司	兽药生字(2016)110541019	2017-4-6		
	四川海林格生物制药有限公司	兽药生字220521019	2017-3-20		
	四川华神兽用生物制品有限公司	兽药生字221271019	2017-3-20		
	浙江正力安拓生物科技有限公司	兽药生字110891019	2016-8-15		伤寒舒
	山西海森生物制品有限公司	兽药生字(2016)040721019	2016-7-15		
	山东绿都生物科技有限公司	兽药生字151821019	2016-6-27		祝安康

续附表 2-15

通用名	企业名称	批准文号	批准日期	备注	商品名
仔猪副伤寒活疫苗	哈药集团生物疫苗有限公司	兽药生字（2016）080071019	2016-5-31		韩美瑞
	青岛易邦生物工程有限公司	兽药生字（2016）150131019	2016-5-31		
	上海海利生物技术股份有限公司	兽药生字（2016）090201019	2016-3-18		
	瑞普(保定)生物药业有限公司	兽药生字（2016）030381019	2016-3-15		寒易灵
	中牧实业股份有限公司成都药械厂	兽药生字（2016）220051019	2016-1-25		
	云南生物制药有限公司	兽药生字（2015）250121019	2015-11-11		
	磐石益格生物科技发展有限公司	兽药生字（2015）070331019	2015-7-3		益格伤寒停
	齐鲁动物保健品有限公司	兽药生字（2015）150251019	2015-7-3		
	武汉中博生物股份有限公司	兽药生字（2015）170261019	2015-6-23		
	成都天邦生物制品有限公司	兽药生字（2015）220011019	2015-3-13		
	山东泰丰生物制品有限公司	兽药生字（2015）151781019	2015-1-15		
	安徽东方帝维生物制品股份有限公司	兽药生字（2014）120491019	2014-12-24		帝维广
	湖南中岸生物药业有限公司	兽药生字（2014）180021019	2014-12-10		富力康
	中牧实业股份有限公司江西生物药厂	兽药生字（2014）140401019	2014-11-24		
	辽宁益康生物股份有限公司	兽药生字（2014）060131019	2014-10-28		
	乾元浩生物股份有限公司南京生物药厂	兽药生字（2014）100081019	2014-10-28		
	山东华宏生物工程有限公司	兽药生字（2014）150101019	2014-4-15		
	普莱柯生物工程股份有限公司	兽药生字（2014）160021019	2014-3-27		

续附表 2-15

通用名	企业名称	批准文号	批准日期	备注	商品名
仔猪副伤寒活疫苗	九江博美莱生物制品有限公司	兽药生字（2014）140391019	2014-3-5		
	青岛蔚蓝生物制品有限公司	兽药生字（2013）151181019	2013-11-6		
	重庆澳龙生物制品有限公司	兽药生字（2013）230241019	2013-10-21		
	山东滨州沃华生物工程有限公司	兽药生字（2013）151721019	2013-5-7		沃安宁

附表 2-16　仔猪红痢疫苗产品目录

通用名	企业名称	批准文号	批准日期	备注	商品名
仔猪红痢灭活疫苗	杭州佑本动物疫苗有限公司	兽药生字（2013）110541020	2017-4-6		荐痢停
	哈药集团生物疫苗有限公司	兽药生字（2016）080071020	2016-5-31		利美瑞
	北京市兽医生物药品厂	兽药生字（2016）010651020	2016-4-18		
	青海生物药品厂有限公司	兽药生字（2015）290011020	2015-4-29		
	杭州荐量兽用生物制品有限公司	兽药生字（2013）110541020	2011-9-13		
	山西隆克尔生物制药有限公司	兽药生字（2011）040131020	2011-4-12	已过5年有效期	

附表 2-17　猪链球菌病疫苗产品目录

通用名	企业名称	批准文号	批准日期	备注	商品名
猪链球菌病、副猪嗜血杆菌病二联灭活疫苗（LT株+MD0322株+SH0165株）	武汉科前生物股份有限公司	兽药生字170041125	2017-2-28		科菌净

续附表 2-17

通用名	企业名称	批准文号	批准日期	备注	商品名
猪链球菌病蜂胶灭活疫苗(马链球菌兽疫亚种+猪链球菌2型)	山东华宏生物工程有限公司	兽药生字 150101082	2016-12-12		
猪链球菌病灭活疫苗(马链球菌兽疫亚种+猪链球菌2型+猪链球菌7型)	武汉科前生物股份有限公司	兽药生字(2016)170041073	2016-1-25		科链宁
	武汉中博生物股份有限公司	兽药生字(2016)170261073	2016-1-25		
	山东滨州沃华生物工程有限公司	兽药生字(2014)151721073	2014-10-28		沃连康
猪链球菌灭活疫苗(马链球菌兽疫亚种+猪链球菌2型)	上海海利生物技术股份有限公司	兽药生字(2015)090201057	2015-7-27		链球净

本附录由薛景山整理，致谢王宁帮助收集和编辑资料，以上产品目录不能保证没有疏漏，敬请谅解。

附录3　猪病防控国家标准、行业标准和技术规范列表

附表 3-1　猪病防控国家标准、行业标准和技术规范列表

疾病名称	标准/规范名称	编号	状态
猪瘟	猪瘟检疫技术规范	GB 16551—1996	作废
	猪瘟免疫荧光技术操作规程	SN/T 1379.2—2005	作废
	猪瘟中和免疫荧光试验操作规程	SN/T 1379.3—2006	作废
	猪瘟防治技术规范	农医发〔2007〕12号	现行有效
	猪瘟诊断技术	GB/T 16551—2008	现行有效
	猪瘟病毒实时荧光 RT-PCR 检测方法	GB/T 27540—2011	现行有效
	无规定动物疫病区标准第4部分:无古典猪瘟(猪瘟)区	GB/T 22330.4—2008	现行有效

续附表 3-1

疾病名称	标准/规范名称	编号	状态
非洲猪瘟	非洲猪瘟诊断技术	GB/T 18648—2002	现行有效
	非洲猪瘟直接免疫荧光试验操作规程	SN/T 1559.1—2005	作废
	非洲猪瘟间接免疫荧光试验操作规程	SN/T 1559.2—2005	作废
	非洲猪瘟病毒红血球吸附试验操作规程	SN/T 1559.3—2005	作废
	无规定动物疫病区标准第 5 部分:无非洲猪瘟区	GB/T 22330.5—2008	现行有效
	非洲猪瘟防治技术规范(试行)	农医发〔2015〕31 号	现行有效
口蹄疫	口蹄疫诊断技术	GB/T 18935—2003	现行有效
	口蹄疫病毒感染抗体检测方法 琼脂免疫扩散试验	SN/T 1181.1—2003	作废
	口蹄疫病毒抗体检测方法 微量血清中和试验	SN/T 1181.2—2003	作废
	食道咽部口蹄疫病毒探查试验	SN/T 1181.3—2003	作废
	口蹄疫防治技术规范	农医发〔2007〕12 号	现行有效
	无规定动物疫病区标准第 2 部分:无口蹄疫区	GB/T 22330.2—2008	现行有效
	口蹄疫病毒荧光 RT-PCR 检测方法	GB/T 22915—2008	现行有效
	口蹄疫检疫技术规范	SN/T 1181—2010	现行有效
	无规定动物疫病区 口蹄疫监测技术规范	NY/T 2075—2011	现行有效
伪狂犬病	伪狂犬病诊断技术	GB/T 18641—2002	现行有效
	猪伪狂犬病免疫酶试验方法	NY/T 678—2003	现行有效
	猪伪狂犬病微量血清中和试验操作规程	SN/T 1698—2006	作废
	猪伪狂犬病防治技术规范	农医发〔2007〕12 号	现行有效
	伪狂犬病检疫技术规范	SN/T 1698—2010	现行有效
猪细小病毒病	猪细小病毒病聚合酶链反应操作规程	SN/T 1874—2007	现行有效
	猪细小病毒病红细胞凝集抑制试验操作规程	SN/T 1919—2007	现行有效
乙型脑炎	流行性乙型脑炎诊断技术	GB/T 18638—2002	现行有效
	动物流行性乙型脑炎微量血凝抑制试验	SN/T 1445—2004	作废
	日本乙型脑炎病毒反转录聚合酶链反应试验方法	GB/T 22333—2008	现行有效
猪传染性胃肠炎	猪传染性胃肠炎诊断技术	NY/T 548—2002	作废
	猪传染性胃肠炎阻断酶联免疫吸附试验	SN/T 1446.1—2004	作废
	猪传染性胃肠炎病毒和猪呼吸道冠状病毒抗体阻断 ELISA 鉴别试验操作规程	SN/T 1697—2006	作废
	猪传染性胃肠炎血清中和试验操作规程	SN/T 1446.2—2006	作废
	猪传染性胃肠炎血清中和试验操作规程	SN/T 1446.2—2010	现行有效
	猪传染性胃肠炎诊断技术	NY/T 548—2015	现行有效

续附表 3-1

疾病名称	标准/规范名称	编号	状态
猪流行性腹泻	猪流行性腹泻诊断技术	NY/T 544—2002	作废
	猪流行性腹泻微量血清中和试验操作规程	SN/T 1699.1—2006	现行有效
	猪流行性腹泻病毒直接免疫荧光试验操作规程	SN/T 1699.2—2006	作废
	猪流行性腹泻间接斑点酶联免疫吸附试验操作规程	SN/T 1699.3—2006	现行有效
	猪流行性腹泻诊断技术	NY/T 544—2015	现行有效
	猪流行性腹泻检疫技术规范	SN/T 1699—2017	现行有效
猪丹毒	猪丹毒诊断技术	NY/T 566—2002	现行有效
猪链球菌病	猪链球菌 2 型溶血素基因 PCR 检测方法	GB/T 19915.9—2005	现行有效
	猪链球菌 2 型毒力因子荧光 PCR 检测方法	GB/T 19915.8—2005	现行有效
	猪链球菌 2 型荧光 PCR 检测方法	GB/T 19915.7—2005	现行有效
	猪链球菌 2 型多重 PCR 检测方法	GB/T 19915.5—2005	现行有效
	猪链球菌 2 型三重 PCR 检测方法	GB/T 19915.4—2005	现行有效
	猪链球菌 2 型 PCR 定型检测技术	GB/T 19915.3—2005	现行有效
	猪链球菌 2 型分离鉴定操作规程	GB/T 19915.2—2005	现行有效
	猪链球菌 2 型平板和试管凝集试验操作规程	GB/T 19915.1—2005	现行有效
猪支原体肺炎	猪支原体肺炎诊断技术	NY/T 1186—2006	作废
	猪支原体肺炎诊断技术	NY/T 1186—2017	现行有效
猪巴氏杆菌病	猪巴氏杆菌病诊断技术	NY/T 564—2002	作废
	猪巴氏杆菌病诊断技术	NY/T 564—2016	现行有效
猪传染性胸膜肺炎	猪传染性胸膜肺炎阻断酶联免疫吸附试验	SN/T 1447.1—2004	作废
	猪传染性胸膜肺炎检疫技术规范	SN/T 1447—2011	现行有效
猪萎缩性鼻炎	猪萎缩性鼻炎诊断技术	NY/T 546—2002	作废
	猪萎缩性鼻炎诊断技术	NY/T 546—2015	现行有效
猪痢疾	猪痢疾诊断技术	NY/T 545—2002	现行有效
	猪痢疾短螺旋体分离培养操作规程	SN/T 1207—2003	作废
	猪痢疾检疫技术规范	SN/T 1207—2011	现行有效
布氏杆菌	布氏杆菌病平板凝集试验操作规程	SN/T 1088—2002	作废
	布氏杆菌病补体结合试验操作规程	SN/T 1089—2002	作废
	布氏杆菌病试管凝集试验操作规程	SN/T 1090—2002	作废
	动物布氏杆菌病控制技术规范	NY/T 907—2004	现行有效
	布氏杆菌病微量补体结合试验方法	SN/T 1525—2005	作废
	布鲁氏菌病防治技术规范	农医发〔2007〕12 号	现行有效
	布氏杆菌检疫技术规范	SN/T 1088—2010	现行有效

续附表 3-1

疾病名称	标准/规范名称	编号	状态
衣原体	动物衣原体病诊断技术	NY/T 562—2002	作废
	动物衣原体病诊断技术	NY/T 562—2015	现行有效
猪炭疽	动物炭疽诊断技术	NY/T 561—2002	作废
	炭疽防治技术规范	农医发〔2007〕12号	现行有效
	动物炭疽诊断技术	NY/T 561—2015	现行有效
猪结核病	动物结核病诊断技术	GB/T 18645—2002	现行有效
猪蓝耳病	高致病性猪蓝耳病防治技术规范	农医发〔2007〕10号	现行有效

附录4 获得国家科技奖猪病防控成果列表

附表 4-1 获得国家科技奖的猪病防控成果(1978—2017年)

年度	奖励级别	获奖项目	主要完成人	完成单位
1978	全国科学大会奖	畜禽针灸技术的研究	杨进中	中国农业科学院兰州畜牧与兽药研究所
1978	全国科学大会奖	猪瘟兔化弱毒疫苗;仔猪副伤寒弱毒疫苗;家畜布氏菌猪型二号弱毒菌苗和口服免疫法;猪瘟、猪丹毒、猪肺疫三联弱毒冻干苗		中国兽医药品监察所
1983	国家技术发明一等奖	猪瘟兔化弱毒疫苗		中国兽医药品监察所
1985	国家科学技术进步三等奖	猪弓形体病的病原分析、感染来源及快速诊断技术	范文明,林继煌,仇家宏,周元根,江学余	江苏省农业科学院
1985	国家科学技术进步三等奖	猪1号病5号病三种诊断检疫技术的建立和应用	徐春河,孙素梅,卢永干,谢庆阁,林治勇	中国农业科学院兰州兽医研究所
1987	国家科学技术进步二等奖	兽用抗菌新药"痢菌净"的研制及大面积推广应用	赵荣材,王玉春,徐忠赞,夏文江,张隆山	中国农业科学院中兽医研究所
1987	国家科学技术进步二等奖	猪O型口蹄疫组织培养聚乙烯亚胺(BEI)灭活矿物阿佐剂疫苗		中国农业科学院兰州兽医研究所
1988	国家科学技术进步二等奖	猪旋毛虫病防制研究	龚广学,安振邦,王金贵,桂春,张淑之,马兰云,周旭升,刘育恒等	河南省食品公司,河南省南阳地区食品公司,河南省郑州肉联厂,河南省南阳肉联厂

续附表 4-1

年度	奖励级别	获奖项目	主要完成人	完成单位
1988	国家科学技术进步三等奖	猪传染性胃肠炎弱毒疫苗	马思奇，王明，王玉春，魏凤祥，董齐	中国农业科学院哈尔滨兽医研究所
1989	国家技术发明二等奖	猪霍乱沙门氏菌 C500 号光滑型菌株仔猪副伤寒弱毒菌苗		中国兽医药品监察所
1989	国家科学技术进步三等奖	A 型(群)猪肺疫 CA 株弱毒菌苗的研究	陈天杰，李海金，梁春衡，王卓明，廖丽春	广东省农业科学院兽医研究所，广东省生物药厂，广东省英德县畜牧局
1990	国家科学技术进步二等奖	猪旋毛虫病诊断与防治技术的研究和推广应用	许威光，王家祥，袁文甫，周光梯，马增全，阎玉河，李春华，黄国栋，柴春祥	河南省农业科学院畜牧兽医研究所，河南省粮油进出口(集团)公司，湖北省襄樊市畜牧局
1993	国家技术发明二等奖	畜用布鲁氏菌猪二号菌株口服活疫苗	谢昕等	中国兽医药品监察所
1995	国家科学技术进步一等奖	仔猪大肠杆菌腹泻基因工程多价疫苗	黄翠芬，陈添弥，黄培堂，张林元，李丰生，于公义，张兆山，王叙甫，赵立权，方门忠，陈惠珠，李淑琴，徐秀英，冯书章，孟仿	军事医学科学院生物工程研究所
1995	国家科学技术进步二等奖	猪传染性萎缩性鼻炎油佐剂灭活菌苗	彭发泉，杨留战，赵淑春，苑士祥，张树成，杨旭夫，洪秀聪，王振华	中国农业科学院哈尔滨兽医研究所
1995	国家科学技术进步三等奖	口蹄疫 A 型鸡胚化弱毒乳兔反应苗的研究与应用	程文远，高兰英，马乐英，蒋祯，郑桂兰	新疆畜牧科学院兽医研究所
1997	国家科学技术进步二等奖	农业血防综合治理新技术研究	王庆坡，施福恢，陆昌华，曾宪光，胡述光，刘耀光，钱承贵	中国农业科学院上海家畜寄生虫病研究所，全国畜牧兽医总站，江苏省农业科学院农业现代化研究所，湖北省农业厅畜牧局，江苏省畜牧兽医总站，浙江省动物血防站
1998	国家科学技术进步二等奖	猪囊尾蚴 cDNA 文库的构建与人、猪囊虫病诊断用抗原的合成	孙树汉，丛斌，王朝霞等	河北医科大学
1999	国家技术发明二等奖	猪 O 型口蹄疫灭活疫苗(Ⅱ)研制及其生产工艺	谢庆阁等	中国农业科学院兰州兽医研究所

续附表 4-1

年度	奖励级别	获奖项目	主要完成人	完成单位
2000	国家科学技术进步二等奖	猪口蹄疫病毒系统发生树及其应用	谢庆阁,赵启祖,刘在新,常惠芸,刘卫	中国农业科学院兰州兽医研究所
2001	国家科学技术进步二等奖	伪狂犬病鄂A株分离鉴定及分子生物学与综合防治研究	陈焕春,金梅林,周复春,何启盖,方六荣,吴斌,吴美洲,韩琦,杨宏,姬雅周	华中农业大学,中牧实业股份有限公司,河南省兽医防治站
2004	国家科学技术进步二等奖	猪病毒性腹泻二联疫苗	马思奇,佟有恩,冯力,王明,李伟杰,周金法,于文涛,魏风祥,孟宪松,朱远茂	中国农业科学院哈尔滨兽医研究所,哈尔滨维科生物技术开发公司
2005	国家科学技术进步二等奖	伪狂犬病基因缺失疫苗的研究与应用	郭万柱,娄高明,徐志文,孙迎中,石谦,王琴,王印,王小玉,季永诚,汪铭书	四川农业大学,四川华神农大动物保健有限公司,韶关学院,四川动物防疫监督总站
2006	国家科学技术进步二等奖	动物性食品中药物残留及化学污染物检测关键技术与试剂盒产业化	沈建忠,吴永宁,何方洋,丁双阳,李敬光,江海洋,苗虹,肖希龙,张素霞,万宇平	中国农业大学,中国疾病预防控制中心营养与食品安全所,北京望尔生物技术有限公司
2007	国家科学技术进步二等奖	猪链球菌病研究及防控技术	陆承平,何孔旺,范红结,姚火春,张苏华,华修国,孙建和,倪艳秀,刘佩红,王建	南京农业大学,江苏省农业科学院,上海市畜牧兽医站
2008	国家科学技术进步二等奖	生猪主要违禁药物残留免疫试纸快速检测技术	张改平,邓瑞广,杨艳艳,李学伍,王自良,王选年,王爱萍,肖治军,杨继飞,邢广旭	河南省动物免疫学重点实验室,河南科技学院,河南百奥生物工程有限公司
2009	国家科学技术进步二等奖	新兽药"喹烯酮"的研制与产业化	赵荣材,李剑勇,王玉春,薛飞群,徐忠赞,李金善,严相林,张继瑜,梁剑平,苗小楼	中国农业科学院兰州畜牧与兽药研究所,中国万牧新技术有限责任公司,北京中农发药业有限公司
2010	国家科学技术进步二等奖	猪繁殖与呼吸综合征防制技术及应用	蔡雪辉,童光志,郭宝清,刘永刚,田志军,王洪峰,柴文君,周艳君,仇华吉,刘文兴	中国农业科学院哈尔滨兽医研究所
2011	国家科学技术进步二等奖	猪主要繁殖障碍病防控技术体系的建立与应用	王金宝,漆世华,吴家强,崔尚金,任慧英,李俊,张秀美,周顺,舒银辉,李曦	山东省农业科学院畜牧兽医研究所,武汉中博生物股份有限公司,中国农业科学院哈尔滨兽医研究所,青岛农业大学

续附表 4-1

年度	奖励级别	获奖项目	主要完成人	完成单位
2011	国家科学技术进步二等奖	动物流感系列快速检测技术的建立及应用	金梅林，陈焕春，吴斌，张安定，周红波，邱伯根，宋念华，徐晓娟，郭学波，但汉并	华中农业大学，武汉科前动物生物制品有限责任公司，湖北省动物疫病预防控制中心，湖南省兽医局
2011	国家技术发明二等奖	仔猪断奶前腹泻抗病基因育种技术的创建及应用	黄路生，任军，晏学明，艾华水，肖石军，丁能水	江西农业大学，江西科技师范学院
2012	国家科学技术进步一等奖	重要动物病毒病防控关键技术研究与应用	金宁一，廖明，程世鹏，涂长春，高玉伟，何启盖，刘棋，赵亚荣，任涛，闫喜军，肖少波，金扩世，鲁会军，辛朝安，吴威	中国人民解放军军事医学科学院军事兽医研究所，华南农业大学，中国农业科学院特产研究所，华中农业大学，广西壮族自治区动物疫病预防控制中心，北京大北农科技集团股份有限公司
2012	国家科学技术进步二等奖	猪鸡病原细菌耐药性研究及其在安全高效新兽药研制中的应用	王红宁，王建华，曹薇，张安云，杨鑫，李守军，刘兴金，高荣，李保明，邹立扣	四川大学，重庆大学，天津瑞普生物技术股份有限公司，洛阳惠中兽药有限公司，中国农业大学，四川农业大学
2013	国家科学技术进步二等奖	高致病性猪蓝耳病病因确诊及防控关键技术研究与应用	田克恭，遇秀玲，徐百万，张仲秋，蒋桃珍，孙明，周智，倪建强，曹振，王传斌	中国动物疫病预防控制中心，中国兽医药品监察所，北京世纪元亨动物防疫技术有限公司
2015	国家技术发明二等奖	安全高效猪支原体肺炎活疫苗的创制及应用	邵国青，金洪效，刘茂军，冯志新，熊祺琰，何正礼	江苏省农业科学院
2016	国家技术发明二等奖	动物源食品中主要兽药残留物高效检测关键技术	袁宗辉，彭大鹏，王玉莲，陈冬梅，陶燕飞，潘源虎	华中农业大学
2016	国家科学技术进步二等奖	针对新传入我国口蹄疫流行毒株的高效疫苗的研制及应用	才学鹏，郑海学，刘国英，陈智英，刘湘涛，王超英，齐鹏，魏学峰，张震，郭建宏	中国农业科学院兰州兽医研究所，金宇保灵生物药品有限公司，申联生物医药(上海)股份有限公司，中农威特生物科技股份有限公司，中牧实业股份有限公司

续附表 4-1

年度	奖励级别	获奖项目	主要完成人	完成单位
2016	国家科学技术进步二等奖	我国重大猪病防控技术创新与集成应用	金梅林，陈焕春，何启盖，吴斌，漆世华，方六荣，张安定，周红波，蔡旭旺，徐高原	华中农业大学，武汉中博生物股份有限公司，武汉科前生物股份有限公司
2017	国家科学技术进步二等奖	重要食源性人兽共患病原菌的传播生态规律及其防控技术	焦新安，方维焕，黄金林，蔡会全，李肖梁，潘志明，宋厚辉，巢国祥，许明曙，殷月兰	扬州大学，浙江大学，上海康利得动物药品有限公司，浙江青莲食品股份有限公司

以上获奖成果信息收集自国家科学技术奖励工作办公室和《中国科技奖励》杂志等网站，疏漏在所难免，敬请谅解。